ASP.NET Core 애플리케이션 개발

ASP.NET Core Application Development:
Building an application in four sprints

ASP.NET Core Application Development:
Building an application in four sprints
by James Chambers, David Paquette, Simon Timms

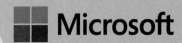

ASP.NET Core
애플리케이션 개발

4가지 스프린트를 통한
가장 쉬운 애플리케이션 구축

Professional

제임스 챔버스 · 데이비드 파킷
사이먼 팀스 지음

금재용 옮김

나는 이 책을 나의 사랑하는 아내에게 바치고 싶다. 당신의 지원에 감사하며, 이 사무실에서 마침내 나가게 된다면 당신과 야외에서 더 많은 시간을 보낼 수 있기를 고대한다.

- 데이비드 파퀫(David Paquette)

이 책을 내가 빛나는 상자 앞에서 열심히 단추를 누르며 일하는 동안 나 없이 놀 수밖에 없는 아이들과 내 사무실 문밖에서 아이들에게 노래를 가르치고 있는 아내에게 바치고 싶다. 이들의 지원이 없었다면 나는 4분의 1 정도의 사람일 수밖에 없을 것이다. 내가 표현할 수 있는 단어들보다 더 많이 사랑한다.

- 사이먼 팀스(Simon Timms)

나는 이 책을 내가 꿈을 쫓고 한밤중에 집 나간 애완견을 쫓았으며 20년 이상 나를 지지해 주었던, 믿을 수 없이 지적이며 현명한 아내에게 바친다. 나는 이 책을 내가 영원히 그리고 완전하게 사랑하는 나의 아이들에게 바친다. 아이들이 샤워를 더 많이 원하거나 탈것이 없다고 불평했을 때, 그 아이들과 더 많은 시간을 보내지 못했다.

- 제임스 챔버스(James Chambers)

소 개

ASP.NET Core MVC는 .NET 개발자를 위한 Microsoft의 최신 웹 프레임워크이다. ASP. NET Core MVC는 지금은 익숙한 MVC 프레임워크의 다음 버전이고 교차 플랫폼 개발 및 배포를 가능하게 하여 경계를 넘어가길 갈망한다. ASP.NET Core MVC는 오픈 소스 라이 브러리의 광범위한 조합을 활용하며, 자체적인 오픈 소스 소프트웨어로 제작되었다. ASP. NET Core MVC는 비즈니스 로직, 라우팅, 서비스 그리고 뷰에 대해 신경 쓰지 않도록 개 발자를 도우며, 구성 및 확장성을 위한 새로운 시스템을 제공한다. ASP.NET Core MVC는 C# 프로그래밍 언어와 Razor 뷰 엔진을 사용한다. 만약 여러분이 숙련된 .NET 개발자이거 나 .NET 플랫폼으로 새로 발을 디딘 사람이라면, ASP.NET Core MVC로 프로젝트를 만 들 가능성이 높다.

이 책은 알파인 스키 하우스라는 가상의 회사에서 일하는 한 팀에 의해 재개발되는 애플리케 이션의 처음 몇 가지 스프린트를 따라간다. 각 장에는 팀이 당면한 과제와 이를 극복하기 위 한 방법에 대한 정보가 담겨있다. 각 장이 짧은 이야기를 가지고 있음에도 불구하고, 이 책은 ASP.NET Core MVC의 기능뿐만 아니라 개발자가 애플리케이션을 작성, 유지 관리 및 배 포하는 데 사용하는 도구에 대해서도 다룬다. ASP.NET Core MVC에 관한 스토리 요소 및 기술 정보 외에도, 이 책에서는 현대의 웹 개발자들이 사용하는 엔티티 프레임워크 패키지 관리 시스템 및 주변 장치 기술의 새로운 버전에 대해 설명한다. 설명뿐만 아니라 이 책에서는 알파인 스키 하우스에 있는 개발자가 만든 거의 동일한 프로젝트가 함께 제공된다.

이 책을 읽는 독자

이 책에서는 프로그래머가 ASP.NET Core로 새로운 애플리케이션을 구축하고 인터넷에서 사용할 수 있도록 배포하는 데 필요한 모든 단계를 수행한다. 아직 웹을 돌아다녀보지 않았거나 웹 폼만을 사용해왔고 오늘날 사용 가능한 도구의 전체 영역을 많이 접해보지 않은 개발자의 수가 여전히 많다. 이 책은 최신 프레임워크상의 현대적 애플리케이션을 구축하기 위해 필요한 기술과 자신감을 갖도록 도움을 줄 것이다. 또한 이 책은 애플리케이션의 아키텍처를 탐구하고, 클라우드용으로 설계된 애플리케이션을 구축 및 배포하는 데 도움이 될 것이다.

전제 조건

독자는 중상급 수준의 프로그래밍 방법을 알고 있어야 한다. 독자는 C#에 익숙해야 하고 웹 개발에 대한 배경 지식이 있어야 하며, 비주얼 스튜디오에서 작업하는 기본 사항을 이해해야 한다. 이전 버전의 MVC를 사용해본 경험이 있다면 도움은 되겠지만 필수는 아니다. 명령줄 인터페이스로 작업하는 데 익숙하다면 도움이 될 것이다. 이 책을 마치고 나면 의미 있고 연관성 높은 데이터베이스 기반 애플리케이션을 구축하고 이를 클라우드 기반 환경에 배포할 수 있게 될 것이다.

이 책이 도움이 되지 않는 경우

이 책은 ASP.NET Core MVC의 개발에 밀접하게 관련이 있거나 기여하고 있는 고급 ASP.NET MVC 개발자에게는 도움이 되지 않을 수도 있다.

이 책의 구성

이 책은 애플리케이션 개발 시 개별 스프린트를 통해 개발자를 끌어들이는 혁신적인 접근 방식을 제공한다. 이 방법은 기술뿐만 아니라 실수를 극복하고 사용자 피드백에 맞게 조정하는 과정으로 빈 캔버스로부터 시작해서 실제 동작하는 제품으로 마무리하는 방식이다.

이 책은 네 부분으로 나뉜다.

- 1부에서는 책 전반에서 다루는 "알파인 스키 하우스" 이야기를 통해 예제 애플리케이션과 가상의 캐릭터를 설정하는 배경에 대해 알려준다.
- 2부 "스프린트: 1,000단계의 여정"은 애플리케이션을 외부로 가지고 나가는 데 초점을 맞추고 있으며, 팀 전체가 이해할 수 있는 방식으로 개발이 즉시 진행되도록 파이프라인을 구성한다.
- 3부 "스프린트: 비스트 벨리"는 예제 애플리케이션으로 비즈니스를 운영하는 데 필요한 핵심 기능에 중점을 둔다. 여기에서는 엔티티 프레임워크 Core 사용, Razor를 사용한 뷰 생성, 구성 및 로깅, 보안 및 사용자 관리 그리고 마지막으로 종속성 주입을 통한 데이터 접근에 대해 소개한다.
- 4부 "스프린트: 홈 늘리기"는 자바스크립트 및 종속성 관리를 다루며, 이전 기반 위에 구축한다.

맺음말에서는 테스트, 리팩토링 및 확장성과 같은 몇 가지 중요한 주제를 다룬다.

이 책에서 최상의 시작점 찾기

ASP.NET Core 애플리케이션의 다른 절들은 4가지 스프린트로 애플리케이션을 구축하는 법을 통해 ASP.NET Core 프레임워크와 관련된 기술의 넓은 범주를 다룬다.

독자의 현황	이 단계를 따른다
ASP.NET Core 개발 신규 입문자나 기존 ASP.NET Core 개발자	1, 2, 3부에 초점을 맞추거나 책 전체를 순서대로 읽자.
ASP.NET의 초기 버전과 친숙한 경우	Core 개념의 재학습이 필요하다면 1장과 2장을 간단히 살펴보자. 책의 나머지 부분에서 새로운 기술들을 읽어보자.
클라이언트 쪽 개발에 관심이 있는 경우	4부의 15, 16, 17장을 읽고 20장의 자바스크립트 서비스 절을 살펴보자.
교차-플랫폼 개발에 관심이 있는 경우	책 전체가 교차 플랫폼 개발에 응용 가능하지만, 8장과 9장은 특히 주제와 관련 있다.

여러분의 요구와 Microsoft의 웹 스택에 대한 이해도에 따라 책의 특정 영역에 집중하기를 원할 수도 있다. 주어진 표를 참고하여 이 책을 읽는 최선의 방법을 결정하자.

이 책 대부분의 장에는 막 배운 개념을 시도해볼 수 있는 실습 예제가 포함되어 있다. 어떤 절을 선택하여 초점을 맞추든지, 여러분의 시스템에 예제 애플리케이션을 다운로드하고 설치해봐야 한다는 점을 명심하자.

이 책의 표기법 및 특징

이 책은 여러 정보를 쉽게 이해하고 따라올 수 있도록 하기 위해 다음과 같은 방법을 제공한다.

- 이 책은 C# 개발자와 HTML, CSS, SCSS 그리고 Razor와 같은 문법을 위해 예제를 포함한다.
- "note"와 같은 제목이 있는 박스는 단계를 성공적으로 완료하기 위한 추가 정보 또는 대체 방법을 제공한다.
- 두 개의 키 이름 사이에 있는 더하기(+) 기호는 해당 키를 동시에 눌러야 함을 의미한다. 예를 들어, "Alt+Tab 누르기"는 Alt 키를 누른 상태에서 Tab 키를 누르는 것을 의미한다.
- 두 개 이상의 메뉴 항목 사이에 있는 세로 막대(예를 들어, 파일 | 닫기)는 첫 번째 메뉴 또는 메뉴 항목을 선택하고 나서 다음 항목을 선택해야 함을 의미한다.

시스템 요구 사항

이 책과 함께 제공되는 예제 애플리케이션을 실행하려면 다음과 같은 하드웨어 및 소프트웨어가 필요하다.

- https://dot.net에서 받은 크로스 플랫폼을 사용할 수 있도록 해주는 .NET Core 1.0 또는 그 이상
- 독자가 원하는 코드 편집기. 이 책에서는 윈도우용 비주얼 스튜디오 2015(어떤 버전이든) 또는 그 이상과 윈도우, 맥 그리고 우분투 리눅스용 비주얼 스튜디오 코드를 사용한다.

- SQL 서버 LocalDB(윈도우용 비주얼 스튜디오 2015 또는 그 이상에 포함). 리눅스나 맥 사용자는 윈도우 기기나 Microsoft Azure 중에서 서비스되는 SQL 서버 데이터베이스에 대한 접근이 필요할 것이다.
- 1.6GHz 이상의 CPU
- 1GB 이상의 메모리
- 4GB 이상의 하드 디스크 여유 공간
- 소프트웨어와 예제 프로젝트를 다운로드 받기 위한 인터넷 연결

독자의 윈도우 구성에 따라, 비주얼 스튜디오 2015 설치나 구성에 로컬 관리자 권한이 필요할 수 있다.

다운로드: 예제 프로젝트

이 책 대부분의 장은 예제 프로젝트 조각들을 포함한다. 예제 프로젝트는 GitHub에서 다운로드 받을 수 있다.

https://github.com/AspNetMonsters/AlpineSkiHouse

예제 프로젝트를 다운로드하고 실행하기 위해 GitHub 저장소의 지침에 따르자.

 note

예제 프로젝트를 위해 추가적으로 .NET Core 1.0 이상이 시스템에 설치되어야 한다.

오류, 수정 및 책 지원

필자들은 이 책 및 책과 관련된 콘텐츠의 정확성을 보장하기 위해서 최선을 다하고 있다. 독자는 제출된 오류 및 관련 교정에 대한 목록 업데이트를 다음 주소에서 확인할 수 있다.

https://aka.ms/ASPCoreAppDev/errata

독자가 이 목록에서 자신이 찾아낸 오류를 발견하지 못한다면, 동일한 페이지에 오류를 제출하면 된다.

완전한 앱을 포함한 모든 예제 코드는 https://aka.ms/ASPCoreAppDev/downloads에서 다운로드하자.

추가 지원이 필요하면 Microsoft 서적 출판 지원(mspinput@microsoft.com)으로 이메일을 보내면 된다.

Microsoft 소프트웨어 및 하드웨어에 대한 제품 지원은 이전 주소에서는 지원되지 않는다는 것을 명심하자. Microsoft 하드웨어나 소프트웨어에 대한 도움이 필요하면 http://support.microsoft.com을 방문하자.

Microsoft Press의 무료 전자책

기술 개요에서부터 특별한 주제의 심도 있는 정보까지, Microsoft Press의 무료 전자책은 광범위한 주제를 다룬다. 이러한 전자책은 PDF, EPUB, 그리고 킨들 형식인 Mobi로 다음 주소에서 직접 다운로드가 가능하다.

http://aka.ms/mspressfree

새로운 정보를 알고 싶다면 자주 확인하자.

독자 의견

Microsoft Press는 독자의 만족이 최우선이며 독자의 피드백은 가장 소중한 자산이다. 이 책에 대한 의견을 다음 주소에 남기도록 하자.

http://aka.ms/tellpress

여러분들이 바쁘다는 것을 잘 알고 있으므로 몇 가지 간단한 질문만으로 짧게 구성했다. 독자의 답변은 Microsoft Press의 편집자에게 직접 전달된다(개인정보는 요구하지 않는다). 독자 여러분의 의견에 미리 감사드린다!

연락 유지

대화를 유지하자! 우리의 트위터 주소는 http://twitter.com/MicrosoftPress이다.

목 차

PART **02**
스프린트: **1,000단계의 여정** / 126

PART 03
스프린트: 비스트 밸리 / 300

PART 04
스프린트: 홈 늘이기 / 452

PART
01

알파인
스키 하우스

여기서는 알파인 스키 하우스 애플리케이션을 만드는 가상의 캐릭터를 포함하여, 이 책에서 다루는 가상의 사례에 대한 몇 가지 배경 정보를 소개한다.

가장 열렬한 라이더조차도 시즌이 끝났음을 인정해야 했다. 기억상 최상의 시즌도 아니었지만 최악도 아니었다. 모든 면에서 평범했다. 잠깐이었지만, 2월 말의 정전 때문에 오랫동안 연습했지만 사용한 적 없었던 대비책을 꺼낼 수밖에 없었다. 현지 방송에서 몇 시간 동안 곤돌라에 갇힌 아이들에 대한 보도가 있었지만 누구도 따뜻한 날씨 때문에 진짜 위험에 처한 적은 없었다. 스키어와 라이더의 방문 수를 유지한 것은 적은 수의 프리패스권이 전부였다.

봄이 다가오자 정규 직원을 재편성하고 임시 직원이 여름에 부업할 곳으로 돌아갈 시간이 되었다. 정규 직원들 사이에 이민법 때문에 일을 그만두고 호주로 되돌아가게 될 것이라는 소문이 돌았다. 다니엘은 젊은 임시 직원이 호주로 되돌아가는 것을 거부하는 이유를 상상할 수 없었다. 한 가지 확실한 것은 겨울마다 동면에서 깨어나는 지루한 산악 마을보다 호주가 훨씬 더 흥미롭다는 것이다. 내년을 계획하기에는 시기상조였고, 다니엘은 시즌이 새로 시작되기 전에 한 달 내지 두 달의 휴식 시간을 기대하고 있었다. 그녀는 10년 가까이 알파인 스키 하우스의 단독 개발자로 일했다. 대부분 레거시 시스템 운영을 유지하는 것과 다음 해의 활동에 필요한 작은 것들을 조정하는 일을 했다. 세상에서 가장 흥미로운 직업은 아니었지만, 모두가 겨울 몇 개월 동안 날씨가 좋은 날 몰래 두어 시간 스키를 타는 그녀가 그 특권을 철저히 즐길 것이라고 기대했다.

집이라고 불렀던 알파인 스키 하우스의 저층 문을 열 때, 그녀는 사람들이 웅성거리는 것을 보고 놀랐다. 사람들은 그녀가 두어 시간 동안 사무실에 없을 것이라 생각하고 개방형 사무실 통로에 웅성거리며 흩어져 있었다. 당황한 다니엘은 가방을 내려놓고 웅성거리는 사람들과 합류하기 전에 커피를 집어들었다. 나머지 직원들은 뚱뚱한 IT 관리자이자 그녀의 상관인 팀의 주위를 맴도는 듯했다. 다니엘은 끼어들기로 했다.

팀이 "다니엘! 당신이 나에게 물으면 재미있어 할 소식이 있는데 어떻게 생각하나요?"라고 갑자기 말했다.

다니엘은 "무슨 소식 말이죠?"라고 물었다.

아준이 "어디 갔었나요?"라고 물었다. "우리 회사가 막 썬더 밸리와 마운트 발리후를 사들였어요. 합병 명령이 떨어졌으니 우리는 모두 일자리를 잃을 거예요!"

두 개의 다른 스키장이 길에서 몇 마일 아래에 있었다. 썬더 밸리는 추종하는 충실한 스키 애호가들이 있었지만, 리프트가 3개뿐인 소규모로 운영되는 곳이었다. 그곳은 겨울 몇 개월 간 관광객으로 붐비는 곳이어서 휴식을 원하는 지역 사람들에게는 좋은 곳이었다. 마운트 발리후는 좀 달랐다. 마운트 발리후에는 수많은 리프트가 있고, 3개의 산에 걸쳐 있는 거대한 스키장이 있으며, 마을 인구의 두 배 이상을 수용할 만큼의 숙박 시설이 있었다. 주말마다 스키장에서 연주하는 밴드가 있었고, 스콧 구와 존 스키트와 같은 유명한 사람들이 평범한 사람들과 어울리는 일은 드문 일이 아니었다.

"자, 아준." 팀이 말했다. "아무도 해고나 감원이나 다른 어떤 것에 관해서도 말하지 않았어요. 이런 일이 있을 때 보통 업무량이 늘어나는데, 경영자가 시스템이 올바른 방향으로 통합되기를 바라기 때문입니다. 우리는 그냥 기다리면서 앞으로의 계획이 무엇인지 알아내야 합니다."

다니엘은 자리에 앉아야만 했다. 그녀는 은퇴하려면 아직 몇 년이 남았고 다른 직업을 원치 않았다. 여기와 같이 계절을 타는 마을에 개발자를 위한 일자리가 얼마나 있을까? 그녀는 "이건 정말 바보 같아"라고 스스로에게 말했다. "이 정도의 불확실성 때문에 대도시로 다시 이사를 가기는 힘들어. 앞으로 어떻게 될지는 2주 안에 밝혀지겠지." 2주를 잠자코 기다리고 있는 사람은 없었다.

달콤한 향의 감자 칩과 함께 민트와 호두 샐러드로 점심을 마치자마자 팀이 그녀의 칸막이를 두드렸다.

"대회의실로 모두 모이세요. 썬더와 발리후의 개발자들이 온 것 같아요."

다니엘은 그녀의 염소 우유를 들이키면서 펜과 큰 노란색 노트를 들고 회의실로 서둘러 갔다. 노트와 종이는 단지 보여주기용이었다. 그녀는 몇 년 동안 회의에서 메모를 하지 않았다. 계획한 일들을 메모장에 적는 것보다 작은 사무실에서 그냥 사람들을 직접 만나는 것이 더 쉬웠다. 업계에서 해고되어도 좋은 인상을 남기는 것이 더 중요하다는 것이다.

대회의실은 단지 그곳을 채울 만큼의 사람이 없기 때문에 도시락 모임 외에는 거의 사용하지 않는다. 그러나 오늘은 과장이 아니라 제대로 사용된 것 같다. 개성 있어 보이는 다섯 명의 젊은 지식인들이 스무디 같은 이국적인 음료를 각자의 방식으로 홀짝거리면서 테이블의 끝 쪽에 한 사람씩 앉아 있다. 다니엘은 누가 람부탄 열매를 수입하는지와 그것이 가져올 탄소 배출량이 궁금했다. 그녀가 그동안 해킹으로 시간을 보낸 것보다 불쾌한 열매라 생각했던 두리안을 깎는 일로 갈아타는 게 더 나았다는 것이다.

분명한 것은 지식인들이 대도시에서 "정장"으로 불리는 그룹의 사람들이라는 것이다. 그들은 지금 막 골프 코스를 밟은 것처럼 보인다. 어쨌든 그들은 이미 얼굴이 그을려 있었고 기분이 편안해 보였다.

팀은 모든 사람들이 자리에 앉기를 기다렸다가 이야기했다. "여러분, 좋은 소식입니다. 여러분이 앞으로 함께할 팀입니다. 이 방에 모였다면 여러분의 일자리는 안전하다고 안심할 수 있어요. 저는 여러분 모두가 궁금한 점이 있다는 것을 잘 알고 있고, 여러분이 원한다면 이 모임 이후에 개인적으로 저를 만나서 이야기할 수 있어요."

"경영진은 우리가 합류하기를 원하는 몇 가지 흥미로운 새 계획이 있어서, 합병 후에 많은 수의 개발자를 직원으로 배치하도록 나에게 요청했어요. 우리는 향후 몇 년 동안 우리가 있는 스키장을 운영할 모든 사용자 시스템을 개편할 것입니다. 경영진은 이것이 큰 사업이라는 것을 확신하고 있고, CIO 잡지를 읽고 있던 그 사람들 중 일부는 애자일과 마이크로 서비스에 대해서 배우게 되었어요. 저는 그 잡지가 경영진의 손에 닿기 전에 모두 태워 없애야 한다고 여러분에게 말하고 싶지만 지금은 거기에 우리 일자리가 달려있네요."

팀은 항상 경영진의 크고 새로운 아이디어와 다소 불안전하게 연관성이 있었다. 그는 그 사람들이 말도 안 되는 아이디어를 내면 브레이크를 거는 역할을 했다. 팀은 계속 말을 이었다. "경영진이 원하는 첫 번째 사항은 사람들이 리프트 탑승권을 온라인으로 구매할 수 있도록 하는 것입니다. 저는 그것을 2016년에 이미 정했어야 했고 전 세계의 모든 다른 스키장도 그렇게 한다고 이야기했었어요." 팀은 경영진의 일반화에 격양된 듯 보였다. 이러한 명령이 내려왔다면 재미있는 토론이 되었을 것이다.

"경영진은 한 달 안에 프로토타입을 보고 싶어합니다. 우리가 진전을 보이고 있다는 것을 보여줄 수만 있다면 또 다른 한 주를 무사히 버틸 수 있을 것 같아요."

한 달 안이라니! 다니엘은 어쩔 줄을 몰랐다. 한 달은 다니엘이 문제에 대해 고민하는 것만으로도 흘러가기 좋을 기간이었다. 그녀는 자신의 잿빛 얼굴을 봐주길 바라면서 개발자들을 올려다보았다. 그러나 파릇파릇한 새싹 같은 직원들은 행복하다는 듯이 고개를 끄덕였다.

팀은 결론에 도달하고 연단에서 내려올 준비를 하려는 듯했다. "자, 여러분. 경영진이 우리에게 자금을 투자하도록 하려면 이것이 필요합니다. 여러분의 길에는 어떠한 장애물도 없을 겁니다. 여러분이 생각하는 어떤 기술이든, 여러분에게 필요한 어떤 도구든 우선 구입하겠습니다. 저는 여러분이 이 일을 완수할 것을 믿습니다."

여기까지 어떻게 왔나

팀이 연설을 끝내자 그와 골프 코스 직원들이 방을 빠져나갔고, 다니엘만이 다섯 명의 정장 개발자들을 따라갔다. 물론 아무도 새로운 개발팀을 맡아줄 사람은 없었다. 아마도 팀은 그가 말했던 CIO 잡지를 약간 읽고 최상의 팀을 자체적으로 조직하도록 결정을 내린 것 같다. 다니엘은 앞으로 20대를 우편 배달부로 보내며 잡지를 분실하는 것이 적어도 내년부터 진통제를 구입하는 것보다는 나을 수도 있다고 생각했다.

정장들은 자신들을 아드리안, 체스터, 캔다이스 그리고 마르와 마크로 소개했다. 그들은 모두 단지 몇 주 앞서 외부 개발자를 그만두고 내부 팀으로 전체 채용이 결정되었던 마운트 발리후에서 왔다. 정장들은 모두 실리콘 밸리 스타트업에서 함께 일했었고, 다니엘이 꽤 훌륭한 생각이라고 했던 완벽한 팀에 그들 모두 고용되었다. 그들은 채용 전부터 프로젝트를 시작할 만큼 발리후에 오래 있지는 않았다. 그들은 모두 정말로 우호적이고 흥분된 것처럼 보였다.

"저는 경영진이 우리의 기술을 우리 스스로 선택할 수 있도록 해주었다는 것이 좋아요." 마크가 말했다. "그것은 우리가 그들의 방식에서 벗어나도 충분히 우리를 신뢰한다는 것을 보여줍니다."

캔다이스가 "기술의 선택은 프로젝트에서 항상 제가 가장 좋아하는 부분입니다."라고 말했다.

아드리안은 "밖에는 요즘 Phoenix, Revel, Express, Meteor 등 수많은 훌륭한 선택지들이 많아요. 다니엘, 당신의 주 종목은 무엇인가요?"라고 물었다.

Phoenix? Express? 마치 중국 식당의 이름을 따서 만들어진 웹 프레임워크처럼 들렸다. 다니엘은 이들 중 아무것도 들어본 적이 없었다. 그녀는 쭉 ASP.NET 개발자였다. 그녀는 Winform 애플리케이션을 작성하다 거기에 이르렀고 지난해에 ASP.NET MVC로 작업만 해보았다. 불어오는 바람에 신경을 쓰면서 "저는 ASP.NET을 주로 사용해요"라고 대답했다.

"오, 그렇군요!" 마르가 소리쳤다. 그의 이름에 '크'가 없어서 모든 말이 90데시벨로 전달되는 것처럼 보였다. "Microsoft에 있는 팀은 ASP.NET Core로 몇 가지 엄청난 것들을 하고 있습니다. 당신은 그들이 하고 있는 처리량을 알고 있겠군요! 완전 레모네이드네요!"

다니엘은 이 대화에서 "레모네이드"가 의미하는 것이 무엇인지 알아채지 못했다. 나쁜 의미는 아닌 것 같아서 고개를 끄덕였다.

캔다이스는 "아, 전 ASP.NET을 꺼내기를 바라지는 않아요"라고 말했다.

마르는 "그건 새롭고 멋진 겁니다. 다니엘, ASP.NET의 역사는 잘 알고 있겠죠. 어떻게 하고 있는지, 현재 어디쯤에 있는지 우리와 얘기하면서 갈까요?"라고 말했다.

웹 개발은 더 이상 새로운 것이 아니다. 가장 초창기 웹은 탐색을 제어하는 하이퍼링크가 있는 정적이기만 한 곳이었다. 이 접근의 한계는 빠르게 나타났다. 모든 페이지에서 하나의 주제를 유지하기 어려웠고, 모든 사람들에게 동일한 웹페이지를 보여주는 것은 지루했다.

그래서 웹 서버는 웹페이지가 입력에 따라 다르게 나타나도록 해주는 기술을 지원하기 시작했다. 서버 측 포함(Server Side Include)와 같은 많은 기술이 출현했지만, 공통 게이트웨이 인터페이스(Common Gateway Interface, CGI) 스크립트와 같은 다른 기술도 한 가지 형태 등으로 남아있다. 액티브 서버 페이지 또는 ASP라는 이름은 기술이 크게 변했지만 20년 동안 남아있다. 새로운 기술에 너무 몰두하기 전에 우리가 여기까지 온 방법을 살펴보자.

 ## 액티브 서버 페이지

1996년에 인터넷 정보 서비스(Internet Information Service)의 버전 3이 ASP의 첫 번째 버전 지원과 함께 출시되었다. ASP는 액티브 스크립팅(Active Scripting) 기술을 토대로 만들어졌다. 액티브 스크립팅의 사용은 인터넷 익스플로러(Internet Explorer), 그리고 윈도우 스크립트 호스트(Windows Script Host) 역시 일부로 포함되기 때문에 ASP에 국한되지 않는다.

ASP는 다른 언어로 작성된 스크립트를 웹페이지 제공의 일부로 포함하고 실행하도록 허용한다. 이론상 대부분의 언어가 액티브 스크립팅의 구성 요소 객체 모델(Component Object Model, COM) 통합을 통해서 지원된다. 당시 JScript와 VBScript는 이 분야에서 경쟁이 치열한 두 가지 Microsoft 지원 언어였다. 이것이 1990년대 중반이었지만 Perl과 같은 언어도 인기가 있었다. Perl은 리눅스에서 지원되었기 때문에 어느 정도 교차 플랫폼 이식성이 허용되었고, 아파치 CGI 게이트웨이를 통해 실행할 수 있었다. Perl은 당시 아파치 초기 버전에서 실행하는 대화형 웹 애플리케이션을 생성하는 가장 인기 있는 언어 중 하나였으며 아파치 NCSA HTTPd의 선구자였다.

스크립팅 언어로 VBScript를 사용하는 예제 파일을 보자. 출력에 현대적인 HTML5 기반 태그를 사용하는 것을 확인하자. ASP가 현대적인 애플리케이션을 구축하는 데 사용할 수 없는 이유는 없다.

```asp
<%@ Language= "VBScript" %>
<html>
  <head>
    <title>Example 1</title>
  </head>
  <body>
    <header>
      <h1>Welcome to my Home Page</h1>
    </header>
    <section id="main">
      <%
          dim strDate
          dim strTime

          '날짜와 시간 얻기
          strDate = Date()
          strTime = Time()

          '하루 중 시간에 따라 다른 인사말 표시하기
          If "AM" = Right(strTime, 2) Then
            Response.Write "<span>Good Morning!</span>"
          Else
            Response.Write "<span>Good Afternoon!</span>"
          End If
      %>
      오늘의 날짜는 <%=strDate %> 이고 시간은 <%=strTime%> 입니다.

    </section>
  </body>
</html>
```

이 예제에서 데이터를 출력으로 보내는 여러 접근법을 알 수 있다. 첫 번째 접근법은 인사말에 대한 수행인 Response.Write를 통해 응답 스트림에 직접 접근을 사용하는 것이다. 두 번째는 응답 스트림에 작성하는 간단한 형식인 <%= %> 지시문을 사용하는 것이다. 이 접근법은 PHP와 같은 다른 스크립팅 언어에서 볼 수 있는 것과 매우 많이 흡사하다. HTML 태그는 지시문을 포함하는 특수한 태그가 없으면 컴파일러에서 무시된다. 이 태그는 <% 시퀀스에 의해 인식된다. <%@ 지시문은 ASP 컴파일러가 페이지를 처리하는 데 필요한 정보를 제공하는 처리 지시문이다. 위 예제는 지시어를 사용하여 페이지의 나머지 부분에서 주 언어로 사용될 언어를 설정하는 지시문을 사용한다. 일반 <% 지시문은 단순 코드 블록을 나타낸다.

PHP와 달리 액티브 서버 페이지는 COM을 통해 라이브러리 공유가 가능하다. 이를 통해 고속 수행이나 원시 기능에 접근이 가능한 원시 구성 요소에 접근할 수 있다. 또한 애플리케이션을 구조화하고 코드 재사용을 촉진하는 구성 요소 라이브러리를 컴파일하도록 해준다.

1990년대 후반에 Microsoft는 차세대 개발 환경의 개발을 시작했다. 당시 그것을 차세대 윈도우 서비스(Next Generation Windows Services), 또는 NGWS라고 불렀다. 2000년 후반에 이것은 .NET 프레임워크가 되었다. 이 프레임워크에는 인기 있는 비주얼 베이직 언어의 이미지 재구성이 포함되었다. 이 이미지 재구성은 언어에 대한 객체 지향 프로그래밍이 포함된 극적인 변화였다. VB.NET은 여러 면에서 이전 버전과 완전히 다른 언어였다. .NET에는 많은 공통 기능을 제공하는 잘 설계된 기본 클래스 라이브러리가 포함되었다. 기본 클래스 라이브러리(Base Class Library, BCL)는 자바 기반의 유사한 라이브러리에 크게 영향을 받았다.
.NET은 C#이라는 새로운 언어의 브랜드를 소개했다. 자바의 영향을 많이 받은 C#은 C 또는 자바 배경에서 온 사람들을 위해 C와 유사한 구문을 제공한다. Microsoft는 C#을 상당히 열심히 밀었고, 결과적으로 .NET 프레임워크상에서 가장 인기 있는 언어가 되었다.

C#의 새로운 언어와 비주얼 베이직 .NET이 함께 결합되었고, ASP의 새로운 버전이 소개되었다. 이 버전이 ASP.NET으로 명명되었다.

ASP.NET

1990년대 후반에도 월드 와이드 웹(World Wide Web, WWW)은 지나간 유행으로 취급되지 않고 더 많은 기대를 받고 있었다. 불행하게도 Microsoft에게는 문제가 있었다. Microsoft는 드래그 앤 드롭 편집기를 통해서 데스크톱 애플리케이션 생성이 가능한 도구를 개발하는 데 수년을 보냈다. 개발자들은 그 모델을 사용하여 애플리케이션을 구축했고, 회사들은 전 직원을 재교육하기 위한 비용을 지불하기가 쉽지 않았다. 컨트롤과의 상호작용은 이벤트 처리기 모델 사용을 제공했다. 양식에서 버튼은 몇 가지 숨겨진 화면 동작을 수행하기 위한 이벤트 처리기를 가지며 사용자 인터페이스(User Interface, UI)가 업데이트된 다음 사용이 가능했다. 개발자 커뮤니티는 이 접근 방식에 만족했으며, 많은 것들이 매우 생산적이었다. 이제껏 비주얼 베이직과 후에 WinForm에 포함된 것처럼 보이는 그대로 표현(What You See Is What You Get, WYSIWYG)되는 코드 생성기 제품은 거의 없었다. 가장 시각적으로 멋진 인터페이스는 아니었지만, 제품에서 회색 배경에 회색 박스를 호출하면 비주얼 베이직 6 또는 WinForm보다 나쁘지 않은 수행이 가능하다.

ASP.NET 웹 폼은 이 생산적인 환경을 웹에 도입하려는 시도였다. 그리드에 컨트롤을 추가하는 기존 기능과 유사하고 서버 측 코드 컴파일을 사용하여 컨트롤과 상호작용이 가능했다.

불행하게도 서버에 보내는 상호작용인 포스트백(postback) 모델은 인터넷을 통하여 모든 데이터를 포스트백하고 전체 HTTP 요청 및 응답 흐름이 요구된 서버의 동작을 수행하는 웹 애플리케이션과 데스크톱 애플리케이션 간의 근본적인 차이를 무시했다. 이런 결함에도 불구하고 ASP.NET 웹 폼은 회사 내부 및 월드 와이드 웹의 수많은 웹사이트에게 강력하고 대단히 성공적인 제품이 되었다.

웹 폼 페이지는 일반적으로 뷰와 코드 비하인드의 두 부분을 포함한다. 뷰 또는 디스플레이 부분은 HTML과 비주얼 베이직 또는 C# 중 하나와 혼합된 특별한 문법으로 작성된다. 이 파일들은 .aspx 확장자로 끝나고 ASP 컴파일러를 통해 전달된다. 이 파일에 포함되어야 할 내용에 대해서는 몇 가지 논쟁이 있다. 파일들이 매우 개방적으로 종료되어 어떤 사람은 파일에 모든 로직을 집어넣는 반면, 다른 사람들은 로직과 관련된 표시 내용만을 제한한다. 두 가지 접근법을 모두 사용한 성공적인 프로젝트가 존재한다. 코드 비하인드 부분이 흐름에서 변경 불가능하도록 만들어진 DLL로 컴파일이 된다. 크게 권장되지 않지만 .aspx 파일은 텍스트 편집기에서 변경하는 것만으로 서버에서 변경이 가능하도록 즉석에서 컴파일된다.

각 페이지는 HTML 폼으로 구현된다. 이는 웹 폼이 상태가 변경되거나 폼의 포스트백을 인지하여 반응하는 것을 쉽게 해준다. 데이터 입력 필드에서 마우스가 나갈 때 전체 페이지 재조회를 사이트에 요청하는 것은 입력 기반 페이지 변경 사항을 적용할 수 있도록 웹 폼 애플리케이션이 서버에 상태 재전송을 하는 것과 같다. 이는 훌륭한 상호작용 모델은 아니며 페이지의 일부만 재전송하는 AJAX 및 패널 업데이트를 사용하여 향상될 수 있다.

웹사이트의 일관된 모양과 느낌을 유지하기 위해 웹 폼은 마스터 페이지를 사용한다. 페이지들에는 공통된 모양과 느낌을 가진 구성 요소가 포함될 수 있다. 그런 다음 실행되는 페이지에 따라 다른 부분을 연결할 수 있다. 마스터 페이지를 사용하면 많은 작업이 줄어들어 여러 곳에 구성 요소를 수정해야 할 필요성이 줄어든다. 하나의 애플리케이션은 많은 별개의 마스터 페이지와 중첩된 페이지들을 가질 수 있다. 로그아웃 사용자 마스터 페이지와 로그인 사용자 마스터 페이지가 있을 수 있다. 중첩 마스터 페이지는 그림 1-1에서 보는 것과 같이 페

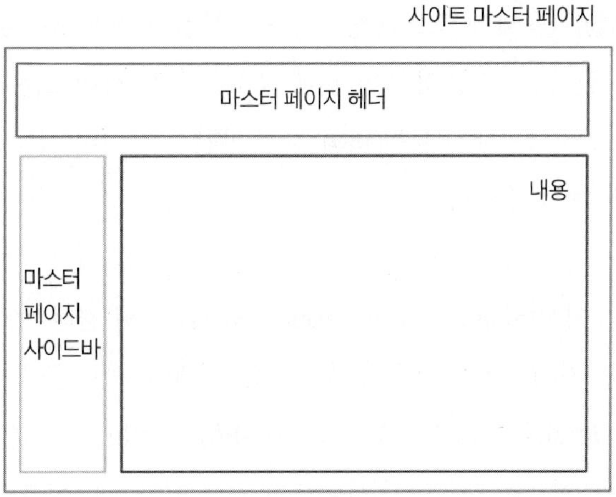

사이트 마스터 페이지

마스터 페이지 헤더

마스터 페이지 사이드바

내용

<그림 1-1> 중첩된 마스터 페이지

이지에 약간의 추가적인 내용만 추가하여 각각의 마스터 페이지를 가진 인형의 집처럼 페이지들의 몇 가지 흥미로운 시나리오도 가능하게 해준다.

사용자 컨트롤은 또 다른 재사용 메커니즘이다. 일반적으로 .ascx 파일과 수반되는 VB 또는 C# 코드 비하인드는 다른 페이지 내부에 넣을 수 있는 작은 휴대용 .aspx 페이지와 비슷한 사용자 컨트롤이다. 예를 들어, 사이트 전체에서 자동차의 브랜드를 선택하는 드롭 다운이 필요하다면, 자동차 브랜드 선택을 위한 로직을 포함하는 사용자 컨트롤을 만들기만 하면 된다. 그러면 이 컨트롤은 필요한 어느 곳에나 포함시킬 수 있다. 사용자 컨트롤에 대한 로직과 표시 코드는 어디서든 다시 반복할 필요가 없으므로 코드 집중화를 보장할 수 있다.

인상적인 사용자 컨트롤 구축은 설립된 많은 회사의 비즈니스 모델이 되었다. 항상 불만이었던 표 컨트롤은 특히 인기가 있었고, 확장성이 높으면서 기능이 풍부한 표를 만드는 구성 요소 공급 업체들 사이에서 경쟁 무기의 한 종류로 자리매김하였다. 필요한 것이 무엇이건, 요구 사항을 충족하는 컨트롤 모음을 판매하려는 공급 업체가 있을 것이다. 이 복잡한 컨트롤들의 사용법을 익히기만 한다면 실제로 생산성에 큰 도움이 될 것이다.

생산적이긴 하지만 웹 폼에서 사용자 경험은 현대적인 웹이 기대하는 바가 아닐지도 모른다. 웹을 데스크톱처럼 프로그래밍 가능하게 만드는 추상화 구축의 문제는, 웹은 데스크톱이 아니라는 것이다. 필요한 이음새가 많으면 상호작용이 복잡해진다. 인터넷 사이트에서 상호작용 모델이 좋을 수도 있지만, 웹 폼의 기반 위에 구축된 주요 사이트는 거의 없을 것이다. 이는 여러 가지 면에서 그림 1-2에서 보는 바와 같이 약간의 간격이 있지만 둥근 못을 딱 맞는 사각형 구멍에 끼워넣는 것과 같다.

단일 페이지 애플리케이션(Single page application, SPAs)은 웹 클라이언트에서 동작하며 탐색하는 동안 전체 페이지의 새로고침을 수행하지 않는 페이지이다. 단일 페이지 애플리케이션의 훌륭한 예제는 Gmail(아마도 인기 있는 초창기 SPA), Trello, 트위터가 포함된다. 이 페이지들을 탐색할 때, 재조회되는 데이터가 사이트의 전체 영역을 다운로드하는 대신 페이지마다 변경되는 내용으로 제한된다. 그러한 사이트들에 대한 사용자 경험은 탐색하는 동안 연속

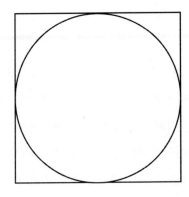

<그림 1-2> 사각형 구멍에 둥근 못 넣기

성이 느껴지므로 전통적인 웹사이트보다 더 좋다. 웹 폼만을 사용하여 단일 페이지 애플리케이션을 만들 수는 있지만, 매우 어렵고 시간이 많이 걸린다.

웹 폼 페이지의 상태는 ViewState라고 알려져 있는 컨테이너에 유지된다. 사이트가 ViewState를 구현하는 방법에 따라 인코딩된 ViewState가 모든 페이지에 나타날 수 있고 모든 요청이 클라이언트와 서버 사이에 전달될 수 있다. 상상할 수 있겠지만, 특히 몇 메가바이트 크기로 전달되는 ViewState가 많다는 것을 알게 되면 통신상의 페이지 용량이 크게 추가되는 것이다. 인터넷 상에서 전송 속도는 사용자의 만족에서부터 검색 순위에 이르는 모든 것에 영향을 미칠 수 있다. 문제는 모바일 기기가 보급되면서 용량에 대한 부담이 점점 가중된다는 것이다. 대역폭의 비용은 많은 모바일 플랫폼에게는 일반적인 것이 아니며, 휴대폰 네트워크를 통해 큰 페이지를 읽는 데 걸리는 시간은 사용자들을 떠나게 하는 데 충분하다.

웹 폼의 몇 가지 단점을 보완하기 위해 2007년 ASP.NET MVC가 출시되면서 새로운 변화가 생겼다.

# ASP.NET MVC

Microsoft 내부 팀은 항상 이전 버전 제품과 호환성을 유지하기 위해 최선을 다하고 있다. ASP.NET MVC는 여러 가지 면에서 웹 폼보다 우수하지만, 웹 애플리케이션을 구축하는 두 번째 수단의 대체품으로 인식되지는 않는다. 분명히 말하자면, 웹 폼에는 여전히 ASP. NET MVC에 비해 몇 가지 이점이 있다. ASP.NET MVC는 웹 폼을 무거우면서도 작업하기 쉽게 해주는 추상화의 많은 부분을 제거하여 웹 폼보다 표준에 가깝다. 하나의 프로젝트에서 MVC와 웹 폼을 함께 사용할 수 있기 때문에 어떤 접근 방식을 취할지 반드시 결정할 필요는 없다. 실제로 한 번에 한 페이지씩 바꾸는 것은 기존 애플리케이션을 웹 폼에서 MVC로 변환을 시작하는 멋진 방법이다.

웹 폼에서 MVC로 변경하는 첫 번째 아이디어는 각 페이지의 모델 뒤에 코드를 두는 것이다. 복잡한 것들을 잘 분리하여 웹 폼 애플리케이션 구축을 가능하게 해준다. 그러나 쉽지만은 않은 것이 책임의 적절한 계층을 무시하는 애플리케이션을 만들기 쉽기 때문이다. ASP. NET MVC는 모델 뷰 컨트롤러 패턴의 상단에 구축되며, 뷰와 관련된 UI, 컨트롤러와 관련된 행위, 그리고 모델과 관련된 저장 및 통신 격리를 권장한다. 관련성에 따라 내적으로 분리하면 더 나은 테스트를 할 수 있고 코드 재사용을 촉진시킬 수 있다. 이것은 개발자가 성공할 수밖에 없게끔 하는 방법 중 하나일 뿐이다.

요청이 ASP.NET MVC 사이트에 도착할 때, 처음 접하는 것 중 하나는 컨트롤러에서 파일이나 코드의 덩어리일 수도 있는 대상으로 직접 요청하는 라우팅 테이블이다. 이는 디스크에 존재하는 .aspx 파일의 의존성을 떨어뜨린다. 라우팅 테이블은 여러 가지 흥미로운 가능성을 열어준다. 라우팅 테이블은 사용자에게 검색 엔진의 최적화뿐만 아니라 페이지의 내용에 대한 힌트를 제공하는 사용자 정의 URL을 가능하게 해준다. 다중 테넌트 사이트가 있는 경우, 이제는 다음과 같은 URL을 만드는 것이 간단하다.

```
https://site.com/{ComapnyName}/User/Add
```

보다 친숙하고 일반적인 방법은 다음과 같다.

```
https://site.com/User/Add?companyId=15
```

다수의 코드 중복을 제거할 수 있는 단일 끝점에 대한 여러 경로를 추가하는 것 또한 가능하다.

라우팅은 일반적으로 요청을 컨트롤러에 매핑한다. 컨트롤러는 컨트롤러 기반 클래스에서 파생된 단순 객체이다. 컨트롤러 내에서 ActionResult를 반환하는 public 메서드는 라우팅 대상이다. Action 메서드는 .NET 메서드에서 기대할 수 있는 일반 매개변수 유형을 취할 수 있다. MVC는 HTTP 요청에 포함된 매개변수를 .NET 유형으로 변환하여 바인딩하는 모델을 사용한다. 모델 바인딩은 놀랍도록 강력하고 개발을 훨씬 쉽게 만든다. 사용자 정의 모델 바인더는 복잡한 객체들을 매핑하는 데 추가될 수 있다. 그러나 대부분의 경우 기본 매퍼가 필요한 모든 것을 수행한다.

프레임워크가 선택한 방법은 컨트롤러의 이름, 컨트롤러상의 메서드, 그리고 메서드상의 모든 메서드에 대한 주석이다. 예를 들어, 컨트롤러에 메서드 서명만 다른 Add라는 두 개의 메서드가 올 수 있다. 선택된 메서드는 [HttpGet] 또는 [HttpPost] 특성을 사용하여 메서드에 주석을 달아 힌트를 줄 수 있다.

```
[HttpGet]
public ActionResult Add(){
    //몇 가지 작업 수행
    return View();
}
[HttpPost]
public ActionResult Add(AddModel model){
    //모델 검증
    //저장
    //이동
}
```

일반적으로 사용되는 패러다임은 Get 동작이 폼 페이지를 반환하고, POST 동작이 그 폼의 내용을 받고, 저장한 다음 또 다른 동작으로 재연결하는 것이다. 동작으로부터 반환될 수 있는 여러 ActionResult가 있다. 다른 페이지나 파일 스트림 결과를 다시 파일로 스트림하도록 유저에게 다시 보내는 결과 재전송을 반환할 수 있다. JSON은 MIME 유형을 application/json으로 설정하여 동작의 결과를 직렬화된 버전으로 반환한다. 뷰 결과는 최종 사용자에게 다시 전달되는 동작의 결과를 HTML로 변환하는 역할의 뷰 엔진으로 전달한다.

뷰(MVC에서 V)는 프리젠테이션 계층이며 .aspx 파일 이전에 수행하고자 하는 대부분의 것들을 수행한다. MVC에서 뷰 엔진은 장착형이며, 사용될 다른 문법들을 허용해준다. MVC의 초기 버전은 웹 폼과 동일한 뷰 엔진을 사용하여 만들어졌지만, 더 최근에 출시된 Razor에서 기본 뷰 엔진이 되었다. Razor는 HTML과 훨씬 더 매끄럽게 조화되는 더욱 현대적인 뷰 엔진이다. Razor의 설계 목표에는 배우기 쉽고 생산성을 향상시키는 것이 포함된다. 이 목표들은 확실히 달성되었고 경험은 이전 WebView 구문을 사용하는 것보다 훨씬 낫다.

Razor 구문은 이전 뷰 엔진들보다 순수 HTML에 더 가깝다. 웹 디자이너가 실제 HTML을 편집하는 조직에서는 웹 폼 엔진을 사용하는 것보다 Razor가 전체 디자이너에 대한 장벽이 더 낮다.

컨트롤러에 의해 뷰로 전달되는 데이터는 몇 가지 경로를 가질 수 있다. 첫 번째 방법은 뷰와 컨트롤러에서 사용 가능한 컬렉션인 ViewBag이나 ViewData 중 하나에 값을 추가하는 것이다. ViewData는 객체를 가리키는 문자열 사전이며, ViewBag은 단순한 속성 지정이 가능한 동적 객체이다. 분명 두 가지 컬렉션 모두 런타임 오류 가능성이 있는 뷰에서 변환을 요구할 수도 있는 느슨한 형식화이다.

일반적으로 더 나은 두 번째 방법은 뷰와 컨트롤러 사이의 통신을 위해 강한 형식화 모델을 사용하는 것이다. 모델은 모델 내의 데이터가 예상이 가능하면서 올바르게 명명되었는지를 지정할 수 있다. VewBag 및 ViewData 접근 방식에서 런타임 오류는 거의 언제나 더 나은 컴파일 시간 오류로 변환된다.

모델은 필드 컬렉션을 포함하는 일반 기존 CLR 객체(plain old CLR object, POCO)이다. MVC는 유효성 검사를 허용하는 모델에 대한 기능을 몇 가지 제공한다. ComponentModel 네임스페이스 필드의 내부에서 주석을 사용할 때는 required, not null, 범위 한정 또는 다른 숫자가 표시될 수 있다. 또한 사용자 정의 유효성 검사기는 데이터베이스 검사나 타사의 유효성 검사 서비스 호출과 같은 모든 종류의 복잡한 유효성 검사를 허용하도록 작성될 수 있다. 유효성 검사는 ModelState가 유효한지를 간단히 검사하여 컨트롤러에서 동작을 처리하는 동안 실행될 수 있다.

ASP.NET MVC의 초기 버전에 대한 불만 중 하나는 웹 폼의 생산성 부족이었다. 특히 사용자 컨트롤의 강력함을 MVC에서 쉽게 사용할 수 없었다. 이는 편집기 및 뷰 템플릿 생성으로 수정되었다. 이 놀랍고도 미숙한 기능은 모델의 필드에 템플릿을 할당하도록 해주었다. Razor가 다음에 보이는 것처럼 필드에 대한 편집기를 표시하라는 지시어를 만나면, HTML 도우미나 파샬(partial) 뷰의 양식에 정의된 특수 편집기나 뷰가 있는지를 알아보기 위해 모델을 검사한다.

```
@Html.DisplayFor(model => model.StartDate)

@Html.EditorFor(model => model.StartDate)
```

위 지시문들은 규칙에 따르거나 어느 템플릿을 로드할지 결정하는 UI 힌트 주석으로 모델에서 필드 주석에 의해 정의될 수 있다. 도우미 템플릿은 필드를 보여주기 위해 필요한 모든 특정 표시 또는 로직 편집 포함이 가능한 Razor 파일이다. 이전 예제에서 표시된 StartDate의 경우, 편집기 템플릿은 날짜 편집을 위한 컨트롤을 포함할 수 있다. 주석을 여러 모델에 분산시켜 날짜 표시와 편집을 한 곳에 집중시킬 수 있다. 날짜 표시 방식이 변경된다면 하나의 파일에서만 수행하면 된다. 이것은 여러 가지 클래스에 동일한 로직을 적용하는 교차 단절 문제의 예제이다.

MVC 프레임워크에서는 이것만이 교차 단절 지점이 아니다. 필터도 있다. 필터는 전체 컨트롤러나 컨트롤러 내부의 개별 동작 메서드에 주석으로 적용된다. 필터는 요청을 변경하더라도 모든 데이터의 추가나 기존 데이터의 변경 요청을 가로채고 변경할 수 있다. 보안은 종종 필터 주석을 사용하여 적용된다. 권한 부여 속성은 애플리케이션 전체에 복잡한 권한 부여 규칙을 적용하는 아주 단순한 방법을 제공한다.

MVC 애플리케이션에서 로직을 집중화하는 또 다른 예는 미들웨어다. .NET용 공개 웹 인터페이스(Open Web Interface for .NET, OWIN) 표준을 기반으로 개발된 미들웨어는 한때 모든 요청을 가로채는 유일한 방법이었던 사용자 정의 인터넷 정보 서버(Internet Information Server, IIS) 모듈을 광범위하게 대체한다. 미들웨어에서는 일반화된 명령의 모든 방식을 수행할 수 있다. 예를 들어, 모든 요청에 대한 몇 가지 로깅 정보 추가를 원한다면, 미들웨어를 입장 및 퇴장 로깅에 사용할 수 있다.

교차 절단 문제가 반드시 애플리케이션 로직에 있어야 할 필요는 없다. 사용자 인터페이스에 있을 수도 있다. 웹 폼이 마스터 페이지를 지원하듯이, MVC는 마스터 페이지와 상당히 동일한 방식으로 동작하는 레이아웃을 지원한다. 하나의 추가된 기능은 레이아웃에 다중 섹션을 채울 수 있는 끼워넣기가 가능한 단일 뷰이다. 예를 들어, 콘텐츠와 해당 콘텐츠로 이어지는 탐색 경로를 하나의 파일에 넣을 수 있다.

MVC는 정적인 내용을 보다 강력하게 제어하도록 해주며, 웹 폼 시대에서 호환되지 않는 많은 추상화를 제거할 수 있다. MVC를 사용하여 구축된 애플리케이션은 테스트가 가능하고, 더 나은 설계를 할 수 있고, 사용자 관점에서 더 빠르고, 새로운 개발자에게 소개하기 더 쉬운 경향이 있다.

웹 API

ASP.NET MVC의 즉각적인 인기는 ASP.NET팀의 또 다른 새 웹 속성인 웹 API에 영감을 주었다. ASP.NET MVC에서 웹 폼의 장점 몇 가지를 취해서, 웹 API는 .asmx 파일로 생성된 단순 객체 접근 프로토콜(Simple Object Access Protocol, SOAP) 서비스에서도 동일한 작업을 시도했다. .asmx 파일 확장자는 Microsoft가 착수한 HTTP를 통한 원격 메서드 호출의 1세대이다. SOAP 웹 서비스는 강력한 패러다임이었지만, 급속도로 아주 복잡하게 변했다. WS-Security 및 WS-BPEL과 같은 표준은 복잡하고 이해하기 어려웠다. 이 표준에 부합하기 위해 Microsoft는 WS-*의 복잡한 표준을 채택한 윈도우 커뮤니케이션 파운데이션(Windows Communication Foundation, WCF)을 만들어 인간이 이해할 수 없는 수준까지 복잡성을 증가시켰다.

서비스들 간 그리고 웹 클라이언트와 서버 간의 경우보다 더 단순한 통신 방법이 필요했다. 다행히 로이 필딩(Roy Fielding)의 구상적 전송 상태(Representational State Transfer, REST)에 대한 논문이 인기를 얻고 있다. REST는 HTTP 동사를 사용하여 객체 집합에서 통신 동작을 전달하는 간단한 방법이다. SOAP 웹 서비스에서는 SOAP라는 봉투로 싸여진 사용자 생성에 필요한 매개변수를 취하고 AddUser 같은 이름으로 명명된 끝점을 만든다. 봉투에는 메시지 본문과 일부 헤더가 포함될 수 있다. 그러면 서버는 사용자가 실제로 추가되었는지 확인하는 응답을 반환한다. 요청은 다음과 같이 전달될 것이다.

```
POST /User HTTP/1.1
Host: www.example.org
Content-Type: application/soap+xml; charset=utf-8
Content-Length: 299
SOAPAction: "http://www.w3.org/2003/05/soap-envelope"

<?xml version="1.0"?>
<soap:Envelope xmlns:soap="http://www.w3.org/2003/05/soap-envelope">
  <soap:Header>
  </soap:Header>
  <soap:Body>
    <m:AddUser xmlns:m="http://www.example.org/user">
      <m:FirstName>Glenn</m:FirstName >
      <m:LastName>Block</m:LastName >
    </m: AddUser >
```

```
    </soap:Body>
  </soap:Envelope>
```

알다시피 위 문장은 매우 복잡한 메시지이다. 서버가 요청을 올바르게 처리할 수 있다면, HTTP 200 결과 코드를 반환한다. 동일한 작업을 수행하는 RESTful 메시지는 다음과 같다.

```
POST /User HTTP/1.1
Host: www.example.org
Content-Type: application/json; charset=utf-8
Content-Length: 75

{ "FirstName": "Glenn", "LastName":"Block"}
```

전송량이 줄어든 것보다 흥미로운 점은 서버가 201 상태 코드로 응답한다는 것이다. 위 코드에 익숙하지 않다면, 위 코드가 "만들어진" 상태 코드이기 때문이다. REST는 HTTP 사양에 있는 규칙을 활용하여 SOAP 잡음의 많은 부분을 제거하려 시도한다. 예를 들어, 항목을 삭제하기 위해서는 DELETE 동사를 사용한다. 엔티티에 대한 정보를 얻기 위해서는 GET 동사를 사용할 수 있다.

WCF는 WCF 웹 API 프로젝트의 생성을 통해 RESTful 웹 서비스 생성을 지원했다. 이는 WCF에서 사용 가능한 많은 설정에 대한 합리적인 기본값을 설정하는 WCF의 훨씬 단순화된 버전이다. 이 WCF 웹 API 프로젝트는 결국 다시 더 간단해진 바닐라 웹 API 프로젝트로 변형되었다.

웹 API 프로젝트의 코드를 처음 본 사람은 MVC 애플리케이션으로 착각할 수도 있다. 웹 API 프로젝트는 Models 폴더뿐만 아니라 Controllers 폴더도 포함되고, 완전한 MVC 애플리케이션과 비슷하다. Views 폴더와 Content 및 Scripts와 같은 다른 것들은 누락되었지만, 웹 API 프로젝트에는 존재하지 않는 UI를 표시하는 데 사용하는 리소스가 포함된다.

웹 API 프로젝트의 컨트롤러를 살펴보면, 동작에 응답하는 HTTP 동사의 이름이 지정된다는 것을 알 수 있다. 예를 들면, 컨트롤러가 HTTP POST 요청을 받은 이벤트에서 실행될 Post 메서드가 있을 수 있다. 기본 스캐폴딩은 다음과 같은 Post 메서드를 생성한다.

```
public async Task<IHttpActionResult> Post(User user)
  {
    if (!ModelState.IsValid)
    {
      return BadRequest(ModelState);
    }

    // TODO: 여기에 로직 생성을 추가한다.

    // Created(user); 반환
    return StatusCode(HttpStatusCode.NotImplemented);
  }
```

실제로 응답할 동사의 이름을 따서 명명된 것을 알 수 있다.

WCF는 IIS 외부에서 실행되고 그 결과가 웹 API로 유입되는 자체 호스팅을 지원한다. 즉, bin 배포가 가능한 웹 API 애플리케이션을 빠르게 작성하기가 쉽다는 것이다.

아마도 웹 API에서 가장 흥미로운 부분은 이것이 Microsoft의 첫 번째 오픈 소스 프로젝트 중 하나라는 것이다. 소스 코드는 완전히 배포되었으며 현재 아파치 2.0 라이센스가 부여된다. 프로젝트는 .NET 에코 시스템을 중심으로 오픈 개발 촉진을 목표로 하는 독립적 비영리 단체인 .NET 라운데이션의 일부이다.

웹 API에서 대부분의 기능은 바닐라 ASP.NET MVC에서 미러링된다. MVC 컨트롤러가 간단한 사용 사례와 같이 웹 API 컨트롤러가 수행하는 것과 거의 비슷한 유연성을 가질 수 있으므로, 웹 API 컨트롤러를 사용할 시기와 MVC 컨트롤러를 사용할 시기에 대한 몇 가지 혼란이 있다. 웹 API와 MVC는 동일한 프로젝트에서 모두 사용할 수 있다.

ASP.NET Core

ASP.NET는 계속 발전하고 있으며, 다음 단계는 ASP.NET Core이다. 또한 모두 초기 이름인 ASP.NET vNext, ASP.NET 5, 또는 ASP.NET MVC6와 같은 이름을 들어봤을지 모른다. ASP.NET 및 ASP.NET MVC의 차기 버전 개발은 매우 개방적인 방식으로 진행되었다. ASP.NET MVC의 이전 버전은 오픈 소스였지만, 그 개발은 여전히 닫힌 문 뒤에서 이루어졌다. 프로젝트에 코드를 제출할 수는 있었지만, 그렇게 하는 과정은 상당히 복잡했다. 어떤 사람들은 기여하는 것이 권장되지 않는다고 말하기도 했다. 이는 자신의 프로젝트에서 매우 중요한 기능을 포함시키려면 여전히 Microsoft의 자비를 구해야 한다는 것을 의미했다.

ASP.NET Core는 누구나 기능 또는 버그 수정에 대한 제안을 요청할 수 있는 깃허브(GitHub)에서 개발되었다. 주요 커뮤니티의 공헌이 있었고 거버넌스가 여전히 Microsoft 소유이기는 했지만, 제품은 자체 개발한 것보다 훨씬 우수하다.

ASP.NET에 기여하는 데 관심이 있다면, https://github.com/aspnet/home를 방문해서 기여 방법을 읽어보자.

ASP.NET Core는 ASP.NET의 이전 버전과는 크게 다른 제품이다. ASP.NET Core는 Node, Elixr, 그리고 Go 커뮤니티처럼 오늘날의 가장 강력한 웹 프레임워크들과 고도로 경쟁하는 ASP.NET을 만들기 위해 설계된 광범위한 현대화의 노력이다.

ASP.NET Core는 .NET Core라는 .NET 런타임에서 현대화하려는 노력과 함께한다. 이 노력은 아마도 윈도우 이외의 운영 체제에서 .NET Core가 지원되는 것과 같은 가장 중요한 개선 사항들에 중점을 두었다. 즉, macOS에서 자신의 애플리케이션을 개발하고, 도커 이미지를 통해 Azure 클라우드에서 실행되는 리눅스 기기의 모음에 배포할 수 있다는 뜻이다.

ASP.NET Core는 엄청난 기술적 노력이며, 적어도 한 권의 책으로 만들기에 합당한 가치가 있는 것이다.

🏷️ 요약

Microsoft의 웹 제품은 다양한 서버 측 기술을 지원한다. 사용할 기술의 올바른 선택은 프로젝트의 요구 사항에 크게 좌우된다. 웹 폼이 여전히 올바른 접근 방식이 될 수 있고, 더 많은 결과의 미세 조정이 필요한 다른 곳에는 MVC 및 웹 API를 더 잘 선택하여 만들어야 할 필요가 있다.

Microsoft의 제품이 발전하면서 다른 웹 개발 제품들도 늘어나고 있다. Microsoft가 얼마나 크고 영향력이 있는지와는 무관하게, 웹의 미래를 스스로 결정할 수는 없다. 그러므로 ASP. NET이 더 큰 웹 영역에 어떻게 맞추어왔는지와 어떤 영향을 받았는지를 이해하는 것도 중요하다. 이는 다음 장에서 다루겠다.

다니엘은 눈을 깜박였다. 그녀는 오랫동안 ASP.NET에 관한 이야기를 한 것 같았다. ASP.NET의 20년 역사가 한 시간으로 요약되었고 3개의 화이트보드가 화살표와 막대기 모양들로 가득했다. 다니엘은 예전에는 ASP.NET의 전체 역사를 진지하게 생각해본 적이 없었다. ASP.NET의 진화 과정을 돌아보는 것은 흥미로웠다.

캔다이스는 "저는 잘 모르겠군요. Microsoft 전용의 기술 스택으로 전락한 것처럼 보입니다. 저는 우리가 최선의 방법으로 일하겠지만 Microsoft의 방식으로 일할 것 같지는 않은데요"라고 말했다.

다니엘은 모든 사람들이 Microsoft와 같은 방식으로 일하지는 않지만, 접근 방식은 크게 다르지 않다는 것을 알고 있었다. 그렇지 않은가? 서버와 웹페이지가 전부였다. 웹 폼은 약간 특별했지만 MVC는 다른 모든 것과 매우 비슷했다. 물론 그녀의 생각을 말하기 전에 마르가 끼어들었다.

"오, 10년 전쯤의 일이었을 것 같네요. 당시에 Microsoft는 몇 가지 일을 했어요. 인터넷 익스플로러 4에서 페이지 사이에 파워포인트 스타일 전환을 사용할 수 있었다는 것을 기억하는 사람이 있나요?"*

"하지만 최신 ASP.NET Core는 다른 프레임워크에서 얻은 최고의 아이디어를 정말 많이 가져와서 제작되었어요. 기본 템플릿은 gulp, npm, 그리고 bower가 기본적으로 제공됩니다."

"정말요?" 다니엘이 물었다. 그녀는 새 프레임워크에서 일어나고 있는 일에 주목하지 않았었다.

"네!" ASP.NET Core를 옹호하는 마르가 말했다. "ASP.NET의 초기 버전은 미완성인 상태였지만, 레일스(Rails)와 같은 다른 많은 프레임워크가 ASP.NET Core를 형성하는 데 영향을 주었어요."

---

*   https://msdn.microsoft.com/en-us/library/ms532847(v=vs.85).aspx#Interpage_Transition

마다가스카르 섬은 아프리카 본토에서 멀리 떨어져 있어 동식물이 두 육지 사이를 이동하기가 어려웠다. 그 결과 마다가스카르에는 지구상에서 가장 흥미롭고 독특한 동식물이 산다. 대부분의 고립된 장소에서는 이익을 얻지 못하며, 식물과 동물들은 수백 또는 수천 마일 떨어진 곳에서 온 침입자의 영향을 많이 받는다. ASP.NET은 이같이 격리된 섬들 중 하나에서 오래 지냈다. ASP.NET MVC는 다른 인기 있는 프레임워크에서 일부 아이디어를 가져온 ASP.NET의 공개 버전이며, ASP.NET Core는 이러한 격리를 완전히 끝내고 다른 웹 프레임워크 및 기술의 영향을 크게 받았다. 이 장에서는 ASP.NET 팀이 다른 프로젝트에서 가져온 몇 가지 아이디어가 무엇인지와 그렇게 하도록 설계 결정을 한 이유 몇 가지를 살펴본다.

이전 버전과의 호환성

ASP.NET Core는 이전에 ASP.NET이 동작했던 방식과는 크게 다르다. 이는 ASP.NET MVC가 처음 출시되었을 때 겪었던 불만과 동일하며, ASP.NET 웹 폼이 액티브 서버 페이지(Active Server Page, ASP)가 지배하는 세계에 들어왔을 때와 유사하다. 이러한 각각의 전환은 이전 세대의 도구에서부터 출발했을 것이라고 확신한다. 그러나 이러한 각각의 변화는 이전 세대에서 구축된 점진적인 변화였다. 예를 들어, HTTPRequest 객체는 2000년대 초반부터 상당히 일관된 객체였다.

Microsoft 윈도우는 이전 버전과의 호환성을 유지하기 위해 노력한 제품의 괄목할 만한 예시다. 원래 윈도우 95용으로 작성된 애플리케이션은 윈도우의 최신 버전에서 수정되지 않고 실행될 것이다. 물론, 이런 종류의 호환성은 비용을 감수해야 한다. 윈도우 API의 모든 변경 사항은 기존 애플리케이션 모두를 손상시키지 않도록 주의 깊게 검사해야 한다. 상상할 수 있듯이, 이것은 아주 조금 변화를 주려 해도 엄청난 테스트의 부담을 감수해야 함을 의미한다. 운영 체제를 계속 발전시키려 할 때마다 이러한 레거시 지원 요구 사항의 비중으로 인해 방해를 받는다.

제품과 이름, 개념 사이의 친숙함을 유지하는 것은 ASP.NET 팀에게 큰 관심사였다. 새로운 제품으로 이동할 때, 모든 개발자에게 앞으로 전망이 밝다고 보장하기 위해서는 많은 노력이 필요하다. 사람들이 ASP.NET Core를 선택하는 주된 매력은 ASP.NET Core가 ASP.NET 의 이전 버전이라는 것이며, ASP.NET MVC의 이전 버전으로 작업했던 사람은 ASP.NET Core MVC에도 쉽게 적용할 수 있다. 기본적인 유형인 모델, 뷰 및 컨트롤러는 그대로 남았다. Razor는 여전히 기본 뷰 엔진이며 컨트롤러에서 액션은 여전히 동일하게 명명된 형식을 반환한다. 새로 추가된 변경 사항들은 많은 심의를 거쳐 이루어졌다. ASP.NET Core MVC 의 변경 사항을 살펴보면 자바스크립트 영역에서 최고의 예제들이 업데이트되었으며, 테스트 용이성은 물론 종속성 주입에 대한 최상의 지원이 개선되었다.

프레임워크의 다른 영향력 중 일부를 살펴보자.

레일즈(Rails)

모델 뷰 컨트롤러(Model View Controller, MVC) 웹 프레임워크는 루비 온 레일즈(Ruby on Rails)를 언급하지 않고는 논할 수 없다. MVC는 1970년대로 거슬러 올라가는 오래된 패턴 이므로 웹에 대한 최종적인 적용은 불가피하다. 루비 온 레일즈는 루비(Ruby) 프로그래밍 언어를 사용하여 MVC를 구현한 것이다. 루비 온 레일즈 또는 단순히 레일즈가 알려지면서, 레일즈는 2000년 초에 37개 업체의 참여로 사용되기 시작했다. 레일즈는 베이스 캠프 프로젝트 관리 도구의 개발을 돕기 위해 만들어졌으며, 제작자가 오픈 소스로 운영했다.

레일즈가 출시될 당시의 웹 개발은 혼란스러웠다. ASP.NET이 존재했지만 공식적으로는 웹 폼을 통해서만 작업할 수 있었다. 자바 영역에서 스프링(Spring) 프레임워크는 MVC 도구의 일부를 포함하는 강력한 도구로 떠올랐다. 스프링의 MVC는 자카르타 스트러츠(Jakarta Struts)의 큰 반응이자 서버 측 웹 프로그래밍에 대한 선(Sun)의 공식적인 접근 방식인 서블렛(servlets) 위에 구축된 프레임워크였다. 물론, PHP는 오늘날에도 남아있듯이 그 당시에도 여전히 인기가 있었다. PHP의 초기 버전은 꽤 어려웠다. 그 당시 프레임워크는 소수에 국한되었고, 자체 설계에서 주로 만들어졌고, 쉽게 테스트하거나 확장할 수 없음을 의미했다.

레일즈는 이 영역으로 신선한 공기를 공급했다. 레일즈는 작업을 수행하면서 그 접근법에서 벗어나기 어려운 루비나 레일즈 방식을 제공하는 것을 의미하는 매우 유명한 프레임워크이다. 복잡한 환경 설정 옵션과 무한히 설정 가능한 애플리케이션 프레임워크를 허용하는 대신, 레일즈는 규약 사용을 선호한다. 이 규약은 레일즈의 모든 면에 녹아있는 것으로 볼 수 있다. 예를 들어, 그림 2-1에서 보는 바와 같이 레일즈 애플리케이션에 대한 디렉토리 구조는 레일즈 도구에 의해 생성되며 거의 모든 레일즈 프로젝트에서 동일하다.

컨트롤러는 /app/controllers에 있으며 _controller 접미사로 명명된다. 뷰는 /app/views에 있다. 새로운 엔티티를 추가할 때 컨트롤러뿐만 아니라 뷰, 도우미 및 단위 테스트까지 생성하는 레일즈 명령을 사용한다.

📁 app	2017-08-17 오후 10:38	파일 폴더	
📁 bin	2017-08-17 오후 10:38	파일 폴더	
📁 config	2017-08-17 오후 10:38	파일 폴더	
📁 db	2017-08-17 오후 10:38	파일 폴더	
📁 lib	2017-08-17 오후 10:38	파일 폴더	
📁 log	2017-08-17 오후 10:38	파일 폴더	
📁 public	2017-08-17 오후 10:38	파일 폴더	
📁 test	2017-08-17 오후 10:38	파일 폴더	
📁 tmp	2017-08-17 오후 10:38	파일 폴더	
📁 vendor	2017-08-17 오후 10:39	파일 폴더	
.gitignore	2017-08-06 오전 6:59	GITIGNORE 파일	2KB
config.ru	2017-08-17 오후 10:54	RU 파일	1KB
Gemfile	2017-08-17 오후 10:54	파일	2KB
Gemfile.lock	2017-08-17 오후 10:55	LOCK 파일	3KB
Rakefile	2017-08-17 오후 10:55	파일	1KB
README.rdoc	2017-08-17 오후 10:55	RDOC 파일	1KB

<그림 2-1> 레일즈 도구에서 생성된 디렉터리 구조의 예제

```
rails g controller menu
Running via Spring preloader in process 15584
    create app/controllers/menu_controller.rb
    invoke erb
    create app/views/menu
    invoke test_unit
    create test/controllers/menu_controller_test.rb
    invoke helper
    create app/helpers/menu_helper.rb
    invoke test_unit
    create test/helpers/menu_helper_test.rb
    invoke assets
    invoke coffee
    create app/assets/javascripts/menu.js.coffee
    invoke scss
    create app/assets/stylesheets/menu.css.scss
```

이러한 규칙 기반의 레이아웃 접근 방식은 ASP.NET MVC를 만드는 동안 ASP.NET 팀에서도 사용되었기 때문에 익숙할 것이다. 웹 폼 세계에서, 일반적인 디렉토리 구조가 없으며 암시적 명명 규칙도 없다. 결과적으로 각각의 웹 폼 애플리케이션은 고유하다. 프로젝트의 구조는 프로젝트에서 작업하는 개발자들의 변덕이 모인 결과가 되었다. 간혹 경험 없는 개발자들은 모든 .aspx 파일을 루트 디렉토리에 단순히 추가하여, 하나의 디렉토리에 수백 개의 파일이 있고 유기적인 구조는 거의 없다. 따라서 새로운 개발자가 프로젝트에 참여하여 빨리 이해할 수 없게 된다.

ASP.NET MVC에서 새로운 프로젝트 템플릿은 정의된 디렉토리 구조를 가지고 왔다. 컨트롤러 내부에서도 환경 설정 방식을 통한 규칙의 영향력은 분명하다. 액션으로부터 뷰를 반환할 때, 일반적으로 다음과 같이 작성한다.

```
public ActionResult Index()
{
    return View();
}
```

여기에는 많은 규약이 있다. 첫 번째는 ActionResult를 반환하는 모든 public 메서드가 public 끝점으로 간주된다는 것이다. 두 번째는 컨트롤러를 포함하는 루트 경로에 매핑된 특별한 이름인 Index라는 메서드이다. 다음은 매개변수가 없는 View 메서드이다. 규약에 의해 이 액션에서 반환된 cshtml 파일은 /View의 하위 디렉토리에서 컨트롤러의 이름과 매핑되는 Index.cshtml이라는 파일이다.

ASP.NET 팀이 이러한 모든 명시적 선택을 하기로 결정했다면, 똑같이 단순하게 보이는 메서드는 다음과 같이 확장될 수 있다.

```
[ActionMethod]
[Route("/Menu")]
public ActionResult Index()
{
    return View("~/Views/Menu/Index.cshtml");
}
```

위 코드는 훨씬 더 장황하다. 환경 설정 대신 규약에 크게 의존하는 단점은 새로운 개발자를 위한 학습 곡선이 가파르다는 것이다. 그러나 이 학습 곡선은 개발자가 접할 수 있는 각 프로젝트에 대한 새로운 프로젝트 레이아웃을 배우는 대신 ASP.NET MVC에 대해 한 번쯤은 올라가야만 하는 학습 곡선이다.

레일즈와 ASP.NET MVC 양쪽 모두에서 규칙이 필요하다면 사용자 정의 규약으로 재정의될 수 있다. 이 접근법은 드물게 사용되어야 하고, 규약을 벗어나는 방식으로 사용되거나 구성을 넘어서는 규약 값을 가진 기술로 인해 프로젝트에서 새로운 개발자가 이중으로 혼란을 겪게 되므로 적절한 이유가 있을 때만 사용해야 한다.

레일즈에서 상속을 받는 또 다른 아이디어는 라우팅이다. 웹 폼의 시대에서, 웹 서버는 HTTP 요청에서 파일의 이름과 일치하는 디스크상의 파일들을 찾을 것이다. 요청을 가로채고 다른 페이지로 경로를 변경하여 파일이 이동된 시나리오를 처리하는 방법이 있다. 그러나 재작성 규칙은 표준이 아니다. 프로젝트에서 사용된 재작성 모듈을 보는 것은 드문 일이다. ASP.NET MVC는 레일즈에서 영감을 얻기 쉬운 라우팅을 도입했다. 애플리케이션을 시작할 때 디스크의 파일이나 컨트롤러 내부의 액션 요청을 매핑할 수 있는 일련의 규칙이 도입되었다. 애플리케이션에서 모든 액션이 명시적으로 매핑되어야 하는 것은 아니다. 라우팅 테이블은 환경 설정 규칙이 적용되는 또 다른 곳이다. 다음 항목을 점검하자.

```
routes.MapRoute("Default", "{companyName}/{projectName}/{controller}/{action}/
{id}",
        new { id = UrlParameter.Optional });
```

애플리케이션에서 이 항목은 컨트롤러에 대한 일반 URL의 설정을 매핑하는 규칙을 생성한다. 이 특정 경로는 또한 회사 이름과 프로젝트 이름에 대한 변수를 추출한다. 그러면 변수들은 쿼리 문자열에서 추출하는 대신 액션에서 사용할 수 있다.

일부 쾌적한 규칙을 제공하는 것 이외에도, 라우팅은 찾고 있는 "친숙한" URL을 허용한다. 다음과 같이 작성할 수 있다.

```
/AlpineSkiHouse/Rebrand/user/details/12
```

또는 다음과 같이 작성할 수도 있다.

```
/user/details?id=12&companyName=AlpineSkiHouse&projectName=Rebrand
```

46

위 URL은 사용자가 쉽게 읽을 수 있을 뿐만 아니라, 검색 엔진 최적화에 더 적합하다.

레일즈의 숨은 설계 원칙 중 또 한 가지는 반복해서는 안 된다는 것이다. 위 예제는 UI에서 컨트롤러를 거쳐 데이터베이스 맵퍼까지 모든 방식이 사용된 ActiveRecord 모델이다. 이 동일한 아이디어는 엔티티 프레임워크와 결합된 ASP.NET MVC에서 찾을 수 있다.

레일즈는 여전히 인기 있는 프레임워크이므로 ASP.NET 팀이 일부 훌륭한 아이디어를 가져오는 것은 당연하다. 이 아이디어는 ASP.NET MVC뿐만 아니라 많은 다른 프레임워크 및 도구에도 반영된다. 레일즈와 CoffeeScript 같은 기술 사이의 관계는 각각의 기술이 서로 성장을 유발하는 거대한 공생 관계이다. ASP.NET MVC와 레일즈 간의 관계는 거의 동일하다.

Node.js

인기 블로거 제프 앳우드(Jeff Atwood)가 "자바스크립트로 작성될 수 있는 모든 애플리케이션은 결국 자바스크립트로 작성된다"라고 말한 것을 앳우드의 법칙이라 불렀다. 다소 우스꽝스러운 이 법칙은 몇 년 후 Node.js가 출시되었음에도 불구하고 다시 한 번 사실로 입증되었다. 노드(Node)는 자바스크립트를 위한 이벤트 기반, 다중 플랫폼, 단일 스레드 런타임이다. 노드는 상상 가능한 모든 기능을 지원하며 특히 웹 애플리케이션을 구축하는 데 널리 사용된다. 레일즈가 ASP.NET MVC 개발의 원동력이었다면, 노드는 ASP.NET Core 1.0의 개발에서 유사한 역할을 수행한다. 공생 관계는 ASP.NET Core 빌드 프로세스에서 사용되는 많은 도구가 노드 런타임을 활용하기 때문에, 노드와 ASP.NET Core MVC 1.0 사이에서 더 강력하다.

ASP.NET Core가 개발되기 전에도 노드는 ASP.NET의 웹 소켓 구현인 SignalR의 개발에 큰 영향을 미쳤다. 노드가 Socket.io 패키지를 통해서 웹 브라우저와 웹 서버 간의 실시간 통신을 위한 서버 푸시(server push) 및 웹소켓(WebSockets)이라는 아이디어를 대중화시켰다.

Socket.io는 혁신적이었고 SignalR 개발에 큰 영향을 미쳤다. SignalR은 원래 롱 폴링(long polling), 영구 프레임(forever frame), 그리고 웹소켓과 같은 많은 기술을 오픈 소스로 구현한 것이다. SignalR은 Microsoft의 공식 제품으로 사용이 종료되었다. ASP.NET Core의 첫 번째 출시 제품의 일부로 포함되지는 않았지만, SignalR은 후속 제품으로 출시될 우선 순위가 높다.

Node.js상에는 수많은 도구가 내장되어 있다. Grunt, Gulp 그리고 심지어 TypeScript와 같은 웹 개발 도구는 모두 Node.js에서 실행된다. 오픈 소스 편집기인 비주얼 스튜디오 코드 조차도 Node.js를 기반으로 한 일렉트론(Electron)이라는 기술을 기반으로 한다. 노드의 유연성은 최소한의 구현을 허용한다. 간단한 웹 서버가 단지 몇 줄의 코드 사용으로 구축될 수 있다.

```
var http = require('http');
http.createServer(function(req, res){
... res.writeHead(200, {'Content-Type': 'text/plain'});
... res.write('hello world');
... res.end();}).listen(5678);
```

HTTP 모듈이 포함된 첫 번째 줄을 살펴보자. 노드는 npm 패키지 관리자를 통해 제공되는 작고 세부적인 패키지를 사용한다. 기본 클래스 라이브러리(Base Class Library)와 동일한 것을 가지지 않고 노드는 패키지에 포함된 대부분의 기능을 구현하면서 빠르게 성장할 수 있었다. 애플리케이션을 배포할 때는 정확히 필요한 라이브러리만 포함한다. 이러한 세분화된 모듈은 .NET 런타임의 모듈화에 영감을 주었다. .NET Core는 패키지 관리자인 NuGet에 크게 의존한다. 이전 버전에서 NuGet은 Autofac과 Newtonsoft의 Json.NET과 같은 공통 라이브러리를 가져올 수 있었다. .NET 기본 클래스 라이브러리의 세분화를 통해, NuGet은 모든 .NET 개발자가 알아야 할 것이 되었다.

노드 세계에서 최소 프로젝트는 새로운 .NET Core 프로젝트를 시작할 때 생성되는 경량 프로젝트에도 영감을 주었다. 이 경량 접근법은 이론적으로 더 작은 배포와 더 빠른 애플리케이션을 허용해야 한다. 또한 테스트해야 할 표면적을 최소화하고 보안 취약점이 있는 공격 영역도 최소화해야 한다. 고도로 모듈화된 애플리케이션에서, .NET 런타임의 한 부분에 있는 취약점으로 인해 .NET 위에 구축된 모든 애플리케이션을 다시 출시하지 않고 해당 모듈을 직접 사용하는 응용 프로그램만 패치해야 할 수도 있다.

노드는 ASP.NET Core뿐만 아니라 .NET Core의 설계에도 영향을 미쳤다. 기본 ASP. NET Core 빌드 프로세스는 또한 컴파일 리소스에 대한 Node.js와 bower(자바스크립트로 작성되고 Node.js에서 실행되는)를 통한 클라이언트 측 패키지 관리까지 크게 의존한다. Node. js와 ASP.NET Core를 비교하는 것보다 Node.js와 .NET Core를 비교하는 것이 더 정확하다. .NET Core를 구분하는 것은 단순히 단일 언어 런타임이 아닌 그 이상이라는 것이다. 또한 잘 설계되고 생산이 강화된 라이브러리 모음이다. .NET Core는 Node.js가 결여되어 있어, 표준 구조의 구현에서 엄청난 분열을 초래한다.

앵귤러(Angular)와 리액트(React)

자바스크립트는 인기 있는 언어이다. 웹페이지의 양식을 검정하는 것이 주된 목적이었던 언어에서 많은 발전이 있었다. 자바스크립트라는 영역에서 가장 인기 있는 프레임워크 두 가지는 앵귤러(Angular) 및 리액트(React)이다. 앵귤러는 그 둘 중에서 리액트보다 많은 기능을 갖는 더 큰 프레임워크이다. 앵귤러는 컨트롤러 구현, 라우터, 그리고 종속성 주입 프레임워크와 같은 데이터 바인더를 포함한다. 리액트는 기본적으로 단순 뷰 엔진이다. 그러나 두 프레임워크 모두 사용자 정의 태그나 선언을 지원한다. 이 사용자 정의 태그를 사용하여 마크업, 기능 및 스타일 정보까지 캡슐화하는 구성 요소를 생성할 수 있다. 수많은 컨트롤 인스턴스를 포함하는 웹사이트가 있는 경우, 공유 기능이 구성 요소로 추출될 수 있다. 리액트와 앵귤러는 이전 프레임워크의 아이디어를 바탕으로 만들어졌다. 자바는 2000년대 초반에 Taglet back으로 알려진 개념을 지원했고, 이전 예제에서도 찾을 수 있다.

웹사이트의 공통 컨트롤인 달력 드롭 다운을 생각해보자. 사용자가 날짜를 선택할 때마다 작은 달력을 표시하는 UI가 적절하다. HTML5는 기능 요구를 만족하는 날짜 선택 컨트롤을 정의하고 있지만, 모든 브라우저가 이 컨트롤을 지원하지는 않으며 모든 브라우저에서 모양과 느낌이 일관되지 않는다. 대부분의 경우 가장 좋은 방법은 타사 달력 컨트롤을 사용하는 것이다. 타사 컨트롤들은 기능이 풍부하거나 때로는 너무 많고, 환경 설정 옵션의 목록은 드라마 왕좌의 게임(Game of Thrones)에서 사망한 수많은 인물들을 신문 부고란에서 찾는 것과 유사하다. 새로운 인스턴스가 사이트에 추가될 때마다 모든 인스턴스를 업데이트하는 힘든 작업과 마찬가지로, 환경 설정 옵션을 살펴보는 것은 고통스럽다. 이 기능을 공통 장소로 추출할 수 있다면 좋을 것이다.

리액트와 앵귤러 모두 위에서 언급한 사용자 정의 태그와 비슷한 방식으로 이를 제공한다. 다음과 같이 작성해보자.

```
<div class="calendar-container">
  <h4>Birth Date </h4>
  <input id="datepicker" style="background: blue" data-start-date="1904-01-01"
data-end-date="2012-01-01" data-allow-range="false" data-date-format="yyyy-MM-
dd"/>
</div>
```

위 코드에는 쉽게 잊어버릴 환경 설정 정보가 포함되어 있으므로 다음과 같이 고쳐 작성할 수 있다.

```
<calendar name="birthDate" label="Birth Date"/>
```

달력 구성 요소 내부에, 달력 컨트롤이 사이트 전체에서 일관되도록 유지하는 데 필요한 모든 환경 설정을 중앙 집중식으로 관리할 수 있다. 생년월일에 특정한 컨트롤을 만들어서 구성 요소화를 더 진행할 수도 있다.

```
<birth-date-calendar name="birthdate"/>
```

ASP.NET Core MVC는 사용자 정의 HTML 태그를 사용하여 구성 요소를 나타내는 것과 동일한 아이디어를 채택했다. 더 자세한 사항은 19장 "재사용 가능한 구성 요소"에서 태그 도우미를 읽어보자.

아이러니하게도 위 구성 요소들은 ASP.NET Core MVC를 웹 폼에서 널리 사용되는 사용자 정의 컨트롤 모델에 더 가깝게 만든다. 이는 웹 폼이 생산적인 환경이 되었던 이유 중 하나이다. 몇 개의 컨트롤을 페이지 패널에 넣고 일관성 있게 만들기가 쉬워졌다. 현대적인 웹 프레임워크에서 이러한 종류의 기능을 사용하면 애플리케이션을 신속하게 개발하고 표준 준수 구성 요소를 쉽게 구축하는 두 가지 장점을 모두 누릴 수 있다.

오픈 소스

여러분이 기여할 수는 없지만, 오픈 소스 채택과 관련한 Microsoft 개발자 부서 내부의 문화적 변화를 보면 놀라지 않을 수 없다. ASP.NET MVC의 소스 코드는 다른 사람들이 읽고 배울 수 있도록 공개적으로 출시되었다. 코드를 개발자가 사용 가능하게 함으로써 특히 어려운 문제를 더 잘 이해하고 해결하기 위해 구현된 코드를 탐구할 수 있다.

ASP.NET Core MVC는 Microsoft 내부의 오픈 소스에 대한 아이디어를 더 길게 설정했다. 원본 ASP.NET MVC가 코드플렉스(CodePlex)에서 단순히 오픈 소스화되어 전체 공개된 반면, ASP.NET Core MVC의 개발은 공개 저장소인 깃허브(GitHub)에 올라갔고 커뮤니티로부터 요청을 가져와서 서비스되는 다양한 프로젝트들이 있다. 이 같은 민주화로 인해 내부에서 작업하는 ASP.NET 팀이 작성한 것보다 훨씬 인상적인 제품을 만들 수 있었다. ASP.NET에서 누락된 일부 기능을 발견하거나 버그를 발견한 경우 단순히 다음 제품 출시를 기다리는 대신 코드를 제출하여 프로젝트의 진화에 적극적으로 참여할 수 있다. 팀이 가질 기여에 대한 보상은 없지만, 팀이 분명 대화에 참여할 것이다. 무수한 오픈 소스 프로젝트의 영향으로 ASP.NET이 개발되는 방식이 바뀌었다. 그중 일부를 살펴볼 것이다.

 OWIN

공개 웹 인터페이스(Open Web Interface, OWIN)는 수년간 변화해왔다. 원본 ASP.NET은 요청과 응답에 대한 상당히 큰 객체를 정의하였고, 단위 테스트 프로세스에 큰 악영향을 미쳤다. 객체가 IIS 요청 파이프라인으로 채워졌기 때문에 IIS와도 많이 결합되었다. OWIN은 웹 서버와 ASP.NET 간에 사용할 수 있는 개방형 인터페이스를 정의했다. 이 표준을 준수하면 IIS가 아닌 다른 서버가 ASP.NET 페이지를 제공하도록 허용한다. OWIN 프로젝트는 원래 커뮤니티 주도였지만, ASP.NET 팀에 의해 성실하게 채택되었다.

OWIN과 ASP.NET이 성숙함에 따라 둘 사이의 시너지 효과는 비주얼 스튜디오의 새 프로젝트에 OWIN 라이브러리가 포함되기까지 이르렀다. OWIN은 또한 ASP.NET과 사용자가 선택할 수 있는 웹 서버 사이의 통신을 위한 공식적인 방법이 되었다. IIS라는 단일 문화가 깨졌다. libuv 기반의 웹 서버인 Kestrel은 ASP.NET Core의 세계에서 리눅스 지원으로 인기를 모으고 있는 서버의 예이다.

OWIN은 구현이라기보다는 표준이라는 점도 중요하다. 몇 년 동안 Katana, Freya와 같은 여러 가지 구현이 있었다. ASP.NET Core는 또 하나의 구현이다.

OWIN은 해당 절에서 설명하겠지만, "레일즈" 절에서만 해도 쉽게 설명되어 있다. 그 이유는 레일즈가 몇 년 전에 웹 서버와 레일즈 간의 인터페이스를 열기 위해 비슷한 노력을 시작했기 때문이다. 이 노력의 결과로 Rack은 웹 서버와 다양한 루비(Ruby) 웹 프레임워크(레일즈가 그중 한 예일 뿐) 간의 상호 운용성을 높였다. 이 절은 "Node.js" 절과 설명이 비슷하다. 노드는 OWIN의 많은 아이디어를 취해서 연결을 호출하는 미들웨어 계층을 가지고 있다.

그림 2-2에서 알 수 있듯이, 다양한 기술 중에서 가장 좋은 부분을 모으는 것은 인상적이다.

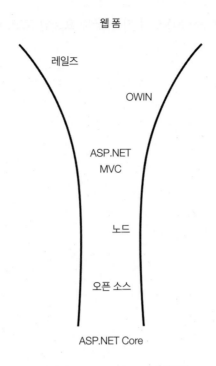

<그림 2-2> **ASP.NET Core**의 영향력

각각의 아이디어는 점점 더 많은 것을 수용했고 또 다른 단어인 .NETty(.NET화)로는 부족하였다. 이 노력의 최종 결과는 흩어지지 않고 모든 부분이 잘 조화되었다. 이와 같이 짧은 순서로 모든 것을 수행하는 것은 놀랄 만한 일이 아니지만 이를 통해 우리를 가장 흥미로운 미래로 인도할 것이다.

요약

ASP.NET Core는 표면적으로 완전히 새로운 프레임워크이지만 다른 많은 기술의 영향을 받았다는 것을 쉽게 알 수 있다. 최종 결과는 모범 사례와 익숙한 접근 방식이 혼합된 쾌적한 결과이다. 거의 모든 커뮤니티의 사람들이 ASP.NET Core에 익숙하다는 것을 알게 될 것이다.

다음 장에서는 ASP.NET Core MVC의 기본 구축 요소인 모델, 뷰 및 컨트롤러에 대해 살펴볼 것이다.

모델, 뷰 및 컨트롤러

아드리안이 다니엘의 좁은 방에 갑자기 나타난 것은 놀라웠다. 더 놀라운 것은 그의 스포츠 머리 아래에 있는 주름 잡힌 이마였다. 그는 "잠깐 시간 돼요?" 하고 과감한 말투로 묻고는 대답을 기다리지 않고 걸어 나갔다. 그녀는 혼란스러운 듯이 자신에게 고개를 끄덕이며 천천히 일어나서 옆 방으로 그를 따라갔다. 그녀가 개발 룸을 돌아보며 살폈지만 아무도 관심 없어 보였고, 그가 이 소프트웨어 다큐멘터리 드라마에서 비밀 요원 역할을 맡은 이유는 정말 알 수 없었다.

다니엘이 방안에 멈춰 서자 그녀의 뒤에서 아드리안이 문을 닫았다. "보세요. 저는 CSS를 다루는 사람입니다. 그걸로 뭔가 둘러대지는 않을 겁니다. 문제를 해결할 만큼 JQuery에 대해 잘 알고는 있지만, 전 프로그래머가 아닙니다." 그는 긴장된 모습이었고, 다니엘은 그의 생각이 궁금했다. "다른 모든 사람들이 코어로 옮겨갈 것이라고 믿는 것 같지만, 이걸 뭐라고 부르건 간에… 하지만… 전… 제 말은, 전 제 노트북에 리눅스를 돌리고 있고 오피스조차 사용하지 않아요." 방은 갑자기 조용해졌다.

"아드리안, 여전히 예민하군요? 마르가 당신이 해고에 대해 걱정하고 있다고 그러더군요." 다니엘 역시 예민했지만 솔직하게 말했다. 합병이 끝났을 때 몇몇 좋은 친구를 잃었지만, 그 순간 그에게 무슨 말을 해야 할지 몰랐다.

아드리안은 "글쎄, 제 생각에는…"이라고 답을 이어갔다. "제 지식에 의하면 MVC는 모델-뷰-컨트롤러를 의미하고, 그 이상은 아닌 것 같아요. 그리고 여러분은 그것을 프레임워크로 계속 언급하고 있어요. 그것이 프레임워크이고 자신의 모델, 뷰, 그리고 컨트롤러를 만들어야 한다면, MVC 부분이 좀 오해의 소지가 될 것 같아요. 그렇지 않나요?"

그의 요점이었다. 다니엘은 "음, 그래요. 정말 그렇죠"라고 말했다.

아드리안은 "전 관점이 달라요. 저는 그냥 머리를 감싸쥐고 싶어요. 배우고 싶지만, 어디서부터 시작해야 할지도 몰라요"라며 남은 커피를 쏟을 것처럼 마셨다. "저들이 우리가 아직 여기 남아 있다면 안전하다고 말했다지만, 팀을 축소할 여지가 여전히 남아있다면 전 벼랑 끝에 서있고 싶지 않아요."

"좋아요. 봅시다." 다니엘이 말했다. "지금은 약간 여유가 있어요. 기본 사항부터 시작해보면서 함께 배우게 될 겁니다. 우리 모두 괜찮을 거예요."

M, V, C

살펴보면, MVC는 매우 지루한 이름이다. 제목에 사용된 머리글자는 잘 알려진 모델-뷰-컨트롤러(Model-View-Controller) 패턴에서 왔고, MVC는 프로젝트 구성에 도움을 준다. 익숙하다면 그 이름은 말 그대로 각각의 개념들에 대한 원래의 의도 중 일부를 설명하고, 페이지 컨트롤러로 알려진 동시대의 다른 공통 패턴과 분리해준다. 그 이름은 또한 오해를 불러일으킬 수 있다. 프레임워크는 단순한 모델, 뷰 및 컨트롤러 이상이다. ASP.NET Core MVC는 현대적인 웹 세상에서 가치 있는 훌륭한 애플리케이션을 만드는 데 도움이 되는 도구와 라이브러리 집합을 제공한다.

독자가 이미 이해하고 있는 측면을 간략하게 살펴본 다음, 공식적으로 ASP.NET Core MVC로 알려진 프레임워크의 보다 흥미로운 측면으로 이동해보자.

모델의 심화

먼저 문자 M이 나오므로, 모델(Model)부터 시작하겠다. 모델은 고객에게 경험 또는 경험의 일부를 적절하게 표시하는 데 필요한 데이터를 나타낸다. 고객은 애플리케이션에서 데이터 기반 페이지로 이동하며, 모델은 데이터의 일부분이다. 그러나, 의도한 범위 내에서 문제의 모델은 실제로 뷰의 표시를 지원하기 위해 사용하는 것이지 데이터베이스를 유지하는 문제에서 엔티티(entity) 또는 엔티티들(entities)을 지원하지는 않는다.

그림 3-1에서 보는 바와 같이, 사용자 계정 요약을 다루는 알파인 스키 하우스의 사용 가능한 데이터베이스 설계 예제를 생각해보자. 사용자가 현재 시즌 패스권(season pass)을 가지고 있는지를 나타내려면, 시즌 패스권의 목록을 뷰로 반환하지 않고 아직 만료되지 않은 패스권이 있는지를 알아보기 위해 목록을 반복한다.

뷰로 이 모든 정보를 반환하는 것은 필요하지 않다. 소스 3-1은 사용자에게 표시하고자 하는 정보에 더 가깝게 접근이 가능한 뷰 모델을 포함한다. 알 수 있듯이 이 항목은 표시할 항목이나 모든 비즈니스 로직의 구현에 대해 뷰가 어떤 결정도 내릴 필요가 없고, 그 뷰의 요구 사

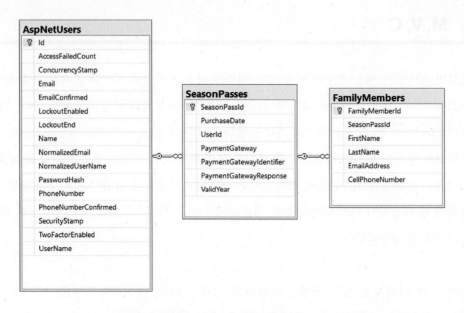

<그림 3-1> 시즌 패스 구입 모델에 사용할 수 있는 테이블의 예제를 보여주는 스크린 샷

항을 충족시키는 데 사용하기 위한 속성을 제공하는 POCO이다. 뷰는 현재 시즌 패스로 적합한 항목을 알 필요가 없으며 데이터를 이해하기 위해 구매 세부 정보를 탐색하거나 관련 테이블의 하위 레코드를 반복할 필요가 없다.

소스 3-1 AccountSummaryViewModel 클래스

```
public class AccountSummaryViewModel
{
  public Guid UserId { get; set; }
  public int YearsOfMembership { get; set; }
  public bool IsCurrentSeasonPassHolder { get; set; }
  public List<string> IncludedFamilyMembers { get; set; }
}
```

프론트엔드에 대한 모델을 만들고 데이터베이스에 저장하는 것과의 차별점은 뷰와 뷰를 지원하는 비즈니스 로직의 관심사를 분리하는 것뿐만 아니라, 보안 문제의 특정 유형을 방지

하는 데 도움이 된다는 것이다. 뷰가 데이터베이스 엔티티를 사용할 때, 무언가를 "작성"하는 측면에서는 애플리케이션이 버그나 공격을 가중시키는 희생양이 될 가능성이 커진다. 오버바인딩은 들어오는 요청에서 예상하지 않은 필드가 폼이나 쿼리 문자열 매개변수에 존재할 때 발생한다. 모델 바인더는 속성을 보고는 거기에 있는 것들이 의도하지 않은 것인지를 알지 못한 채 데이터를 친절하게 채운다. 예를 들어, 소스 3-2에서 일종의 디지털 자산을 나타내는 클래스를 생각해보자.

소스 3-2 DigitalAsset 클래스

```csharp
public class DigitalAsset
{
  public Guid AssetId { get; set; }
  public Guid AssetOwnerId { get; set; }
  public string Title { get; set; }
  public string Description { get; set; }
  public Uri AccessUri { get; set; }
}
```

위 모델의 유형은 사용자가 사용 가능하게 만들어진 리소스의 목록을 표시하는 데 쓸 수 있고, 그렇게 하면 많이 위험하지는 않다. 그러나 레코드에 대한 편집을 수신하는 동일한 객체를 사용한다면 AssetOwnerId가 속성이고 자산의 소유권을 가져오는 데 사용된다는 사실을 악용할 수 있다. 사실 이것은 에고르 호마코브(Egor Homakov)가 2012년 깃허브에서 루비 온 레이즈(Ruby on Rails, RoR) 저장소에 대한 관리 권한을 얻은 방법이다.* RoR 기술은 ASP.NET Core MVC에서 아날로그를 자동 모델 바인딩하는 대량 할당 기능을 사용하도록

---

* 깃허브는 2012년 3월 결함을 드러내기 위해 사이트를 해킹한 러시아인 존 레이든(John Leyden)을 복직시켰다(http://www.theregister.co.uk).

부적절하게 검사된 모델을 통해 악용되었다. 감사하게도, 호마코브의 의도는 순수하고 아무런 해를 끼치지 않았다. 오늘날에는 13장 "ID, 보안 및 권한 관리"에서 다루게 될, 스스로를 보호할 수 있는 여러 가지 방법이 있다. 그중 가장 쉬운 방법은 수행 중인 해당 작업에 적합한 모델을 사용하고 있는지 확인하는 것이다.

뷰 모델에서 찾을 수 있는 대부분의 예제는 엔티티를 모델 유형으로 직접 사용하는 경향이 있을 것이다. 그러나, 그 접근법은 테스트와 같은 소프트웨어 개발의 다른 측면을 용이하게 하지 못하며 컨트롤러에서 문제를 분리하는 데 도움이 되지 않는다. 뷰에 직접 엔티티를 사용하는 것은 데이터베이스에서 뷰에 이르는 모든 방식의 결합을 바람직하지 않은 수준으로 달성했음을 의미한다.

모델은 비즈니스 논리를 처리한 후에 페이지를 렌더링하는 데 필요한 전부이며, 종종 데이터베이스의 여러 테이블에서 비정규화된 레코드의 평면 뷰를 갖는다. 따라서, "모델"을 만들 때 구축하려는 객체의 의도를 고려하고, 뷰와 긴밀한 관계이자 책임을 갖는 "뷰 모델"로 생각해야 한다.

뷰

여기에서, 문제의 뷰(View)는 V로 시작하고, V는 실제로 즐겨 사용하면서 머리글자로 언급하는 바로 그 뷰가 맞다. ASP.NET Core MVC에서 뷰는 의도된 사용자 인터페이스로 사용자에게 표시하기 위해 필요한 HTML과 모델 사이에 끼어 있는 파일이다. 기본 애플리케이션 템플릿에서 새로운 프로젝트를 생성하면, Views 폴더에 있는 모든 뷰 파일을 보게 되거나 Razor 뷰 용으로 사용되는 ".cshtml" 확장자 문장으로 된 파일을 솔루션 탐색기에서 검색할 수 있다.

마지막에 몇 번 반복해서 나온 MVC 프레임워크를 통해 보았던 Razor 뷰 엔진과 구문을 사용하면, 흐름 제어 또는 모델이나 서비스 접근에 사용된 구문과 HTML을 생성하는 데 필요한 마크업 사이를 손쉽게 전환할 수 있다.

소스 3-3에서 모델의 IncludedFamilyMembers 컬렉션 값을 가진 정렬되지 않은 목록을 만들었다. Razor는 HTML로 C# 인라인을 사용하도록 해주며, 삽입된 것을 해석하는 방법이 꽤 영리하다. 간단한 @ 문자만으로 파서(parser)가 C#으로 넘어가고 있음을 알 수 있으며, 꺾쇠 괄호의 시작 부분에서부터 유효한 C# 구문이 아니므로 HTML로 전환할 시점을 알게 된다. Razor는 11장 "Razor 뷰"에서 더 자세히 다룬다.

소스 3-3 Razor 구문에서 C#과 HTML 혼합 예제

```
<ul>
    @foreach (var familyMember in Model.IncludedFamilyMembers)
    {
        <li>@familyMember</li>
    }
</ul>
```

파샬 뷰

툴바, 인증 신호, 장바구니, 대시보드 일부, 그리고 애플리케이션의 다른 유사한 구성 요소는 종종 다수의 페이지 또는 심지어 모든 페이지에서 나타난다는 것을 알 수 있다. 자체를 반복하지 말자(Don't Repeat Yourself, DRY)라는 이름으로 다른 모든 페이지에서 반복해서 사용되도록 설정이 가능한 파샬 뷰(partial view, 부분 뷰)를 사용하는 이런 구성 요소를 만들 수 있다. 파샬 뷰는 또한 좀 더 간단히 "파샬(partials)"로 표시된다. 이 용어를 책 전체에서 서로 혼용하여 사용할 것이다.

파샬은 독자적으로 렌더링되지는 않지만, 프로젝트에서 다른 뷰를 합성하는 데 사용된다. 모든 MVC 애플리케이션에서 파샬을 먼저 볼 수 있는 장소는 뷰가 파샬을 사용하여 로그인 상태를 표시하는 _Layout.cshtml일 가능성이 높다. 다른 일반적인 파샬 뷰 사용 용도는 툴바에서 아이템 표시, 전자 상거래 사이트의 상단에 표시되는 장바구니 요약, 또는 현재 페이지의 관련 데이터를 표시하는 사이드 바가 있다.

하위 액션(Action)은 이전 버전의 MVC 프레임워크에서 동기적으로 렌더링되어야 했지만, 파샬을 사용 가능하게 했던 동일한 아이디어는 이제 뷰 구성 요소를 구성하는 데 사용되고 비동기적으로 호출될 수 있도록 해준다. 뷰 구성 요소에 대한 더 자세한 내용은 사이트의 성능을 유지하는 확실한 시나리오로 중요성이 있는 18장 "재사용 가능한 구성 요소"에서 논의한다. 서비스와 상호작용하는 복잡하게 생성된 뷰와 파샬은 이 장의 후반부에서 논의하게 될 예제이다.

사용자가 뷰의 출력을 얻고 어떤 종류의 모델을 뷰 엔진으로 로드하기 전에, 프로젝트 내의 컨트롤러에 관해 조금 이야기해야 한다.

컨트롤러(...그리고 액션!)

컨트롤러는 MVC 애플리케이션의 교통 경찰이며, 올바른 유형의 비트가 올바른 장소로 오가는 것을 보장한다. 컨트롤러는 일반적으로 기본 Controller 클래스에서 상속받지만, 기본 클래스의 기능이 필요하지 않은 경우 SeasonPassController와 같이 클래스 이름을 "Controller"로 끝마치는 규칙을 사용할 수도 있다.

기본 규칙은 컨트롤러를 프로젝트의 루트에 있는 "Controllers"라는 폴더에 배치한다고 가정한다. Core MVC는 실제로 이름 지정 및 상속 규칙을 사용하여 어셈블리 스캔을 수행하기 때문에 더 이상 필요하지는 않지만, 인식된 방식으로 컨트롤러를 구성하는 연습은 여전히 필요하다. 이를 통해 향후 버전의 개발자를 비롯한 다른 개발자가 쉽게 코드 기반을 관리하고 유지할 수 있다.

소프트웨어 개발자로서 우리는 컨트롤러를 요청에 대한 처리기(Handler) 집합과 관련된 컨테이너로 사용한다. 이 처리기는 액션(Action)이라고 하고 controller 클래스에서 메서드로 구현된다. 각 메서드 또는 액션은 들어오는 요청에 의해 표시되는 경우 실행 파이프라인에서 모델 바인딩 단계에 의해 자동으로 채워지는 0 또는 그 이상의 매개변수를 승인할 수 있다.

이 "교통 경찰"의 작성자로서 우리의 목표는 허용되는 몇 가지 관행을 사용하여 컨트롤러를 코딩하는 것이다. 액션의 주요 책임은 요청을 처리하고, 들어오는 매개변수의 유효성을 검사하여 적절한 응답을 생성하는 것이다.

때로는 모델 클래스의 인스턴스를 생성 또는 요청하는 것을 요구하거나 적절한 HTTP 상태 코드 기반 응답을 제공한다. 컨트롤러에 모델이나 다른 구성 요소의 응답성을 갖는 어떤 비즈니스 논리뿐만 아니라 애플리케이션의 일부가 될 데이터 접근 유지나 액션의 외부 호출도 포함하지 않는 것이 좋다. 이는 그림 3-2에서 높은 수준으로 표현된다.

다음 그림의 서비스를 외부에 유지하는 것은 문제를 더 복잡하게 만들거나 "누가 나를 위해 이런 서비스를 만들 것인가?"라는 질문이 제기될 수 있다. 이것은 중요한 질문이며 이 장의 뒷부분에 나오는 "종속성 주입" 절에서 답할 것이다.

👆 MVC에 관한 것만은 아니다

앞에서 설명한 것처럼 실제로 솔루션에는 모델, 뷰 및 컨트롤러 자체보다 훨씬 많은 작업이 진행된다. 이 책을 통해 계속 탐구할 것이지만, 개발할 때 같이 가져야 할 중요한 아이디어가 몇 가지 있다.

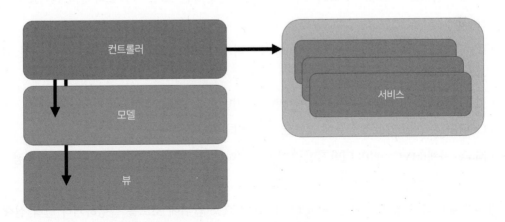

<그림 3-2> 컨트롤러가 적절한 HTTP 응답을 생성하는 데 도움이 되는 비즈니스 논리를 호출하는 방법을 보여주는 그림

미들웨어

ASP.NET Core MVC의 미들웨어에 관한 비밀은 미들웨어 모두가 꽤 많다는 것이다. 애플리케이션을 시작하는 동안 호출되는 미들웨어의 환경 설정을 로드하고 서비스를 설정한 다음 요청 파이프라인을 구성하게 된다. 이 미들웨어를 기본 프로젝트 템플릿 내 Startup 클래스의 Configure 메서드에서 볼 수 있다.

종종, 미들웨어에 대한 설명과 처리기에 의한 해석은 매우 단순한 전제를 복잡하게 만든다. 미들웨어의 목적은 애플리케이션이 "각 요청을 다음 구성 요소에 의해 내가 지정한 순서대로 처리하라"라고 말할 수 있게 하는 것이다. 미들웨어는 ASP.NET의 비슷한 기능인 HTTP 모듈 및 처리기의 이전 버전보다 단순하다. 미들웨어는 구현하기 쉬운 방식으로 공통 접근 방식을 모두 대체한다.

준비(staging) 및 QA와 같은 낮은 수준의 환경과 프로덕션 모두에서 애플리케이션을 실행하는 동안 처리가 필요한 대부분의 경우를 제어하기 위해 공개적으로 제공되는 여러 가지 미들웨어가 있다.

- 진단(Diagnostics): 예외 처리와 데이터베이스 오류 페이지 및 개발자를 위한 기술 정보와 같은 런타임 도우미를 제공.
- 정적 파일(Static files): 디스크로부터 파일을 반환하는 요청 파이프라인의 단락(short-circuit)을 허용.
- ID 및 인증(Identity and Authentication): 애플리케이션의 끝점과 자산을 보호하기 위한 애플리케이션을 허용.
- 라우팅(Routing): 들어오는 경로와 매개변수를 기반으로 실행될 컨트롤러와 액션을 해결.
- CORS: 교차-원 리소스 공유에 대한 올바른 헤더 주입을 제어.
- MVC 자체(MVC itself): 일반적인 요청을 소비하는 구성된 미들웨어 파이프라인의 끝점.

각 미들웨어의 구성 요소에는 체인의 다음 구성 요소 앞뒤에 코드를 실행하거나 단락 실행 및 응답을 반환하기 위한 옵션이 있다. 미들웨어 이름은 그림 3-3에서 볼 수 있듯이 다른 소

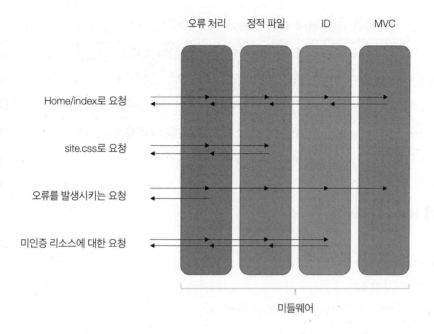

<그림 3-3> 미들웨어에서 처리되는 여러 요청 유형의 예를 보여주는 그림

프트웨어의 중간에서 소프트웨어의 조각을 실행할 수 있다는 아이디어에서 나온 것이다. 그림의 경우 기본 프로젝트 템플릿의 다양한 미들웨어 구성 요소에서 처리하는 일련의 요청이 표시된다. 몇 가지 경우에서, 요청은 정적 파일 미들웨어에 의해 처리되어 wwwroot에서 자산을 반환한다. 다른 경우, 요청은 컨트롤러가 생성된 MVC 실행 파이프라인으로 전달할 수 있는 모든 방식이 허용되고 뷰를 반환할 수 있다.

타사의 기타 미들웨어나 Microsoft에서 제공하는 추가 도우미를 가져올 수도 있고, 애플리케이션 전체에서 필요한 교차 편집 관련 문제를 처리하기 위해 직접 작성할 수도 있다. 미들웨어 파이프라인은 또한 요청 처리에 대한 동적이고 유연한 규칙을 허용하는 경로 또는 조건자를 기반으로 분기될 수 있다.

종속성 주입

종속성 주입을 다루는 많은 양의 서적이 있지만, 여기서는 완성도를 위해 기본을 다시 정리해본다.

일반적으로 말하자면, 종속성에 대해 코드가 명확하게 드러나는 것이 좋다. C#에서는 종속성이 제공해야 하는 클래스의 모든 생성자와 같이 생성자에서 필요한 구성 요소와 서비스를 배치하여 이 작업을 수행하는 경향이 있다.

소스 3-4에 있는 HomeController 클래스의 생성자를 살펴보자. 클래스는 생성될 때마다 ILogger 구현의 인스턴스 제공이 필요하다.

소스 3-4 HomeController 클래스 생성자

```
public class HomeController{
  ILogger _logger
  public HomeController (ILogger logger)
  {
    _logger = logger;
  }
}
```

HomeController는 ILogger를 구성하거나 생성하는 방법을 알 필요가 없으며, 로그를 저장할 장소나 수행 방법도 알 필요가 없다. 그러나 인스턴스화 후 어느 시점에서든 HomeController는 필요에 따라 소중한 정보를 로그 파일에 추가할 수 있다. 생성자의 간단한 매개변수는 명시적으로 요구 사항을 정의하며, 이를 명시적 종속성 원칙(Explicit Dependencies Principle)이라고 한다.

이 컨트롤러를 파이프라인에서 생성하려면 ILogger 요구 사항을 해결하는 방법을 런타임에서 알고 있어야 한다. 컨테이너에서 이러한 서비스와 구성 요소를 구성한 다음 이러한 종속성의 유형이 런타임 시에 생성자로 주입된다. 그러면 이제, 종속성 주입이 된 것이다! 보다 광범위한 주제이자 종속성 주입(Dependency Injection, DI)에 대한 새로운 아이디어를 소개하는 ASP.NET Core MVC 덕분에 14장 "종속성 주입"에서 컨트롤 전환 개념에 대해 자세히 살펴보고, 또한 기본 컨테이너를 대체할 때 필요한 항목도 살펴볼 것이다.

기타 중요 사항

ASP.NET Core MVC는 이전 버전에 비해 몇 가지 큰 개선점을 포함한다.

- 구성 및 로깅: .NET 영역에서 오랫동안 고려된 것으로, 중요한 애플리케이션 관점은 개선, 단순화, 그리고 최상급으로 만드는 것이다. 자세한 내용은 12장 "구성 및 로깅"을 참고하자.
- 태그 도우미: 프론트엔드 개발을 간소화하는 몇 가지 다른 측면과 함께 18장 "재활용 가능한 구성 요소"에서 태그 도우미를 점검하고, 태그 도우미가 클라이언트에게 반환하려는 HTML과 어떻게 더 긴밀하게 닮았는지를 살펴보자.
- ID: 사용자는 단순한 이름과 암호 이상이다. 13장 "ID, 보안성 및 권한 관리"에서 ASP.NET Core MVC의 보안 및 권한 관리와 관련된 새로운 기능, 사용 그리고 구성 요소에 대해 살펴보자.

요약

MVC 프레임워크를 반복할 때마다 현재의 모습을 구성하는 데 도움이 되었다. 그 과정에서 얻은 교훈 중 일부는 개발자에게 더 나은 자산을 제공하는 데 도움이 되었으며, 오늘날 애플리케이션의 핵심인 모델, 뷰 및 컨트롤러는 개발 노력의 극히 작은 부분만 차지한다.

> *note*
>
> 그들이 모르는 사이에 아침이 왔고, 다니엘은 지우개로 화이트보드를 문질렀다. 아드리안은 의자에서 물러서면서 말했다. "이런, 다니엘. 누군가 이것에 관한 책을 써야 합니다."

Chapter

04 프로젝트 범위 산정

영감을 주는 팀(Tim)의 발표가 이제 끝나고 그는 숨을 돌리고 있는 것처럼 보였다. 달리거나 심지어 빠르게 걷는 사람도 결코 아니었지만 그가 어떤 일에 그렇게 에너지 넘치는 모습을 보는 것은 흔치 않은 일이었다. 그는 평소 사무실을 오갈 때 매우 침착하고 편안했다. 그는 방 앞쪽에 있는 의자 하나에 앉아 스포츠 코트와 흰색 브이넥 셔츠를 입은 젊은 남자를 바라보았다. "발라즈는 앞으로 몇 주 동안 우리가 달성하고자 하는 목표 때문에 당신을 데려갈 거예요."

발라즈는 불길한 에너지로 가득 찬 방의 앞쪽에 계속 머물러 있었다. 그는 아마도 "실리콘밸리 사업가의 스타일"이라는 책의 "기본 CTO 스타일"이라는 제목이 붙은 장으로부터 패션 조언을 얻은 것처럼 보였다. 다니엘은 이마를 찌푸리고 있는 팀을 힐끗 보았다. 그의 행동을 보고만 있어도 그녀는 그가 어떠한 방법으로든 도넛을 낚아채려 한다는 것을 알 수 있었다. 가장 가까운 상자가 방의 반대편에 있었기 때문에 그녀는 그가 도넛을 어떻게 낚아채려는지 확실히 알 수는 없었다. 다니엘은 발라즈가 이미 보드마커를 든 채 화이트보드로 향하고 있는 것을 보고 팀이 일종의 도넛 전송 기술을 숨기고 있는 게 아닌지 궁금해 하면서 뒤로 기댔다.

발라즈는 "저는 3년 동안 리프트 라인과 티켓 구매 최적화 문제를 보아왔습니다. 저는 여기에 몇 가지 아이디어를 적용할 수 있어 정말 기쁩니다. 기획자는 대규모의 인원을 다루는 곳에서 협상을 하는 정말 훌륭한 표준이고, 저는 여기서 이러한 많은 아이디어들을 우리가 다른 용도에 맞게 만들 수 있다고 생각합니다. 우리가 논의할 첫 번째는 패스권 구매입니다. 사람들이 패스권을 지금 어떻게 구매하고 있나요?"라며 잠시 말을 멈추고 방을 훑어보았다. 그는 젊은 시절 동유럽에 있다가 온 듯이 아주 약간의 동유럽 억양으로 말했다.

다니엘은 꽤 오랫동안 패스권을 구입하지 않았다. 모든 사무실 직원은 매년 무료 패스권을 받았다. 그것은 직원들을 사무실에서 나가게 하여 스키장에서 스키어들과 상호작용하도록 하는 관리 계획이었다. 요즘 사람들이 패스권을 어떻게 구매할까? 그녀는 잘 몰랐다. 그녀가 호명될 수도 있다고 걱정하면서 산만하게 바닥을 쳐다보려다가 발라즈와 눈이 마주쳤다. 전혀 문제가 없다는 듯이 발라즈는 방에서 대답을 기다리지 않고 입을 열었다.

"제가 그 사람들이 어떻게 구매를 하는지 말해드리겠습니다. 비효율적이에요. 지난 1년 동안의 수치를 조사한 결과, 하루 매출의 98% 이상을 스키장에서 처리하고 있어요. 98%는 거의 100%입니다! 스키장에서 구매하는 사람들의 80% 이상이 신용카드를 사용하고, 나머지 16%는 직불카드를 사용하고 있습니다. 현금은 거의 사라졌고 어떤 사람은 비버 가죽으로 대신 지불하려고 했어요." 발라즈는 자신의 농담에 웃으면서 말을 계속했다. "이 모든 사람들이 전자 지불 방식을 사용하므로 우리는 사전에 패스권으로 전환할 기회가 있습니다. 그 사람들이 자신의 컴퓨터와 스마트폰으로 패스권을 구매하도록 해서 시간을 번다면 티켓 부스에서 일하는 직원의 수를 줄일 수 있습니다."

다니엘에게 그것은 꽤 좋은 생각 같았다. 아무도 줄 서서 기다리는 것을 좋아하지 않았고 스키장에 있는 스키어들은 꽤 젊은 사람들이었다. 그 사람들은 쉽게 컴퓨터에 접속하고 스마트폰을 당연히 가지고 있을 것이다. 발라즈는 그의 분석을 계속했다. "문제는 우리가 여전히 휴대용 바코드 리더기로 스키장에서 사람들의 패스권을 일일이 스캔하고 있다는 것입니다. 이건 느리고 오류가 발생하기 쉽습니다. 더 나쁜 점은 고가의 초 내구성 용지에 패스권을 인쇄하고 케이블 타이를 사용해서 사람들의 겉옷에 부착하는 방식입니다. 그렇게 하면 비용이 많이 듭니다. 패스권을 단순히 실물로 만들면 재료비와 제작비가 거의 1달러나 들어갑니다. 모든 사람들이 집에 프린터를 갖추고 있지는 않기 때문에, 자신의 티켓을 스스로 프린트해오거나 재킷 위에 붙여도 쓸림에 견딜 수 있는 프린트 용지를 가지고 올 사람은 아무도 없을 것입니다."

"우리에게 필요한 것은 사람들이 티켓을 구매하고 스키장에 오기 전에 모든 티켓을 관리할 수 있는 새로운 방법입니다. 파슬리 프로젝트가 필요합니다. 여러분에게 저의 모든 비전을 알려드리겠습니다."

파슬리(Parsley) 프로젝트는 이 책에서 지속적으로 다룰 예제 애플리케이션이다. 거의 모든 예제는 실제로 파슬리 프로젝트 코드의 일부에서 가져왔고, GitHub에서 전체 프로젝트를 다운로드할 수 있다. 가능한 한 현실적인 개발을 하도록 노력했으므로 코드 및 전체 커밋 기록뿐만 아니라 문제점들을 GitHub 보고서에서 찾을 수 있다.

note

이 책에서 개략적으로 설명된 스프린트를 따라가면서 생각이 어떻게 진화했는지를 알고자 한다면 저장소를 깊이 있게 살펴봐야 한다. 저장소는 https://github.com/AspNetMonsters/AlpineSkiHouse에서 서비스되고 있다.

애플리케이션은 여러 부분으로 나뉜다. 먼저 고객이 자신의 정보를 입력하고 패스권을 구입할 수 있는 장소가 필요하다. 다음으로 스키장에서 패스권이 사용될 시스템으로 재통신할 수 있는 방법이 필요하다. 스키장에서 사업이 어떻게 진행되는지와 티켓 구매와 관련하여 일부 측정 항목을 수집할 수 있게 해주는 관리 인터페이스가 필요하다. 물론 고객 및 패스권에 대한 다양한 종류의 정보를 저장할 수 있는 일종의 데이터베이스가 있을 것이다. 책의 나머지 부분을 통해 애플리케이션을 개발하고 기술을 선택하는 방법을 안내할 것이지만, 지금은 애플리케이션이 수행되는 방법보다는 애플리케이션이 무엇을 해야 하는지를 설명해야 한다.

많은 개발자에게 파일의 새 프로젝트 대화 상자는 사이렌의 음악과 같다. 대화 상자는 "나를 클릭하고 새 프로젝트를 시작하세요"라고 노래한다. "코드에서 비즈니스 문제를 만나게 되어도 걱정 마세요"라고 노래가 계속된다. 아, 우리는 오랜 기간 노래에 중독되어 있었고 이해하기도 전에 동작하는 돌덩어리에게 자신을 망쳐왔다. 애자일이 나타나면서 모두 아주 훌륭하지만 새로운 프로젝트 생성에 착수하기 전 문제가 되는 영역에 대해 어느 정도 이해해야 한다. 돛대에 자신을 묶고 과거의 사이렌 노래를 부르자.

스키 슬로프

스키 슬로프에 익숙하지 않은 사람들을 위해 거기서부터 시작하자. 스키 슬로프는 올라가는 방법과 내려가는 방법 두 가지 주요 부분으로 구성된다. 슬로프를 내려오는 것은 중력, 스키, 스노우 보드 기술 중 하나에 크게 좌우된다. 슬로프를 내려오는 코스는 모두 스키 리프트의 하차 지점이나 오르막 쪽에서 시작된다. 거기서부터 산의 경사면을 따라 어떤 방향으로든 코스가 갈라진다. 코스 또는 활강로는 난이도에 따라 그림 4-1에서 보는 바와 같이 녹색 동그라미(초급), 파란색 사각형(중급), 그리고 검은 다이아몬드(고급) 아이콘을 사용하여 분류된다. 일부 코스는 최후의 모험이라는 뜻의 검은 다이아몬드 두 개로 분류되기도 한다. 많은 경우 이 코스들은 스키를 타기 위해 송신기나 삽과 같은 비상용 장비가 필요하므로 비상 사태가 일어나지 않도록 운영된다.

활강로는 슬로프 꼭대기에서 갈라져서 다시 리프트의 내리막 종착지로 이어진다. 이것은 스키어들이 리프트에서 슬로프로 이동하고 다시 리프트로 돌아오는 행동을 계속 반복하도록 해준다. 대부분의 슬로프에는 하나 이상의 리프트가 있으며, 일부는 20개 이상의 리프트가 돌아가면서 대규모로 시간당 수천 명을 슬로프로 이동시킨다. 단순 로프식 견인부터 훨씬 비싼 의자형 리프트에 이르기까지 수년 동안 여러 유형의 리프트가 사용되었다.

많은 스키장은 스키어들의 자켓이나 바지에 붙이는 종이 조각으로 리프트 티켓을 제공한다. 리프트의 출발점에서 패스권은 일반적으로 유효성 검증을 위해 휴대용 바코드 스캐너를 사용하여 사람이 스캔한다. 패스권은 보통 하루 동안 유효하지만, 반나절, 며칠 그리고 연간 패스권까지도 구매가 가능하다.

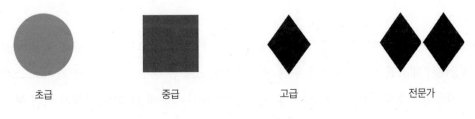

| 초급 | 중급 | 고급 | 전문가 |

<그림 4-1> 난이도 등급

패스권은 일반적으로 슬로프 아래에 있는 키오스크에서 구입한다. 스키는 하루에 50달러 정도의 비용이 든다. 하루 스키를 타기 위한 투자로는 적은 것이 아니다. 이 책 한 권의 0.5장을 추가로 구매하는 것보다 훨씬 즐거운 경험이니 한번쯤은 타보기를 권장한다.

멀리서 스키를 타러 온 고객들은 패스권 구매를 위해 줄 서서 기다리면서 많은 시간을 보내고 싶지 않을 것이다. 따라서 온라인으로 패스권을 구매한 스키어들을 스키장에서 맞이할 방법을 제공할 필요가 있다.

다행히도, RFID(Radio Frequency Identification) 칩의 가격은 수년간 하락세를 보이고 있다. 스키장 회원 카드와 같은 물건에 RFID를 삽입하는 것이 경제적이다. RFID는 물리적 접촉이 없이 다소 짧은 거리에서 읽을 수 있는 작은 칩이다. PayPass™ 또는 PayWave™ 와 같은 유사한 기술을 사용하여 주요 신용카드에 삽입하거나 사무실 건물 및 호텔 객실을 입력하는 데 사용되는 보안 키 카드로 사용이 가능하다. 각 카드에는 고유한 식별자가 들어있어 겉으로는 비슷해 보이는 카드들 중에서 하나의 카드를 구별할 수 있다.

RFID 카드 스캔은 리프트 의자의 바닥에 있는 수동 바코드 스캐너가 하게 될 것이다. 스키어가 패스권을 가지고 있으면, 리프트로 출입하는 문을 통과할 수 있어야 한다. 스키어가 패스권을 가지고 있지 않으면 문이 열리지 않는다. 또한, 스캐너는 라이더가 가고 있는 곳에 대한 좋은 아이디어를 제공하기 위해 일부 활강로의 상단에 설치한다. 이 정보는 사람들이 가장 많이 스키를 타는 위치를 파악하기 위한 열지도(heat maps)를 작성하는 데 사용할 수 있다. 또한 라이더가 자신의 활강 로그를 볼 수 있도록 해주고 맨 위에서 아래로 가는데 얼마나 걸렸는지 알 수 있도록 해준다. 하루 동안 스키를 타고 내려간 수직 거리는 스키를 즐기는 사람들에게 재미있는 통계이다.

RFID 카드는 우편 배달을 해줄 만큼의 패스권을 구매한 경우 고객에게 우편으로 발송된다. 스키장에서 패스권을 구입하거나 우편 배달 확인에 소홀한 경우 카드는 마찬가지로 스키장에서 사용이 가능해야 한다. 카드는 재사용이 가능하기 때문에 한 명의 고객이 여러 시즌에 자주 방문하는 동안 동일한 카드를 사용할 수 있다. 카드와 우편물에 대한 초기 투자비는 패스권을 종이로 인쇄하는 것보다 높지만, 약간의 할인율로 인해 고객은 다음 여행 때 카드를 다시 가지고 오게 된다.

사이트에 로그인하면 첫 사용자는 자격 증명을 거쳐 배송 주소를 입력하라는 메세지가 표시된다. 다음으로 카드를 요청하는 "고객" 또는 "스키어"의 수를 추가하도록 요구한다. 각 고객에게는 비용 산정에 필요한 자신의 이름과 나이만 필요하다. 어린이 요금은 저렴하다. 나이를 저장하는 대신 관리자는 마케팅 부서가 고객의 생일에 할인 쿠폰을 보내는 데 사용할 생년월일 데이터를 저장하고 싶어한다.

카드 소유자가 설정되면 사용자는 카드 읽기 과정으로 넘어가게 된다. 하루, 여러 날, 그리고 1년 등 여러 가지 다른 패스권 유형을 선택할 수 있다. 또한, 고려해야 할 세 가지 스키 영역이 있다. 패스권은 한 곳 또는 여러 스키 구역에서 사용할 수 있다. 각 고객은 여러 개의 패스권을 구입할 수 있고, 모두 동일한 물리적 카드에 할당된다. 고객이 이미 스키 카드를 가지고 있는 시나리오에서는 더 이상의 작업이 필요하지 않다. 시스템은 각각의 로그인에 대한 고객목록뿐만 아니라 고객과 물리적 카드의 연결을 기억한다.

마지막으로, 사용자에게 지불 정보를 입력하고 체크아웃 진행을 완료하라는 프롬프트가 표시된다. 필요한 경우 물리적 카드를 우편으로 발송하거나 기존 카드를 즉시 활성화하여 스키장으로 가는 자신의 차 안에서 구매를 완료할 수 있도록 해준다.

카드를 가지고 스키장에 도착하면, 고객은 추가 조치를 취할 필요가 없다. 고객들의 카드는 활성화되어 있고, 줄을 서면서 짜증을 낼 필요 없이 첫 번째 리프트에 올라탈 수 있다.

이것이 기본 형태이지만, 웹사이트에 대한 사용자 경험은 가능한 한 계속 즐거워야 한다. 언제나 뜨거운 논쟁의 주제이고, 단일 혹은 다중 페이지 애플리케이션 사용에 대한 결정을 내릴 필요가 있다. 단일 페이지 애플리케이션은 각 페이지 로드 시에 전체 페이지를 다시 로드하지 않는다. 대신 일반적으로 JSON을 통해 서버에서 가져온 데이터를 클라이언트 측 템플릿과 결합하여 페이지의 일부분을 다시 로드한다. 많은 단일 페이지 애플리케이션 프레임워크는 ASP.NET MVC와 비슷한 방식으로 데이터 모델, 뷰 및 컨트롤러를 제어한다. 단일 페이지 애플리케이션의 장점은 사용자 환경이 개선되는 경향이 있다는 것이다. 사용자가 단일 페이지 애플리케이션을 탐색할 때마다 웹페이지 전체를 다시 로드하지 않아서 응답이 짧고 사용자가 덜 고통스러워 하는 경향이 있다.

반면에 단일 페이지 애플리케이션은 많은 개발자가 여전히 불편함을 느끼고 있는 자바스크립트를 사용해야 하는 어려움이 있다. 과거에 단일 페이지 애플리케이션을 개발하는 것은 다수의 페이지를 작성하는 것보다 항상 복잡하고 많은 시간이 소요되었다. 자바스크립트의 등장과 SPA 구축을 위한 자바스크립트 프레임워크의 끝없는 혜택 덕분에 SPA 구축과 기존의 다중 페이지 애플리케이션 간의 차이가 가장 적은 시점까지 낮아졌다.

알파인 스키 하우스에서 실시되는 실험 문화의 일부로, 애플리케이션의 클라이언트 측은 클라이언트 측이 아닌 서버 측 뷰 렌더링을 사용하여 작성된다. 서버 측에서 HTML을 렌더링하면 일부 장치에서는 클라이언트 측 자바스크립트 코드를 처리하기 위한 계산 능력보다 더 많은 대역폭을 갖기 때문에 더 효율적일 수 있다. 이는 다른 언어로 애플리케이션의 다른 부분을 작성해서 심각한 정신적인 비용을 소모하는 것보다 서버 측 뷰를 구축하는 것이 또한 더 쉬울 수도 있다는 것이다. 서버 측에서 렌더링된 애플리케이션의 경우에도 자바스크립트는 필요하므로 특정 문제를 피할 수 없다. 자바스크립트의 필요성은 단일 페이지 애플리케이션보다 훨씬 적다.

 API

RFID 스캐너는 상대적으로 저렴하고 설치가 용이하다. 이 책에서 가상의 스캐너는 HTTP를 통해 동작하는 RT5500이다. 스캐너는 RFID 서명이 유효한 기간 동안 열리는 단순한 구조의 입구에 연결된다. 패스권이 유효한지를 판별하기 위해 스캐너는 네트워크를 통해 유효성 검사 서비스로 메시지를 내보내는 기능에 의존한다. 유효성 검사 서비스를 작성해야 하지만 사용법은 매우 쉽다.

스캐너는 JSON으로 인코딩된 스캔 카드의 물리적 ID를 GET 요청으로 전송하고, "true" 또는 "false"를 다시 수신받기를 기다린다. 이는 상호작용의 범위이다. RT5500의 기본 구현에는 인증 스키마가 없기 때문에 몇 가지 문제가 발생할 수 있다. 예를 들어, 창의적인 어떤 사람이 유효한 Id를 찾을 때까지 GET API로 반복된 요청을 보낼 수 있고, 그런 다음 무료로 스키를 타기 위해 그것을 위조할 수 있다. 보안이 되지 않은 사물인터넷(IoT, Internet of Things) 기기는 몇 년 동안 큰 문제가 되고 있다. 이미 많은 사람들이 와이파이 지원 카메라를 구입하여 인터넷을 스캔하고 사람들이 자신의 집에서 하고 있는 일들을 볼 수 있도록 보안 설정을 해제하고 있다. 소름 끼친다! 어떤 추가 보안도 구현하지 않겠다는 결정을 내린 팀에 피해가 돌아오지 않겠는가? 기다리면서 지켜보아야 할 것이다.

거의 모든 웹 프레임워크는 RESTful 서비스를 구축하기 쉬운 접근법을 몇 가지 가지고 있다. 따라서 API는 기술을 선택하는 데 거의 영향을 미치지 않는다. API는 주로 자체 내장된 마이크로 서비스라고 생각할 수 있다. 마이크로 서비스는 선택한 모든 언어나 기술을 구현하는 문을 열어준다. 작은 프로젝트 같은 경우에서 실수를 하고 잘못된 기술을 선택해도 손상을 주지 않게 한다는 아이디어다. 작은 배치 크기를 사용하여 문제 발생 시에 재작업을 제한할 수 있다.

불행하게도, 통신 사양은 스캐너에서 구현하기 가장 쉬운 것이다. 카드 허용 여부를 결정하는 규칙은 복잡하고 미묘하다. 첫째, 카드에 대한 패스권의 목록이 조회되어야 하고 올바른 패스권을 선택해야 한다. 항상 하나 이상의 패스권이 유효할 수 있으므로 선택에 대한 일관된 방식이 결정되어야 한다. 다음으로, 패스권이 새 것인 경우 활성화되어야 한다. 마지막으로, 패스권과 관련된 스캔 정보가 기록되어야 한다. 패스권 검증 로직은 권한을 얻는 애플리케이션에서 가장 어려운 부분 중 하나이다.

관리 뷰

아서 C. 클라크(Arthur C. Clark)가 말했다.

"어느 정도 복잡한 모든 시스템에는 관리 인터페이스가 필요할 것이다."

이와 같이, 알파인 스키 하우스를 위한 시스템에는 몇 가지 관리 기능이 필요하다. 그날 스키를 타는 사람의 수를 즉시 알아야 할 필요가 있다. 당일의 스키어 수는 보험 보장의 적정 수준을 확인하기 위해 보험 회사에 제공되어야 한다. 또한, 관리팀은 프로젝트 성공 여부를 측정하기 위해 얼마나 많은 사람들이 새 카드를 구입했는지 보여주는 보고서를 받아보고 싶어 한다.

위 요구 사항은 프로젝트 실험이 동작하고 있는 경우 올바른 방식을 알 수 있도록 유도한다. 린 스타트업의 개념을 가져온 알파인 스키 하우스는 개발이 진행되는 동안 최소 비용으로 실험이 수행될 수 있기를 희망한다. 이 실험의 결과는 개발 자원이 소모되는 곳을 안내한다. 애플리케이션에 대한 관리 뷰의 초기 버전은 자연히 최소이지만, 비즈니스가 애플리케이션에서 수집할 수 있는 통찰력을 처리하기 시작하면 빠르게 성장할 것으로 예상된다.

관리 애플리케이션은 멋진 그래프와 차트를 많이 갖고 있는, 크게 보면 보고서 애플리케이션이다. 이 관리 애플리케이션은 경영자와 임원이 보고 싶어 하는 결론을 도출할 수 있는 높은 수준의 보고서 같은 것들이다. 사실상 분석 대시보드를 만드는 것이다.

더 나은 사용자 환경을 제공하는 측면에서, 파슬리 프로젝트의 관리자가 직면한 부분은 WebAPI와 상호작용하는 클라이언트 측 프레임워크를 사용하여 작성된다. 클라이언트 측 프레임워크는 너무 심한 생산성의 손실 없이 최상의 사용자 경험을 제공할 것으로 기대된다. 또한 전체 애플리케이션에 대해 잘 알려지지 않은 방식을 도입하기 위한 훌륭한 시험대이다. 완전히 종료된 상태에서 관리 뷰를 추가하는 것보다 고객 대면 애플리케이션에 추가하는 것이 더 중요하다. 이것 또한 린 스타트업 정신의 일부이다.

조각들 조합하여 가져오기

우리가 만들고 있는 애플리케이션은 실제로 클라이언트 측, 관리자 측 그리고 API의 세 가지 애플리케이션이다. 이 모든 서비스는 사용하고 있는 데이터가 공유되므로 몇 가지 방식에서 서로 논의가 필요하다. 이러한 종류의 많은 애플리케이션은 통합을 수행하는 공유 데이터베이스를 기반으로 구축된다. 공유 커널로 데이터베이스를 사용하는 것은 다수의 서비스가 동일한 테이블에 쓰기를 시도하기 때문에 몇 가지 어려움이 발생할 수 있다. 애플리케이션의 한 부분에서 구조를 변경할 때 다른 부분을 손상시킬 수도 있다. 문제는 SQL 데이터베이스를 통해 추상화 계층을 구축하기가 어렵다는 것이다. 일반적인 애플리케이션의 손상으로부터 데이터 모델 변경을 방지하기 위해 적어도 변형 방지 레이어를 구축하려 한다.

우리는 데이터 모델을 제한된 컨텍스트라고 하는 격리된 단위로 나누었다. 제한된 컨텍스트는 도메인 기반 디자인 세계에서 가져온 용어이다. 설명하기는 어렵지만 사실상 애플리케이션의 나머지 부분과 구별되고 단절된 데이터와 기능을 그룹화한 것이다. 컨텍스트 내에서 이름은 동일한 의미를 유지한다. 말이 어려운가? 고객의 개념에서 고려해보자. 마케팅 부서의 고객은 고객에게 마케팅할 방식을 정의하는 기본 선호도와 특징의 모음인 반면, 배송 부서의 경우 고객은 그냥 주소일 뿐이다. 배송 부서는 마케팅 부서와 마찬가지로 제한된 컨텍스트이다. 이러한 제한된 컨텍스트 사이의 통신은 잘 정의되고 명확해야 한다.

변형 방지 계층은 제한된 컨텍스트 접근에 대한 추상화이고, 특히 몇 가지 제한된 컨텍스트를 결합해야 하는 경우에 그렇다. 패턴은 종종 어댑터(adapter) 또는 파사드(façade) 패턴을 사용하여 구현된다. 어댑터는 하나의 제한된 컨텍스트 표현에서 다른 컨텍스트 표현으로 변환한다. 예를 들어, 클라이언트 측 애플리케이션과 API 모두 스캔 정보를 포함하는 테이블에 대해 작업을 해야 한다. 클라이언트 측 애플리케이션은 라이더가 하루 동안 돌아다닌 곳의 그림을 얻기 위한 데이터를 읽어야 한다. API는 스캔 테이블에 기록을 작성해야 한다. API는 테이블에 기록하는 서비스이므로 스캔 데이터에 대한 원본 표준 소스이다. 즉, 스캔 정보에 대한 모든 데이터 변경은 API 서비스를 통해서 이루어져야 한다.

스캔 테이블이 지역 시간의 날짜 정렬 방식을 UTC로 바꿔야 한다고 API 팀이 결정한다면, 이는 이 데이터의 소비자, 즉 클라이언트 애플리케이션에 미치는 영향을 제한하고자 하는 것이다. 스캔 데이터를 읽기 위해서, 클라이언트 애플리케이션은 어댑터를 사용하여 날짜를 코드 기반에 의해 예상되는 표현으로 다시 변경해야 한다.

예제 매퍼(mapper)는 다음과 같다.

```
public class ScanDataAdaptor{
  public Client.Scan Map(API.Scan scan){
    var mapped = Mapper.Map(scan);
    mapped.ScanDate = ConvertToLocalDate(mapper.ScanDate);
    return mapped;
  }
```

여기에서 자동 매퍼는 유사한 필드를 API의 도메인 표현에서 고객 애플리케이션의 도메인 표현으로 매핑하는 데 사용된다. 마지막으로, 새로운 UTC 스타일 날짜가 예상되는 현지 시간으로 변환된다. 이와 같은 방법으로 쉽게 구성하고 테스트할 수 있다. 제한된 컨텍스트 간의 통신을 할 때마다 변형 방지 레이어를 사용하게 될 것이다.

🖐 도메인 정의하기

파슬리 프로젝트에 대한 도메인은 수많은 제한된 컨텍스트로 나뉜다. 그림 4-2에서 보는 바와 같이 엔티티 관계 ER 다이어그램을 여러 가지 제한된 컨텍스트로 나누어볼 수 있다. 애플리케이션이 특정하게 제한된 컨텍스트에 매핑되지 않음을 알 수 있다. 우리는 애플리케이션이 둘 이상의 제한된 컨텍스트와 통신할 수 있도록 할 것이다. 순수 DDD 또는 마이크로 서비스 접근 방식을 추구하는 경우 단일 애플리케이션이 여러 개의 제한된 컨텍스트와 통신할 수 없다. 우리의 애플리케이션에 대해서 너무 걱정할 필요는 없다. 물론, 실수로 데이터가 손상되는 것을 방지하기 위해 변형 방지 레이어를 유지한다.

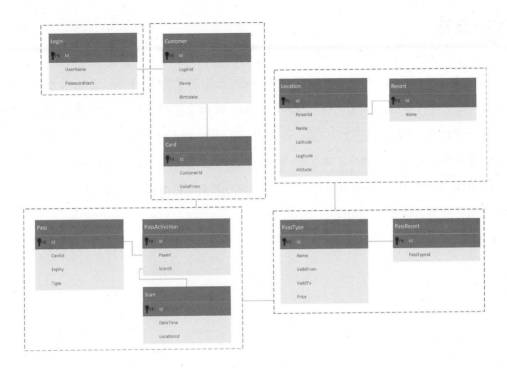

<그림 4-2> 도메인으로 분할된 애플리케이션의 **ER** 다이어그램

위 그림에서 5개의 제한된 컨텍스트가 있다. 다이어그램의 왼쪽 상단에서 시작하여 시계 방향으로 이동하는 첫 번째는 로그인 컨텍스트이다. 이 컨텍스트는 고객 및 관리 애플리케이션에서 사용자를 인증하고 권한을 부여한다. 이를 위해 표준 ASP.NET ID 기능을 사용하고 있다. 다음으로 고객에 대한 제한된 컨텍스트가 있다. 고객 컨텍스트는 스키나 스노우 보드를 타는 사람들과 관련된 정보를 갖고 있다. 우리는 사람들과 그 사람들이 가지고 있는 카드에 대한 몇 가지 개인적인 세부 사항을 추적한다. 다음에는 위치에 대한 제한된 컨텍스트가 있다. 위치와 리조트 이름은 이 컨텍스트에서 추적된다. 이 정보를 하루에 스키를 탄 거리가 몇 미터인지 같은 것을 계산하는 데 사용할 수 있다. 끝에서 두 번째에 위치한 제한된 컨텍스트는 패스권 유형에 대한 정보를 가지고 있다. 패스권 유형은 일반적으로 특정 리조트에서 특정 날짜의 패스권 유효성을 관리하는 일련의 규칙이다. 패스권의 유형들은 "3일 패스권", "연간 패스권" 등과 같다. 마지막으로 제한된 컨텍스트는 카드에 패스권을 할당하고 그 유효성을 제어한다.

요약

우리는 세 가지 애플리케이션과 하나의 데이터베이스를 지정했다. 이것은 몇 가지 스프린트 안에서 수행해야 할 많은 작업이다. 그러나, 우리는 이 여정을 시작할 수 있고 환상적인 솔루션을 구축할 수 있다는 자신감이 있다. 곧 사람들은 스키 패스권으로는 기다려야 하는 줄을 바로 통과하도록 해주는 재사용 가능한 새로운 스키 카드를 사용하여 스키장으로 바로 들어갈 것이다. 5장에서는 애플리케이션의 구축 방법을 살펴본다. 첫날부터 배포를 시작할 수 있도록 서둘러 처리하게 될 것이다.

빌드

팀(team)이 첫 번째 스프린트에 들어간 지는 불과 며칠밖에 되지 않았지만 상황이 이미 과열되고 있었다. 다니엘은 팀의 손발이 제대로 맞지 않아서 걱정했다. 다니엘이 저장소로 잘못된 전송을 했을 때 망가진 코드에 대해서 논쟁을 벌였다. 그녀는 새로운 프로젝트를 코드베이스에 추가했지만 솔루션 파일을 체크인하는 것을 잊어버렸다. 흔한 실수였고 팀에서 누구나 저지를 수 있었던 것이지만, 팀은 이미 벼랑 끝에 서 있었고 모든 상처가 고스란히 남았다.

그녀가 "마르, 저는 지금 파일이 수정될 수 있도록 프로젝트에 체크인했어요"라고 말했다.

"고쳤지만, 적기를 놓쳤어요. 우리는 이 프로젝트를 빨리 수행해야 해요. 쉬운 일들을 놓친다면 시간을 낭비하게 될 거예요."

아드리안이 "진정해요, 마르. 실수를 하지 않는 사람은 아무도 없어요. 우리가 해야 할 일은 미래에 이런 종류의 문제를 피하는 방법을 찾는 거예요"라고 위로했다.

발라즈가 "오, 좋아요. 저는 논쟁과 불평 대신 해결책을 찾길 기다리고 있었어요. 앞으로 이런 문제를 해결하기 위해서 우리가 무엇을 할 수 있을까요? 더 공정한 프로그래밍인가요?"라고 끼어들며 말했다.

다니엘은 "그것도 도움이 되겠지만, 우리가 진정 해야 하는 것은 빨리 실패하는 거예요. 우리의 환경에서 우리가 가진 차이점을 극복할 수 있는 방법과 사람들이 자신의 컴퓨터에서 실행할 때 발생하는 불평을 막을 수 있는 방법을 찾아야만 해요"라고 말했다.

발라즈가 "그게 참 어려울 것 같군요. 우리가 그걸 쉽게 할 수 있는 방법이 무엇인가요?"라며 반박했다.

다니엘은 "음, 우리가 빌드 서버를 설치하고 체크인할 때마다 빌드를 실행해볼 수 있어요"라고 제안했다.

"좋군요." 발라즈가 말했다. "실행해봅시다. 이제 일하러 가죠."

컴퓨터가 우리와 다른 언어를 사용한다는 것은 놀라운 일이 아니다. 컴퓨터가 인간의 언어와 근본적으로 다른 언어를 사용한다고 해서 단순히 국제 공용어를 사용하는 것은 아니다. 인간의 언어는 프로그래밍에서 허용될 수 없는 모호함으로 가득 찬 경향이 있다. 컴퓨터는 탄탄한 진실만을 허용하고 완벽하게 논리적인 존재이다. 따라서 인간은 몇 개의 쉼표가 없어도 "나는 요리하는 고양이와 레고를 좋아한다(I love cooking cats and Lego)"라는 문구의 의미를 이해할 수 있지만, 불행하게도 컴퓨터는 고양이와 레고가 요리 메뉴라고 이해한다. 인간이 컴퓨터가 올바르게 이해하는 언어로 생각하는 것은 매우 어렵고, 컴퓨터 언어가 매우 장황하기 때문에 더 높은 수준의 언어들을 도입한다. 인간이 읽을 수 있는 프로그래밍 언어를 만드는 것은 간결함과 이해력의 균형을 취해야 하기 때문에 쉬운 일이 아니다. 언어의 선택은 회사 내부의 코딩 표준에 너무 자주 영향을 받는 매우 개인적인 것이다. 어떤 언어로 ASP.NET Core 애플리케이션을 작성하든 상관없이 고수준의 언어를 컴퓨터가 기본적으로 이해할 수 있는 언어로 변환해야 한다. 이를 위해 컴파일러를 통해 코드를 전달해야 한다. VB.NET이나 C# 코드를 작성하는 경우 로즐린(Rosslyn) 컴파일러를 사용하고, F#을 사용하는 경우 자체 컴파일러를 사용한다.

이 장에서 ASP.NET Core 프로젝트를 빌드하는 방법, 비하인드 빌드 서버의 동기화, 그리고 빌드 파이프라인을 설정하는 방법을 살펴본다.

 명령줄 빌드

많은 사람들이 명령줄을 두려워한다. 아마도 두려움이 올바른 단어는 아닌 것 같다. 명령줄의 불편함 정도일 것이다. 하지만 진실은 명령줄로 솔루션을 구축하는 것이 매우 유용하다는 것이다. 빌드 서버들은 빌드를 실행하는 복잡한 세부 사항을 표현할 수 있는 UI가 부족한 경우가 자주 있다. 빌드 서버는 빌드를 실행하는 하나의 모달 대화 상자만 갖는다. .NET Core에서 명령줄 도구는 상당히 많은 주목을 받았고, 이를 사용해서 빌드를 수행하는 것이 이제 어느 때보다 쉬워졌다.

.NET Core에서 단일 프로젝트에 대한 단순한 명령줄 빌드는 프로젝트 수준에서 명령을 실행하는 것처럼 간단하다.

```
dotnet build
```

출력은 다음과 같다.

```
Project AlpineSkiHouse.Web (.NETCoreApp,Version=v1.0) will be compiled
because inputs were modified
Compiling AlpineSkiHouse.Web for .NETCoreApp,Version=v1.0
Compilation succeeded.
    0 Warning(s)
    0 Error(s)
Time elapsed 00:00:07.3356109
```

보는 것처럼 간단하다. 프로젝트가 외부 종속성을 갖는다면 그것들을 먼저 복원해야 할 수도 있다.

```
dotnet restore
```

이 명령은 모든 정의된 NuGet 소스에 도달하여 project.json에 나열된 패키지를 복원하려고 시도한다. 이 명령의 출력은 다음과 유사하다.

```
dotnet restore
log : Restoring packages for C:\code\AlpineSkiHouse\src\AlpineSkiHouse.Web
\project.
  json...
log : Installing Serilog.Sinks.File 3.0.0.
log : Installing Serilog.Sinks.RollingFile 3.0.0.
log : Installing Serilog.Formatting.Compact 1.0.0.
```

```
log : Installing Serilog 2.2.0.
log : Installing Serilog.Sinks.PeriodicBatching 2.0.0.
log : Installing Serilog 2.0.0.
log : Writing lock file to disk. Path: C:\code\AlpineSkiHouse\src\
AlpineSkiHouse.Web\ project.lock.json
log : C:\code\AlpineSkiHouse\src\AlpineSkiHouse.Web\project.json
log : Restore completed in 27179ms.
```

물론 오늘날 매우 작은 프로젝트는 단일 프로젝트에 포함될 정도로 작다. 24장 "코드 구성"
에서 다수의 프로젝트에 대한 실제 자세한 요구사항을 읽을 수 있다. 한번에 둘 이상의 프로
젝트를 작성할 계획이라면 다른 것을 기대해야 한다.

📝 note

이전 버전의 ASP.NET Core에서 프로젝트 파일은 project.json이었다. ASP.NET
Core 1.1 및 비주얼 스튜디오 2017로 전환하면서 JSON 기반 프로젝트는 더 이상
사용되지 않는다. 대신 XML 기반 .csproj 파일로 변경된다. 그러나 와일드 카드 및
Nuget 패키지 목록을 허용하는 형식이 다소 변경되었다. 간소화된 이 프로젝트 파일
에는 병합 충돌을 피할 수 있는 몇 가지 주석 기능과 MSBuild와 함께 사용할 수 있는
장점이 추가되었다. project.json의 비 권장으로 초기에는 논란의 여지가 있었지만 이
제 대부분의 개발자가 더 나은 접근으로 인정하고 있다.

수년 동안 여러 프로젝트를 수행하는 표준 접근 방식은 프로젝트 루트에 솔루션 파일을 저장
하는 것이었다. 솔루션 파일은 기본적으로 디버그 및 릴리스와 같은 구성 모음과 각 구성 프
로필에 대해 빌드될 프로젝트를 정의하는 매우 단순한 파일이다. 따라서 핵심 프로젝트를 빌
드하는 릴리스 빌드가 있을 수 있지만, 디버깅 중에만 필요한 보조 도구는 빌드하지 않는다.
이러한 솔루션 파일들은 비주얼 스튜디오와 MSBuild 모두를 이해할 수 있다. 다음을 실행
하여 명령줄에서 솔루션을 빌드할 수 있다.

```
Msbuild.exe AlpineSki.sln
```

위 명령은 솔루션의 모든 프로젝트를 반복하고 빌드를 수행한다. .NET Core의 경우 dotnet build 명령을 호출한다.

프로젝트가 기본 MSBuild 파일에서 동작하면, 직접 설정한다. 그러나 프로젝트가 기본값과 약간 다를 경우 다른 빌드 도구를 살펴보는 것이 좋다. 한 가지 대안은 파워 셸 기반 빌드 도구인 PSake(https://github.com/psake/psake)이다. 함수형 프로그래밍이 관심 영역이라면 F# 기반 FAKE 빌드 러너가 원하는 것일 수 있다. FAKE는 빌드를 설정하기 위한 도메인 특정 언어(domain specific language, DSL)를 정의한다. http://fsharp.github.io/FAKE/에서 찾을 수 있다.

어떤 도구를 선택하든 규모가 큰 프로젝트의 경우 패키지 컴파일, 테스트 실행 및 심볼 서버에 파일 업로드와 같은 프로젝트의 단순 컴파일 이상의 추가 작업을 수행해야 할 필요가 있다. 이를 위한 가장 좋은 해결책은 팀에서 이에 대한 토론을 하는 것이므로, 몇 가지 도구를 사용해보고 어느 것이 가장 적합한지 확인이 필요하다.

하나를 찾았는가? 훌륭하다! 이제 빌드 서버에 설치할 수 있다. 빌드 서버를 보유하고 있는가?

빌드 서버

빌드 서버의 중요성은 아무리 강조해도 지나치지 않다. 소프트웨어를 자주 빌드하는 것은 오류를 조기에 잡을 수 있는 좋은 방법이다.

"내 컴퓨터에서만 동작하는 제품(Works on my machine)"이라는 프로그래머의 문장을 잘 알고 있을 것이다. 이 진언은 프로그래밍 주기에서 일반적인 것이다. 개발자 워크스테이션에는 일반 사용자의 컴퓨터에서 찾을 수 없는 많은 도구와 라이브러리가 설치되어 있는 경우가 많다. 코드가 로컬에서 동작하지만 실제 환경에 배포된 후에 동작이 실패하는 경우를 너무 자주 겪는다. 아무도 "내 컴퓨터에서만 동작하는 제품"을 발매하고 싶지 않지만, 환경의 차이가 그렇게 만들 가능성이 있다.

이러한 당혹감을 피하기 위해 또 다른 환경에서 소프트웨어를 컴파일하고 테스트할 수 있는 빌드 서버를 설정하는 것이 좋다. 팀원 중 한 명이라도 빠른 피드백을 받는 것은 빌드를 중단하고 무언가를 체크할 때 매우 유용하다. 1시간 전에 빌드가 동작했고 현재 망가졌다면, 의심되는 변경 사항의 수는 지난 1시간의 변경 사항으로 제한된다.

대규모 팀의 경우 팀원 코드와 지속적인 통합이 더 중요하다. 예를 들어, 제품 배포 중 다니엘이 마크의 최신 변경 사항과 충돌하는 항목을 발견하는 경우, 몇 주 후가 아니라 즉시 문제를 해결하는 것이 이상적이다.

변경 사항이 충돌하지 않는지 테스트하기 위해 지속적인 통합 빌드를 수행하는 것 외에 야간 빌드를 실행하는 것도 중요하다. 몇 달 동안 아무도 만지지 않은 소프트웨어를 깨뜨리는 환경이나 종속 패키지의 변화가 있을 수도 있다. 업데이트된 노드 모듈은 이에 대한 대표적인 예이다. 노드 모듈의 버전을 수정하는 것은 가능하지만, 종속 라이브러리의 버전을 수정할 수는 없다. 따라서 업 스트림 변경은 여러분이 알지 못하는 사이에 소프트웨어를 손상시킬 수 있다.

우리가 그것들을 빌드 서버라고 부르지만, 빌드 서버는 단순히 소프트웨어를 만드는 것 이상의 일을 할 수 있다. 빌드 서버는 전체 빌드 파이프라인을 조정하는 책임을 져야 한다.

빌드 파이프라인

소프트웨어를 릴리스하는 것은 상당히 어려울 수 있다. 많은 기업들이 한 달에 한 번이나 매주 또는 매일 소프트웨어를 릴리스하려고 애쓰고 있다. Flickr와 같은 회사는 빌드 및 릴리스 프로세스에 대한 높은 확신을 가지고 있기 때문에 하루에 여러 소프트웨어 릴리스를 수행한다. 개발자가 코드를 메인 가지에 체크인할 때마다 빌드가 시작되고 몇 분 후에 변경 사항이 사이트로 롤 아웃되어 나가게 된다. 이것은 소프트웨어가 항상 배포된다는 뜻인 지속적인 배포로 알려져 있다.

장점은 아이디어가 이익으로 바뀌는 데 걸리는 시간을 단축시킬 수 있다는 것이다. 비즈니스가 제품을 변경하고 더 많은 돈을 벌기 위한 새로운 아이디어를 가지고 있을 때 변경 사항을 적용만 하는 데 엄청나게 지체할 필요는 없다. 지속적인 배포는 보안상의 취약점을 발견하는 데 도움이 된다. 다음 빌드를 출시하기 위해 6주를 기다리는 대신, 하루 안에 수정하고 배포할 수 있다.

여러분의 팀이 야심만만하다면, 지속적인 전달이 더 적합할 수 있다. 지속적인 전달은 빌드 파이프라인 및 결과물의 생성을 계속해서 실행하는 중에도, 정식 제품의 이전 환경에서 배포할지라도, 빌드를 제품에 푸시하지 않기 때문에 지속적인 배포에서 한 가지 단계만 빠진다. 모든 빌드가 테스트되고 필요할 경우 제품에 푸시될 수 있다는 것을 알면 여전히 매우 위안이 된다. 제품의 배포 과정에서 사람이 개입할 필요가 없다고 느끼도록 빌드 및 배포 프로세스에 충분한 안정성을 얻으려면 시간이 필요하다.

빌드 파이프라인은 코드를 체크인에서 최종 단계까지 가져가거나, 프로덕션이나 수동 테스트를 위해 준비된 테스트 환경에 배포하는 프로세스를 말한다. 일반적으로, 빌드 파이프라인은 소스 제어 도구에 대한 체크인과 같은 트리거로 시작한다. 그림 5-1에서 배포 파이프라인 예제를 볼 수 있다.

빌드 서버는 소스 제어 하위에서 변경 사항을 검색하고 목적지로 코드를 가져오는 프로세스

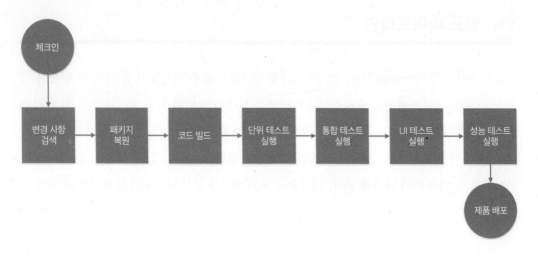

<그림 5-1> 배포 파이프라인

를 시작한다. 일반적인 첫 번째 단계는 패키지를 복원하는 것이다. ASP.NET Core 프로젝트의 경우 패키지 복원에는 NuGet 패키지 및 노드 패키지의 복원이 포함될 수 있다. JSPM 또는 bower 패키지를 복원하는 작업까지 포함할 수도 있다. 자바스크립트 패키지에 대한 더 자세한 정보는 15장 "자바스크립트의 역할" 및 16장 "종속성 관리"에서 NuGet을 참조하자.

다음 단계는 프로젝트 코드를 빌드하는 것이다. 우리는 이미 명령줄을 사용하는 방법을 논의했다. 다음으로 테스트를 실행한다. 테스트에 대한 다른 접근법은 20장 "테스트"에서 더 많은 내용을 볼 수 있다. 테스트에는 여러 가지 접근법과 단계가 있다고 해도 과언이 아니다. 여기서 우리는 빠른 실패에 제일 관심이 있으므로 가장 빨리 완료되는 테스트인 단위 테스트를 먼저 실행한다. 그런 다음 통합 테스트 및 수용 테스트와 같이 더 비용이 비싼 테스트로 이동한다.

📝 *note*

이 장에서 빠른 실패의 중요성에 대해 몇 번 언급했다. 빠르게 실패하는 것이 왜 중요한지 궁금해할 수도 있는데, 그 답은 과정이 늦어지는 것보다는 가능한 한 빨리 실패하는 것이 더 저렴한 비용이 든다는 것이다. 개발자 워크스테이션에서 문제를 발견하면 나머지 팀원에게는 비용이 들지 않기 때문에 돈을 절약할 수 있으며, 회사는 약간의 개발비만 잃게 되므로 실패에 대한 비용을 고려하자. 코드가 모든 고객에게 전달된다면 판매 손실, 잘못된 가격, 기타 문제를 포함하여 비용은 상당히 높아질 수 있다. 프로세스의 초기 단계에서 실패를 식별하고 움직일 수 있으므로 비즈니스 비용이 절감된다.

일반적인 규칙은 통합 테스트보다 단위 테스트가 훨씬 많이 필요하고 수용 테스트보다 통합 테스트가 더 많이 필요하다는 것이다. 그림 5-2의 테스트 피라미드는 이러한 관계를 보여준다.

완료할 테스트의 마지막 부분은 성능 테스트이다. 새로운 기능을 배포할 때, 사용자를 불쾌하게 만들거나 시스템 전체의 안정성을 손상시키는 성능 저하가 없는지 확인하는 것이 중요하다. 배포 및 테스트 체제에 대해 매우 개방적인 회사 중 하나는 GitLab이다. 배포하는 동안 수백 가지 기준을 측정하고 전략적으로 이를 향상시키는 데 아주 신경 써야 한다.

GitLab의 최근 블로그 게시물 중 하나에서 가져온 그림 5-3은 메모리 설정을 변경하여 HTTP 대기열 타이밍을 향상시킬 수 있는 방법을 보여준다.

<그림 5-2> 테스트 피라미드

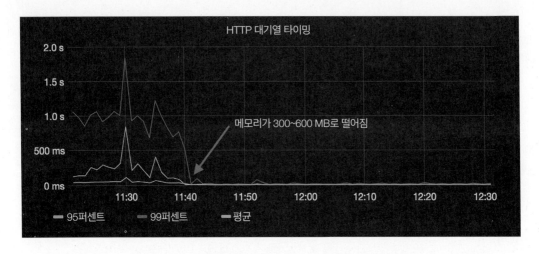

<그림 5-3> HTTP 대기열 타이밍이 메모리 설정 변경 후 크게 향상되었다.

빌드 서버 시장에는 몇 가지 꽤 훌륭한 선택 사항이 있다. 제트 브레인(JetBrain)의 팀 시티(TeamCity)가 유명하다. 애플리케이션 생명 주기 관리 제품을 확장해온 아틀라시안(Atlassian)은 뱀부(Bamboo)를 제공한다. 오픈 소스 진영에서는 젠킨스(Jenkins)와 몇 가지 규약을 보여주는 소수의 아파치 프로젝트가 있다. 자체 빌드 서버를 실행하고 싶지 않다면 자체 인프라에서 빌드를 실행하는 CircleCI 또는 TravisCI와 같은 회사가 있다. 종종 인프라는 소프트웨어를 호스팅하는 데 사용하는 것과 동일한 클라우드에서 호스팅되기 때문에 데이터 센터조차 사용하지 않는다.

빌드 러너 영역에서 Microsoft가 제공하는 기능은 팀 파운데이션 서버(Team Foundation Server, TFS)이다. 직접 설치와 호스팅 버전의 TFS가 있다. TFS에서 알파인 스키 하우스의 빌드를 설정하는 방법을 자세히 살펴보자.

알파인 스키 하우스 빌드하기

앞서 언급한 바와 같이 TFS는 호스팅 및 자체 설치 옵션을 모두 제공한다. 알파인 스키 하우스는 자체 하드웨어에 빌드 서버를 설치할 시간이 많지 않으므로 호스팅 옵션을 선택했다.

대부분의 경우 이 방법이 더 좋다. 극소수의 상황을 제외하고 여러분이 회사의 전문가가 아니라면, 이러한 인프라 관련 문제는 전문가에게 맡기고 소스 제어 서버 호스팅을 사용하여 경쟁력 있는 핵심 역량에 집중하는 것이 좋지 않은가?

첫 번째로 필요한 작업은 비주얼 스튜디오 팀 서비스(Visual Studio Team Services, VSTS) 계정이다. VSTS는 유명한 팀 파운데이션 서버(Team Foundation Server, TFS)의 호스팅 버전이다. 회사에서 Microsoft 개발자 네트워크(Microsoft Developer Network, MSDN)를 구독하는 경우, 각 개발자는 VSTS에서 무료 빌드 시간(분)을 이용할 수 있다. 이 시간을 모두 소진한 후에도 빌드 시간을 추가하는 데 드는 비용은 경미하다. 실제로 빌드를 실행하는 호스팅된 빌드 에이전트에는 다양한 도구가 설치되어 있기 때문에 대부분의 빌드에 유용하다. 오라클 설치와 같이 프로젝트에 특별한 것이 필요한 경우, 클라우드 빌드 에이전트를 구축할 수 있다. 호스팅된 VSTS 서버와 대화하기 위해 온 프레미스 빌드 에이전트에 연결할 수도 있다. 이것은 호스팅된 솔루션의 장점을 계속 취하면서 네트워크 내부에 귀중한 독점 정보를 보관할 수 있다. 알파인 스키 하우스는 이런 보안 수준을 필요로 하지 않으며, 빌드에서 특이한

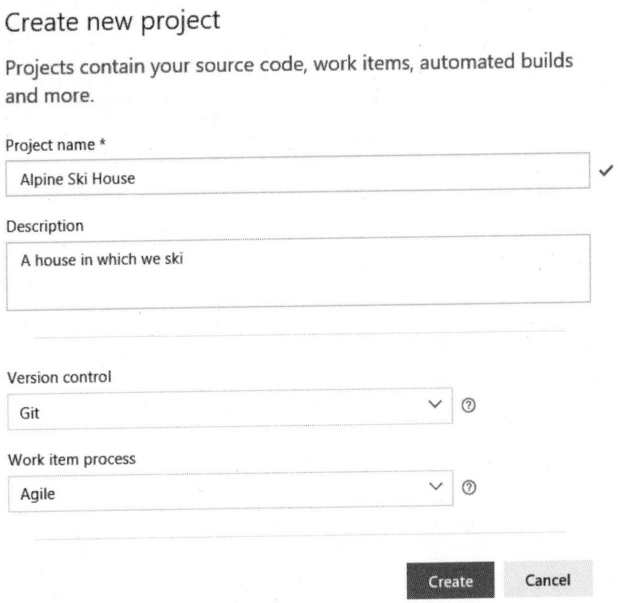

Create new project

Projects contain your source code, work items, automated builds and more.

Project name *

Alpine Ski House ✓

Description

A house in which we ski

Version control

Git ∨ ?

Work item process

Agile ∨ ?

Create　Cancel

<그림 5-4> 비주얼 스튜디오 팀 시스템에서 팀 프로젝트 생성하기

점이 없으므로 호스팅된 에이전트가 정상적으로 동작한다.

VSTS에서 알파인 스키 하우스에 대한 새로운 프로젝트를 생성하여 시작하자. 메인 대시보드 페이지에서 이를 수행하기 위해 프로젝트 목록 아래에 있는 추가 버튼을 클릭하기만 하면 된다. 대화 상자에서 그림 5-4와 같이 프로젝트 이름과 설명을 입력한다. 또한 프로세스 템플릿에 대한 프롬프트가 표시된다. VSTS에서 프로세스 템플릿이 문제점 추적 및 스토리 기능을 제어하기 때문에, VSTS를 빌드용으로만 사용하는 경우 이를 무시할 수 있다. 템플릿 컨트롤 탐색에 관심이 있다면 Microsoft 웹사이트에서 해당 항목에 대한 자세한 설명을 볼 수 있다. 중요한 사항은 아니지만 소스 제어를 위해 Git을 선택하자. 알파인 스키 하우스는 VSTS가 아닌 GitHub에서 호스팅되며 설정은 프로젝트에서 사용할 소스 제어 도구를 선택하기 위한 것이다. VSTS에서 소스 컨트롤을 호스팅하는 경우 Git은 업계에서 많이 채택되었으므로 거의 확실히 더 나은 선택이다.

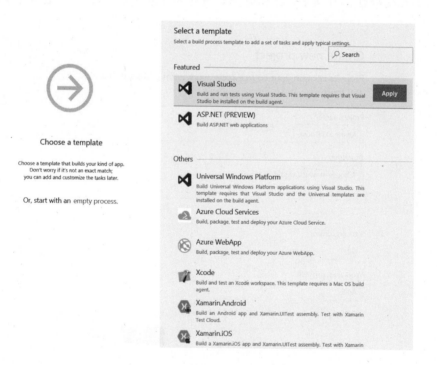

<그림 5-5> 빌드 템플릿 선택하기

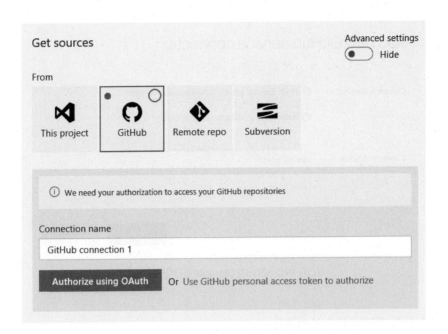

<그림 5-6> 사용할 소스 제어 도구 선택하기

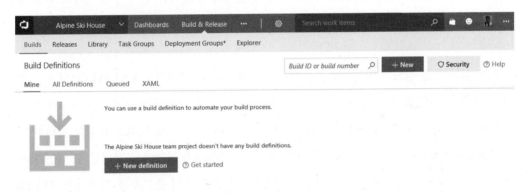

<그림 5-7> 빌드 정의 페이지

프로젝트가 생성되면 이제 빌드 생성으로 이동할 수 있다. 이는 빌드 탭에서 새로 만들기를 선택하여 수행할 수 있다. 그림 5-5와 같이 빌드 기반의 무수한 빌드 정의 템플릿이 있지만, 목적에 맞게 Visual Studio 빌드 또는 비어 있는 빌드를 선택하는 것이 좋다.

다음으로, 소스 코드를 둘 저장소 혹은 원하는 경우 소스의 원본을 설정해야 한다. 그림 5-6

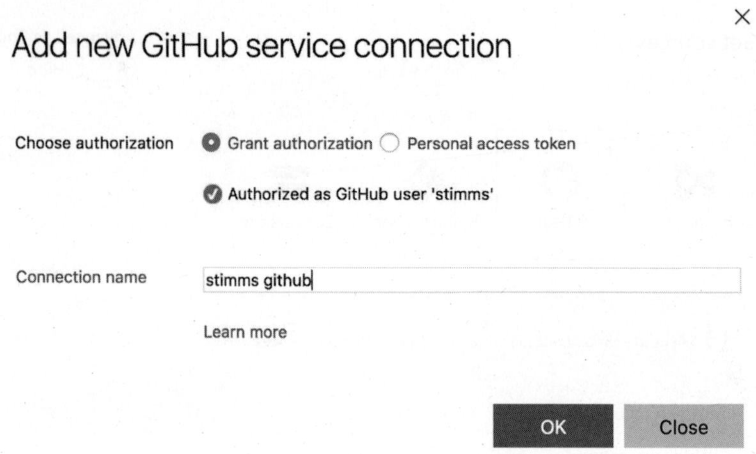

Add new GitHub service connection

Choose authorization   ● Grant authorization   ○ Personal access token

☑ Authorized as GitHub user 'stimms'

Connection name   stimms github

Learn more

OK   Close

<그림 5-8> VSTS가 GitHub에 접근하도록 허가

은 다양한 소스 제어 옵션을 보여준다.

그림 5-6에서 대화 상자는 GitHub 자격 증명을 설정하지 않지만 잠시 후에 다루도록 하겠다. 빌드 정의가 생성된 후, 비어 있는 빌드 정의 페이지로 이동한다(그림 5-7 참조).

코드가 있는 곳을 빌드가 알 수 있도록 저장소를 설정한다. 다행히도 VSTS와 GitHub는 몇 가지 큰 통합이 있었다. 먼저 페이지의 오른쪽 상단에 있는 톱니바퀴 모양의 설정 아이콘을 클릭하여 제어판으로 이동한다. 제어판에서 서비스를 선택하고 새 서비스 끝점을 클릭한 다음 GitHub를 선택한다. 그림 5-8의 대화 상자에서는 GitHub 설정에서 검색할 수 있는 개인용 액세스 토큰을 선택하거나 권한 부여를 선택하여 권한 부여 플로우를 진행하자. OAuth를 사용하여 GitHub에서 VSTS가 사용자를 대신하여 동작하도록 승인한다.

VSTS와 GitHub를 연결한 후에 그림 5-9와 같이 빌드 정의로 돌아가 새로 생성된 GitHub 계정을 소스 저장소로 선택할 수 있다.

모든 소스 제어 설정을 적용하면 빌드 프로세스 자체를 설정할 수 있다. 이를 수행할 수 있는 방법은 많이 있다. 여기서는 매우 기본적인 접근법을 사용하고 MSBuild를 사용하는 대신

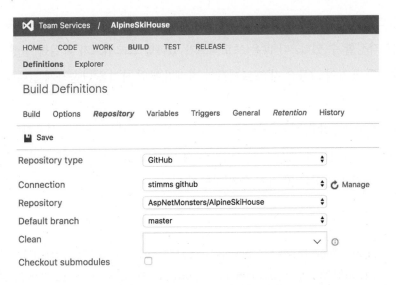

<그림 5-9> 빌드 정의에 대한 저장소 설정

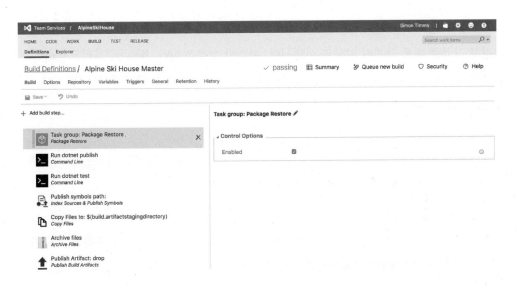

<그림 5-10> 단순 빌드 정의

이미 탐구한 명령줄 도구를 사용하는 데 초점을 맞춘다. 그림 5-10에서 예제 빌드 프로세스를 확인할 수 있다.

빌드 프로세스의 첫 번째 단계는 패키지를 복원하는 것이다. 우리의 솔루션에 몇 가지 프로젝트가 있으므로 각각에 대해 수동으로 패키지 복원을 실행하거나, 패키지 복원을 실행하는 스크립트를 작성할 수 있다. 더 많은 프로젝트가 있다면 스크립트가 확실한 수행 방법이 될 것이다. 순식간에 작업 그룹은 각 프로젝트의 패키지 복원 작업을 단순하게 실행한다.

다음 단계는 dotnet publish를 호출하는 것이다. 기본 프로젝트 파일을 사용하면 간단히 프로젝트를 빌드하고 파일을 게시 디렉토리의 특정 위치로 옮긴다. 그러나 우리 프로젝트에는 project.json 파일에 정의된 몇 가지 추가 작업이 있다.

```
"scripts": {
  "prepublish": [ "npm install", "bower install", "gulp clean", "gulp min" ],
  "postpublish": [ "dotnet publish-iis --publish-folder %publish:OutputPath%
  --framework %publish:FullTargetFramework%" ]
}
```

이러한 작업은 배포 단계의 일부로 실행된다. 이러한 호출은 npm, bower, 그리고 gulp로 이동하여 사이트에 대한 자바스크립트 및 CSS를 빌드한다. 게시 후 단계에서는 IIS에서 사용할 web.config 파일을 설정한다.

20장에서 dotnet test 명령을 사용하여 테스트를 실행한다. 이 상황에서 알파인 스키 하우스의 경우 단위 테스트는 간단하고 사용하기에 좋다.

다음 단계는 필요한 파일을 준비 디렉토리로 옮긴 뒤, 준비 디렉토리를 압축하고 이슈를 게시하는 것이다. 이 파일들은 6장 "배포"에서 설명할 릴리스 프로세스의 일부로 배포할 수 있다.

마지막으로 누군가 코드를 체크인할 때마다 빌드를 실행하기 위한 트리거를 설정한다. 이것은 이미 예상 가능하듯이 VSTS의 트리거 탭에서 수행할 수 있다. 이 장의 앞부분에서 논의했듯이, 커밋을 확인하는 과정의 일환이고 기본적으로 야간 빌드를 실행하려고 한다. VSTS는 그림 5-11에 표시된 구성에서 볼 수 있는 것처럼 이 시나리오를 지원한다.

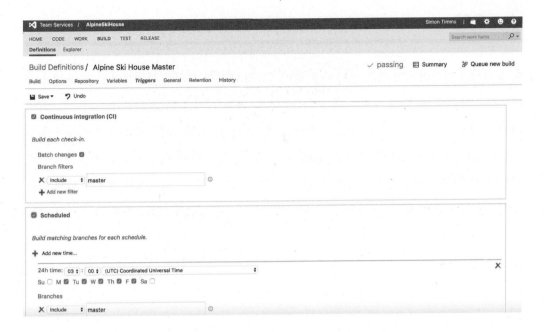

<그림 5-11> 알파인 스키 하우스 트리거

또한 주 저장소에 있는 빌드 분기를 원할 수도 있다. 이론적으로 이러한 분기는 대부분 가져오기 요청으로 구성되므로 마스터에 병합되기 전에 빌드하면, 전체 팀의 속도를 늦출 수 있는 문제점이 제기되기 전에 잡을 확률이 훨씬 높아진다.

VSTS는 새로운 빌드 모델로 크게 향상되었으며, 이제 TeamCity와 같은 느낌에 가까워졌다. 확실한 것은 명령줄 도구만을 사용하여 여기에 구축한 간단한 접근법이 모든 빌드 도구와 호환된다는 것이다. 빌드 설정의 일환으로 더 많은 옵션을 사용할 수 있지만 여기에서 구성한 부분은 대부분의 프로젝트에 적합하다. 결국 간단히 빌드 서버를 사용하고 빌드를 실행하는 것은 많은 팀에서 큰 한 걸음을 내딛는 것이다.

요약

이 장에서는 빌드의 중요성과 전체 배포 파이프라인 내부의 위치를 살펴보았고, 알파인 스키 하우스 팀은 코드를 함께 가져올 때 충돌을 줄이는 용도로 사용할 수 있었다. 자주 빌드하면 개발 주기에서 최대한 빨리 문제를 파악하고 최신 버전의 소프트웨어를 신속하게 제공할 수 있다. VSTS의 전체 빌드를 일련의 프롬프트와 대화 상자를 통해 설정하여 최신 도구들로 빌드를 설정하는 것이 얼마나 쉬운지 보여준다. 이 모든 것들이 성공적인 배포를 위해 팀을 구성하는 데 도움이 되었다. 다음 장에서는 빌드를 클라우드로 푸시해보도록 하자.

배포

발라즈는 이메일을 선호하지 않았다. 그는 임시 회의로 모두 처리한다. 그는 그것을 일종의 밴드 연습과 같은 "즉흥 연주"라고 불렀다. 모두가 그것에 대단히 열광하는 것처럼 보였고 그 열정은 다니엘이 재빨리 합류했을 정도로 전염성이 강했다. 기본적으로 팀 전체가 함께 모여서 한 문제를 "즉흥"으로 해결하는 공동 프로그래밍이었다. 이 아이디어는 실수를 줄이고 문제의 일부를 비동기적으로 나누어 고민할 수 있도록 했다. 팀의 메인 그룹이 데이터베이스 쿼리를 작성하는 중이라면 다른 팀이 데이터베이스 연결 암호화를 사용하는 방법을 연구할 수 있었다. 분리된 부분은 새로운 지식을 가진 영역이며 각자 발견한 내용을 메인 제품으로 통합시킨다. 이 방법으로 팀은 단독 개발자에게 국한되는 문제를 차단할 수 있다.

오늘의 즉흥 연주는 배포 작업을 시작하는 것에 관한 것이다. 다니엘에게는 회의가 무언가를 배포하기 위한 진정한 초기 단계인 것처럼 보였다. 실제로 모든 페이지가 시작 단계였다. 아직 모든 것을 집어넣은 상태는 아니었지만 발라즈는 그것에 대해 설명했다. "배포는 항상 마지막의 일이며, 최종 기한 마감 전 사람들이 몰리기 전에 수행해야 합니다. 그것이 실수의 원인이 되곤 합니다. 배포는 어려운 것이기 때문에 지금 해보고 어렵지 않을 때까지 계속해서 반복하도록 합시다."

다니엘은 "많이 해본다고 쉬워질까요?"라고 물었다. 배포는 쪼그려 뛰기가 아니다. 단지 많이 한다고 강해지는 것이 아니다.

발라즈는 "아, 그럼 배포할 때마다 수동으로 구성 파일을 편집하는 게 좋은가요?"라고 말했다.

"절대 그렇지 않아요!" 다니엘이 대답했다.

발라즈는 "그렇다면 여러분 스스로 더 쉽게 만들면서 스크립트를 작성하지 않나요? 그렇게 하면 프로세스를 반복할 수 있고 실수에 대해 걱정할 필요가 없어요"라고 제안했다.

다니엘은 문제가 더 명확해진다고 생각했고 "우리가 배포할 때마다 프로세스를 점검하고 개선한다면 더 쉬워질 것입니다"라며 끄덕였다. 정확하게 쪼그려 뛰기는 아니지만, 자기 성찰과 함께하는 배포를 통해 프로세스는 더 강해질 것이다. "저는 패키지 업데이트를 위해 프로덕션 서버에 로그를 남기는 것을 정말 싫어합니다."

"이제 여러분은 라다(Lada)*를 운전하고 있어요"라고 발라즈가 말했다. 그는 항상 최신 동유럽 말투로 이야기했다. "배포 작업을 논의해봅시다."

---

*   러시아의 소형 승용차 상표.

이 배포 장에서 우리는 Kestrel 서버를 보다 완벽한 기능의 웹 서버로 만드는 것을 보게 될 것이다. 이전 단계의 파슬리 프로젝트 빌드를 더 넓은 세상으로 배포할 것이다. 리눅스 컴퓨터에 바이너리를 배포하는 방법을 살펴보고 Microsoft Azure를 이용하는 방법 또한 살펴본다. 누구나 테스트를 위한 접근이 가능한 사이트를 생성하고, 개발 프로세스를 아주 쉽고 반복 가능하게 만들어 일회성 테스트 환경을 개별적인 수정 및 패치와 함께 사용할 수 있도록 만들 것이다.

웹 서버 선택하기

오랫동안 ASP.NET 애플리케이션을 호스팅하기 위한 웹 서버의 선택은 매우 제한적이었다. 대다수의 사람들은 윈도우와 함께 제공되는 웹 서버인 IIS를 사용하여 호스팅을 수행하였다. 일반적이지는 않지만 Mono를 사용하여 리눅스 아파치에서 ASP.NET을 실행하는 일부 관리자가 있었다. 최근에는 .NET용 공개 웹 인터페이스(OWIN, Open Web Interface for .NET)를 구현하는 NancyHost(낸시 호스트)와 같은 웹 서버를 사용할 수 있는 옵션이 추가되었다.

Microsoft IIS는 매우 효율적이고 완전한 기능을 갖춘 웹 서버이다. 하나의 인스턴스에서 여러 다른 웹사이트를 호스팅할 수 있다는 의미인 고립된 방식의 다중 호스팅을 지원한다. SSL, gzip, 가상 호스팅 그리고 HTTP2 지원조차 모두 기본 제공이다. ASP.NET 웹 애플리케이션을 윈도우 환경에 배포하는 경우 IIS 이외의 것을 볼 필요가 거의 없었다.

그러나 .NET Core는 수많은 플랫폼에서 실행되며 그중 대부분은 IIS를 지원하지 않는다. 이러한 시나리오에서 Kestrel 웹 서버의 갈 길은 멀다. Kestrel은 .NET Core를 지원하고 Linux, macOS 그리고 윈도우와 같은 모든 플랫폼에서 실행되는 경량 웹 서버이다. Kestrel의 심장에는 libuv라는 비동기 이벤트 라이브러리가 있다. 이 라이브러리가 친숙하게 들린다면, Node.js의 중심에 있는 동일한 라이브러리이기 때문이다.

 **Kestrel**

.NET Core 웹 애플리케이션들은 실제로 그냥 실행 파일들일 뿐이다. 이전 버전의 ASP. NET에서 컴파일 결과는 일반적으로 웹 서버로 전달될 수 있는 라이브러리였다. 기본 프로젝트에는 하나의 Program.cs가 들어있고 그 내용은 다음과 같다.

```
public static void Main(string[] args)
{
  var config = new ConfigurationBuilder()
    .AddCommandLine(args)
    .AddEnvironmentVariables(prefix: "ASPNETCORE_")
    .Build();

  var host = new WebHostBuilder()
    .UseConfiguration(config)
    .UseKestrel()
    .UseContentRoot(Directory.GetCurrentDirectory())
    .UseIISIntegration()
    .UseStartup<Startup>()
    .Build();
  host.Run();
}
```

먼저 명령줄과 환경에서 읽은 구성을 설정한다는 것을 알 수 있다. 다음으로, WebHost를 생성하고 그것을 실행한다. 능숙한 빌더 패턴을 사용하여 WebHost를 만들고 Kestrel 호스팅을 추가하며 현재 디렉토리를 루트로 사용하도록 지정하여 시작한다. 다음으로 IIS 통합이 추가된다. 이것이 IIS가 애플리케이션과 통신하는 방법이다. 마지막 구성 단계는 추가 사이트 특정 구성을 수행하는 시작 파일을 지정하는 것이다. 12장 "구성 및 로깅"에서 애플리케이션에 대한 설정을 살펴보겠다. 모든 호스팅 옵션 구성을 사용하여 호스트에 구성을 작성하고 실행할 수 있다.

이 시점에서 구성할 수 있는 몇 가지 다른 옵션이 있다. 예를 들어, CaptureStartupErrors (true) 지시문은 시작 프로세스에서 예외를 발생시키고 단순히 애플리케이션을 종료하는 대신 오류 페이지를 표시한다. 이것은 개발에 유용할 수도 있지만 제품 환경에서는 실패하면 애플리케이션을 종료하는 것이 더 좋다.

호스팅 구성 옵션은 특별히 많지 않다. 호스팅을 위한 모든 구성은 일반적으로 애플리케이션의 시작 지점인 Program.cs에서 찾을 수 있다. 애플리케이션에 대한 설정은 Startup.cs에 위치한다.

Kestrel은 ASP.NET 코드를 실제로 실행하는 것이기 때문에 모든 ASP.NET 애플리케이션 호스팅 이야기에서 매우 중요한 구성 요소이다. ASP.NET Core의 현재 버전에 이르기까지, ASP.NET은 IIS 작업자 프로세스인 w3wp.exe에서 호스팅되었다. ASP.NET Core에서 IIS는 요청을 Kestrel로 보내는 역방향 프록시로 동작한다.

note

ASP.NET MVP 릭 스트랠(Rick Strahl)은 지금까지 IIS에서 ASP.NET이 호스팅된 방식과 새로운 ASP.NET Core 방식의 차이점을 비교한 훌륭한 블로그 게시물을 작성했다. 또 블로그에서는 개발 워크 플로우의 일부로 IIS 사용을 피하는 데 도움이 되는 몇 가지 유용한 정보를 제공한다.
https://weblog.west-wind.com/posts/2016/Jun/06/Publishing-and-Running-ASPNET-Core-Applications-with-IIS.

역방향 프록시

IIS가 Kestrel과 통신하는 방법을 이해하려면 역방향 프록시가 하는 일을 정확히 이해하는 것이 중요하다. 프록시 서버는 진행 중인 대역폭을 절약하거나 네트워크 내부의 컴퓨터가 볼 수 있는 사이트를 제한하기 위해 오랫동안 사용되었다(그림 6-1 참고).

<그림 6-1> 프록시 서버

프록시 서버는 HTTP 요청을 취해서 올바른 요청인지 여부를 결정한다. 최근에 보았고 캐시가 된 파일에 대한 요청인 경우 공용 인터넷을 통해 요청을 전송하여 추가 대역폭 및 대기 시간 비용을 들이지 않고 캐시가 된 파일을 제공한다. 이 기술은 대역폭과 사용자의 대기 시간 모두를 줄여준다. 인터넷 서비스 공급자는 사용자가 일반적으로 요청한 파일에 대해 이 기술을 자체 데이터 센터에서 사용할 수 있다. 예를 들어, 인기 있는 영화에 대한 새로운 예고편이 발표되면 프록시는 업 스트림 서버에 과부하가 걸리지 않도록 한다. 일반적으로, 캐시가 분산될 때 캐시가 된 리소스를 무효화하는 복잡성이 추가되지만 경험은 모든 관련자에게 더 좋다.

그림 6-2에서 보는 바와 같이 역방향 프록시는 프록시를 뒤집어 웹 서버 앞에 배치한다. 단지 일반 프록시처럼, 프록시 서버는 여기서 리소스를 캐시한다. HTTP GET 요청은 서버상에서 데이터를 수정하지 않고 적어도 명세를 따르지 않을 것이므로 자체 내용이 한동안 프록시 서버에 저장될 수 있다. 이렇게 하면 프록시보다 요청을 처리하는 것이 훨씬 힘들 수밖에 없는 웹 서버의 부하가 줄어든다.

역방향 프록시는 여러 웹 서버에서 추상화 계층으로 동작하는 데 사용할 수도 있다. 프록시

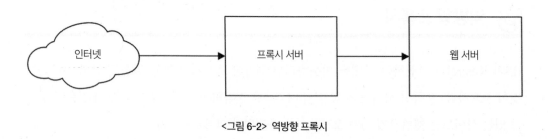

<그림 6-2> 역방향 프록시

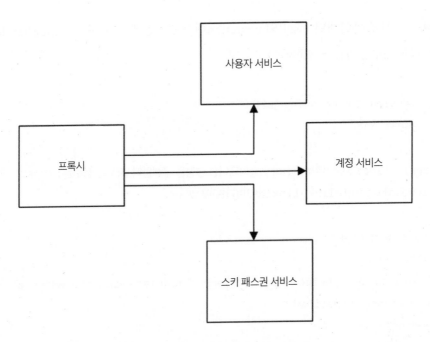

<그림 6-3> 많은 다른 서비스를 라우팅할 수 있는 프록시

(그림 6-3 참고)는 외부 기관에 추상화 계층을 나타내기 위해서 단일 서비스로 마이크로 서비스의 중심 앞단에 둘 수 있다.

IIS

오랫동안 IIS는 윈도우 플랫폼에서 웹사이트를 제공하기 위한 "필수" 역할을 해왔다. ASP. NET Core는 ASP Core 모듈이라는 새로운 IIS 모듈을 함께 제공한다. 이 기본 모듈은 HTTP를 통해 별도의 프로세스로 실행되는 Kestrel에 IIS의 요청을 직접 전달한다. 이는 이전에 사용된 접근 방식과는 다른 흥미로운 출발점이다. 통합 IIS 파이프라인은 수년 동안 권장되어온 접근 방식이었지만 ASP.NET을 IIS와 매우 긴밀하게 결합시킨다. ASP.NET Core를 모든 플랫폼에서 실행할 수 있게 하려면 이 커플링이 깨져야 한다.

ASP.NET Core 애플리케이션이 IIS 호스팅을 사용하려면 여러 가지 작업을 수행해야 한다.

첫 번째는 이전에 제안했던 UseIISIntegration이다. 두 번째는 ASPNetCoreModule을 로드하는 web.config 파일을 포함하는 것이다.

```xml
<?xml version="1.0" encoding="utf-8"?>
<configuration>
  <!—
     appsettings.json에서 자신의 애플리케이션 설정을 구성한다. 자세한 정보는 https://
go.Microsoft.com/fwlink/?LinkId=786380에 있다.
  -->
  <system.webServer>
    <handlers>
      <add name="aspNetCore" path="*" verb="*" modules="AspNetCoreModule"
resourceType="Unspecified"/>
    </handlers>
    <aspNetCore processPath="%LAUNCHER_PATH%" arguments="%LAUNCHER_ARGS%"
stdoutLogEnabled="false" stdoutLogFile=".\logs\stdout" forwardWindowsAuth
Token="false"/>
  </system.webServer>
</configuration>
```

이 예제에서 알 수 있듯이 IIS에 전달할 수 있는 몇 가지 플래그가 있다. 가장 흥미로운 기능 중 하나는 Kestrel에 윈도우 인증 토큰을 전달하는 것이다. 이는 Kestrel 응용 프로그램이 싱글 사인 온(single sign-on) 시나리오에서 NTLM 인증을 계속 사용하도록 해준다. 또한 요청이 들어올 때 시작할 경로도 지정된다.

AspNetCoreModule은 IIS로 전송된 모든 요청을 HTTP를 통해 Kestrel로 전송한 다음 Kestrel이 반환하는 모든 것을 클라이언트로 반환한다. 그림 6-4에서 볼 수 있다.

web.config 파일에서 처리기(handler)는 모든 요청을 Kestrel 프로세스로 전달하지만 요청을 필터링하여 특정 클래스만 전달할 수 있다. 예를 들어, 처리기 등록을 다음과 같이 변경할

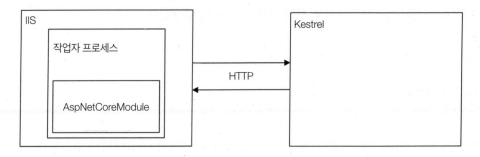

<그림 6-4> IIS는 Kestrel로 라우팅하기 위해 ASP.NET Core 모듈을 실행하는 작업자 프로세스를 호스팅한다.

수 있다.

```
<handlers>
  <add name="aspNetCore" path="/new/*" verb="*" modules="AspNetCoreModule"
resourceType="Unspecified"/>
</handlers>
```

이는 /new 경로와 일치하는 요청만 전달한다. 이를 통해 일부 요청이 ASP.NET Core에서 처리되고 일부는 다른 애플리케이션에서 처리되는 하이브리드 애플리케이션을 만들 수 있다.

📝 note

AspNetCoreModule의 구성 옵션에 대한 공식 문서는 https://docs.asp.net/en/latest/hosting/aspnet-core-module.html에서 확인할 수 있다. 종속 파일이 변경될 경우 Kestrel 서비스를 다시 시작하는 recycleOnFileChange 설정에 특히 주목하자. 이는 배포를 수행할 때 사이트 재활용을 더 가속화시킨다.

이것이 가능하다면 IIS가 더 이상 모든 관리 코드를 처리할 필요가 없기 때문에 권장하더라도 ASP.NET Core를 사용하는 모든 애플리케이션에 대해 IIS에서 관리되는 코드를 사용하지 않도록 설정하는 것이 좋다. 이렇게 하면 성능이 더 향상된다.

Nginx

Nginx는 윈도우, 리눅스 및 OSX를 비롯한 여러 운용 체제에서 실행되는 고성능 웹 서버이다. 또한 MTP, POP3, IMAP 및 HTTP를 비롯한 여러 프로토콜에 대한 역방향 프록시 지원을 제공한다. 추가로, 정적 파일과 SSL 종료를 제공하며, HTTP2 지원을 제공할 수도 있다.

Nginx는 IIS와 동일한 역할을 하지만 더 다양한 운영 체제에서 동작한다. web.config 파일을 만드는 대신 필요한 구성 설정을 포함하는 nginx.conf 파일을 생성할 수 있다.

📝 note

SSL과 HTTP2 설정을 포함하는 보다 완벽한 Nginx 샘플은 ASP.NET Monsters 웹사이트 http://aspnetmonsters.com/2016/07/2016-07-17-nginx/와 http://aspnetmonsters.com/2016/08/2016-08-07-nginx2/에서 확인이 가능하다. Channel 9의 ASP.NET Monsters와 같은 내용의 비디오를 https://channel9.msdn.com/Series/aspnetmonsters에서 학습할 수 있다.

이 설정 파일은 Kestrel에 간단한 Nginx 프록시를 설정한다. 또한 SSL 종료도 포함한다. Kestrel은 초경량이므로 실제로 SSL을 지원하지 않으며, 대신 업 스트림 서버를 사용하여 종단 처리하고 암호화되지 않은 HTTP 요청을 서버에 보낸다.

```
#생성할 작업자 프로세스의 수
worker_processes 10;

#연결의 최대 수
events {
```

```
    worker_connections 1024;
}

#http 정보 제공
http {
    # mime 형식 설정
    include mime.types;
    default_type application/octet-stream;

    #로깅 설정
    log_format main '$remote_addr - $remote_user [$time_local] "$request" '
            '$status $body_bytes_sent "$http_referer" '
            '"$http_user_agent" "$http_x_forwarded_for"';
    access_log /var/log/nginx/access.log main;

    #인증 설정
    ssl_certificate /etc/letsencrypt/live/ski.alpineskihouse.com/fullchain.pem;
    ssl_certificate_key /etc/letsencrypt/live/ski.alpineskihouse.com/privkey.pem;

    #버퍼링 없이 소켓으로 직접 전송할 파일에 대한 sendfile(2) 사용
    sendfile on;

    #서버에서 살아 있는 상태로 연결할 시간의 길이
    keepalive_timeout 65;

    gzip on;

    #수신할 곳 구성
    server {
        # ski.alpineskihouse.com에서 443 포트를 통해 수신
        listen 443 ssl;
        server_name ski.alpineskihouse.com;
```

```
# SSL 인증 설정
ssl_certificate cert.pem;
ssl_certificate_key cert.key;
ssl_session_cache shared:SSL:1m;
ssl_session_timeout 5m;

#심각한 깨진 암호 비활성화
ssl_ciphers HIGH:!aNULL:!MD5;
ssl_prefer_server_ciphers on;

#localhost 포트 5000번을 통해 기본적으로 모든 요청을 /로 전달
#여기가 Kestrel 서버이다
location / {
    #파일 저장에 프록시를 사용
    proxy_cache aspnetcache;
    proxy_cache_valid 200 302 30s;
    proxy_cache_valid 404 10m;
    proxy_pass http://127.0.0.1:5000/;
    }
  }
}
```

IIS와 달리 Nginx는 Kestrel의 복사본을 실행하지 않으므로 프로덕션 환경에서 독립적으로 시작해야 한다. 로컬 개발을 위해서 Nginx 기반 구조가 제공하는 기능 중 하나가 분명하게 필요하지 않다면 일반적으로 Nginx를 활용할 필요가 없다. Nginx는 제품 환경의 부하 분산 장치(load balancer)와 비슷하다고 생각할 수 있다. 대부분의 테스트는 로컬로 복제할 필요가 없다.

 note

Nginx는 윈도우에서 잘 실행되지만 윈도우와의 상호작용을 최적화하기 위해 많은 노력을 기울이지는 않았다. 결과적으로 IIS보다 윈도우에서 훨씬 덜 효율적이다. 윈

도우가 호스팅 환경이라면 적어도 가까운 장래에 웹 서버를 IIS로 옮기는 일이 남게
된다.

게시

게시 방법은 게시 대상 및 프로세스의 완성도에 따라 다르다. 비주얼 스튜디오는 항상 개발
컴퓨터에 직접 배포 패키지를 만들 수 있다. 일반적으로 웹사이트를 마우스 우클릭하고 "게
시"를 선택하면 된다(그림 6-5 참조).

이 대화 상자에는 Azure에 직접 게시하고 웹 배포, FTP 또는 파일 시스템의 위치를 사용하
여 게시하는 것을 포함하는 여러 개의 옵션이 있다. 이 옵션 중에서 Web Deploy는 원격 위
치에 게시하거나 도구를 사용하여 원격 서버에 게시하기 위한 패키지를 작성하기 때문에 가
장 바람직하다. 직접 게시 설정을 사용하면 Web Deploy 확장을 지원하는 IIS 인스턴스에
대해 인증하는 데 사용되는 사용자 이름과 암호 조합을 지정할 수 있다. IIS 인스턴스를 실행
중인 경우 이 패키지를 설치하여 배포 패키지를 쉽게 게시할 수 있다(그림 6-6 참조).

물론 비주얼 스튜디오에서 애플리케이션을 게시하는 경우 문제가 발생한다. 비주얼 스튜디
오에서 게시하는 것은 쉽지 않으며 복제하기 어렵다. 휴가 중이고 다른 사람이 애플리케이
션을 게시해야 하는 경우 게시가 불가능하거나 설정이 크게 다를 수 있는 자신의 컴퓨터에
서 배포해야 한다. 비주얼 스튜디오에서 마우스 우클릭하여 게시하는 것은 다소 시대 착오적

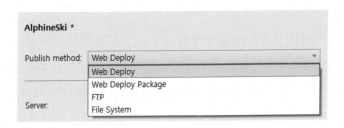

<그림 6-5> 게시 방법 대화 상자

<그림 6-6> 전체 게시 대화 상자

인데, 재현 가능한 빌드의 중요성을 이해하지 못했던 과거의 방식이다. 빌드 서버를 설정하여 애플리케이션을 지속적으로 빌드, 테스트 및 배포하는 것은 어렵다. DevOps의 모범 사례와 관련된 문제에 대해 Microsoft에 조언하는 애플리케이션 생명 주기 관리(Application Lifecycle Management) 그룹은 비주얼 스튜디오에서 제품을 제거하기 위해 로비 활동을 해 왔다. 다행히 TeamCity, Jenkins 및 TFS Build와 같은 강력하고 사용하기 쉬운 도구를 만드는 데 많은 노력을 기울여왔다. 이 도구들은 변경 사항에 대한 저장소 모니터링, 새 코드 가져오기, 빌드 및 테스트 실행을 자동화한다. 이 도구들의 설정 작업이 너무 많다면 소규모 팀에게 무료로 제공되는 AppVeyor 또는 비주얼 스튜디오 팀 서비스(Visual Studio Team Services)와 같은 호스팅 솔루션이 있다. MSDN 라이선스를 보유하고 있다면 잘 사용하지 않았겠지만 팀 서비스 라이선스를 이미 갖고 있는 것이다.

중앙 집중식 빌드 서버를 구축하면 팀 구성원 모두가 빌드의 현재 상태를 잘 볼 수 있다. 또한 코드가 로컬 시스템에서는 동작하지만 팀의 다른 누군가가 코드를 다운로드한 후 보란 듯이 실패하는 당황스러운 문제를 제거하는 데 도움이 된다. 단일 빌드 서버를 사용하면 또한 단일 위치에서 테스트를 수행할 수 있으므로 테스트를 보다 쉽게 수행하고 실행할 수 있다. 혹시 겉보기에 중요하지 않아 보이는 변경을 체크인하고 로컬 테스트를 생략해서 팀 전체의 테스트를 망친 적이 있는가? 물론 테스트를 로컬에서 실행하는 것이 고통스러워서 그럴 수 있다. 모두 그렇게 한다. 중앙 집중식 빌드 서버를 사용하면 테스트를 실행하고 나서 오류 및 누락이 신속하게 발견된다.

빌드 유형

.NET Core는 전체 .NET 프레임워크 또는 기본적인 .NET 표준 라이브러리 상단에 탑재가 가능하다. 수년에 걸쳐 다양한 플랫폼에서 실행되는 .NET 버전을 만들기 위한 여러 시도가 있었다. 분명 다른 플랫폼으로 이식하기에는 거의 의미가 없는 특정 API가 있다. 예를 들어, Xbox에서는 활성 디렉토리 객체를 수정할 필요가 거의 없다. 문제에 대한 이전 해결책은 휴대용 클래스 라이브러리(Portable Class Libraries)였다.

휴대용 클래스 라이브러리 또는 PCL(때로는 '피클'이라고 발음함)은 실버라이트 또는 윈도우폰과 같은 대상 프레임워크 집합을 정의했다. 애플리케이션을 처음 만들 때 대상 프레임워크 집합을 정의하면 컴파일러는 사용된 API가 나열된 플랫폼에 사용할 수 있는 API의 교차 영역에 있는지 확인한다. 그러나 특히 패키징과 관련하여 PCL의 사용에는 심각한 제한이 있었다. 지원할 대상 플랫폼 집합이 변경되면 전체 라이브러리를 다시 컴파일해야 하며 완전히 새로운 패키지를 릴리스해야 한다. 대상 프레임워크의 각 조합은 프로필 번호로 식별된다. PCL에 대한 모든 논의에서 Profile136과 같은 숫자가 포함될 가능성이 높다. 이 프로필 번호는 궁극적으로 매우 혼란스러웠고 논의에 많은 도움을 주지 못했다.

.NET 표준은 PCL과 같은 많은 문제를 해결하는 방법으로 개발되었지만, 다소 복잡한 방식으로 진행되었다. 각 대상 프레임워크가 지원하는 API 집합을 정의하는 대신 .NET 표준은 .NET 표준 1.0 지원을 요청하는 모든 프레임워크에 대해 정의가 필요한 기본 API 집합을 정의했다. .NET 표준 1.0의 API 집합은 Xbox에서부터 휴대폰에서 실행되는 프레임워크에 이르기까지 모든 분야에서 지원되어야 하므로 매우 작다. .NET 표준은 각 API 집합의 릴리스와 같은 번호가 매겨진 여러 API 집합 번호를 정의한다. 1.0보다 높은 모든 버전 번호는 이전 계층과 적어도 동일한 API 집합을 지원한다. 그러므로 .NET 표준 1.1은 .NET 표준 1.0뿐만 아니라 System.Collections.Concurrent, System.Runtime.Numerics, System.Runtime.InteropServices 및 기타 몇 가지에 대한 모든 것을 지원한다. 이상적으로 애플리

케이션은 가능하면 .NET 표준의 낮은 버전을 대상으로 한다.

.NET Core의 새 애플리케이션은 휴대용 모드에서 실행되도록 구성된 박스에서 나온다. 이 것이 거의 모든 애플리케이션이 역사적으로 구축되어온 모드이다. 애플리케이션 구축의 최 종 결과는 생산된 어셈블리와 이를 실행하는 데 필요한 타사 라이브러리처럼 상대적으로 작 은 파일의 모음이다. 모든 런타임 파일은 일반적으로 .NET 런타임 설치 프로그램에 의해 설 치되었기 때문에 대상 컴퓨터에 이미 존재해야 한다. 대부분의 최신 윈도우 버전은 .NET 버 전이 이미 설치되어 있지만 애플리케이션에서 예상하는 버전과 정확히 일치하지 않을 수 있 다. 이 모드에서 빌드의 출력 파일은 아키텍처 중립적 파일이다. Just-In-Time 컴파일러는 휴대용 모드로 배포된 애플리케이션을 처음 실행할 때 기본 컴퓨터 코드에서 로컬 버전의 중 립 파일을 생성하고 캐시한다. 이렇게 하면 컴파일 단계를 건너뛸 수 있기 때문에 후속 실행 이 훨씬 빨라진다.

휴대용 모드 구축의 반대는 자체 포함 모드로 빌드하는 것이다. 이 구성에서 애플리케이션과 모든 종속성은 런타임이 아닌 빌드 시 특정 코드를 처리하도록 컴파일된다. 자체 포함 모드 애플리케이션의 배포에는 .NET 프레임워크의 라이브러리까지 포함하여 애플리케이션을 실행하는 데 필요한 모든 라이브러리가 포함된다. 대상 환경의 운영 체제와 아키텍처를 지 정하는 것은 한 번의 컴파일로 모든 곳에서 실행을 지원하는 환경 작업을 목표로 수년을 허 비한 이후라서 이상하게 보일 수 있다. 실제 .NET 런타임은 .NET 런타임 위에서 돌아가는 애플리케이션이 아닐지라도 고유하게 컴파일된 애플리케이션이기 때문에 그렇게 하는 것이 필요하다.

ASP.NET Core의 새로운 기능 중 하나는 완전한 bin 배포를 할 수 있다는 것이다. ASP. NET의 이전 버전에서는 올바른 버전의 .NET 런타임을 서버에 배포해야 했다. 이로 인해 서버에서 최신 및 최상을 원했던 개발팀과 안정성을 원하는 서버 및 운영팀 간의 모든 갈등 이 발생했다. .NET Core는 전체 런타임 배포를 번들로 제공하므로 잠재적으로 충돌하는 .NET 런타임 설치 위험 및 이미 설치된 애플리케이션을 중단할 위험이 없다.

패키지 빌드하기

휴대용 모드에서 .NET 애플리케이션을 패키징하는 것부터 시작해보자. 거의 모든 템플릿에 대한 기본 구성이므로 추가 작업이 거의 필요하지 않다. 새로운 dotnet 명령줄 도구를 사용하여 애플리케이션에서 디렉토리를 조합할 수 있다. 프로젝트 파일의 디렉토리에서 명령줄에 다음을 실행하기만 하면 된다.

```
dotnet publish
```

이렇게 하면 이미 .NET 프레임워크가 설치된 서버에 애플리케이션을 게시하는 데 필요한 모든 디렉토리 구조가 생성된다. 일반적으로 디버그 또는 릴리스 모드 및 대상 디렉토리 등 빌드 모드에 필요한 옵션처럼 게시 단계로 전달될 수 있는 기본적인 명령행 옵션이 있다.

대상 디렉토리는 필요한 모든 프로덕션 폴더에서 압축하고 삭제될 수 있다. Octopus Deploy와 같은 배포 도구를 사용하는 경우 출력 디렉토리를 쉽게 NuGet 패키지로 조합할 수 있다. NuGet 패키지는 실제로 .NET 표준 라이브러리의 기본 배포 메커니즘이다. 이러한 패키지를 작성하는 부담을 줄이기 위해 프로젝트로부터 직접 NuGet 패키지를 구성하는 메커니즘이 내장되어 있다. 다시 말해, 다음과 같이 dotnet 명령줄 도구를 사용하여 이 작업을 수행할 수 있다.

```
dotnet pack
```

이 빌드의 최종 결과는 .nuget 파일의 쌍이다. 여기에는 빌드에서 만들어진 바이너리가 포함되어 있으며 다른 하나에는 디버깅 목적으로 기호(symbol) 서버에 업로드할 빌드의 기호가 포함되어 있다. 이 패키지는 Octupus 서버에 업로드되거나 nuget.org 또는 MyGet과 같은 사이트를 통해 배포되는 다른 모든 NuGet 패키지와 마찬가지로 배포할 수 있다.

> 📝 *note*
>
> 애플리케이션 구축 및 패키징을 위한 비주얼 도구 사용을 선호하는 개발자라면 명령줄 도구에 지나치게 많은 관심을 갖고 있는 이유가 궁금할 것이다. 사실은 모든 자동

화된 빌드 도구와 모든 시각적 빌드 도구는 실제로 명령줄 도구를 호출한다. 그러므로 물밑에서 무슨 일이 일어나고 있는지를 아는 것이 다소 중요하다.

프로젝트에 자체 포함 패키지를 사용하도록 하려면 빌드 및 패키징 단계에서 몇 가지 업데이트가 필요하다. 먼저 project.json을 업데이트해야 한다. Netcoreapp 1.0의 frameworks 절에서 다음 줄을 제거한다.

```
"type": "platform",
```

다음으로 빌드할 런타임의 목록을 추가해야 한다. Mac OS X 및 윈도우 10 64비트에 맞게 빌드하려면 다음을 추가한다.

```
"runtimes": {
  "win10-x64": {},
  "osx.10.11-x64": {}
}
```

패키지 식별자의 전체 목록은 https://docs.microsoft.com/en-us/dotnet/articles/core/rid-catalog를 참고하자.

애플리케이션을 빌드하거나 게시할 때 -r 플래그를 사용해서 명령줄에 런타임을 지정할 수 있다.

```
dotnet publish -r win10-x64
```

생성된 배포 패키지를 사용하여 이제 패키지 사용이 가능한 곳에 패키지를 배포하는 데 집중할 수 있다.

Azure의 경우

사람들이 애플리케이션을 사용할 수 있도록 호스팅하는 데에는 수많은 방법이 있다. 오랜 기간 동안 개인이나 회사는 자체 데이터 센터를 운영했다. 이 접근법에는 아무런 문제가 없었으며, 실제로 많은 사람들이 여전히 그렇게 한다. 문제는 데이터 센터를 설계하고 유지 관리할 수 있는 적합한 사람을 찾는 것이다. HVAC[**]를 올바르게 실행하는 방법과 무정전 전원 공급 장치가 얼마나 필요한지와 같은 물리적인 문제가 있다. 또한 사용 가능한 저장소가 충분한지를 확인하고 가상 시스템 풀을 관리하는 방법과 같은 인프라 문제가 있다. 백업 관리는 과연 가끔 복구 테스트를 할 시간이 있는 몇몇 사람들의 몫인가?

이러한 과제는 해결이 쉽지도, 비용이 저렴하지도 않다. 무엇보다 이러한 과제는 회사의 핵심 사업의 일부가 아니다. 회사의 주요 역할이 석유를 추출하고 정제하는 것이라면 정보 기술(IT)은 사업 성공의 중요성과는 상관없이 사업의 비핵심 비용으로 간주될 것이다. 이로 인해 회사는 종종 애플리케이션을 호스팅하기 위해 내부 IT 구조의 밖을 바라본다.

외부 호스팅에는 다양한 옵션이 있다. 가장 기본적인 수준에서 회사는 단순히 기계를 배치할 공간을 빌릴 수 있다. 데이터 센터는 물리적 보안을 제공하고 냉각 및 전력과 같은 일부 인프라 문제를 해결하지만 그 이상은 아니다. 종종 이러한 시설에는 기계를 서로 격리하기 위해 함께 배치된 각 회사의 케이지가 포함되어 있다.

더 다양하게는 가상 컴퓨터를 임대하거나 기본 월 단위로 물리적 컴퓨터에 접속하는 회사가 있다. 이렇게 하면 하드웨어 관리를 조금 더 제공하지만 고객은 소프트웨어에 대한 책임과 충분한 공간 및 계산 능력을 제공해야 한다.

더 나아가서 서비스가 실행되는 하드웨어 상단에 추상화를 제공하는 호스팅 서비스 모음을

[**]   난방, 환기, 공기 조절(Heating, Ventilating, and Air Conditioning)

제공하는 회사도 있다. 이 시나리오에서는 데이터베이스 서버에 컴퓨터를 임대하는 대신 특정 성능 보장이 완료된 데이터베이스 인스턴스를 임대하는 방법이 가능하다.

가상 컴퓨터 임대 및 호스팅 서비스 사용은 모두 클라우드 컴퓨팅 범주에 속한다. "클라우드 컴퓨팅"이라는 용어는 수많은 마케팅 혼선으로 인해 매우 혼란스러워졌다. 결과적으로, 사용 중인 컴퓨팅 자원이 가상화되고 쉽게 확장 또는 축소될 수 있음을 나타낸다. 일반 데이터 센터에서와 같이 리소스 기준에 대해 요금을 청구하는 대신 사용하는 리소스에 대해서만 요금이 부과된다. 이것은 탄력적 컴퓨팅으로 알려졌다.

탄력적 컴퓨팅은 "뾰족한" 부하를 경험한 회사, 즉 사용량이 높은 기간과 낮은 기간을 가진 회사에 이상적이다. 알파인 스키 하우스는 그러한 회사의 완벽한 예이다. 여름에는 스키를 타기 위한 눈이 없기 때문에 현장에 사용자가 거의 없지만 겨울에는 처음으로 추운 날이 오면 수요가 급증한다. 전통적인 호스팅에서 알파인 스키 하우스는 그 해의 일부 기간만 필요했을지라도 1년 내내 강력한 하드웨어에 대한 비용을 지불해야만 할 것이다. 더 나아가서 티켓 사이트 부하는 사람들이 이미 스키 슬로프에 있는 낮 동안보다 올라가기 전인 아침에 더 높다. 따라서 파슬리 프로젝트에 1년 기간의 급증뿐만 아니라 하루 동안의 급증도 발생한다는 것이다. 탄력적인 호스팅이 없다면, 알파인 스키 하우스는 최상위 부하에 맞는 하드웨어 사양이 필요할 것이다.

Microsoft Azure는 가트너(Gartner)의 놀라운 상위 보고서(Magic Quadrant Reports)에서 상위권 순위를 지속적으로 차지하고 있다. Azure의 서비스 제공 인프라(Infrastructure As a Service, IaaS)는 다른 클라우드 제공 업체와 거의 유사하지만, 서비스 제공 플랫폼(Platform As a Service, PaaS)은 정말 돋보인다. IaaS는 가장 유연한 클라우드 호스팅 버전으로 Azure와 사내 구축형(on-premises, 온 프레미스) 데이터 센터 간의 전용 연결을 포함하여 사용자가 직접 가상 시스템을 실행하고 사용자 정의 네트워크와 연결할 수 있다. IaaS 상단에 구축되는 것은 IaaS를 통해 추상화 계층을 제공하는 PaaS이다. 추상화 계층에는 확장 가능한 문서 데이터베이스, 서비스 버스, 오디오 및 비디오 처리, 기계 학습(machine learning)과 관련된 서비스 등이 포함된다.

스콧 한셀만(Scott Hanselman)의 탁월한 비유를 빌리자면 데이터 센터를 소유하는 것은 마치 자신의 차를 소유하는 것과 같다. 구입, 관리, 운전에 대한 책임은 자신에게 있다. IaaS는 렌터카와 같다. 여전히 자동차를 운전하고 요금에 대한 책임이 있지만, 유지 관리의 많은 부분이 완화된다. 마지막으로, PaaS는 택시를 이용하는 것과 같다. 운전자에게 어디로 가고 싶은지만 알려주면 모든 세부 사항은 알아서 해준다. DocumentDB와 같은 서비스 덕분에 크기 확장이나 백업 방법에 대해 걱정할 필요가 없다. 단순히 사용하기만 하면 된다.

Azure는 40가지가 넘는 주요 제품을 제공하는 믿을 수 없을 만큼 광범위한 기술 모음이다. 우리는 App Services 하나에만 초점을 맞출 것이다.

Azure 배포

Azure App Services에 웹 애플리케이션을 배포하는 방법에는 부족함이 없다. 파일들은 실제 1990년대 사이트 배포 스타일로 FTP 사이트에 수동으로 복사할 수 있고, Dropbox나 OneDrive 계정으로 복사하거나 또는 Azure가 Git과 같은 소스 코드 저장소에서 직접 가져올 수 있다(그림 6-7 참조).

<그림 6-7> Microsoft Azure app service의 소스 배포 옵션

배포를 위해 OneDrive 또는 Dropbox를 사용하면 항상 아마추어적인 느낌이 들었다. 운영 중인 웹사이트 변경을 위해 필요한 모든 것을 Dropbox에 단순히 파일로 저장하는 특정한 몇 가지 시나리오가 있지만, 이러한 상황은 고객 웹사이트 업데이트를 위해 가능한 가장 단순한 방법을 구멍가게에서 찾는 듯한 시나리오로 여겨질 수 있다. 소스 제어는 배포 전략의 중요한 부분이므로 배포를 위해 소스 제어를 사용하려 한다.

소스 제어에서 게시할 Azure App Services를 연결할 때 소스 제어의 분기로 보내기만 하면 빌드 및 배포를 시작할 수 있다. 따라서 테스트 분기와 마스터 분기를 갖도록 소스 제어를 설정하여 테스트 분기에서 빌드를 시작하고, 테스트 서버에 배포하고, 마스터 분기로 밀어넣으면 운영 사이트에서 빌드 및 배포를 시작할 수 있다. 이렇게 하면 소스 제어를 빌드 및 배포와 밀접하게 결합할 수 있다. 이런 방식은 우연히 잘못된 분기로 보내서 실수로 사이트를 배포하는 것이 매우 쉬워지고 테스트 분기에 있는 것이 시간이 맞춰 마스터로 배포된다는 보장이 없다. 테스트에 대한 올바른 결과가 되돌아오지 않은 채로 마스터의 추가 커밋이 있을 수 있으므로 예기치 않은 동작이 발생할 수 있다. 이상적으로는 마스터에 배포된 바이너리는 테스트 환경에 배포된 바이너리와 동일하다. 이는 코드가 테스트에서와 마찬가지로 프로덕션에서 계속 작동한다는 것을 확신할 수 있게끔 해준다.

우리가 하고 싶은 것은 테스트할 패키지를 배포하고, 그것에 대한 회귀 테스트를 실행하고, 안전하다고 느끼면 완전히 동일한 바이너리를 프로덕션에 배포하는 것이다. TeamCity, Jenkins, 그리고 Team Foundation Server(TFS)와 같이 여기에 도움이 되는 도구들이 많다. 우리의 목적을 위해 Azure 계정을 이제 비주얼 스튜디오 팀 서비스(Visual Studio Team Services, VSTS)라고 하는 TFS 호스팅 버전에 연결한다.

오랫동안 Team Foundation Services의 빌드 도구는 매우 부족했다. 빌드는 WorkFlow 파일을 편집하기가 끔찍하게도 어려웠고 표준 빌드에서 벗어난 전문 지식이 필요했다. 그러나 TFS의 최신 버전을 사용하면서 빌드가 Team City나 Jenkins에서 생성되는 빌드 방식으로 좀 더 직렬화되었다. 그것들이 변경하기 더 쉽고 미리 작성된 작업의 라이브러리만 늘어난다. 많은 빌드를 위해 필요한 것은 기존의 빌드 단계를 몇 가지로 결합하는 것이다.

120

우리는 이미 패키지를 생성하는 빌드 실행을 가지고 있으며 필요한 모든 것은 바이너리에 대한 릴리스를 연결하는 것이다.

 note

Azure 계정을 VSTS에 자동을 연결하는 데 문제가 있다면 https://blogs.msdn. microsoft.com/visualstudioalm/2015/10/04/automating-azure-resource-group-deployment-using-a-service-principal-in-visual-studio-online-buildrelease-management/에 있는 글이 다소 도움이 될 수 있다.

Azure에 게시하기 위한 VSTS 연결은 비교적 쉬운 과정이다. 다소 복잡한 배포 시나리오의 경우 많은 작업을 설정해야 할 수도 있다. 그러나 간단한 시나리오의 경우 실제로 배포에서 하나의 작업으로 해결될 수 있다(그림 6-8 참조).

새로워진 리소스 관리자를 사용하여 웹 애플리케이션 이름을 지정하고 배포할 패키지만 선택하면 된다. Remove Additional Files at Destination을 선택하여 빌드를 실제로 반복할

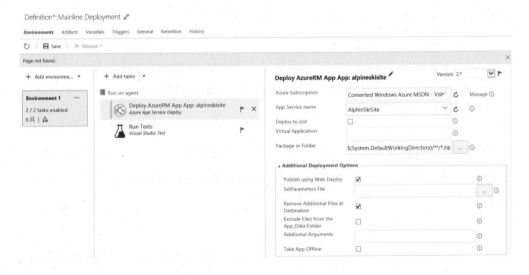

<그림 6-8> Microsoft Azure에 패키지 배포하기

수 있는지를 항상 확인하는 것이 좋다. 물론 이 간단한 구성에는 부족한 기능이 많다. 빌드는 웹 앱이 이미 할당되어야 하고 이는 몇 가지 수동 개입이 필요하다는 것을 의미한다. 이상적으로 빌드는 자신의 프로세스의 일부에서 리소스를 생성한다. 이를 통해 테스트 환경에서 웹 서버, 데이터베이스, 방화벽 등 전체 환경을 파일로 지정하여 수동으로 포털을 클릭하는 대신 완벽하고 반복적인 배포가 가능하다.

이것은 Azure 리소스 관리자(Azure Resource Manager, ARM) 템플릿을 사용하여 쉽게 얻을 수 있다. 이들은 전체 환경을 정의하는 JSON 기반 파일이다. 예를 들어, ASP.NET 기반 CMS인 Umbraco의 간단한 배포를 시각화할 수 있다. 가상 머신, 네트워크 인프라, 그리고 저장소 계정의 전체 모음은 쉽게 소스 제어 및 버전 관리가 가능한 500줄의 JSON 문서로 정의되어 있다. 이것은 코드 인프라의 예제이다. Azure 리소스는 "리소스 그룹"으로 함께 그룹화된다. 이러한 리소스의 모음은 특정 환경에 대한 모든 리소스를 논리적으로 그룹화해준다. 릴리스 주기 내에서 리소스 그룹을 배포하는 작업은 파워셸(PowerShell) 스크립트를 통해 수행하거나 VSTS를 사용하는 경우 기본 제공 작업을 통해 수행할 수 있다. ARM 템플릿은 그림 6-9에서 릴리스의 일부가 배포되는 것을 보여준다.

ARM 템플릿은 적절한 Azure 파워셸 도구를 설치하여 파워셸에서 쉽게 배포할 수 있다. 이 명령에서 템플릿은 skiadmin 관리자 로그인으로 배포된다.

```
New-AzureRmResourceGroupDeployment -ResourceGroupName alpineski
  -administratorLogin skiadmin -TemplateFile alpineski.json
```

템플릿은 약간 다른 시나리오를 처리할 수 있도록 매개변수화될 수 있다. 예를 들어, 웹 서버 인스턴스 수를 테스트 시에는 한 개로 하거나 프로덕션 시에는 20개로 생성하는 숫자를 넣을 수 있다.

빌드 파이프라인에 추가할 수 있는 수많은 다른 작업이 있다. 예를 들어, 작업을 통해 사용자 전환 전에 애플리케이션이 핫 스페어(hot spare)로 배포되는 Blue/Green 배포 방식 수행에

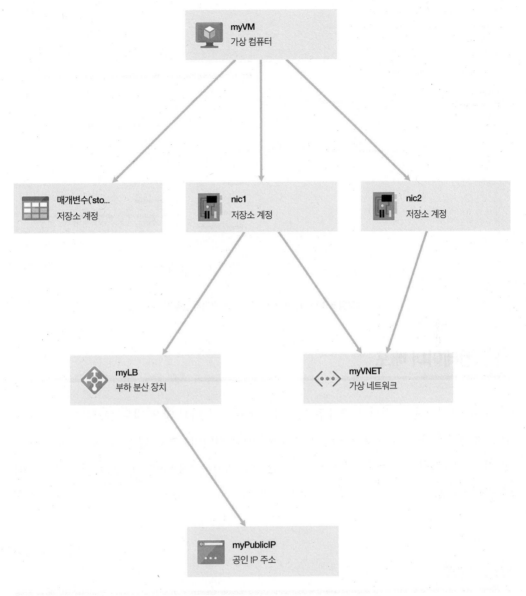

<그림 6-9> ARM 템플릿에서 설명되는 리소스의 시각화

관심이 있을 수도 있다. 아마도 실제 동작 확인을 위해 배포의 일부를 실행하고 싶은 웹 테스트가 있을 수 있으며, 이는 VSTS에서도 가능하다(그림 6-10 참조).

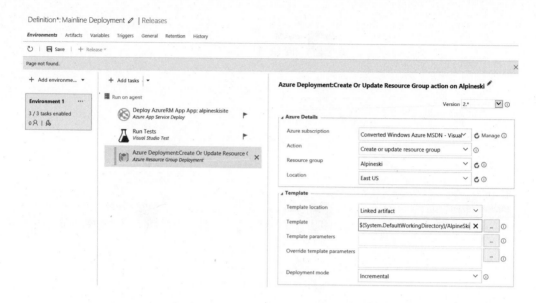

<그림 6-10> VSTS의 배포 리소스 관리자 템플릿

 컨테이너 배포

여러분이나 여러분의 회사가 클라우드로 이동할 준비가 되지 않은 경우 클라우드의 장점을 로컬에 제공할 수 있는 대안이 있다. 도커(Docker)와 컨테이너화는 일반적으로 지난 10년 동안 가장 인상적인 변화였다. 9장 "컨테이너" 앞부분에서는 ASP.NET Core 애플리케이션 배포를 위한 컨테이너 사용법에 집중하기로 한다.

 요약

소프트웨어 릴리스는 종종 매우 어렵다고 여겨진다. 일부 기업은 릴리스 프로세스의 복잡성으로 인해 1년에 하나의 단일 릴리스를 내놓으려고 애쓰고 있다. 지속적인 배포 움직임에 적용되는 "릴리스 프로세스에 뭔가 이상이 있으면, 릴리스를 더 하자"라는 옛말이 있다. 릴리스 사이의 시간을 줄이기 위해서는 일반적으로 자동화를 사용하여 최적화와 프로세스 개선을 해야 한다. 신속한 배포 가능성의 장점은 보안 결함을 신속하게 수정하고, 배포 대신 제품을 개선하는 데 시간을 소비하며, 여러 번 배포가 가능하여 수동 배포의 오류 발생 가능성을 줄여주는 것 등 다양하다.

이 장에서는 VSTS를 사용하여 Azure로 배포하는 방법에 많은 초점을 맞추었지만, 명령줄 또는 대체 빌드 도구를 사용하여 수행하는 것도 가능하다. 요점은 빌드와 배포의 자동화가 가능하며 자동화되어야 한다는 것이다. ASP.NET Core는 다양한 플랫폼에 배포할 수 있고 다른 프레임워크를 사용하여 설치된 애플리케이션을 파괴할 걱정 없이 프로세스를 더욱 간단하게 만든다.

PART
02

스프린트:
1,000단계의 여정

다니엘은 다소 정신이 나갔다. 그녀는 지난 11월 블랙 프라이데이에 구매했던 엑스파일 박스 세트를 보고 있는 중이었다. 방금 러시아 선박의 핵 폐기물이 인간-벌레 잡종을 만든 에피소드를 보았다. 그 괴물은 사람들이 재래식 화장실을 사용하려고 할 때 그 사람들을 밑으로 끌어내려 공격했다. 그녀는 재래식 화장실 아래에 무언가가 있다는 것을 생각하기 싫었다. 확실히 나니아 연대기 같은 것은 아니었다. 그녀는 과거에도 재래식 화장실을 싫어했지만 이제는 절대 가지 않을 것이다. 앞으로는 흐르는 물만 좋아할 것이고 아마도 예방 차원으로 살충제를 사서 들고 있을지도 모른다.

목청을 가다듬는 소리가 그녀를 현실로 돌아오게 했다. 스프린트를 되짚어보는 첫 번째 시간이 시작되었다. 프로젝트에 들어간지 일주일이 되었고 다시 일주일이라는 시간이 돌아왔다. 단지 일주일 전에 파슬리 프로젝트라는 새 프로젝트 소식을 들었다는 것이 믿어지지 않았다. 다니엘은 자신들이 생각해 낸 코드 이름처럼 더 성장해 있었다. 파슬리는 코스 요리의 이전 맛을 없애주는 재료이기 때문에 새로운 출발을 생각하게끔 만들었다. 많은 사람들이 멋진 레스토랑에서 파슬리를 먹지 않았지만, 다니엘은 항상 먹었다.

발라즈는 방 앞쪽 화이트보드 앞에 서 있었다. 그는 보드마커를 흔들면서 팀(Tim)과 대화 중인 것처럼 보였다. 다니엘은 그가 실제로 보드마커의 비밀을 밝히려고 하는지 의심했다. 스키장은 거의 10년 전에 약간의 주문 실수로 엄청난 수의 보드마커를 대량으로 구매했다. 훌륭했다.

발라즈는 "좋아요, 시작합시다"라고 외쳤다. "되짚어보기의 요점은 무엇을 시작하고, 멈추고, 계속할지를 알아내는 것입니다." 그는 화이트보드를 3개의 칸으로 나누고, "시작", "멈춤", "계속"을 각 칸의 위쪽에 적었다.

"자, 여러분. 보드마커를 잡고 써봅시다! 그런데 보드마커가 좋군요."

다니엘은 그녀의 기분을 확신하면서 녹색 보드마커를 집어들고 화이트보드로 걸어 갔다. 아래쪽으로 계속 ".NET 사용"과 "지속적인 개발"을 적었다. 팀의 다른 구성원 들이 보드마커를 들고 화이트보드 앞에 서서 북적거렸다. 몇 분 후 다음과 같은 결론 에 이르렀다.

시작	멈춤	계속
실제로 개발하기	아침부터 저녁까지 서 있기?	.NET 사용
휴게실에 케일 놓기	빌드할 때만 일하기	지속적인 개발
MVC 및 기타 패턴 개념 학습 (점심 스터디?)	리눅스에 관한 이야기 (너무 어려워요)	Azure 사용
메시지 패턴 더 사용하기	윈도우즈 사용 탈피 (기능이 충분하지 않음)	

많은 제안이 농담이었지만, 팀원들끼리 함께 재미있게 지내자는 의미가 있었다.

발라즈는 모든 면에서 꽤 행복해 보였다. "여러분, 그러니까 이것을 읽어보면 우리가 해야 할 정말 큰 일은 없는 것 같아요. 우리가 시작해야 할 주제가 있지만, 모두가 인 정하는 것보다 실제로 훨씬 더 잘하고 있다고 생각해요. 우리는 이제 코드를 내놓는 데 필요한 모든 장벽을 제거하는 견고한 빌드 파이프라인을 함께 구축했습니다."

계속해서 그는 "저는 많은 팀에서 배포 초기에 프로세스를 중단하지 못하고 마지막 순간에 허둥대며 로컬에서 동작하는 코드를 가지고 와서 프로덕션 환경에 배포하는 것을 보아왔습니다"라고 말했다.

마르는 모든 것이 마음에 들지 않는 듯했다. "우리는 아무것도 아닌 사이트를 관리해 왔어요. 저는 이번 마감 기한을 어떻게 넘겨야 할지 모르겠습니다."
발라즈가 "저도 잘 알고 있지만, 코드 작성은 우리의 두 번째 스프린트의 전부입니다"

라고 말했다.

마르가 "저도 몇 가지 것들을 시작하기 위해 노력하고 있다고 봐요"라고 말했다.

"훌륭합니다!" 발라즈가 대답했다. "우리의 다음 스프린트에 그런 에너지가 필요해요. 저 또한 MVC 뒤쪽의 아이디어를 팀에 흡수하기 위해 몇 가지 훈련을 해야 할 필요성을 느껴요. 저는 우리 팀에 이전부터 이 분야에서 일해왔던 정말 훌륭한 개발자 몇 분이 있다고 생각해요. 알아낸 것들을 우리가 얻을 수 있어요. 점심도 먹으러 나갈 수 있다고 확신해요." 발라즈는 동의하며 고개를 끄덕이는 팀(Tim)을 바라보면서 눈썹을 올려보였다. 팀은 공짜 점심을 바라는 그런 부류가 아니었다.

발라즈는 "Azure가 인기 있다니 기뻐요"라고 말했다. "관리팀이 가격 정책 방식에 대해 매우 만족하고 있기 때문입니다. 저는 여기 있는 팀이 서버 룸의 모든 것을 없애고 클라우드로의 이동을 검토하고 있다고 들었어요."

팀(Tim)은 "네, 서버를 유지 관리하기가 어려워요. 부품 구하기는 하늘의 별 따기이고, 무엇보다 전기 요금이 비싸요. 게다가, 이제 새로운 직원들이 생겨서 더 많은 사무실 공간이 필요할 것이고, 그래서 서버실을 개조하면 엄청난 도움이 될 겁니다"라고 말했다.

발라즈는 "좋아요. 그렇다면, 거의 모든 것에 해결책이 있군요. 돌아가서 실제로 코드를 만들도록 합시다!"라고 말했다.

"휴게실에 케일이 부족한 건 이야기하지 않은 것 같아요." 다니엘이 불평했다. "하지만 실제 프로젝트는 괜찮을 것 같아요. 이번 스프린트를 위해 고열량 음식들을 좀 더 사놓고 싶네요."

Microsoft Azure로
웹 애플리케이션 구축

"잘했어요, 다니엘. 정말 여기까지 해냈군요." 마르는 다니엘이 빌드 제작의 부담을 덜 수 있도록 구성한 빌드 단계들을 검토했다. "실행하는 데 얼마나 걸릴까요?"

"병합에서 배포까지요? 약 4분이요." 다니엘은 그녀가 "쉽게 만든" 공로장을 받은 것처럼 느꼈고 그것은 당연했다.

"그래, 그거예요. 어?"라고 마르가 약간 걱정하며 계속했다. 그는 다음 스프린트에서 카드를 출력하는 업체를 위해 카드 데이터 작성과 관련된 몇 가지 작업이 필요하다는 것을 알았고, 특히 이러한 새로운 작업에는 물을 흐리는 뭔가가 튀어나오게 되어 있다고 생각했다. "우리가 이제 클라우드에서 운영을 하고 있어요. 그리고… 제가 생각하기에는 멋져요. 제 말은 우리가 모든 것을 분류해야 하지만, 잘될 거예요. 저는 그러길 바라요. 그렇죠?" 그는 불편한 듯 일을 멈추고, 약간 회의적인 기분으로 다시 시작했다. "그러면 내보낸 카드 데이터는 어디에 다시 저장하죠? 파일 시스템은 가져가지 않을 거죠? 그렇죠?"

다니엘은 "아뇨, 그 부분은 맞아요. 우리 배포에 파일 시스템은 있지만 디스크 공간을 무한정 가지고 있지는 않아요. 하지만 우리에게 많은 선택권이 있다고 생각해요. 데이터를 큐에 넣고 필요한 형태로 가공할 수 있지만, 그게 맞다고 느껴지지는 않아요"라고 말했다. "테이블 저장소를 시도해보면 의미가 있을지 궁금하네요. 아니면 문서 저장소는 어떨까요? 새로운 것만 사용하도록 맞출 필요는 없다고 생각해요."

마르가 "정확해요!"라면서 누군가가 그와 같은 생각을 한다는 듯 행복하게 말했다. "요즘 여기저기 떠다니는 소문들이 많아요." 그는 갑자기 낮은 목소리로 말했다. "팀이 와서 저에게 이벤트 서비스를 보라고 말했다면 믿을 수 있겠어요? 그가 우리의 스키어들을 IoT 이벤트 스트림처럼 생각하라고 방법을 말해줬어요. 그가 여기서 우리가 하고 있는 것을 아는지 모르겠어요. 하지만 핵심은, 최초 자료는 스키 카드 데이터가 CSV로 오는 거라고 기대하고 있어요. 그렇죠? 그렇다면 그냥 CSV를 작성하지 않는 이유가 무엇인가요?"

"네, 말씀하신 건 전적으로 이해했어요. 우리에게 우주 비행사 아키텍처가 필요한 건 분명 아니에요. 블랍

(blob) 저장소는 어떻게 생각하세요? 그걸 사용하면 거의 제가 봐왔던 데이터베이스 구성만큼 쉬워요."

"맞아요. 당신이 여기서 할 일이 있을 것 같네요." 그가 대답했다. "우리의 결과물은 파일이죠. 그것들을 파일처럼 취급하고 Azure 안에 파일처럼 저장해요. 그게 가장 합리적인 것 같아요."

그들이 지금 시작한 일의 방향에 확신을 가지며, 다니엘은 의자를 마르의 칸막이 벽 쪽으로 끌어와 같이 앉았다. 그들은 분류 작업을 끝마쳤다.

서비스 제공 플랫폼에 대한 생각

이번에 클라우드 제공 업체로 서비스를 제공하는 것을 처음 시도하거나 몇 년 후에 클라우드로 돌아갈 예정이라면, 시험해볼 만한 새롭고 참신한 것들이 많이 생겨나는 것처럼 보일 것이다. 그렇지만 실제로 새로운 기술을 과하게 사용하는 행동은 많은 애플리케이션들의 함정이 되어 왔다.

이 훌륭하고 오래된 새로운 도전 기능들을 평가하는 데 도움이 될 수 있는 가장 좋은 법칙은 바로 구축하기 편한 방법을 사용하라는 것이다. 그것은 편한 방법에만 안주하라는 말이 아니다. 사실, 우리는 여러분이 마지막 프로젝트에서 편한 방법 이상으로 나아가길 권장한다. 이 법칙의 의미는 사용하는 서비스가 프로젝트에 적합해야 한다는 것이다. 보통 프로젝트에 최상의 서비스를 도입하는 것은 그럭저럭 괜찮은 서비스를 채워넣기보다는 필요한 요소에 꼭 들어맞는 서비스를 도입하는 것이라고 본다.

애플리케이션이 성숙해짐에 따라 수행 중인 작업 유형에 기반하여 종종 자연스럽게 나타나는 패턴과 서비스에 이르곤 한다. 예를 들어, 배치 프로세스를 수행하는 경우 배치를 쉽게 처리할 수 있다. .NET 프레임워크 자체조차도 기본 클래스 라이브러리의 일부를 사용해서 서비스를 구축하므로 더 이상 FTP 클라이언트 라이브러리를 작성할 필요가 없다.

패턴 및 서비스의 이러한 유형들은 클라우드 제공 서비스에서 찾을 수 있다. 다니엘과 마르가 스키장 고객의 수를 물 감지 센서로 계산하지 않는 것과 마찬가지로, 사각형 모양의 구멍에 둥근 모양의 물건을 넣으면 안 된다. Azure에서 서비스 제공 플랫폼(Platform as a Service, PaaS)을 사용하면 바퀴를 재발명하지 않고도 다양한 크기와 모양의 문제를 해결할 수 있다.

플랫폼 서비스

리프트 앤 시프트(lift-and-shift) 전략은 로컬 실행 환경을 가져와서 클라우드로 이동시키는 것을 의미하며 가끔씩 조직에서 사용된다. 일부 회사의 경우에는 클라우드의 가상 컴퓨터로 배포하는 것을 의미하고 다른 경우에는 "물리적인 것을 가상으로" 마이그레이션 수행 후 가상 컴퓨터를 클라우드로 올리는 것을 의미한다. 명확히 하자면, 리프트 앤 시프트를 수행하고 클라우드 전략을 세우자고 주장한다면 실패할 것이다. 다른 방식으로 말해서 가상 컴퓨터를 AWS 또는 Azure로 마이그레이션하려는데, 클라우드에 최적화된 조직이나 소프트웨어가 제공되지 않는 것이다. 리프트 앤 시프트는 이야기의 일부에 불과하며 사내 가상화와는 약간 다르다. 사실 사내 가상화는 새 서버 하드웨어 구입 비용을 요구하지 않기 때문에 금전적인 관점에서 볼 때 좋은 선택처럼 보일 수 있지만 클라우드를 수용할 때 얻을 수 있는 많은 이점을 활용하지 못한다.

마지막 문장의 일부가 냉혹하게 들릴지 모르겠지만, 리프트 앤 시프트는 실제로 클라우드로 이동하기 위한 장기 계획에서 좋은 부분이 될 수 있다. 예를 들어, 애플리케이션을 Microsoft Azure의 가상 컴퓨터에 배포한 후에는 대기열을 사용하여 새 서비스에 메시지를 배달하거나 블랍(blob) 저장소에서 로그 파일 작성을 시작할 수 있다. 시간이 지남에 따라 사이트를 웹 앱으로 이동하거나 API 관리 서비스로 API를 포함시켜 다른 조직과 공유할 수 있다. 가상화 컴퓨터에 배포된 애플리케이션은 인프라에 대한 의존도를 낮추고, 클라우드가 제공 가능한 플랫폼 서비스에서 실행 방향으로 서서히 이동할 수 있다.

솔직히 말하면 클라우드에서 사용할 수 있는 모든 서비스 목록을 나열하는 것은 개미 군단에서 개미의 수를 헤아리는 것과 비슷하다. 클라우드 서비스는 계속해서 변화하고 움직이며, 때로는 알지 못할 수도 있는 새로운 세대의 서비스를 탄생시킨다. 그럼에도 불구하고 표 7-1을 보면 무르익고 흥미진진한 일부 서비스를 애플리케이션에 통합할 수 있다.

빌딩 블록 접근 방식을 사용하면 애플리케이션을 신속하게 작성할 수 있으므로 모든 프로젝트에 포함된 알려진 제품을 전부 재구성하는 번거로움을 겪지 않아도 된다. 1999년으로 돌아가서 제임스는 두 명으로 이루어진 팀에서 데이터베이스의 일부 테이블을 유지 관리하는 데 도움이 되는 간단한 웹 기반 Create/Read/Update/Delete(CRUD) 애플리케이션을 구축하였다. 이 사이트는 사용자 자격 증명으로 보안을 설정하고, 사용자에 대해 두 가지 역할이 있으며, 한 그룹은 범주(Category) 테이블에 추가할 수 있었다. 그는 계약을 하고 할당된 120시간 내에 애플리케이션을 거의 완성했다. 오늘날에는 인증을 위해 Microsoft Azure AD

〈표 7-1〉 Microsoft Azure에서 클라우드 제공 기능 선택하기

분류	서비스 및 제공 기능
컴퓨터 및 저장소	배치 서비스 패브릭 함수 블랍 대기열(Queue) 데이터 레이크 저장소
네트워킹, 웹 및 모바일	CDN, Azure DNS 부하 분산 앱 서비스 API 관리 알림 허브
데이터 및 엔터프라이즈 통합	SQL 데이터베이스 DocumentDB SQL 데이터 웨어하우스 Redis Cache 서비스 버스 논리 앱
인텔리전스 및 분석	기계 학습 Cognitive 서비스(비전, 감정 및 안면 API)
사물 인터넷	스트림 분석 이벤트 허브
보안, ID 및 모니터링	Azure AD Azure AD B2C 다중 요소 인증 접근 제어 서비스 키 자격 증명 모음 백업 자동 크기 조정 Azure 리소스 관리자
개발자 도구	비주얼 스튜디오 팀 서비스 부하 테스트 Azure DevTest Labs HockeyApp

B2C를, 백업을 위해 Microsoft Azure SQL 데이터베이스를 사용하고, ASP.NET Core MVC 애플리케이션에 세 개의 컨트롤러를 통합하여 CRUD 애플리케이션을 구축할 수 있다. 이 모든 것을 수행하여 4시간 이내에 동일한 수준의 기능으로 애플리케이션을 만들 수 있다.

사실, 여러분이 애플리케이션 빌드를 연습할 수 있도록 Microsoft Azure에는 100가지가 넘는 기능이 있지만, 이를 반복적으로 모아두는 것이 프로젝트 성공을 위해서는 중요하다.

서비스 발판의 마련, 파괴하기 및 재창조하기

6장 "배포"에서는 Microsoft Azure 리소스 관리자 템플릿과 이를 배포 프로세스의 일부로 어떻게 사용할 수 있는지에 대해 설명했다. 템플릿은 JSON 기반이며 구성한 서비스의 새 인스턴스를 만드는 데 필요한 모든 정보를 포함한다. 템플릿은 외부 JSON 파일을 사용하여 배포하려는 각 환경에 맞게 자원을 조정할 수 있는 방법으로 매개변수화된다. 그러나 배포에 포함할 리소스를 확인한 후 스크립트에서 사용할 템플릿을 어떻게 작성할 것인가?

다행스럽게도 이것을 수동으로 구축할 필요는 없다. Microsoft Azure에서 리소스 그룹의 일부로 생성하는 모든 서비스는 https://resources.azure.com에 위치한 강력한 Azure 리소스 탐색기를 사용하여 조회할 수 있다. 이 도구를 사용하면 그림 7-1과 같이 작성한 모든 리소스를 찾아보고 사전 구성된 모든 옵션과 설정을 사용하여 필요한 템플릿을 추출할 수 있다.

또는 템플릿으로 작업을 시작하기 전에 리소스를 작성하는 모든 프로세스를 완료할 필요가 없다. 그림 7-2에서는 Azure 포털 자체를 사용하여 템플릿뿐만 아니라 .NET, Ruby, PowerShell 또는 CLI에서 필요한 모든 소스 코드를 생성하는 방법을 보여준다. 서비스 생성을 완료하기 전에 자동화 옵션을 클릭하여 이 화면에 접근할 수 있다.

다운로드한 템플릿 및 매개변수 파일을 사용하여 서비스를 빌드하고 필요에 따라 빌드 스크립트를 업데이트하자. 템플릿과 매개변수를 작성하고 사용자를 정의하는 방법에 대한 자세

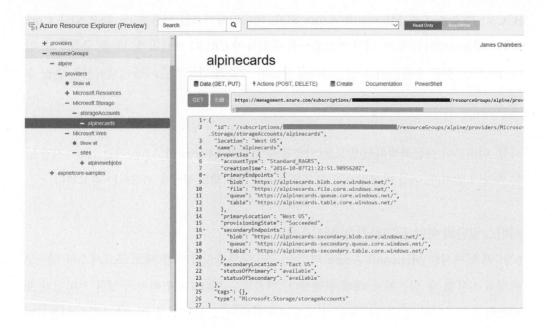

<그림 7-1> Azure 리소스 탐색기

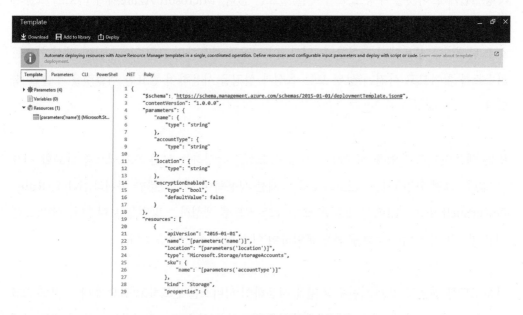

<그림 7-2> Azure 포털에서 템플릿 조회하기

한 정보는 https://azure.microsoft.com/en-us/documentation/articles/resource-group-authoring-templates/를 참고하자.

플랫폼 서비스를 사용하여 애플리케이션 구축하기

알파인 스키 하우스 팀이 해결해야 하는 애플리케이션의 기능을 살펴보자. 사용자가 자신의 계정으로 스키 카드를 만들면 프로필 사진을 업로드하라는 메시지가 표시된다. 스키 카드는 이후 카드에 스키 카드 소지자의 흑백 사진을 넣는 레이저 인쇄 과정을 통해 제3의 회사에서 인쇄한다. 업로드된 사진의 크기를 정해진 크기로 조정하고 최상의 인쇄 결과를 얻기 위해 특정 표준 변환을 사용하여 그레이스케일로 변환해야 한다.

알파인 스키 하우스 팀은 필요한 사항에 대해서 앱 서비스로 처리하는 단순 저장소 계정을 포함하는 무료 Microsoft Azure 구성 요소를 발견했다. 저장소 계정을 사용하면 이진 대형 객체 또는 "블랍"을 사용하여 임의의 데이터를 저장할 수 있다. 블랍 서비스는 또한 여러 가지 다른 메커니즘으로 처리되는 예약 또는 트리거된 작업을 허용하는 앱 서비스의 일부로 WebJob을 위한 저장 서비스를 제공한다.

저장소 계정의 블랍 서비스는 제공 서비스에서 사용 가능한 기능 중 하나일 뿐이다. 저장소 계정은 또한 NoSQL 테이블 저장소, 파일 저장소, 그리고 마지막으로 대기열 저장소를 통한 단순 통신 채널 형태로 비구조적 데이터에 대한 접근을 제공한다.

WebJob은 모바일 서비스, API 개발, 그리고 웹 앱 기능에서 웹사이트의 크기 조절을 호스팅하는 기능 또한 포함하고 있는 앱 서비스(App Service) 구성 요소의 일부이다. 앱 서비스는 .NET 언어뿐만 아니라 자바, Node.js, 파이썬, 그리고 PHP도 지원한다. 동일한 성능 및 확장 계층과 인스턴스에서 생성한 모든 서비스가 동일한 사용량, 해지 및 청구 제약 조건하에 있는 앱 서비스 내의 하나 또는 그 이상의 구성 요소를 생성할 수 있다.

블랍 및 작업들로 무장된 알파인 팀은 대기열에 있는 메시지 기반 트리거를 사용하여 두 가지 계약을 맺었다. 이 모든 것을 하나로 모으기 위해 이 책에서 나중에 다룰 몇 가지 구성 요소를 도입한다. 이러한 구성 요소에 익숙해진 후에는 매우 우아하게 여겨질 수 있는 Azure 생태계에서 제공하는 서비스의 집합인 솔루션의 유형을 사용하는 데 동의할 것이다.

저장소 계정 생성하기

이러한 플랫폼 기능을 사용하려면 먼저 Azure 포탈, CLI, 파워 셸, 또는 연결된 서비스 대화 상자를 통해 비주얼 스튜디오를 사용하여 저장소 계정을 생성해야 한다.

비주얼 스튜디오를 사용하려면 솔루션 탐색기의 프로젝트에서 마우스 우클릭을 하고 추가를 선택한 다음 연결된 서비스를 클릭한다. 이렇게 하면 그림 7-3과 유사한 마법사 페이지가 시작된다. Microsoft 계정에 이미 로그인이 되어 있고 이 계정에 Azure 구독이 연결되어 있는 경우 기존 저장소 계정을 사용하거나 진행하면서 저장소 계정을 생성할 수 있다.

마법사가 완료되면 필수 패키지와 애플리케이션이 구독의 저장소 계정에 연결하기 위한 연

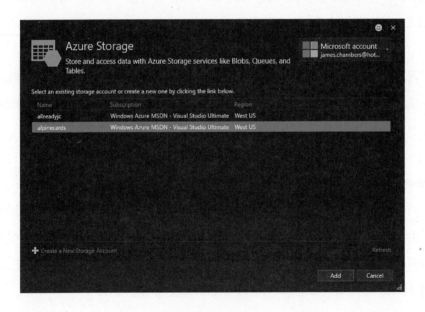

<그림 7-3> 서비스 마법사에 연결된 Azure 저장소

결 문자열이 포함된 config.json이라는 구성 파일로 프로젝트가 업데이트된다.

note

연결된 서비스 대화 상자에서 저장을 위해 사용하는 프로젝트 기본 위치에서 연결 문
자열 정보로 이동해야 한다. 이 정보를 자동으로 추가하는 것이 편리하지만 제한된 정
보를 소스 제어에 체크인 된 파일에 두는 것은 좋지 않다. 민감한 정보 보호에 대한 자
세한 내용은 12장 "구성 및 로깅"을 참고하자.

연결된 서비스 마법사를 사용하지 않기로 결정했다면 Azure 포털에서 저장소 계정에 대한
연결 문자열을 가져와야 한다. 연결 문자열은 key1 및 key2라고 해서 그림 7-4와 같이 옵션
설정 그룹 아래의 "접근 키(Access keys)"에 위치한다. 연결 문자열은 12장에서 다루는 프로
젝트 구성의 일부이며 14장 "종속성 주입"에서 다루는 제어 반전(Inversion of control)이라는
패턴을 통해 서비스에 제공된다. 액션에서 구성 메커니즘 예제를 위해서 실제 연결 문자열이
구문 분석되고 애플리케이션에서 사용되는 BlobFileUploadService처럼 구성 모음에 로드
되어 설정된 AlpineConfigurationBuilder 클래스를 참조할 수 있다.

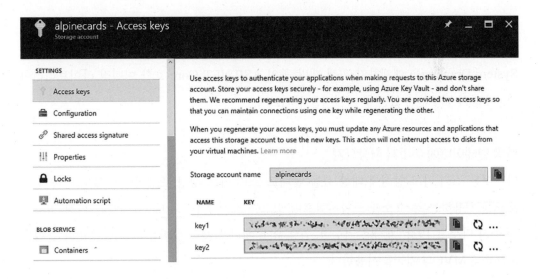

<그림 7-4> 저장소 계정에 대한 접근 키 접근하기

또한 솔루션 탐색기나 비주얼 스튜디오의 패키지 관리자 콘솔에서 프로젝트 위에 마우스 우클릭을 하고 컨텍스트 메뉴에서 NuGet 패키지 관리를 선택하여 project.json에서 프로젝트에 몇 가지 패키지를 추가해야 한다. NuGet이 처음이라면 14장 "종속성 주입"을 미리 보거나 나중에 이 장을 참고할 수 있다. 현재 필요한 패키지는 다음과 같다.

- WindowsAzure.Storage
- System.Spatial
- Microsoft.Data.Edm
- Microsoft.Data.OData
- Microsoft.Data.Services.Client

이 책에 포함된 프로젝트에서 팀은 애플리케이션의 웹 작업으로 배포된 콘솔 애플리케이션도 만들었다. 해당 애플리케이션은 다음과 같은 패키지 종속성도 가져왔다.

- Microsoft.Azure.WebJobs
- ImageProcessorCore

WebJob 패키지에는 Azure에 배포되는 자동화 작업 생성을 촉진하는 데 사용할 수 있는 도우미 클래스와 속성이 추가된다. ImageProcessorCore는 현재 오픈 소스 커뮤니티에서 System.Drawing을 대체하기 위해 개발 중인 ASP.NET Core 호환 이미징 라이브러리이다. 이 장의 뒷부분에 있는 두 패키지를 살펴보자.

블랍 컨테이너에 이미지 저장하기

다니엘은 스키 카드 양식에 대한 뷰를 끝내고 스키 카드 생성 프로세스의 일부로 파일 업로드를 허용하는 폼 요소를 포함시켰으며 코드는 소스 7-1과 같다. 뷰에서는 11장 "Razor 뷰"에서 다루고 19장 "재사용 가능한 구성 요소"에서 상세히 살펴볼 태그 도우미라 불리는 Razor 및 MVC의 기능을 사용한다.

소스 7-1 업로드된 이미지 캡쳐를 위한 뷰 업데이트

```
// Views/SkiCard/Create.cshtml에 위치한 뷰의 새로운 필드
<div class="form-group">
  <label asp-for="CardImage" class="col-md-2 control-label"></label>
  <div class="col-md-10">
    <input asp-for="CardImage" />
  </div>
</div>
```

모델 바인딩 덕분에 HTML 파일 요소 유형이 모델에서 IFormFile 속성에 바인딩되기 때문에 컨트롤러를 업데이트할 필요가 없다. 소스 7-2에서는 뷰 모델 클래스를 확장하는 속성을 보여주기 위해서 IFormFile을 사용한다.

소스 7-2 자동 모델 바인딩을 지원하기 위한 뷰 모델 업데이트

```
// CreateSkiCardViewModel.cs 파일에 있는 뷰 모델의 새로운 속성 필드
[Display(Name = "Image to be Displayed on Card")]
public IFormFile CardImage { set; get; }
```

이 컨트롤러에서 UploadFileFromStream 메서드를 호출하여 업로드 프로세스를 처리하는 단일 호출을 만들기 위한 BlobFileUploadService를 사용할 수 있다. 소스 7-3의 UploadFileFromStream 메서드에서 추출한 내용에서 컨테이너에 대한 연결을 설정하고 파일을 비동기적으로 업로드한다. 제한된 오버헤드를 가진 경량 호출인 CreateIfNotExistsAsync를 호출하여 컨테이너가 존재하는지 확인하기 위해 "온전성 검사(sanity check)"를 호출할 수 있다.

```
// 클라이언트 준비
var storageAccount = CloudStorageAccount.Parse(_storageSettings.
AzureStorageConnectionString);
var blobClient = storageAccount.CreateCloudBlobClient();
var container = blobClient.GetContainerReference(containerName);
await container.CreateIfNotExistsAsync();

// 컨테이너에 이미지 보내기
var blob = container.GetBlockBlobReference(targetFilename);
await blob.UploadFromStreamAsync(imageStream);
```

최적화 관점에서 클라우드 리소스의 존재 여부를 확인하는 코드를 애플리케이션 시작 시 실행되는 초기화 루틴으로 이동할 수 있다. CreateIfNotExistsAsync에 대한 호출을 인라인으로 만드는 것이 그리 부담스럽지는 않지만 서비스에 연결할 때마다 필요하지는 않다.

저장소 대기열 통합하기

끝부분 BlobFileUploadService.UploadFileFromStream 호출을 애플리케이션의 다른 코드 블록에서 처리하는 이벤트가 발생한다. 여기서 말하는 메시지 세부 사항은 그다지 중요하지 않지만 이벤트에 응답하는 처리기는 살펴볼 가치가 있다. 이 시점에서 애플리케이션이 수행하는 작업은 현재 요청의 외부에 대한 이미지 처리의 전송을 담당한다. 사용자의 경험을 가능한 한 신속하고 원활하게 하기를 원하며, 이를 위해 모든 리소스 관련 작업을 다른 프로세스로 미루어야 한다.

소스 7-4에는 QueueResizeOnSkiCardImageUploadedHandler 클래스의 코드 일부가 포함되어 있다. 블랍 서비스에 연결하는 데 사용했던 코드와 마찬가지로 클라이언트를 인스턴스화하고 접근하려는 리소스가 실제로 존재하는지 확인해야 한다.

```
// 대기열 클라이언트 준비하기
var storageAccount = CloudStorageAccount.Parse(_storageSettings.
AzureStorageConnectionString);
var queueClient = storageAccount.CreateCloudQueueClient();
var imageQueue = queueClient.GetQueueReference("skicard-imageprocessing");
await imageQueue.CreateIfNotExistsAsync();

// 메시지 준비하고 대기열로 전송하기
var message = new CloudQueueMessage(notification.FileName);
await imageQueue.AddMessageAsync(message);
```

연결이 설정되면 알려진 위치에 업로드한 파일 이름이 포함된 메시지를 작성한 다음 페이지 제공용 웹사이트의 기본 작업으로 돌아갈 수 있다. 또한 일부 다른 서비스에 의해 완료가 필요한 작업이 있다는 신호를 보내고 난 다음 뷰를 보여주기 위해 돌아간다. 이미지 처리 과정을 계속하기 위해서는 외부 이미지 처리에 대한 웹 서버 작업 부하를 돕기 위해 팀이 생성한 웹 작업 프로젝트로 들어가야 한다.

Azure WebJob으로 처리 자동화하기

지금까지 개발은 문제에 접근하는 근본적인 생태계 변화를 따라왔으며 Azure WebJobs의 진화가 그러한 사례 중 하나라고 본다.

📝 note

> WebJobs는 계속 진화하고 있으며 Azure 함수(Functions)로 알려질 것이다. Azure 함수는 웹 앱의 경계 외부의 새로운 기능, 더 나은 격리 및 가치를 제공할 것이며, 최근에 Preview 상태를 종료하고 전 세계 모든 Azure 서비스 제공 지역에서 사용이 가능하다. Azure 함수에 대한 자세한 내용은 https://azure.Microsoft.com/en-us/services/functions/를 방문하기 바란다.

WebJobs는 임의적인 실행의 필요성으로 나온 것이지만 종종 업로드된 파일 처리와 같은 시간이 소요되는 코드, 블로그 내용 파싱, 설정된 일정에 따라 일정한 빈도로 이메일 메시지 발송, 스케줄 설정이나 백그라운드에서 연속적인 실행, 또는 애플리케이션의 내부나 외부에서 발생하는 이벤트의 트리거 등과 같은 것을 담당한다. WebJobs는 생성한 모든 실행 파일이나 스크립트 파일이 사용 가능하다. ZIP 파일로 실행해야 하는 코드를 Azure에 업로드할 수 있다.

다니엘과 마르에게는 이것이 PaaS(Platform-as-a-Service)가 실제로 빛을 발하기 시작한 곳이다. 대기열과 통신하거나 컨테이너에서 블랍을 읽는 연결 코드 작성 없이 소스 7-5에서 보는 바와 같이 단 3줄의 코드로 자신들의 이미지 대기열을 처리할 수 있었다. 그들이 앞서 추가했던 NuGet 패키지의 WebJobs SDK를 가져온 후, 일반적으로 40줄 이상인 구성, 연결 및 처리 코드를 아래의 짧은 코드로 압축할 수 있었다.

소스 7-5 이미지 처리 Azure 웹 작업 트리거 대기열

```
Public class ImageAdjustments
{
  public static void ResizeAndGrayscaleImage(
    [QueueTrigger("skicard-imageprocessing")] string message,
    [Blob("cardimages/{queueTrigger}", FileAccess.Read)] Stream imageStream,
    [Blob("processed/{queueTrigger}", FileAccess.Write)] Stream
resizedImageStream)
  {
    var image = new Image(imageStream);
    var resizedImage = image
      .Resize(300, 0)
      .Grayscale(GrayscaleMode.Bt709);
    resizedImage.SaveAsJpeg(resizedImageStream);
  }
}
```

물론, 확실히 종이 위에서는 3줄 이상이지만, 컴파일러는 이 코드 블록에서 단지 두 개의 변수 인스턴스와 SaveAsJpeg 호출로 인식한다. 메서드의 정의에 있는 매개변수는 다음과 같이 WebJobs SDK의 속성으로 꾸며져 있다.

- QueueTriggerAttribute: 어떤 종류의 저장소 기반 이벤트가 이벤트 알람으로 이동하고 이 코드를 실행하는지 나타낸다. 속성에는 청취 대기열의 이름이 제공된다.
- BlobAttribute: 템플릿의 지정된 위치에서 매개변수를 채우는 데 사용되며, 이 경우 스트림에 대한 읽기/쓰기 권한을 갖는다. SDK는 가비지 수집뿐만 아니라 스트림 생성 및 하이드레이팅 처리를 담당한다.

또한 여기에서 3줄의 코드는 제임스 잭슨 사우스(James Jackson-South)와 https://github.com/JimBobSquarePants/ImageProcessor의 성장중인 오픈 소스 제공자 목록에 의해 개발되어 인기가 올라가고 있는 ImageProcessing 라이브러리로 가능하게 되었다. 입력 스트림에서 이미지를 초기화하고 그것을 이미지 변수에 저장한다. 다음으로, 라이브러리의 훌륭한 구문을 사용하여 양쪽 비율을 유지하면서 이미지의 넓이를 300px로 조정하므로 height 매개변수로 0을 사용한 다음 원하는 그레이스케일 색 영역으로 변환한다. 마지막으로 이미지를 출력 스트림에 저장한다.

여기에서 진행되는 모든 작업을 설명하려면 코드 줄보다 많은 말이 필요하지만, 약간의 플랫폼 서비스만 사용하면 외부 서비스 처리를 제어하는 기능을 가진 대량의 웹 애플리케이션을 빠르게 생성할 수 있다.

애플리케이션 규모 확장

지난 장에서 논의했듯이, 신축성 있는 클라우드는 소통량이 급격히 증가하는 소규모 조직에서 트래픽 급증 및 일시적인 처리 요구를 수용할 수 있게 한다. 알파인 스키 하우스와 같은 중간 규모 조직의 경우 플랫폼의 탄력성은 인프라를 지원하기 위해 비용을 지불하지 않고도 성숙되고 향상된 서비스를 제공한다. 부하의 크기에 맞게 쉽게 확장하고 축소함으로써 대규모 조직의 경우 필요한 사이클 비용만 지불하고 비즈니스 프로세스가 오프라인이거나 사용하지 않을 때 여유 시간이나 완전한 다운타임에 대한 비용을 지불하지 않아도 되므로 엄청난 금액을 절약할 수 있다.

여러 방향으로 크기 조정

PaaS 접근 방식을 개발에 사용하는 가장 유익한 면 중 하나는 리소스를 쉽게 확장할 수 있다는 것이다. Azure 리소스 관리자를 사용하면 가상 컴퓨터를 유지 관리하고 크기를 변경하는 것이 더 쉬워지는 반면, 배포 클러스터 및 크기 조정에 대한 제한 사항은 여전히 있으며, 특히 클래식 가상 컴퓨터 이미지를 사용하는 경우에는 더욱 그러하다. 가상 컴퓨터 크기 조정은 조직이 요구하는 사항을 충족하기 위해 즉시 VM을 스핀 업할 수 있는 기회를 제공하지만 운영 체제의 유지 보수 및 가상 서버 인벤토리의 다른 측면에 대한 책임은 여전히 커진다. PaaS를 사용하면 솔루션을 다른 관점에서 공략할 수 있으므로 하드웨어 또는 운영 체제 관련 사항에 대한 걱정 없이 수직 또는 수평으로 확장할 수 있는 일련의 턴키 서비스를 얻을 수 있다.

수직 확장 또는 "스케일 업"은 서버 팜에서 보다 강력한 하드웨어를 구입하는 것과 비슷하다. 인프라 측면에서 보면 가상 컴퓨터 공간의 가격 책정 단계는 각 컴퓨터에 대해 월 수십 달러에서 월 수백 달러에 이르기까지 다양하다. 가격 책정 및 계층 선택은 또한 "공유"라는 기본 수준의 서비스를 통해 다양한 무료 서비스 중에서 선택이 가능하고 기본, 표준 및 프리미엄 하드웨어 기능을 갖춘 유료 계층을 선택할 수 있는 PaaS 영역에도 적용된다. 두 시나리오 모두 지출하는 돈이 많을수록 코어 수가 많아지고 처리 속도가 빨라지며 메모리 크기가 커진다. 다른 계층은 또한 더 많은 입력 및 출력, 디스크 공간 및 보안, 통합 서비스 또는 사용자 정의 도메인과 같은 추가 기능에 대한 접근을 허용한다.

수평 확장 또는 "스케일 아웃"은 팜에 더 많은 서버를 구입하는 것과 같다. 한 명의 대형 작업자를 위해 컴퓨터의 더 큰 용량에 돈을 지불하는 대신 추가 작업자를 구매하는 데 돈을 투자하고 작업을 균등하게 분산 및 처리할 수 있기를 기대하여 작업 부하를 나눌 수 있다. Azure

에서, 확장되는 컴퓨터들과 서비스들은 처음 생성한 것과 동일한 크기이므로 총 비용을 산정할 때 수평 크기를 컴퓨터의 크기와 동일한 요소로 생각할 수 있다.

가격 책정 단계 및 제품군에 대한 다양한 옵션을 시험해보려면 https://azure.Microsoft.com/en-us/pricing/calculator/에 있는 Microsoft의 Azure 가격 계산기를 방문하자.

탄력성 있는 확장

확장의 수직 단계나 처리 능력을 선택한 다음에는 탄력 있는 확장을 위해 수평 확장이나 작업자의 수 선택을 결합할 수 있다. 상상할 수 있지만 프리미엄, 표준 및 기본 계층에서 계층 기능 예제를 제공하는 그림 7-5와 같이 더 많은 비용을 지불하면 더 많은 기능을 사용할 수 있다. 확장 기능에는 유료 계층이 필요하고 자동 확장 기능에는 최소한 표준 계층이 필요하다.

기본 계층에서 애플리케이션을 확장하는 유일한 방법은 그림 7-6에서 설명한 것처럼 인스턴스 수 제어를 수동으로 슬라이드하는 것이다. 즉, 애플리케이션에 더 많은 처리 능력이 필요

P1 Premium		S2 Standard		B3 Basic	
1	Core	2	Core	4	Core
1.75	GB RAM	3.5	GB RAM	7	GB RAM
	BizTalk Services		50 GB Storage		10 GB Storage
	250 GB Storage		Custom domains / SSL SNI Incl & IP SSL Support		Custom domains
	Up to 20 instances * Subject to availability		Up to 10 instances Auto scale		SSL Support SNI SSL Included
	20 slots Web app staging		Daily Backup		Up to 3 instances Manual scale
	50 times daily Backup		5 slots Web app staging		
	Traffic Manager Geo availability		Traffic Manager Geo availability		

<그림 7-5> 서비스의 다양한 단계를 위해 특성화된 기능 집합의 예

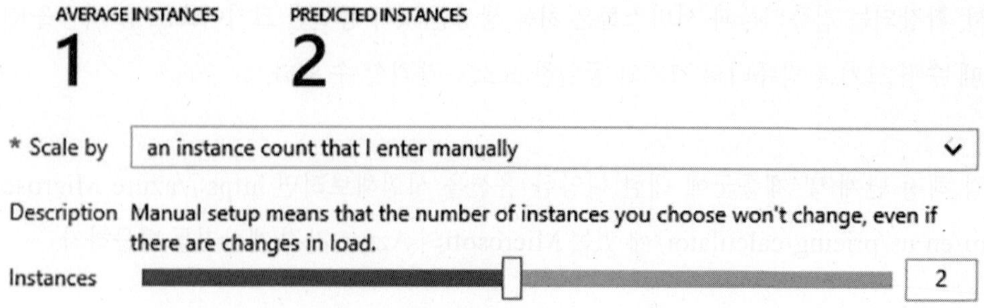

AVERAGE INSTANCES   PREDICTED INSTANCES

1   2

* Scale by | an instance count that I enter manually   ∨ |

Description   Manual setup means that the number of instances you choose won't change, even if there are changes in load.

Instances   [━━━━━━━━━━━━━━━━━━━━━━●━━━━━━━━━━━━━━━━━━━] | 2 |

<그림 7-6> 애플리케이션의 인스턴스 계정 수동 크기 조정

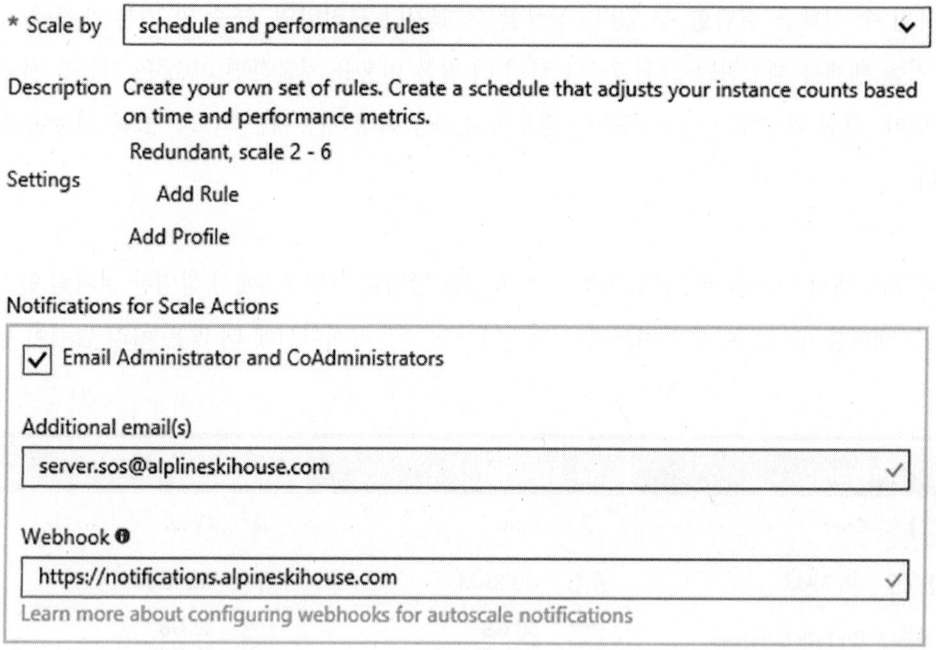

* Scale by | schedule and performance rules   ∨ |

Description   Create your own set of rules. Create a schedule that adjusts your instance counts based on time and performance metrics.

Settings   Redundant, scale 2 - 6

      Add Rule

    Add Profile

Notifications for Scale Actions

☑ Email Administrator and CoAdministrators

Additional email(s)

| server.sos@alplineskihouse.com   ✓ |

Webhook ❶

| https://notifications.alpineskihouse.com   ✓ |

Learn more about configuring webhooks for autoscale notifications

<그림 7-7> 앱 서비스 단계

한 경우 적절한 변경 작업을 수행하려면 포털에 로그인해야 한다.

표준 및 프리미엄 단계에는 애플리케이션 성능 및 리소스 사용의 신호를 받아 활용하거나 필요 시 알 수 있는 이벤트에 맞추어 필요에 따라 확장할 수 있는 추가 옵션이 있다. 예를 들어, 웹 캠페인에서 예상되는 부하가 발생하기 전 또는 사이트의 피크 시간 전에 자동으로 크기 조정을 할 수 있다. 그림 7-7에서 볼 수 있듯이 성능이나 일정 제한에 따라 이메일을 보내는 기능이 있다. 이메일로 알림을 보내거나 사용자 지정 모니터링 애플리케이션에서 추가로 사용할 수 있는 웹 후크 끝점으로 데이터를 보낼 수 있다.

분명히 표준 계층은 기본 계층보다 비싸지만 서버를 구입하고 유지 관리하는 데 드는 비용만큼 돈이 들지는 않는다. 비즈니스 모델에 적합한 최소 규모의 표준 계층을 사용하면 작업 환경에 대한 비용을 낮추면서 부하에 맞춰 자동으로 확장되고 사용하는 처리 시간에만 비용을 지불하는 기능을 유지할 수 있다.

막 시작한 경우라면 사이트가 처음에 1~2대의 서버 사이에서 확장될 수 있으므로 부하가 증가할 때를 측정할 수 있다. 더 적은 인스턴스를 실행할 수 있는 경우 상위 단계에서, 그렇지 않고 높은 가격대의 모든 기능이 필요하지 않다면 낮은 단계에서 비용 절감 방법을 찾을 수도 있다. 또한 나중에 논의하겠지만 플랫폼 서비스를 다룰 때 크기 확장 및 축소를 위한 다른 옵션이 있다는 것을 잊지 말자.

확장 고려 사항

이러한 크기 조정의 효과는 전반적인 개발 요구 사항을 단순화할 수 있는 큰 그림의 일부이지만 많은 비용이 소요될 수도 있다. 비용 절감에 도움이 될 수 있는 자신의 접근 방식을 고려해야 하고 접근 방식의 재고 가능성을 검토해야 한다.

예를 들어, 애플리케이션에서 캐시 사용을 고려해보자. 캐싱은 애플리케이션의 속도를 높이는 방법 중 하나이며 인-메모리 캐싱은 놀랍도록 빠르다. 하지만 사용자 기반이 증가함에 따라 캐시가 앱 서비스 리소스를 소비하므로 웹사이트 기능을 유지하기 위해 확장 및 추가 인스턴스가 필요하게 된다는 것을 알게 될 것이다. 뿐만 아니라, 앱 서비스에 여러 인스턴스가 구성되어 있는 경우 각 인스턴스는 자체 인-메모리 캐시를 유지할 필요가 있다. 하지만 쉬운 대안이 있다. 애플리케이션의 메모리 사용 공간을 줄이고 중앙 집중식 위치에 캐시된 리소스를 공유할 수 있도록 하는 분산 캐시로 대체할 수 있다.

리소스 활용의 또 다른 예는 로깅이다. 각 계층의 애플리케이션에 사용할 수 있는 공간은 사용자가 지불하는 가격에 비례하여 점점 늘어나지만 디스크 공간은 일시적으로 변하는 것으로 기억해야 한다. 디스크 상에 로컬 로그 파일로 기록하는 것은 몇 가지 결과를 초래한다. 먼저 오류를 추적하는 경우 실행 중인 모든 서버에서 모든 관련 로그 파일을 찾아야 한다. 둘째, 더 중요한 것은 확장 및 운영 체제 패치가 발생하는 방식은 사이트를 재활용하거나 업데이트된 인스턴스로 이동할 때 실제로 데이터가 손실됨을 의미한다는 것이다. 이러한 이유로 실제 로그를 캡처하기 위해서는 다른 메커니즘을 고려해야만 한다. 자세한 내용은 12장을 참고하자.

여러분의 사이트에서 실수할 수 있는 마지막 예제는 애플리케이션의 출력 또는 발신 트래픽이다. 이 한도는 상대적으로 높지만 일정한 기간 동안 앱 서비스를 사용할 수 없게 하는 임계값은 여전히 있다. 이는 대용량의 파일 크기가 기본이고 방대한 양의 대역폭 사용 및 리소스가 많은 애플리케이션에서 발생하는 경향이 있다. 다시 PaaS 관점에서 문제를 접근하면 미디어 서비스를 사용하여 비디오를 스트리밍하고 정적 자산에 대한 Azure CDN을 활용하는 것과 같이 Azure에서 보다 적합한 저장소 옵션으로 이러한 리소스를 이동할 수 있다.

요약

Microsoft Azure는 유지 관리할 필요가 없는 인프라에서 실행되는 강력한 서비스 도구 집합으로 발전했다. 이를 통해 개발자와 작업자는 결과물에 더 많은 관심을 기울이고 어떻게 수행할 것인지에만 집중할 수 있다. 필요한 리소스를 여러 환경에 쉽게 복제할 수 있으며 필요한 만큼 또는 탄력적인 크기 전략을 사용할 수 있다. 리소스 템플릿을 작성하기 위해 준비된 옵션과 애플리케이션 작성을 위한 빌딩 블록 접근 방식을 통해 소프트웨어 개발에서 흔히 볼 수 있는 많은 마찰 지점을 넘어 신뢰할 수 있고 잘 테스트된 클라우드 서비스의 혜택을 누릴 수 있다.

Azure가 Microsoft의 클라우드 서비스이지만 사용하려는 개발 환경이나 작업 중인 기술 스택에 대한 검토는 필요하지 않다. 다음 장에서는 ASP.NET Core MVC를 사용하여 애플리케이션을 개발, 구축 및 배포할 때 사용할 수 있는 몇 가지 옵션에 대해 살펴본다.

Chapter

08

교차 플랫폼

눈송이와 마찬가지로 모든 개발자는 특별하고 독특한 생물이다. 다니엘은 모난 성격은 아니지만, macOS에 관해서는 냉철한 처분을 내렸다. 그녀는 운영 체제 전체가 엉망이라는 것을 발견했다. 파일 이름 변경이 어려웠고 항상 이 비치볼이 화면에 튀어나와 있었다. 그렇다. 그녀는 윈도우 개발 환경을 좋아했다. 반면 아드리안은 macOS를 지지했고, 마크는 적어도 30분 이상은 자신이 좋아하는 리눅스 배포판과 대화를 나누었다. 마크가 우분투를 좋아하는 반면 마르는 만자로(Manjaro) 리눅스가 전부였다. 다니엘은 Btrfs와 Ext4를 비교하는 이야기를 다시 듣고 싶지 않았기 때문에 토론이 시작되면 보통 산책을 나갔다.

그렇지만 멋진 일이었다. 저마다 다른 운영 체제와 텍스트 편집기를 사용하는 모든 사람들이 문제 없이 동일한 코드 기반으로 작업하고 있었다. 가끔 대소문자를 구분하지 않는 파일 시스템을 사용하는 누군가가 잘못된 대소문자나 잘못된 경로 구분 기호를 사용했지만, 윈도우와 리눅스 모두에서 빌드를 실행하면 곧 이러한 종류의 문제가 해결되었다. 팀(Tim)은 어떤 플랫폼에서든 새 사이트를 운영할 수 있다는 점에 정말 흥미를 가지고 있었다.

팀은 다양한 개발자 워크스테이션뿐만 아니라 윈도우 및 리눅스 시스템의 가격 책정을 해왔기에 모든 사람이 원하는 대로 사용할 수 있다는 생각은 상당히 매력적이다. 또한 파슬리 프로젝트가 완료된 후 리눅스에서 실행되는 서비스와 상호작용해야 하는 몇 가지 프로젝트가 있다. 하나의 언어나 적어도 하나의 기술을 표준화할 수 있다면 도움이 될 것이다. 어쩌면 이 .NET Core라는 것이 바로 필요할지도 모른다.

아마도 .NET Core 및 ASP.NET Core의 가장 놀라운 면 중 하나는 여러 리눅스 배포판 및 macOS에서 사용할 수 있는 최상급 지원일 것이다. 이것은 프로그래밍 학습에 관심이 있고 맥북을 들고 다니는 학생을 포함한 훨씬 많은 잠재 고객에게 .NET의 문을 여는 것이다. 우리는 이제 .NET으로 오면 자신의 운영 체제 선택이 더 이상 제한 요소가 아닌 세상에 살고 있다. 이것은 새로운 사람들이 프로그래밍을 배우는 관점에서 굉장히 훌륭하며, 또한 개발팀에게도 좋은 이유는 과거 팀에서 .NET을 고려조차 하지 않던 이유를 없애주기 때문이다. 리눅스 및 macOS 기반 개발팀의 경우 .NET은 이제 매우 현실적인 선택이다.

많은 기업들이 다양한 이유로 리눅스 생산 환경을 사용한다. 도구는 여전히 윈도우보다 리눅스에서 더 쉬울 수 있다. 예를 들어, 윈도우에서 도커(Docker) 지원은 리눅스보다 뒤처지고 Chef 및 Puppet과 같은 구성 관리 도구는 윈도우보다 리눅스에서 더 좋다. Node.js가 처음 출시되었을 때 리눅스에서만 실행되었으므로 윈도우 외에 다른 것을 실행할 수밖에 없었다. Nginx와 같은 다른 도구들 역시 윈도우보다 리눅스에서 더 잘 실행된다. 리눅스가 더 나은 기술적 선택이라는 예가 많지만 .NET 도구를 나머지 아키텍처와 동일한 플랫폼에서 실행할 수 있게 해주는 것은 매력적이다.

우분투에 올리고 실행하기

AlpineSkiHouse 프로젝트는 처음에는 비주얼 스튜디오를 사용하여 윈도우에서 만들었지만 이것이 윈도우와 비주얼 스튜디오를 영원히 사용한다는 제한을 의미하는 것은 아니다. 알파인 팀 구성원 중 일부는 리눅스를 기본 운영 체제로 사용하는 것을 더 편하게 생각한다. AlpineSkiHouse 프로젝트 작업을 위해 특별히 윈도우 가상 컴퓨터를 사용하는 대신 AlpineSkiHouse 팀이 선호하는 리눅스 데스크톱인 우분투에서 .NET Core SDK를 설정하는 과정을 살펴보도록 하자.

.NET Core 설치하기

.NET Core SDK를 얻는 방법은 운영 체제에 따라 다르며, http://dot.net에 잘 정리되어 있다. 우분투의 경우 .NET Core는 apt-get 패키지 관리자를 통해서 설치된다.

먼저 닷넷 패키지가 포함된 apt-get 문장을 추가해야 한다.

```
sudo sh -c 'echo "deb [arch=amd64] https://apt-mo.trafficmanager.net/repos/dotnet/
trusty main" > /etc/apt/sources.list.d/dotnetdev.list'
sudo apt-key adv --keyserver apt-mo.trafficmanager.net --recv-keys 417A0893
sudo apt-get update
```

다음으로 닷넷을 설치한다.

```
sudo apt-get install dotnet
```

.NET Core SDK가 이제 설치되었고 리눅스 데스크톱에서 .NET 애플리케이션 빌드를 시작할 수 있다.

닷넷 CLI

닷넷 명령줄 인터페이스(command line interface, CLI)는 .NET Core SDK의 중요한 부분이다. .NET Core 애플리케이션을 컴파일하고 실행하는 데 사용된다. .NET Core 프로젝트에서 비주얼 스튜디오를 사용하는 많은 개발자들이 닷넷 CLI 및 그것의 명령들에 익숙하지 않을 수도 있지만 매일 사용할 수 있는 좋은 기회이다. 비주얼 스튜디오는 실제로 닷넷 CLI를 사용하여 NuGet 패키지 복원, 애플리케이션 컴파일 및 단위 테스트 실행과 같은 작업을 수행한다. 비주얼 스튜디오를 IDE로 사용할 계획을 세운 경우에도 자동 빌드 스크립트를 설정할 때 유용할 수 있으므로 닷넷 CLI를 이해하면 도움이 된다. 다른 운영 체제 및 경량 코드 편집기를 사용하는 개발자는 닷넷 CLI에 익숙해져야 한다.

<표 8-1> 공통 닷넷 명령

명령	설명
dotnet new	기본 .NET 프로젝트 생성
dotnet restore	.NET 프로젝트에 지정된 종속성 복원
dotnet build	.NET 프로젝트 컴파일
dotnet publish	.NET 프로젝트 배포 준비
dotnet run	.NET 프로젝트 컴파일 및 즉시 실행
dotnet test	단위 테스트 실행
dotnet pack	NuGet 패키지 생성

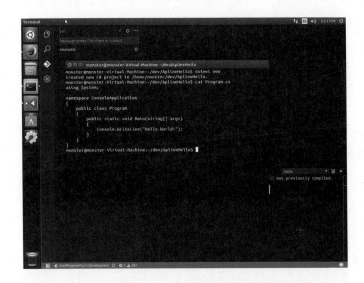

<그림 8-1> 우분투 상에서 매우 기본적인 .NET Core 애플리케이션

닷넷 CLI에는 .NET Core 애플리케이션을 생성, 컴파일 및 실행하는 데 필요한 모든 것이 포함되어 있다. 표 8-1은 공통적으로 사용하는 닷넷 명령을 보여준다.

닷넷 CLI를 사용하여 간단한 Hello World 애플리케이션을 만들고 실행하는 단계를 살펴보자. 먼저 dotnet new 명령을 실행한다. 이 명령은 프로젝트에 대한 정보가 들어있는 프로젝트 파일과 간단한 Hello World 애플리케이션에 대한 코드가 포함된 Program.cs 파일을 포함하여 두 개의 새 파일을 현재 디렉토리에 추가한다. 그림 8-1은 생성된 Program.cs 파일을 보여준다.

note

닷넷 명령줄은 다양한 유형의 프로젝트를 만들 수 있다. -l 플래그와 csharp이나 fsharp 중 하나를 사용하여 프로젝트의 언어를 선택할 수 있다. -t 플래그는 작성할 프로젝트의 유형을 정의하며 console, web, lib 또는 xunittest가 될 수 있다. 프로젝트 유형은 비주얼 스튜디오에서 사용된 것보다 훨씬 제한되어 있다. 리눅스에서 새로운 웹 프로젝트를 작성할 경우, http://yeoman.io/나 rpm -g yeoman을 명령으로 npm을 통해 설치되는 잘 알려진 스캐폴딩(scaffolding) 도구인 yeoman을 연구하고 싶을 수도 있다.

다음 단계는 그림 8-2와 같이 dotnet restore 명령을 실행하는 것이다. 이렇게 하면 애플리케이션에 필요한 NuGet 패키지가 복원된다.

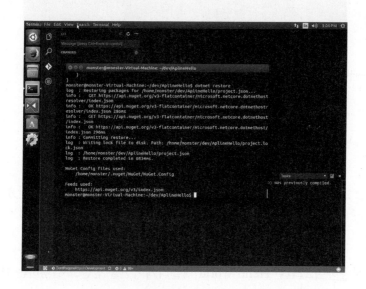

<그림 8-2> 새 프로젝트에서 netget 패키지 복원

이제 그림 8-3에서와 같이 dotnet build 명령을 사용하여 애플리케이션을 컴파일할 수 있다.

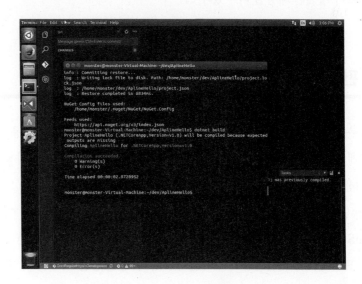

<그림 8-3> .net 빌드 실행하기

마지막으로 그림 8-4에서와 같이 dotnet run 명령을 사용하여 애플리케이션을 실행할 수 있다.

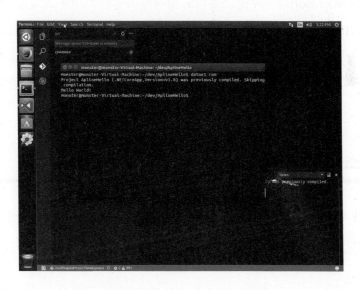

<그림 8-4> 리눅스에서 새로운 dotnet 실행하기

복원, 빌드, 실행 그리고 테스트는 대부분의 개발자가 매일 사용하는 기본 명령이다. 20장 "테스트"에서 보다 자세한 내용을 다루겠다.

 ## 코드 편집기 선택하기

리눅스 및 대부분의 macOS 개발자는 자신이 선호하는 코드 편집기를 사용한다. 이 경우 .NET 애플리케이션에 해당 편집기를 사용할 수 있다. 비주얼 스튜디오를 사용하는 많은 개발자는 인텔리센스가 없기 때문에 간단한 코드 편집기를 사용할 때 허전함을 느낀다. 다행히도 OmniSharp(http://www.omnisharp.net/)에 있는 똑똑한 사람 덕분에 이제 이 문제가 해결되었다. OmniSharp은 널리 사용되는 많은 교차 플랫폼 코드 편집기에 대한 플러그인을 빌드하여 .NET 프로젝트에 인텔리센스 스타일의 자동 완성 기능을 제공한다. 자신이 잘 알고 사랑하는 코드 편집기가 있다면 그것을 계속 사용하자. OmniSharp 플러그인을 사용하여 경험을 향상시킬 수 있는지 확인해보자.

만약 편집기를 찾고 있다면 비주얼 스튜디오 코드를 자세히 살펴볼 필요가 있다. 비주얼 스튜디오 코드는 Microsoft의 비주얼 스튜디오 팀에서 개발한 가벼운 교차 플랫폼 코드 편집기이다. 전체 IDE의 확장 없이 비주얼 스튜디오와 동일하게 뛰어난 구문 강조 및 인텔리센스를 제공한다. 이 편집기는 훌륭한 디버거를 포함하고 마찬가지로 풍부한 플러그인 생태계를 자랑한다. 이 장의 나머지 부분의 예제에서 비주얼 스튜디오 코드를 사용한다.

 ## 리눅스상의 알파인 스키 하우스

.NET Core가 설치되고 .NET 개발을 위해 가장 좋아하는 코드 편집기가 설정되었으므로 우분투 개발자 컴퓨터에서 AlpineSkiHouse.Web 프로젝트를 실행하는 데 필요한 사항을 살펴보자.

<그림 8-5> 리눅스상에서 알파인 스키 하우스 실행하기

```
$ dotnet build
$ dotnet run
```

그림 8-5에서 일부 오류는 시작 시 필요한 사용자 보안 정보가 누락되었음을 나타낸다. 그러므로 먼저 dotnet user-secrets 명령을 사용하여 사용자 보안을 추가해야 한다.

```
$ dotnet user-secrets set Authentication:Twitter:ConsumerKey "some consumer key"
$ dotnet user-secrets set Authentication:Twitter:ConsumerSecret "some consumer Secret"
$ dotnet user-secrets set Authentication:Facebook:AppId "some app id"
$ dotnet user-secrets set Authentication:Facebook:AppSecret "some app secret"
```

다음으로 애플리케이션이 Development 안에서만 사용자 보안을 로드하도록 설정하기 때문에 ASPNETCORE_ENVIRONMENT 변수 또한 Development로 설정해야 한다.

```
$ ASPNETCORE_ENVIRONMENT=Development
$ export ASPNETCORE_ENVIRONMENT
```

이제 애플리케이션을 실행할 수 있다. 맞는가?

```
$ dotnet run
```

됐다. 그러면 이제 예상대로 kestrel이 뜨면서 localhost:5000을 수신하고 파이어폭스에서 해당 URL을 탐색하면서 기대했던 메인 페이지가 로드된다. 불행히도 그림 8-6과 같이 SQL 서버 데이터베이스와 상호작용하는 연결된 모든 작업을 수행하면 곧바로 실패한다.

10장 "엔티티 프레임워크 Core"에서 논의하겠지만 애플리케이션은 SQL 서버 LocalDB를

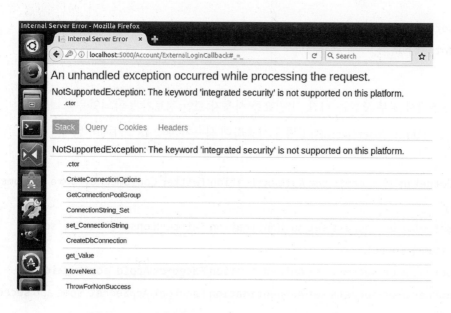

<그림 8-6> SQL 데이터베이스에 접속할 수 없다고 보여주는 오류 메시지

사용하도록 구성된다. 이것은 윈도우에서 잘 작동되지만, 집필 당시 SQL 서버는 리눅스에서 사용할 수 없었다. Microsoft의 개발자들이 리눅스에 SQL 서버를 포팅하는 작업에 한창이지만 리눅스 및(또는) macOS 기반 개발자가 생산성을 유지하기 위해서는 또 다른 옵션이 필요하다.

최상의 해결책은 현재 로컬 사무실 네트워크 또는 클라우드에서 사용 가능한 SQL 서버 인스턴스를 사용하는 것이다. SQL 서버 인스턴스에서 각 개발자는 개발 목적으로 자체 데이터베이스를 만들고 삭제할 수 있는 권한을 가진다. 개발자 간에 버전 관리 문제가 발생하므로 개발자 간에 데이터베이스를 공유하지는 않도록 하자. 각 개발자는 개발 목적으로 자신의 고유한 데이터베이스에 연결해야 한다. 또한, 프로덕션 데이터베이스를 호스팅하는 동일한 SQL 서버 인스턴스가 아닌지 확인하도록 하자.

이제 리눅스 및 macOS 기반 개발자는 기본 LocalDB 연결 문자열을 재정의하는 구성만 제공하면 된다. 사용자 보안을 사용하거나 appSettings.Development.json이라는 이름의 새 구성 파일을 추가하여 구성을 덮어쓸 수 있다.

```
$dotnet user-secrets set ConnectionStrings:DefaultConnection
"Data Source=tcp:192.168.0.30,3071;Database=AlpineSkiHouse_Dave;User
ID=Dave;Password=Password"
appSettings.Development.json
{
  "ConnectionStrings": {
    "DefaultConnection": "Data Source=tcp:192.168.0.30,3071; Database
=AlpineSkiHouse_Dave; User ID=Dave; Password=Password"
  }
```

이렇게 하여 알파인 스키 하우스는 우분투에서 실행된다! 물론 그림 8-7과 같이 단위 테스트가 제대로 실행되는지 확인해야 한다.

<그림 8-7> 리눅스에서 알파인 스키 하우스 테스트 실행하기

```
$ dotnet build
$ dotnet test
```

알파인 스키 하우스를 리눅스에 설치하는 것은 실제로는 꽤 간단하다. 그러나 많은 프로젝트
가 간단하게 리눅스나 macOS에서 돌아갈 수 있는 것은 우연이 아니다. 알파인 스키 하우스
는 전체 .NET 프레임워크가 아닌 .NET Core를 대상으로 한다. .NET Core는 고유한 자신
만의 제목을 가질 자격이 있다.

 .NET Core

애플리케이션을 .NET에서 실행한 다음 그대로 두는 경향이 있지만 실제로는 .NET의 여러
버전이 존재하고 .NET의 여러 요소도 존재한다. 일반적으로 .NET을 구성하는 요소가 무엇
인지 생각해보는 것이 도움이 된다. 먼저 C#, F# 및 VB.NET과 같은 언어가 있다. 각 언어
는 고유한 표준이 있지만 컴파일러에서 IL로 알려진 공통 중간 언어로 모두 컴파일된다. 컴
파일러는 최근에 C#으로 다시 작성되었으므로 완전한 관리 언어이고 새로운 컴파일러는 로

즐린(Roslyn)이라고 한다. 이 언어는 다음과 같다.

```
IL_0000: ldarg.0 // this
IL_0001: ldfld int32 class System.Linq.Enumerable/'<CastIterator>d_94'1'<!0/*TRes
ult*/>::'<>1_state'
IL_0006: ldc.i4.s -2 // 0xfe
IL_0008: bne.un.s IL_0022
IL_000a: ldarg.0 // this
IL_000b: ldfld int32 class System.Linq.Enumerable/'<CastIterator>d_94'1'<!0/*TRes
ult*/>:
:'<>1_initialThreadId'
IL_0010: call int32 [mscorlib]System.Environment::get_CurrentManagedThreadId()
IL_0015: bne.un.s IL_0022
IL_0017: ldarg.0 // this
IL_0018: ldc.i4.0
IL_0019: stfld int32 class System.Linq.Enumerable/'<CastIterator>d_94'1'<!0/*TRes
ult*/>::'<>1_state'
IL_001e: ldarg.0 // this
IL_001f: stloc.0 // V_0
IL_0020: br.s IL_0029
IL_0022: ldc.i4.0
```

이 코드는 JIT(Just-In-Time) 컴파일러 또는 JITer에서 사용하는 어셈블리 언어이다. 64비트 버전을 다시 작성하는 추세를 유지하면서 JITer는 RyuJIT 프로젝트로 다시 작성되었다. RyuJIT의 목표는 컴파일의 효율성을 높이고 보다 효율적인 64비트 코드를 생성하는 것이었다.

모든 .NET 언어는 기본 클래스 라이브러리(base class library, BCL)를 사용할 수 있다. 이 라이브러리는 SMTP 서버와 대화하거나 파일을 압축하는 등 다양한 작업을 수행할 수 있는 수천 개의 클래스로 구성된다. 기본 클래스 라이브러리의 기능 범위는 아마도 .NET 프로그래밍의 가장 중요한 부분일 것이다. Node.js 프로젝트에서 찾을 수 있는 것과 같은 수천 개의 작은 라이브러리가 필요하지 않다. 대신 개발자는 BCL에서 잘 테스트되고 최적화된 함수

집합에 의존할 수 있다.

BCL의 내용은 .NET 버전들을 통해서 증가되었다. 예를 들어 실버라이트는 프레임워크의 제한적인 버전이었다. 전체 프레임워크의 많은 클래스가 없거나 실버라이트에서 다른 표시 영역을 가졌다. .NET Core는 유사한 위치에서 여러 클래스가 제거되거나 대체되어 API가 다른 표시 영역을 제공한다. 불행하게도 새로운 프레임워크를 만드는 데 드는 모든 노력은 단편적이고 서로 엇갈린 것이다. 특정한 클래스가 모든 플랫폼에서 사용이 가능하고 그것들이 모두 실행되도록 코드를 작성하는 것은 거의 불가능했다.

휴대용 클래스 라이브러리(Portable class libraries, PCL)는 개발자가 이식 가능한 코드를 작성할 수 있도록 하기 위해 사용되었지만 금방 복잡해졌다. Microsoft는 최근 인수한 자마린(Xamarin) 속성을 비롯하여 다양한 플랫폼에서 사용할 수 있는 인터페이스를 표준화하기 위한 노력을 시작했다.

이같은 표준화 노력을 .NET 표준이라고 부른다. .NET 표준은 서로 다른 플랫폼에서 지원되는 많은 호환성 수준을 정의한다. 초기 버전은 1.0에서 1.6까지의 단계를 정의하고 각 단

.NET 플랫폼	.NET 표준							
	1	1.1	1.2	1.3	1.4	1.5	1.6	2
.NET Core	→	→	→	→	→	→	1	vNext
.NET 프레임워크	→	4.5	4.5.1	4.6	4.6.1	4.6.2	vNext	4.6.1
Xamarin.iOS	→	→	→	→	→	→	→	vNext
Xamarin.Android	→	→	→	→	→	→	→	vNext
Universal Windows Platform	→	→	→	→	10	→	→	vNext
Windows	→	8	8.1					
Windows Phone	→	→	8.1					
Windows Phone Silverlight	8							

계를 지원하는 플랫폼을 설명한다. 예를 들어 단계 1.0은 가장 작은 API 표시 영역을 노출하며 실버라이트를 비롯한 모든 플랫폼에서 지원된다. 1.1로 업그레이드되면서 실버라이트를 제외한 모든 플랫폼을 지원했다. 아래는 Microsoft가 자신들의 다양한 기타 플랫폼에서 API의 사용성을 설명하도록 제공한 차트이다.

화살표는 플랫폼이 표준 기능과 오른쪽에 있는 추가 기능을 지원한다는 것을 나타낸다. 또한 각 플랫폼의 다음 버전이 행렬에도 나열되어 있다는 것을 알 수 있다. .NET 표준 1.4를 지원하는 .NET 프레임워크 4.6.1과 같은 것을 살펴보면 .NET 프레임워크 4.6.1이 실제로 .NET 표준 1.4에서 설명한 것보다 훨씬 더 많은 API 표시 영역을 지원한다는 것을 알 필요가 있다. 단 그림 8-8과 같이 1.4의 모든 것을 지원한다.

표준의 각 상위 버전은 2.0을 제외하고 이전 버전보다 많은 표시 영역을 지원한다. 이처럼 대규모 표준화 노력으로 기대가 크겠지만 이상한 차이가 존재하는 이유는 그림 8-9에서와 같이 .NET 표준 2.0은 실제로 .NET 표준 1.4 또는 1.5보다 작은 표시 영역을 지원하기 때문이다.

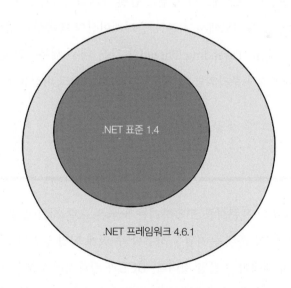

<그림 8-8> .NET 표준은 .NET 프레임워크 4.61에서 제공된 API의 하위 집합이다.

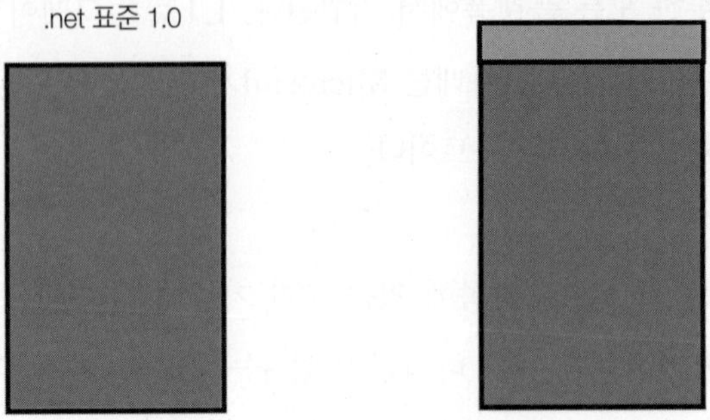

.net 표준 1.0

.net 표준 1.0+
System.Collections.Concurrent

<그림 8-9> .NET 표준 1.0 및 추가 패키지를 가진 1.0

애플리케이션이 .NET 표준 1.0에서 실행되지만 System.Collections.Concurrent의 일부 기능 역시 필요하다고 가정해보자. 두 가지 가능한 해결책이 있다. 첫째, 애플리케이션이 동시(concurrent) 컬렉션 네임스페이스에 대한 지원을 추가하는 .NET 표준 1.1을 지원하도록 이동될 수 있다. 이는 .NET 표준의 버전을 필요로 하고 애플리케이션 대상이 될 수 있는 장치들의 수를 줄이기 때문에 다소 어색한 방법이다. 대신 옵션 2는 .NET 표준 1.0에서 애플리케이션을 기반으로 하고 단순히 System.Collections.Concurrent에 대한 NuGet 패키지를 포함한다. .NET 표준화 프로세스의 일부로 단일 프레임워크가 많은 수의 패키지로 분리되었다. 실제로 비주얼 스튜디오에서 기본 애플리케이션의 종속성을 살펴보면 .NET 표준 런타임을 구성하는 System.Threading.Thread와 같은 매우 세부적인 종속성 트리의 전체 목록을 볼 수 있다. 패키지가 추가되는 한 지원되는 프레임워크 버전을 올릴 필요가 없다.

👆 요약

.NET API에 일정 수준의 표준화를 도입하려는 노력은 오랜 시간이 걸렸으며 확실히 환영할 일이다. .NET에서 교차 플랫폼 지원을 사용할 수 있게 되면 일반적으로 .NET 기술을 환영하지 않는 시장에서 채택이 촉진될 것이다. BCL과 컴파일러를 포함하여 많은 제품이 오픈 소스이기 때문에 Microsoft의 폐쇄적인 소스 특성에 반대하는 비방자들조차도 반대 의견

을 다시 검토해야 한다. 그러나 리눅스에 쉽게 올리고 실행할 수 있기 때문에 전통적인 윈도우 기반 개발자를 OSX 및 리눅스로 이끌 수 있다. 두 경우 모두 .NET을 선택할 때 애플리케이션이 실행되는 운영 체제는 더 이상 중요한 고려 사항이 아니다. 다음 장에서는 도커에 중점을 둔 컨테이너를 다룰 것이다.

컨테이너

"다니엘, 빌드가 동작하고 모든 테스트가 통과되었지만, 제 컴퓨터에서는 이게 올바르게 수행되지 않아요." 아드리안은 좌절감을 느꼈고 다니엘은 그것을 알 수 있었다. 애플리케이션에는 변하는 부분들이 많이 있다. 다니엘은 수년간 큰 규모의 팀과 일해본 적이 없지만 여러 컴퓨터에서 같은 방식으로 환경을 설정하는 것이 얼마나 어려운지 기억하고 있다. 애플리케이션이 복잡해짐에 따라 배포도 복잡해진다.

"아드리안, 덕분에 폭삭 늙어버릴 것 같군요. 환경 설정 문서는 보셨어요?"

"아, 그거요? 15장이라 너무 많고 최신 버전도 아니에요. 그건 우리가 몇 주 동안 사용하지도 않았던 데이터베이스 설정 같은 걸 여전히 참조하고 있어요. 아무도 그 문서를 업데이트하지 않아요."

다니엘이 "맞아요!"라고 외쳤다. "발라즈에게 이 사실을 알리고 문서를 최신으로 유지하는 데 우선순위를 두도록 해야겠어요."

다니엘과 아드리안은 증기 기관차처럼 발라즈의 책상으로 달려갔다. "발라즈, 문서가 최신이 아니라 사내 개발 부스에서 올바르게 환경 구성을 할 수 없어요. 문서 작업에 더 많은 사람을 배정해야 해요."

발라즈가 "우리는 모든 것을 문서화하고 최신으로 유지할 시간이 없어요. 환경 설정 책임자 한 사람이면 됩니다."라고 제안했다.

"그런 작업은 최악이 될 거예요. 그리고 전 당신이 저만 처다보고 있는 것도 싫어요."

발라즈는 "아드리안, 맞아요. 환경 설정을 더 재생산적이고 이식성 있게 만드는 방법을 찾아야 해요."라고 이성적으로 이야기했다.

다니엘의 기억 속에 재생산적인 환경 설정에 대한 생각이 떠올랐다. "환경 설정과 배포를 보다 쉽게 만들어주는 도커라는 것에 대해 들은 적이 있어요."

"그거 정말 훌륭한 생각 같군요! 길고 이해하기 어려운 문서보다 차라리 환경 설정을 만드는 코드나 뭔가가 있다면 훨씬 좋겠군요. 한번 해보죠!"

🖐 반복 가능한 환경

애플리케이션을 배포하고 빌드 환경을 설정하는 것은 오랫동안 완전히 다른 것으로 여겨졌다. 프로덕션 환경을 한 번 설정하고 배포 전 테스트를 위한 테스트 환경으로 미러링한 다음에는 그것을 그대로 둔다. 개발자들이 오가기 때문에 개발 환경이 훨씬 더 유동적이며 최상의 상태를 유지하려면 개발자의 하드웨어를 자주 교체해야 한다. 그러나 애플리케이션을 배포하고 빌드 환경을 설정하는 것은 실제로 동전의 양면과 같다. 이상적인 면에서 개발 환경은 프로덕션 환경을 가능한 한 가깝게 반영해야 하고, 프로덕션 및 테스트 환경은 쉽고 빠르게 작성되어야 하지만 이는 불가능하다. 다행히도, 환경 설정을 만드는 것이 쉬워야 한다는 인식은 모든 것을 쉽게 해주는 도구 개발에 박차를 가했다.

반복 가능한 방식으로 환경을 구축할 수 있는 많은 옵션이 있다. 가장 초기의 노력은 시만텍 고스트(Symantec Ghost)나 파워 퀘스트 드라이브 이미지(PowerQuest Drive Image)를 사용하여 단순히 하드 드라이브를 미러링하고 이미지를 전달하는 것이었다. 전체 컴퓨터를 재이미지화하는 것은 심각한 작업이지만 또한 이미지에 사전 설치된 도구를 사용하도록 권장하므로 개발자가 다른 개발자와 동일한 도구를 사용하도록 한다. 과거에는 구형 소프트웨어 버전을 지원해야 하는 경우 해당 소프트웨어를 처리하기 위해 이미지를 유지해야 했다. 종종 구형 컴퓨터 유지만을 위해서는 패치를 출시하는 것이 더 쉽다. 낡은 컴퓨터에 "PSM 1.7 빌드 컴퓨터 - 포맷하지 마세요"와 같은 쪽지를 붙여서 사무실 어디에 숨겨놓았을 것이다. 물론, 그런 쪽지가 없어져서 어쨌든 컴퓨터가 포맷되었다면 10년 된 구형 소프트웨어를 구축하는 데 필요한 환경을 재현하려는 황당한 시도를 하게 된다.

가상 컴퓨터는 물리적 컴퓨터를 사용하여 격리할 때 발생하는 몇 가지 한계를 해결하는 데 도움이 되었다. 이미지를 작성하고 버전을 작성하는 것이 훨씬 쉽고, 개발자가 자체 도구를 실행하고 로컬 컴퓨터와 가상 컴퓨터 간에 파일을 공유하기도 한다. 하나의 물리적 컴퓨터에서 다수의 가상 컴퓨터를 실행할 수 있으므로 중요한 컴퓨터의 용도가 변경될 가능성이 줄어든다. 하나의 가상 컴퓨터에 업데이트를 설치하면 다른 가상 컴퓨터가 손상될 가능성이 거의 없으므로, 제공되는 격리 수준은 동일한 운영 체제 설치 시 여러 버전을 단순히 실행하는 것

170

과 비교하면 여전히 훌륭하다.

운영 체제가 처음 만들어진 이후로 애플리케이션과 데이터를 서로 간섭하지 않도록 격리하는 것이 운영 체제의 목표였다. 가상 시스템이 없어도 하나의 애플리케이션이 시스템의 다른 프로세스를 간섭하지 않아야 한다. 격리는 또한 종종 단일 프로세스 내에서 빈번하게 요구된다. 프로세스 격리에서 가벼운 스레드는 변수 범위와 같은 격리의 형식을 제공한다.

격리는 바람직한 자산이지만 비용 없이는 도입할 수 없다. 항상 지불해야 할 몇 가지 부하가 있으며, 예상 가능하듯이 더 많은 격리가 있으면 더 많은 부하가 발생한다. 가상 컴퓨터는 높은 수준의 격리를 제공하지만 비용은 격리를 제공하기 위해 전체 물리적 컴퓨터를 가상화해야 하는 것이다. 디스플레이 드라이버, 디스크 드라이버 및 CPU는 모두 가상화되어야 한다. 스펙트럼의 다른 쪽 끝부분에 놓여있는 스레드는 부하가 거의 필요치 않지만 동시에 격리 방식도 거의 제공하지 않는다. 이는 그림 9-1에 나와 있다.

이제 이 혼합물에 컨테이너를 추가할 수 있다. 컨테이너화는 새로운 개념이 아니지만, 실제로 지난 몇 년 동안 독자적으로 등장했다. 컨테이너는 가상 컴퓨터와 프로세스 간의 성능 및 격리를 위한 최적의 위치에 있다. 컨테이너는 전체 컴퓨터를 가상화하는 것이 아니라 오히려 운영 체제를 추상화하여 각 컨테이너가 완전히 격리된 것처럼 보이게 한다. 예를 들어, 단일 컨테이너 내부에서 작업하는 경우 프로세스 목록을 가져오면 해당 컨테이너 내에서 실행되는 제한된 프로세스 집합만 표시되고, 호스트 운영 체제의 사용자 영역 또는 동일한 호스

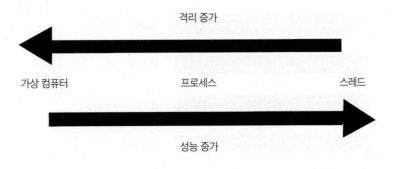

<그림 9-1> 격리와 성능 사이에는 상반 관계가 있다.

트 상의 다른 컨테이너에서 실행 중인 프로세스는 표시되지 않는다. 마찬가지로 컨테이너 내부의 디스크에 기록된 파일은 해당 컨테이너에서만 볼 수 있으며 컨테이너 외부에서는 볼 수 없다. 그러나 커널이 컨테이너 간에 공유되므로 각 컨테이너는 동일한 아키텍처 및 기본 호스트와 동일한 커널을 가져야 한다. 따라서 사이에 가상 컴퓨터를 두지 않고는 윈도우에서 리눅스 컨테이너를 실행하거나 리눅스에서 윈도우 컨테이너를 실행할 수 없다.

격리의 이러한 수준은 그 자체만으로 강렬하겠지만, 컨테이너의 더 흥미로운 특성은 패키지와 결합성이 중심이다. 컨테이너의 파일 시스템은 레이어나 슬라이스의 연속으로 구현되며 각각은 이전 레이어의 상단에 쌓인다. 이것은 탑을 쌓기 위해 빵과 초코, 크림이 층으로 쌓여 있는 맛있어 보이는 초코파이를 쌓는 것과 유사하다.

컨테이너는 일반적으로 운영 체제 구동을 위해 필요한 아주 기본적인 것들만을 포함하는 최소화된 이미지인 기본 이미지로 시작한다. CoreOS 리눅스 배포판은 리눅스 기반 환경을 위한 예제이고 윈도우 나노(Windows Nano)는 윈도우 기반 환경에 대한 예제이다. 다양한 추가 사항들이 이 기본 이미지 상단에 쌓여 있다. 웹 서버와 데이터베이스를 실행하는 컨테이너를 만들고 있다고 상상해보자. 일반적으로 컨테이너는 단일 프로세스만 실행하지만 지금은 생각하지 않도록 하자. 기본 계층은 운영 체제가 될 것이고 그 위에 데이터베이스 서버, 웹 서버, 그리고 마지막 애플리케이션을 위한 데이터를 설치한다(그림 9-2 참조).

계층들은 완벽한 이미지를 만들기 위해 쉽게 구성될 수 있다. 웹 서버 업데이트가 필요한 경

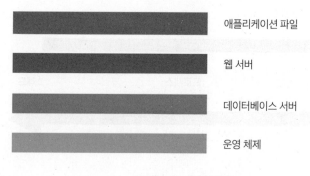

<그림 9-2> 시스템 계층

우 하단의 두 계층을 가져와서 그 위에 새로운 웹 서버를 계층화한 다음 애플리케이션 파일을 그 상단에 배치할 수 있다. 이 최소화된 이미지는 전체 가상 컴퓨터와 관련된 부팅 시간을 필요로 하지 않기 때문에 신속하게 올릴 수 있다. 더욱이 이 이미지는 쉽게 분산화 및 공유화가 될 수 있을 만큼 충분히 작다. 일반적으로 클라이언트 서버들에 설치된 소프트웨어 공급 업체인 경우, 모든 클라이언트가 소프트웨어에 대해 재현 가능하고 소프트웨어에 대한 격리 환경을 보유하고 있음을 안다면 얼마나 많은 작업이 절약될지 상상할 수 있는가? 설치 관리자를 유지 관리하기 어려울 정도로 쌓는 대신 클라이언트에 올릴 수 있는 완전한 이미지를 배포할 수 있다.

앞서 컨테이너가 오직 하나의 프로세스만 실행해야 한다고 언급했다. 그것이 단순히 불필요한 부하를 추가하는 것에 대해 도움이 되는 것처럼 보일 수 있지만 각 프로세스는 격리 부하가 있으므로 실제로 더 안정적이고 확장 가능한 환경을 만든다. 컨테이너의 경량성은 가상 컴퓨터를 실행하는 데 사용되는 것보다 훨씬 많은 것을 동일한 하드웨어에서 돌릴 수 있음을 의미한다. 컨테이너 내부에서 애플리케이션을 격리시키면 공유 라이브러리 및 도구 호환성을 보장한다. 역사적으로 윈도우는 여러 개의 애플리케이션이 서로 다른 전역 라이브러리 버전을 설치하여 충돌을 일으키는 "DLL 지옥" 때문에 고통받고 있다. 컨테이너 안에 소프트웨어를 설치하면 이 문제가 해결된다.

컨테이너는 단일 컴퓨터로 제한될 필요가 있다. 대규모 애플리케이션 배포에는 수십 개의 서로 다른 서비스가 필요하며 모든 서비스가 다른 규모로 배포된다. 예를 들어 12개의 웹 서버, 6개의 검색 서버, 그리고 2개의 데이터베이스 서버가 필요할 수 있다. 물리적 하드웨어에서 이와 같은 환경을 생성하는 것은 항상 어려움이 있었지만 컨테이너는 하드웨어 문제보다 소프트웨어 문제에 더 많은 서버 리소스를 사용하도록 해준다. 컴퓨터를 웹 서버 전용으로 사용하는 대신 컨테이너 호스트로 간단히 지정할 수 있다. 컨테이너 결합 시스템은 컨테이너를 위한 서버 가용 풀에 대해 알고 있다. 구성 파일을 읽어서 모든 구성 서버에 컨테이너를 배포할 수 있다. 그림 9-3에서와 같이 해당 다이어그램은 물리적 컴퓨터의 집합에 걸쳐 배포된 여러 컨테이너를 보여준다.

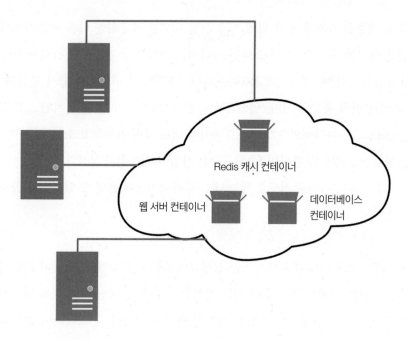

<그림 9-3> 다수의 물리 서버에 배치된 컨테이너 결합 시스템에 배포된 컨테이너

컨테이너는 빠르게 올리고 내릴 수 있으므로 결합 시스템은 애플리케이션의 상태를 유지하면서 물리적 컴퓨터 간에 컨테이너 이동 선택을 할 수 있다. 컨테이너는 자신이 실행 중인 위치를 알지 못하며 컨테이너 간의 통신은 컨테이너 결합 시스템에 의해 조정될 수 있다.

컨테이너 환경 내의 네트워크는 소프트웨어 기반 정의를 사용하여 구성할 수 있다. 예를 들어, 웹 서버 컨테이너가 데이터베이스 컨테이너 및 Redis 캐시 컨테이너와 통신할 수 있지만, 데이터베이스 컨테이너가 Redis 컨테이너와 통신할 수는 없어야 한다. 또한 그림 9-4에서 볼 수 있듯이 외부 접속의 유일한 포트는 웹 서버와 아마도 일부 서비스 관리 포트일 것이다.

쉬운 크기 조정, 이동 또는 재생성이 가능하도록 코드에서 환경을 구성하는 기능은 매우 중요하다. 컨테이너 및 결합은 재생성이 가능한 클라우드 인프라의 이점을 제공하지만 클라우드와 실제 인프라 사이의 이식성을 제공한다. 전체 환경은 로컬 개발자의 컴퓨터에서 실행 가능하므로 최소한의 고민으로 정확한 개발과 테스트를 가능하게 해준다.

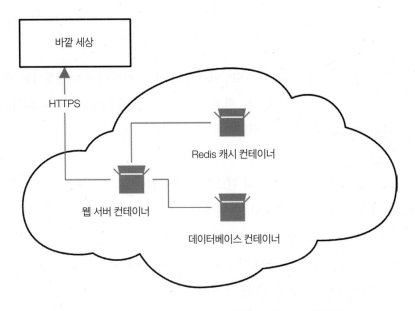

<그림 9-4> 바깥 세상과 **HTTPS** 연결만 노출하는 컨테이너의 내부 네트워크

 # 도커

지금까지 이 장에서 특정 컨테이너 기술에 대해 언급하지 않았다는 것을 눈치 챘을 것이다. 모든 훌륭한 기술적 아이디어와 마찬가지로 여러 가지 컨테이너 기술 구현이 있다. 도커(Docker)는 모든 컨테이너 기술 중에 가장 유명하다. 도커는 리눅스 커널 내부에 이미 존재하는 가상화 기능에 대한 일련의 도구 집합을 제공한다. 또한 이미지 전달을 위한 공통 이미지 형식을 제공한다. 도커 레지스트리(Docker Registry)는 이미지를 저장하고 검색할 수 있는 곳에 위치하므로 보다 쉽게 이미지 생성을 할 수 있다. 도커는 윈도우 서버 2016과 윈도우 10 Anniversary 업데이트에서 윈도우 컨테이너를 실행하는 데에도 사용할 수 있다.

도커 외에도, rkt(로켓으로 발음)은 CoreOS 팀에서 직접 가져온 유사한 컨테이너 기술이다. Rkt은 데몬을 실행할 필요가 없는 표준, 공개 컨테이너 형식을 제공한다. Rkt의 보안 모델은 이미지 도용을 방지하고, 기술 변화에 따라 구성 요소를 교환할 수 있으므로 도커보다 모놀리식 아키텍처가 적다. Rkt과 도커 모두 리눅스 커널에 포함된 동일한 cgroup 기능을 기반으로 한다. 아마도 rkt이 더 나은 구현이지만 베타맥스(Betamax)와 마찬가지로 우수한 기술이 항상 승리하는 것은 아니다.

이 절에서는 리눅스 컨테이너 내에서 ASP.NET Core 애플리케이션을 실행하는 방법을 살펴보겠다. 먼저 도커를 설치해야 한다. 윈도우를 사용한다면 http://www.docker.com/products/docker#/windows에 있는 윈도우용 도커를 설치하자.

도커는 리눅스 가상 컴퓨터 실행을 위해 윈도우 내에서 HyperV 하이퍼바이저를 활용한다. 이 컴퓨터상에서 도커 데몬이 실행된다. 여기에서 컨테이너는 클라우드나 데이터 센터의 리눅스 서버에 설치될 수 있는 기본 리눅스 컨테이너이다. 윈도우 컨테이너를 기본적으로 분명 실행할 수 있으며 그것은 다음 절에서 다룰 것이다. 개념은 동일하므로 윈도우 컨테이너를 실행해야 하는 경우 진행하기 전에 여기를 읽어보자.

도커를 설치하면 첫 번째 이미지를 만들 수 있다. 윈도우에 설치된 도커 명령은 가상 컴퓨터상의 도커 데몬과 연결된다. 이 도구는 로컬 가상 컴퓨터이든 클라우드에 상주하든 모든 도커 데몬에 연결할 수 있다. 윈도우용 도커는 환경 변수를 자동으로 설정하여 가상 컴퓨터의 데몬에 연결한다.

Microsoft는 .NET Core에 기본 설치된 최신 버전의 도커 이미지가 따라오므로 이미지 작성에 아주 친절하다고 할 수 있다. 해당 이미지를 Dockerfile의 기본 이미지로 사용하자. Microsoft는 실제로 SDK와 기본 운영 체제의 서로 다른 다양한 조합으로 도커 이미지 전체 묶음을 제공한다. 예를 들어 microsoft/dotnet:1.0.0-preview2-sdk 이미지는 리눅스 운영 체제 상단에 있는 최신 SDK(집필 당시)가 포함되어 있으며 microsoft/dotnet:1.0.0-preview2-nanoserver-sdk 이미지는 윈도우 나노의 상단에 있는 최신 SDK를 포함한다. Microsoft가 제공하는 컨테이너 전체 목록은 https://hub.docker.com/r/microsoft/dotnet/에서 확인할 수 있다.

프로젝트 루트에 있는 빈 텍스트 파일로 시작하면서 다음 정보를 입력해보자.

```
FROM microsoft/dotnet:1.0.0-preview2-sdk
COPY . /app
WORKDIR /app
RUN ["dotnet", "restore"]
RUN ["dotnet", "build"]
RUN ["dotnet", "ef", "database", "update"]
EXPOSE 5000/tcp
ENTRYPOINT ["dotnet", "run", "--server.urls", "http://0.0.0.0:5000"]
```

이 파일은 도커가 배포할 이미지를 작성하기 위한 지침을 포함한다. 첫 번째 줄은 최종 이미
지로부터 작성하는 기본 이미지이다. 특정 버전이 여기 지정되어 있지만 최신 기술로 작업하
는 경우 microsoft/dotnet:latest를 사용할 수 있다. 다음 줄은 현재 디렉토리의 내용을 이미
지의 /apps 폴더로 복사한다. 물론 리눅스에서 파일을 어디에 둘 것인지에 대한 표준이 있지
만 해당 이미지들이 일시적이기 때문에 표준을 무시하고 구운 CD에서 레드햇 5.2의 복사본
을 막 손에 넣은 고등학생처럼 루트에 곧장 파일을 놓는다.

작업 디렉토리를 새로 복사한 /app 폴더로 설정한다. 해당 폴더에서 패키지 복원을 실행하
고 dotnet restore를 실행한 다음 빌드를 실행하여 애플리케이션 실행을 준비한다. 다음으로
TCP를 통해 포트 5000의 컨테이너에 연결한다. 마지막으로 dotnet 명령을 실행하여 포트
5000에서 Kestrel의 복사본을 만들어 올린다. 진입점은 컨테이너가 시작될 때 실행되는 명
령이다. 명령의 나머지는 빌드 중 실행된다.

명령 출력은 장황한 패키지 복원을 포함하고 있기 때문에 상당히 길다. 그러나 빌드는 다음
으로 끝난다.

```
Step 8 : ENTRYPOINT dotnet run --server.urls http://0.0.0.0:5000
     ---> Running in 78e0464bc9fe
     ---> 3a83db83863d
Removing intermediate container 78e0464bc9fe
Successfully built 3a83db83863d
```

생성된 최종 영숫자 문자열은 컨테이너 ID이다.

Dockerfile이 있는 곳에서 다음을 실행하자.

```
docker build -t aplineski
```

이렇게 하면 첫 번째 도커 이미지가 만들어지는데, alpineski로 태그된 새 이미지가 만들어진 것이다. 그러나 해당 이미지를 배포하려는 경우 자신만의 이름을 좀 더 구체적으로 지정하기 원할 수도 있다. 생성된 이미지는 컴퓨터 인벤토리에 저장된다. 해당 인벤토리는 여러 명령을 사용하여 관리할 수 있다. 이미지를 나열하려면 다음을 사용하자.

```
docker images
```

이미지를 제거하려면 다음을 사용하자.

```
docker rmi <image id>
```

컨테이너를 실행한 후에 컨테이너를 변경하고 변경된 컨테이너를 향후 기본 이미지로 사용할 수 있는 이미지로 커밋할 수 있다. 해당 작업은 다음을 사용하여 수행한다.

```
Docker commit <container id> <image name>
```

대부분의 경우 실행 중인 컨테이너를 수정하여 커밋하는 것보다는 이미지 생성에 Dockerfile을 사용하는 것이 재생성성이 높기 때문에 선호된다.

생성한 컨테이너를 실행하려면 다음을 실행한다.

```
docker run -d -t -p 5000:5000 3a83db83863d
```

위 명령으로 도커 호스트에서 컨테이너로 포트 5000을 향하는 백그라운드 컨테이너가 시작된다. 컨테이너를 시작하면 다음 예제와 같은 매우 긴 해시가 출력된다.

731f082dc00cce58df6ee047de881e399054be2022b51552c0c24559b406d078

이것보다 더 짧은 버전일 수 있고 docker ps를 사용하여 실행 중인 모든 컨테이너의 목록을 볼 수 있다.

```
docker ps
CONTAINER ID    IMAGE           COMMAND                 CREATED         STATUS
    PORTS                       NAMES
731f082dc00c    3a83db83863d    "dotnet run --server."  19 seconds ago  Up 20 seconds
    0.0.0.0:5000->5000/tcp      angry_shirley
```

첫 번째 필드 컨테이너 ID는 짧은 형식의 ID이다. 컨테이너가 실제로 출력한 것을 보려면 다음 Docker logs 명령을 사용한다.

```
docker logs 731f082dc00c
Project app (.NETCoreApp,Version=v1.0) was previously compiled. Skipping
compilation.
info: Microsoft.Extensions.DependencyInjection.DataProtectionServices[0]
    User profile is available. Using '/root/.aspnet/DataProtection-Keys' as key
repository;
keys will not be encrypted at rest.
Hosting environment: Development
Content root path: /app
Now listening on: http://*:5000
Application started. Press Ctrl+C to shut down.
```

여기에 있는 내용은 닷넷 실행 출력의 꼬리말이기 때문에 아마도 익숙할 것이다. 컨테이너 작업이 끝나면 다음을 사용하여 종료할 수 있다.

```
docker stop
```

실행 중인 컨테이너를 일시 중지만 하려는 경우 다음을 사용하자.

```
docker pause
```

컨테이너를 다시 시작하려면 다음을 입력하자.

```
docker unpause
```

데이터 저장소는 도커 컨테이너의 또 다른 중요한 측면이다. 컨테이너는 일시적인 데이터 및 기능에 대해 많은 의미를 갖는 것처럼 보일 수 있다. 예를 들어 웹 서버는 상태가 저장되지 않으므로 종료한 뒤 하나의 컨테이너를 파괴하고 다른 컨테이너를 시작하면 웹페이지를 제공하는 데 많은 영향을 미치지 않을 것이다. 그러나 데이터베이스 서버는 항상 정보 상태를 유지해야 한다. 이 목적을 위해 도커가 실행 중인 컴퓨터에서 실행 중인 이미지로 디렉토리를 마운트할 수 있다. 이렇게 하면 컨테이너를 종료하고 동일한 볼륨으로 원활하게 연결된 다른 컨테이너를 시작할 수 있다. 컨테이너를 실행할 때 -v 플래그는 볼륨을 마운트한다. 예를 들어 다음을 실행한다.

```
docker run -d -t -v /var/db:/var/postgres/db -p 5000:5000 3a83db83863d
```

위 명령은 /var/db가 /var/postgres/db로 컨테이너에서 마운트된다. 마운트된 디렉토리는 iSCSI에도 저장될 수 있으므로 SAN에서 볼륨을 직접 마운트하여 훌륭한 중복 제거를 제공할 수 있다.

알파인 스키의 도커 파일은 여러분이 생성했던 기본 파일보다 복잡하다. 처리해야 할 여러 변형이 있다. 서로 다른 여러 데이터 컨텍스트가 있으며 각 데이터 컨텍스트는 독립적으로 업데이트해야 한다. 환경 변수를 사용하여 설정할 수 있는 트위터 및 페이스북 변수도 처리해야 한다. 마지막으로, 존재하지 않는 SSL 버전으로 사이트가 이동되지 않도록 호스팅 환경을 개발 환경으로 설정해야 한다.

```
FROM microsoft/dotnet:1.0.0-preview2-sdk
COPY . /app
WORKDIR /app
RUN ["dotnet", "restore"]
RUN ["dotnet", "build"]
RUN ["dotnet", "ef", "database","update", "--context=ApplicationUserContext"]
RUN ["dotnet", "ef", "database","update", "--context=PassContext"]
RUN ["dotnet", "ef", "database","update", "--context=PassTypeUserContext"]
RUN ["dotnet", "ef", "database","update", "--context=ResortContext"]
RUN ["dotnet", "ef", "database","update", "--context=SkiCardContext"]
EXPOSE 5000/tcp
ENV Authentication:Facebook:AppSecret FacebookAppSecret
ENV Authentication:Facebook:AppId FacebookAppId
ENV Authentication:Twitter:ConsumerSecret TwitterSecret
ENV Authentication:Twitter:ConsumerKey TwitterKey
ENV ASPNETCORE_ENVIRONMENT Development
ENTRYPOINT ["dotnet", "run", "--server.urls", "http://0.0.0.0:5000"]
```

도커와 함께 컨테이너를 공유하는 것은 다소 복잡하며 사실 rkt이 정말 빛나는 곳 중 하나이다. Rkt을 사용하면 이미지를 내보낸 다음 다른 웹 서버에서 가져올 수 있는 곳에 있는 웹 서버에 이미지를 직접 로드할 수 있다. 도커는 Docker save 명령을 사용하여 컨테이너를 내보낼 수 있지만 해당 파일은 다른 도커 인스턴스에 수동으로 가져와야 한다. 도커 이미지를 공유하려면 도커 이미지를 사용하여 배포할 수 있는 도커 레지스트리를 실행해야 한다. 또한 이미지를 허브(Hub)라는 공용 도커 레지스트리에 업로드할 수 있다. 물론, 이것은 사용자의 이미지가 모두 볼 수 있도록 공개된다는 의미이다. 레지스트리의 개인용 버전은 여러 공급 업체에서 유료로 제공한다.

윈도우 컨테이너

리눅스에서 컨테이너가 널리 퍼지면서 윈도우 서버 2016 및 윈도우 10 Anniversary 에디션에 컨테이너 기술이 포함되었다. 그러나 기본으로 설치되지 않으므로 사용하도록 설정해야 한다. 또한 가상 컴퓨터 내에서 윈도우를 실행하면 성공 여부는 달라질 수 있다.

시작하려면 컨테이너 서비스 및 HyperV 하이퍼바이저를 활성화해야 한다. 이 단계는 컨테이너와 호환되는 윈도우 버전이 없는 경우 오류가 발생할 수 있는 곳이다. 안타깝게도 이 단계에서 재시작이 필요하다. 어느 날 누군가가 재시작이 필요 없이 구성 가능한 운영 체제를 발명하겠지만 분명 오늘은 그날이 아니다.

```
Enable-WindowsOptionalFeature -Online -FeatureName containers -All
Enable-WindowsOptionalFeature -Online -FeatureName Microsoft-Hyper-V -All
Restart-Computer -Force
```

note

윈도우 10을 사용하는 경우 제어판의 프로그램 및 기능 대화 상자에서 컨테이너 지원을 설치할 수 있다. 하지만 명령줄을 사용하는 게 더 편하지 않을까?

재부팅이 완료되면 도커를 다운로드하여 설정해야 한다. 그것은 확장하여 경로에 추가할 수 있는 단순 zip 파일로 배포된다.

```
Invoke-WebRequest "https://master.dockerproject.org/windows/amd64/docker-
1.13.0-dev.zip" -OutFile "$env:TEMP\docker-1.13.0-dev.zip" -UseBasicParsing
Expand-Archive -Path "$env:TEMP\docker-1.13.0-dev.zip" -DestinationPath
$env:ProgramFiles
# For quick use, does not require shell to be restarted. $env:path += ";c:\program
files\docker"
# For persistent use, will apply even after a reboot. [Environment]::SetEnvironme
ntVariable("Path", $env:Path + ";C:\Program Files\Docker", [EnvironmentVariableTa
rget]::Machine)
```

도커를 설치하면 서비스로 등록하여 시작할 수 있다.

```
dockerd --register-service
Start-Service Docker
```

자신의 컴퓨터에 두 개 이상의 도커가 설치되어 있는 경우 윈도우 컨테이너에서 사용할 올바
른 도커를 지정해야 한다. 설치 시 도커 도구들이 경로에 추가되지만 새 도구들이 마지막에
위치하므로 실행되지 않을 수 있다.

이제 새 Dockerfile을 만들고 그것을 대상으로 지정하여 여러분의 새로운 윈도우 컨테이
너 기반 솔루션을 테스트할 수 있다. 명령이 운영 체제 간에 매우 유사하기 때문에 기존
Dockerfile의 대부분을 다시 사용할 수 있다.

```
FROM microsoft/dotnet:1.0.0-preview2-windowsservercore-sdk
COPY . /app
WORKDIR /app
RUN ["dotnet", "restore"]
RUN ["dotnet", "build"]
RUN ["dotnet", "ef", "database","update", "--context=ApplicationUserContext"]
RUN ["dotnet", "ef", "database","update", "--context=PassContext"]
```

```
RUN ["dotnet", "ef", "database","update", "--context=PassTypeUserContext"]
RUN ["dotnet", "ef", "database","update", "--context=ResortContext"]
RUN ["dotnet", "ef", "database","update", "--context=SkiCardContext"]
EXPOSE 5000/tcp
ENV Authentication:Facebook:AppSecret FacebookAppSecret
ENV Authentication:Facebook:AppId FacebookAppId
ENV Authentication:Twitter:ConsumerSecret TwitterSecret
ENV Authentication:Twitter:ConsumerKey TwitterKey
ENV ASPNETCORE_ENVIRONMENT Development
ENTRYPOINT ["dotnet", "run", "--server.urls", "http://0.0.0.0:5000"]
```

이 컨테이너가 윈도우 서버 코어를 기반으로 한다는 것에 주의하자. 윈도우 나노 컨테이너 작성은 효율성이 떨어지는 Hyper-V 컨테이너화를 사용하여 만들지 않는 한 현재 나노 컨테이너 내에서만 동작하는 것으로 보인다.

📝 *note*

로컬 윈도우 설치 시 도커 컨테이너와 관련된 문제가 있다면, 도커가 사전 설치된 윈도우 컨테이너가 있는 Azure에서 시도해보자. 유일한 주의 사항은 이미 Hyper-V 컨테이너이므로 Hyper-V 컨테이너를 실행할 수 없다는 것이다.

윈도우 컨테이너는 여전히 매우 미숙하다. 집필 당시에는 윈도우 서버 2016이 아직 출시되지 않았으며, 베타 버전이 아니더라도 아마 윈도우 10에서 컨테이너 지원이 제공될 것이다. 앞으로 컨테이너가 더욱 중요해지면서 컨테이너를 더 좋고 견고하게 만들려는 노력은 많아질 것이다.

집필 시점에서는 공식 도커 결합 도구인 Docker Swarm을 사용하여 도커를 실행하기가 불안정했다. 네트워킹 오류와 swarm의 노드가 서로 올바르게 통신할 수 없다는 보고가 많았다. 그러나 Docker Swarm은 아직 초기 단계이다. 분산된 방식으로 도커를 지원하는 몇 가지 대안이 역시 나왔지만 공식 Swarm 구성 요소는 없다.

Apache Mesos는 떨어져 있는 데이터 센터를 추상화하고 전체 데이터 센터가 단일 컴퓨터인 것처럼 다루는 클러스터 관리 도구이다. 2009년 처음 출시된 이 제품은 Azure의 컨테이너 분산 기술(https://azure.microsoft.com/en-us/documentation/videos/azurecon-2015-deep-dive-on-the-azure-container-service-with-mesos/)을 뒷받침하는 도구이기도 하다. Apache Mesos는 Mesosphere로 알려진 상업적 기관에 의해 지원된다. Apache Mesos의 핵심인 Mesos는 분산 스케줄링 도구이지만 그것의 상단에서 빌드하면 Mesos를 분산 컨테이너로 쉽게 사용할 수 있다. Marathon은 Mesos에서 컨테이너 관리를 수행하는 가장 잘 알려진 도구일 것이다.

뒤를 잇는 사람이 하나도 없기에 구글은 Kubernetes라고 하는 유사한 도구를 오픈 소스로 만들었다. Mesos는 최초로 만들어진 후 오랫동안 컨테이너 관리를 접목했지만 Kubernetes는 처음부터 컨테이너를 관리하고 조율했다. Kubernetes는 Pod, 레이블, 컨트롤러, 서비스 및 노드와 같은 여러 가지 기본 빌딩 블록을 갖추고 있다. Pod는 하나의 컴퓨터에서 함께 실행되는 컨테이너의 모음이다. 근접하여 가까이에서 실행되어야 하는 컨테이너들이 있는 경우 컨테이너를 Pod로 구성할 수 있다. 레이블은 그냥 모든 노드 또는 Pod에 할당할 수 있는 키 값 쌍이다. Pod에 프론트엔드 역할 및 프로덕션 수준을 지정하여 프로덕션 프론트엔드 서버를 표시할 수 있다. 컨트롤러는 시스템의 실제 상태와 시스템의 원하는 상태를 조정하는 역할을 담당한다. 예를 들어, 두 개의 웹 서버 컨테이너, 하나의 데이터베이스 컨테이너 및 하나의 Redis 컨테이너가 필요하다고 가정하면 그림 9-5와 같이 실제 상태에서는 단일 웹 서버만 존재한다.

원하는 상태   실제 상태

웹 서버 컨테이너   웹 서버 컨테이너

Redis 캐시 컨테이너   Redis 캐시 컨테이너

데이터베이스 컨테이너   데이터베이스 컨테이너

<그림 9-5> 원하는 상태 및 실제 상태 - Kubernetes는 원하는 상태와 일치하는
실제 상태를 가져오는 데 필요한 작업을 수행한다.

새로운 원하는 상태를 수신하면 Kubernetes 시스템은 시스템 컴퓨터의 실제 상태가 원하는
상태와 일치할 때까지 조정 루프를 수행한다. 이렇게 하면 실제 상태와 원하는 상태를 수동
으로 비교하는 어려움을 피할 수 있다. Kubernetes는 시스템들을 수렴하도록 하기 위해 어
떤 작업을 실행해야 하는지 계산한다.

마지막으로, Kubernetes에서 서비스는 기능의 일부를 제공하기 위해 함께 동작하는 Pod의
집합이다. Kubernetes는 마이크로 서비스라는 개념을 중심으로 설계되었으므로 서비스가
아주 작을 수 있다는 것을 기억하자. 배포된 서비스의 수는 확장성의 관점이므로 요구가 있
을 때 마이크로 서비스로 확장을 허용한다. 서비스는 다른 서비스나 클러스터 외부에 노출될
수 있는 라우팅 가능한 끝점을 제공할 수 있다.

🖐 클라우드

클라우드에서 컨테이너를 호스팅하는 데 사용할 수 있는 다양한 옵션이 있다. 주요 클라우드 제공 업체에는 모두 클라우드 컴퓨팅과 관련된 일종의 솔루션이 있다. 구글의 컴퓨팅 엔진은 자체 Kubernetes 결합 엔진을 사용하여 컨테이너 기반 클라우드 컴퓨팅을 제공한다. 구글은 다른 공급 업체보다 컨테이너에 더 많은 경험을 갖고 있으며 성숙된 제품을 가장 많이 갖고 있다.

구글 컨테이너 구현은 플랫폼 제공 서비스(PaaS)에서 기대했던 것과 더 가깝다. 자체 가상 컴퓨터 클러스터를 할당할 필요가 없다. 대신, 컨테이너는 일반적인 컴퓨터 클라우드의 일부로 실행된다. AWS와 Azure 제품 모두 현재 최종 사용자가 자신의 가상 컴퓨터 집합을 할당하여 컨테이너 클러스터를 구축해야 한다.

클라우드 컴퓨팅은 현재 경쟁이 치열한 영역이다. 모든 주요 클라우드 기업들은 가능한 한 아직 클라우드로 이동하지 않은 많은 기업을 유치하기 위해 스스로 혼란을 겪고 있다. 클라우드 간 이동이 단순해야 한다는 이론에도 불구하고 대부분의 회사가 이동을 결정하도록 만들 실질적인 큰 가치 제안 없이 몇몇 대형 회사를 유치하는 것이 중요하도록 만들어 특정 클라우드 공급 업체로 고객을 가두어버린다. 공급 업체에 가두어지는 것을 방지하는 컨테이너화에도 불구하고 컨테이너의 사용 편의성을 높이기 위한 상당한 노력이 있을 것이라는 데에는 의심의 여지가 없을 것이다.

🖐 요약

서비스의 컨테이너화는 아직 초기 단계의 기술처럼 보일 수 있으나, 과장된 표현일지 모르지만 매우 빠르게 성장하고 있다. Microsoft는 자신들의 서버 및 데스크톱 운영 체제뿐만 아니라 Azure에서도 컨테이너화에 많은 투자를 했다. 이는 서비스가 어떻게 구축되고 배포되는지에 대한 근본적인 변화이다. 컨테이너는 애플리케이션을 보다 작은 접합 용도의 조각으로 분할할 것을 권장한다. 물론 컨테이너는 만병 통치약이 아니며, 애플리케이션 구축을 위한 오래된 모놀리식 접근법이 완벽하게 적합한 곳이 분명 여전히 남아 있다. 아키텍처를 더 작은 부분으로 분해하지 않아도 컨테이너는 애플리케이션에 일관된 빌드 및 테스트 구조를 제공하는 데 여전히 유용할 수 있다. 개발자가 자체 컨테이너 인스턴스를 실행하면 테스트 속도가 빨라지고 환경과 팀의 다른 모든 요소 간의 일관성을 보장할 수 있다.

사용자가 현재 가지고 있는 병목 현상에 어떻게 컨테이너가 도움을 줄 수 있는지만 알아보기 위해 팀의 시간 중 일주일을 투자할 가치는 충분히 있다. 다음 장에서는 엔티티 프레임워크를 활용하여 데이터베이스 접근을 쉽고 효율적으로 만드는 방법에 대해 살펴본다.

엔티티 프레임워크 Core

알파인 스키 하우스의 새 리프트 티켓 발매 시스템인 파슬리 프로젝트에서 작업은 잘 진행되고 있었다. 다니엘은 팀에서 작업들이 진행되면서 그들과 공통된 목표를 가지고 있다고 느꼈다. 그때, 마르가 노래를 흥얼거리기 시작했다.

"데이터, 데이터, 데이터에 관한 게 아니에요.
우리는 당신의 데이터, 데이터, 데이터가 필요하지 않아요.
우린 그냥 스키 세상을 만들고 싶어요.
인덱스는 잊어요."

다니엘은 눈을 찡그리며 "제시 제이 노래인가요?"라고 물었다.

마르가 "맞아요" 라고 대답했다. "그녀는 21세기의 바흐예요. 하지만 내 맘속엔 실제로 데이터가 있어요. 우린 데이터베이스에 많은 양의 데이터를 넣고 다시 가져와야 해요. 문제가 이제 해결될 것이라고 생각하겠지만 전 여전히 코드에서 원시 SQL을 작성하고 있어요."

다니엘은 모든 데이터 접근 문제에 대한 완벽한 해결책이 반드시 필요한 것은 아니며, 그 원시 SQL이 일부 데이터 접근 스토리에 대한 최상의 솔루션이 될 수도 있다는 것을 알고 있었다. "우리는 NOSQL 저장에 대해 조금 이야기하면서, 우리 중 누구도 이 프로젝트에 도움이 될 만한 충분한 경험이 없다고 결론을 냈었죠. 알겠지만 Azure에서 호스팅되기 때문에 SQL 저장소나 혹은 SQL 서버에 우리가 있는 것이고 그게 최소한의 길이에요. 저는 데이터 접근 대부분에 엔티티 프레임워크(Entity Framework, EF)를 사용했어요."

"오." 마르는 생각해보았다. "저는 엔티티 프레임워크를 사용한 적이 한 번도 없어요. 이건 또 엔터프라이즈 자바 빈인가요? SkiPassEntityFactoryBeanFactoryStrategy 생성이 필요한가요? 다니엘, 저는 그럴 시간이 없다고 생각해요."

다니엘은 웃었고, 마르의 유머 감각이 그녀를 자극하기 시작했다. "엔티티 프레임워크 Core에서 버전 번호를 다시 설정하더라도 전체 엔티티 프레임워크(EF)를 사용한 다년간의 경험이 있으니 걱정 말아요. EF는 데이터를 효율적이고 쉽게 얻을 수 있어요. 의자를 당겨 앉으시면 다시 노래를 시작하기 전에 보여드리죠."

데이터는 비즈니스 애플리케이션의 가장 중요한 측면이라고 할 수 있다. 당연히 데이터 저장소 및 검색 전용 코드베이스 애플리케이션에 있는 데이터를 보기 위해서 그것은 일반적일 수밖에 없다. 이것은 데이터 저장소에서 데이터 검색, 변경 내용 추적 및 동일한 데이터 저장소에 해당 변경 내용을 저장하는 것을 포함한다. 해가 거듭될수록 탭이냐 공간이냐는 논란도 있고, 애플리케이션에서 데이터를 저장하고 검색하는 기술 및 방법을 선택하는 것보다 극단적인 결정이 거의 없지만 몇 가지 .NET 기술은 더 쉽게 사용할 수 있도록 만들어졌다.

엔티티 프레임워크(Entity Framework, EF) Core는 ASP.NET 팀에서 만들어진 최신 데이터 접근 기술이고 ASP.NET Core 애플리케이션 구축 시 권장되는 프레임워크이다. EF Core는 애플리케이션에서 관계형 저장소와 객체 지향 도메인 모델 간의 복잡한 매핑을 처리하는 것을 의미하는 객체 관계 매퍼(Object Relational Mapper, ORM)이다. EF Core는 .NET Core 애플리케이션에서 사용할 수 있는 유일한 ORM은 아니다. 대퍼(Dapper)는 인기 있는 마이크로 ORM인 반면 nHibernate는 완전한 기능을 갖춘 ORM이다. 두 프레임워크는 완전히 오픈 소스이며 커뮤니티 중심이지만 이 글을 쓰는 시점에서 Dapper만이 .NET Core를 지원한다. 마이크로 ORM과 엔티티 프레임워크와 같이 완전한 기능을 갖춘 ORM의 가장 큰 차이점은, 일반적으로 마이크로 ORM은 SQL문을 수동으로 지정해야 하지만 완전한 기능의 ORM은 사용자의 엔티티 및 데이터베이스에 대해 자신이 알고 있는 정보를 기반으로 사용자를 위해 대부분의 SQL문을 생성한다는 것이다. ORM 대 마이크로 ORM의 선택은 궁극적으로 팀과 해결하려는 문제들에 달려 있다.

알파인 스키 하우스 팀은 팀 구성원이 이전 버전의 엔티티 프레임워크에 익숙하고 ASP.NET 팀이 EF Core로 수행한 방향을 좋아하여 이전 버전의 EF보다 비교적 가볍고 확장 가능성이 높기 때문에 EF Core를 사용하기로 결정했다. 또 다른 이점은 C# 코드로 풍부한 쿼리를 표현하여 모델을 효율적으로 쿼리하는 데 사용되는 EF Core의 LINQ 지원이다. EF Core는 성능상의 이유 또는 편의를 위해 필요할 때 원시 SQL을 사용하는 쉬운 방법을 제공한다.

엔티티 프레임워크 기본

엔티티 프레임워크를 데이터 접근 계층으로 사용하는 경우 도메인 모델은 POCO(Plan Old
CLR Objects)를 사용하여 표현된다. 예를 들어, 스키 카드 도메인 엔티티를 단순히 SkiCard
클래스로 표현한다. 엔티티 프레임워크는 해당 클래스의 속성을 데이터베이스의 특정 테이
블 열에 매핑한다. 엔티티 프레임워크는 DbContext에서 상속한 클래스의 인스턴스를 통해
해당 매핑과 데이터베이스와의 모든 상호작용을 관리한다.

알파인 스키 하우스 도메인으로 들어가기 전에 간단한 예제를 시험해보자. Resorts 테이블
에서 알파인 스키 하우스가 관리하는 모든 리조트 목록을 저장하는 매우 간단한 SQL 서버
데이터베이스를 고려해보자(표 10-1 참조).

애플리케이션은 Resort라는 POCO로 Resort 레코드를 모델링한다. 이것을 엔티티 클래스

〈표 10-1〉 Resorts 데이터베이스 테이블

Resorts	
id	int
Name	nvarchar(255)
OperatingSince	date

로 참조한다.

```
public class Resort
{
    public int Id { get; set; }
    public string Name { get; set; }
    public DateTime OperatingSince {get; set;}
}
```

이제 필요한 모든 EF Core 조각을 가져오는 Microsoft.EntityFrameworkCore.SqlServer 패키지에 대한 참조를 추가해야 한다. 이 시점에서 EF는 Resort 엔티티에 대해 아무것도 모른다. Resort에 대한 DbSet을 포함하는 DbContext 클래스를 만들어서 Resort 엔티티에 대해 EF에 알려줄 수 있다.

```
public class ResortContext : DbContext
{
    public DbSet<Resort> Resorts {get; set;}
    protected override void OnConfiguring(DbContextOptionsBuilder
optionsBuilder)
    {
        //실제 애플리케이션의 연결 문자열 지정을 여기서 하지 않는다
        //ASP.NET 애플리케이션에서 이는 종속성 주입을 사용하여 구성된다.
        //11장 & 13장을 참조하자
        optionsBuilder.UseSqlServer("Server=(localdb)\\MSSQLLocalDB;Database=Res
ortDBs;Integrated Security=true " );
```

```
        }
    }
```

엔티티 프레임워크 사용의 시작은 이게 전부이다. EF의 매핑 규칙은 Resort 클래스를 데이터베이스의 Resorts 테이블로 매핑하도록 처리한다. 이 규칙은 모두 필요에 따라 재정의될 수 있지만 먼저 데이터베이스의 유용한 추상화를 제공하는 기본 DbContext API를 살펴보자. 데이터베이스에 접근하려면 먼저 ResortContext의 인스턴스를 생성해야 한다.

```
var context = new ResortContext();
//context 사용
context.Dispose();
```

DbContext의 인스턴스로 작업을 완료한 후에 Dispose 메서드를 호출하는 것이 중요하다. Dispose 메서드를 호출하면 연결된 데이터베이스 연결이 연결 풀로 다시 해제된다. 연결 풀로 연결을 반환하지 않으면 연결 풀이 허덕이는 위험을 초래하고 결국 연결 시간 제한이 발생할 수 있다. context를 수동으로 생성할 때 using 패턴을 사용하여 코드 블록 완료 시 Dispose 메서드가 호출되도록 하는 것이 좋다.

```
using(var context = new ResortContext())
{
    //context 사용
}
```

ASP.NET 애플리케이션에서는 내장 종속성 주입 프레임워크를 사용하여 context의 생성 및 해지를 처리한다. 이 문제는 14장 "종속성 주입"에서 자세히 다룬다.

단일 레코드 쿼리

기본 키를 기반으로 단일 레코드를 쿼리할 때 다음과 같이 DbSet.Find 메서드를 사용한다.

```
var resort = context.Resorts.Find(12);
```

기본 키 이외의 기준에 따른 단일 레코드를 쿼리할 때 First 메서드를 사용하고 일치하는 레코드에 대해 true를 반환하는 람다 식을 지정한다.

```
var resort = context.Resorts.First(f => f.Name == "Alpine Ski House");
```

결과 쿼리:
```
SELECT TOP(1) [f].[Id], [f].[Name], [f].[OperatingSince]
FROM [Resorts] AS [f]
WHERE [f].[Name] = N'Alpine Ski House'
```

First 메서드는 일치하는 항목이 없으면 예외를 발생시킨다. 또한 일치하는 항목이 없으면 Null을 반환하는 FirstOrDefault 메서드를 사용할 수 있다.

또 다른 옵션은 Single 및 SingleOrDefault 메서드를 사용하는 것이다. 이 메서드는 First 및 FirstOrDefault 메서드와 거의 동일하게 동작하지만 다수의 일치하는 레코드가 발견되면 예외를 발생시킨다.

```
var resort = context.Resorts.Single(f => f.Name == "Alpine Ski House");
```

결과 쿼리:
```
SELECT TOP(2) [f].[Id], [f].[Name], [f].[OperatingSince]
FROM [Resorts] AS [f]
WHERE [f].[Name] = N'Alpine Ski House'
```

EF가 First 쿼리에서 수행한 것과 같이 SELECT TOP(1) 대신 Single이 SELECT TOP(2)

를 생성하는 방법에 주목하자. SELECT TOP(2)는 다수의 레코드가 있는 경우 EF가 예외를 발생시킬 수 있으므로 필요하다. 하나의 일치하는 레코드만 예상한다면 쿼리의 의도를 보다 명확하게 나타내므로 기대하는 것이 true가 아니면 명확하게 오류를 발생시키는 Single을 사용한다.

다중 레코드 쿼리

대부분의 경우 특정 기준과 일치하는 다수의 레코드에 대해 데이터베이스 쿼리를 원할 것이다. DbSet에서 Where 메서드를 호출하면 지정된 람다 식과 일치하는 모든 레코드가 반환된다.

```
var skiResorts = context.Resorts.Where(f => f.Name.Contains("Ski")).ToList();
```

```
결과 쿼리:
SELECT [f].[Id], [f].[Name], [f].[OperatingSince]
FROM [Resorts] AS [f]
WHERE [f].[Name] LIKE (N'%' + N'Ski') + N'%'
```

EF는 Where 메서드를 호출할 때 즉시 데이터베이스 호출을 하지 않는다. 대신 쿼리되는 엔티티의 형식 T를 갖는 iQueryable<T>를 반환한다. 해당 쿼리의 실제 실행은 쿼리가 실행될 때 필요한 호출이 발생하고 iQueryable<T> 메서드가 호출될 때까지 연기된다. 이 경우, ToList 메서드를 호출하여 즉시 실행을 강제한다. 지연 쿼리 실행은 여러 메서드를 함께 연결하고 복잡한 쿼리를 작성할 수 있게 해주는 EF의 중요한 기능이다. 이것은 객체 생성이나 값 계산이 처음으로 필요할 때까지 지연되는 지연 인스턴스화 패턴의 예제이다.

데이터 저장하기

또한 DbContext는 엔티티에 대한 변경 내용을 추적하고 이러한 변경 내용을 다시 데이터베이스에 저장하는 메커니즘을 제공한다. 변경 사항 저장의 기본 사항을 살펴보자.

데이터 삽입은 DbSet에 새로운 엔티티를 추가한 다음 DbContext의 SaveChanges 메서드

196

를 호출하여 수행된다.

```
var resort = new Resort
{
  Name = "Alpine Ski House 2",
  OperatingSince = new DateTime(2001, 12, 31)
};
context.Resorts.Add(resort);
context.SaveChanges();
```

결과 쿼리:
```
INSERT INTO [Resorts] ([Name], [OperatingSince])
VALUES (@p0, @p1);
```

SaveChanges를 호출하기 전에 여러 엔티티를 DbSet에 추가할 수 있다. 엔티티 프레임워크는 모든 새로운 엔티티를 추적한다. EF는 SaveChanges가 호출될 때 데이터베이스에 삽입(Insert) 명령을 보낸다. 이 시점에서 트랜잭션이 생성되고 모든 삽입 명령이 해당 트랜잭션 내에서 실행된다. 삽입 명령 중 하나라도 실패하면 모두 다시 롤백된다.

변경 추적하기

DbContext의 변경 추적기는 마찬가지로 기존 엔티티의 변경 내용을 추적하고 SaveChanges가 호출될 때 Update 명령을 실행한다.

```
var resort= context.Resorts.Find(12);
resort.Name = "New Name";
context.SaveChanges();
```

결과 쿼리:
```
UPDATE [Resorts] SET [Name] = @p1
WHERE [Id] = @p0;
```

[Name] 열만 업데이트된다. 변경 추적기가 기타 열이 변경되지 않았다는 것을 알고 있기 때문에 다른 열은 업데이트되지 않는다. 일정량의 부하가 변경 추적과 관련되어 있다. 읽기 전용 용도로 엔티티를 로드하는 경우 변경 내용 추적을 해제하는 것이 좋다. 이는 AsNoTracking() 확장 메서드를 사용하여 사례별로 수행할 수 있다.

```
var lastYear = new DateTime(2015,1,1);
var newResorts = context.Resorts.AsNoTracking().Where(f => f.OperatingSince >
lastYear);
```

DbSet.Remove 메서드는 엔티티를 삭제하는 데 사용된다.

```
var resort= context.Resorts.Find(12);
context.Resorts.Remove(resort);
contex.SaveChanges();
```

```
결과 쿼리:
DELETE FROM [Resorts]
WHERE [Id] = @p0;
```

데이터베이스 생성 및 수정에 마이그레이션 사용하기

지금까지의 간단한 예제는 엔티티와 일치하는 데이터베이스가 이미 있다고 가정했다. 알파인 스키 하우스를 포함하는 많은 경우에서 완전히 새로운 데이터베이스로 작업할 수 있다. 개발자에게는 로컬 데이터베이스를 쉽게 만들고 데이터베이스를 변경할 때 마이그레이션 스크립트를 쉽게 정의하고 실행할 수 있는 방법이 필요하다. EF는 이러한 작업을 자동화하는 명령줄 도구를 제공한다. 명령줄 도구는 Microsoft.EntityFrameworkCore.Tools 패키지에 도구 종속성을 추가하여 NuGet을 통해 참조되며 dotnet ef 명령을 사용하여 실행된다. 종속성 관리에 대해서는 16장 "종속성 관리"에서 자세히 다룬다.

새로운 데이터베이스 생성하기

새로운 데이터베이스의 생성을 위해서는 dotnet ef database update 명령을 사용한다.

```
> dotnet ef database update
```

명령은 애플리케이션을 컴파일하고 로컬 개발 환경에 대해 구성된 연결 문자열을 사용하여 데이터베이스에 연결한다. 구성에 대해서는 12장 "구성 및 로깅"에서 보다 자세히 설명한다.

지정된 데이터베이스가 없으면 새 데이터베이스가 생성된다. 데이터베이스가 존재하지 않는 경우 애플리케이션의 도메인 클래스와 일치하도록 데이터베이스를 갱신하기 위해 필요한 마이그레이션 스크립트가 적용된다.

명령에서 사용할 DbContext 클래스의 이름을 명시적으로 지정할 수도 있다.

```
> dotnet ef database update -c AlpineSkiHouse.ResortContext
```

-c(또는 -context) 옵션을 dotnet ef 명령에 지정할 수 있으며 애플리케이션에 둘 이상의 DbContext 클래스가 있는 경우 필요하다. 알파인 스키 하우스 애플리케이션에서 볼 수 있듯이 이 옵션은 광범위하게 사용된다.
ResortContext에서 dotnet ef database update 명령을 실행하면 그림 10-1과 같이 __EFMigrationHistory 테이블만 포함하는 새로운 데이터베이스가 생성된다.

아직 ResortContext에 대한 마이그레이션을 정의하지 않았으므로 데이터베이스에 예상되는 Resorts 테이블이 없다.

마이그레이션 추가하기

엔티티 프레임워크 마이그레이션은 한 버전에서 다른 버전으로 데이터베이스를 업그레이드 또는 다운그레이드하는 데 사용된다. 마이그레이션은 Migration 클래스에서 상속받은 C#

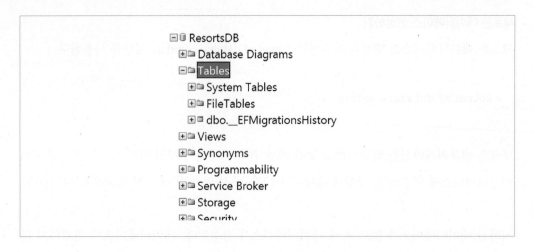

<그림 10-1> dotnet ef database update 명령으로 생성된 새로운 데이터베이스

클래스로 정의된다. 클래스에는 마이그레이션에서 지정한 버전까지 마이그레이션하는 데 사용되는 Up()과 데이터베이스를 이전 버전으로 마이그레이션하는 데 사용되는 Down() 메서드가 포함되어 있다.

이러한 마이그레이션을 수동으로 정의하는 것은 매우 지루할 수 있는데, 이것이 엔티티 프레임워크가 대부분의 어려운 작업을 수행하기 위해 **dotnet ef migration add** 명령을 제공하는 이유다. 새 DbContext의 경우 모델에 대한 테이블을 만들기 위해 초기 마이그레이션이 필요하다.

```
dotnet ef migrations add CreateInitialSchema
```

이렇게 하면 지정한 DbContext 다음의 마이그레이션 폴더에 CreateInitialSchema라는 새 클래스가 만들어진다.

```
public partial class CreateInitialSchema : Migration
{
    protected override void Up(MigrationBuilder migrationBuilder)
```

```
  {
    migrationBuilder.CreateTable(
      name: "Resorts",
      columns: table => new
      {
        Id = table.Column<int>(nullable: false)
          .Annotation("SqlServer:ValueGenerationStrategy", SqlServerValueGene
rationStrategy.IdentityColumn),
        Name = table.Column<string>(nullable: true),
        OperatingSince = table.Column<DateTime>(nullable: false)
      },
      constraints: table =>
      {
        table.PrimaryKey("PK_Resorts", x => x.Id);
      });
  }
  protected override void Down(MigrationBuilder migrationBuilder)
  {
    migrationBuilder.DropTable(
      name: "Resorts");
  }
}
```

이 경우 Up 메서드는 Resort 클래스의 각 속성에 대한 열이 있는 Resorts 테이블을 추가한다. Down 메서드는 Resorts 테이블을 삭제한다. 로컬 개발자 환경에서 이 CreateInitialSchema 마이그레이션은 아직 로컬 데이터베이스에 적용되지 않았기 때문에 보류 중인 마이그레이션으로 간주된다. dotnet ef database update 명령을 실행하면 보류 중인 업데이트가 적용되고 그림 10-2와 같이 Resorts 테이블을 생성한다.

```
dotnet ef database update
```

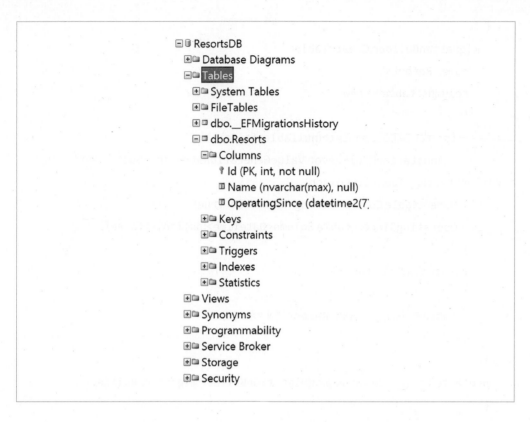

<그림 10-2> 보류 중인 변경 사항이 적용된 **ResortsDB** 데이터베이스

Name 열에 사용된 nvarchar(max) 데이터 형식을 보고 놀랄 수 있다. 추가 옵션을 지정하지 않으면 엔티티 프레임워크에서 .NET 문자열 유형을 nvarchar(max)에 매핑한다. 이 장의 후반부에서 데이터 주석 및 모델 구성 사용에 대해 설명한다.

도메인 클래스가 변경되거나 새 클래스가 추가되면 migration 폴더에 새 마이그레이션을 정의해야 한다. 일반적인 예제는 도메인 클래스에 새 속성을 추가하는 것이다.

```
public class Resort
{
```

```
public int Id { get; set; }
public string Name { get; set; }
public string MailingAddress { get; set; } //이 줄이 추가됨
public DateTime OperatingSince { get; set; }
}
```

속성을 추가한 후에 도메인 모델과 데이터베이스는 동기화되지 않고 모델을 데이터베이스에 최신 상태로 유지하기 위해 마이그레이션이 필요하다. 먼저 dotnet ef migration add 명령을 호출하고 해당 마이그레이션에 대한 설명이 포함된 이름을 지정한다.

```
> dotnet ef migrations add AddedMailingAddress
```

엔티티 프레임워크는 이제 애플리케이션을 컴파일하고 엔티티 클래스에 대해 보류 중인 변경 사항을 감지한다. 새 클래스가 Migration 폴더에 추가된다.

```
public partial class AddedMailingAddress : Migration
{
  protected override void Up(MigrationBuilder migrationBuilder)
  {
    migrationBuilder.AddColumn<string>(
      name: "MailingAddress",
      table: "Resorts",
      nullable: true);
  }
  protected override void Down(MigrationBuilder migrationBuilder)
  {
    migrationBuilder.DropColumn(
      name: "MailingAddress",
      table: "Resorts");
  }
}
```

이 경우 Down 메서드가 MailingAddress 열을 삭제하는 반면 Up 메서드는 새 Mailing Address 열을 추가한다. dotnet ef database update 명령을 호출하면 보류 중인 마이그레이션이 적용된다.

EF 마이그레이션 도구는 데이터베이스의 구조를 변경하는 코드를 생성하지만 UPDATE, INSERT 또는 DELETE문을 사용하여 데이터를 변경해야 하는 경우도 있다. 필요에 따라 유효한 Sql문을 Up 또는 Down 메서드의 migrationBuilder.Sql 메서드에 전달하여 데이터 변경을 수행할 수 있다. 모델 변경이 발생하지 않는 경우에도 마이그레이션을 추가할 수 있다. 모델 변경이 없는 경우 dotnet ef migration add 명령을 호출하면 빈 마이그레이션이 발생한다. 다음은 행을 Resorts 테이블에 추가하는 마이그레이션의 예이다.

```
public partial class AddResortsAndLocations : Migration
{
    protected override void Up(MigrationBuilder migrationBuilder)
    {
        migrationBuilder.Sql(
            @"INSERT INTO Resorts(Name)
                VALUES('Alpine Ski House'),
                    ('Nearby Resort'),
                    ('Competing Resort')");
    }
    protected override void Down(MigrationBuilder migrationBuilder)
    {
        migrationBuilder.Sql(
            @"DELETE Resorts WHERE Name IN
                ('Alpine Ski House',
                    'Nearby Resort',
                    'Competing Resort')");
    }
}
```

일반적으로 엔티티 클래스 및 DbContext 클래스에는 데이터베이스 공급자 관련 논리가 포함되어 있지 않다. 그러나 마이그레이션은 마이그레이션을 만들 때 구성한 공급자에 따라 다르다. 따라서 SQL 서버에 대한 마이그레이션을 만든 다음 다른 컴퓨터의 개발자가 SQL Lite에 대한 마이그레이션을 실행하도록 기대할 수는 없다. 여러 데이터베이스 공급자를 지원하도록 선택한 경우 엔티티 프레임워크 외부에서 수동으로 마이그레이션 스크립트를 관리하기 원할 수도 있다.

프로덕션 서버에 대한 업데이트 스크립트 생성하기

dotnet ef database update 명령줄 도구는 개발자 워크스테이션에 적합하지만 프로덕션 데이터베이스 서버에 배포하려고 할 때는 항상 동작하지 않을 수도 있다. 빌드 서버가 마이그레이션을 직접 적용할 수 없는 경우 dotnet ef migrations script 명령을 사용하여 보류 중인 마이그레이션을 데이터베이스에 적용하기 위해 사용하는 데이터베이스 스크립트를 생성할 수 있다.

```
C:\EFBasics>dotnet ef migrations script
Project EFBasics (.NETCoreApp,Version=v1.0) was previously compiled. Skipping
compilation.
IF OBJECT_ID(N'_EFMigrationsHistory') IS NULL
BEGIN
CREATE TABLE [_EFMigrationsHistory] (
  [MigrationId] nvarchar(150) NOT NULL,
  [ProductVersion] nvarchar(32) NOT NULL,
  CONSTRAINT [PK__EFMigrationsHistory] PRIMARY KEY ([MigrationId])
);
END;
GO
CREATE TABLE [Resorts] (
  [Id] int NOT NULL IDENTITY,
```

```
    [Name] nvarchar(max),
    [OperatingSince] datetime2 NOT NULL,
    CONSTRAINT [PK_Resorts] PRIMARY KEY ([Id])
);
GO
INSERT INTO [_EFMigrationsHistory] ([MigrationId], [ProductVersion])
VALUES (N'20160627025825_CreateInitialSchema', N'1.0.0-rc2-20901');
GO
ALTER TABLE [Resorts] ADD [MailingAddress] nvarchar(max);
GO
INSERT INTO [_EFMigrationsHistory] ([MigrationId], [ProductVersion])
VALUES (N'20160627030609_AddedMailingAddress', N'1.0.0-rc2-20901');
GO
```

기본 옵션을 사용하는 이 명령은 지정된 DbContext에 대한 모든 마이그레이션을 출력한다. From 및 To 옵션을 사용하여 특정 버전에서 특정 버전으로 마이그레이션할 스크립트를 생성할 수 있다.

```
>dotnet ef migrations script 0 InitialResortContext
Project AlpineSkiHouse.Web (.NETCoreApp,Version=v1.0) was previously compiled.
Skipping compilation.
IF OBJECT_ID(N'_EFMigrationsHistory') IS NULL
BEGIN
  CREATE TABLE [_EFMigrationsHistory] (
    [MigrationId] nvarchar(150) NOT NULL,
    [ProductVersion] nvarchar(32) NOT NULL,
    CONSTRAINT [PK__EFMigrationsHistory] PRIMARY KEY ([MigrationId])
  );
END;
GO
CREATE TABLE [Resorts] (
  [Id] int NOT NULL IDENTITY,
```

```
    [Name] nvarchar(max),
    CONSTRAINT [PK_Resorts] PRIMARY KEY ([Id])
);
GO
CREATE TABLE [Locations] (
    [Id] int NOT NULL IDENTITY,
    [Altitude] decimal(18, 2),
    [Latitude] decimal(18, 2),
    [Longitude] decimal(18, 2),
    [Name] nvarchar(max),
    [ResortId] int NOT NULL,
    CONSTRAINT [PK_Locations] PRIMARY KEY ([Id]),
    CONSTRAINT [FK_Locations_Resorts_ResortId] FOREIGN KEY ([ResortId])
REFERENCES [Resorts] ([Id]) ON DELETE CASCADE
);
GO
CREATE INDEX [IX_Locations_ResortId] ON [Locations] ([ResortId]);
GO
INSERT INTO [_EFMigrationsHistory] ([MigrationId], [ProductVersion])
VALUES (N'20160625231005_InitialResortContext', N'1.0.0-rtm-21431');
GO
```

이제 엔티티 프레임워크의 기본 요소에 대해 살펴보았다. 알파인 스키 하우스 웹 애플리케이션에서 이를 사용하여 기능을 제공하는 방법을 살펴보자.

 ApplicationDbContext

비주얼 스튜디오를 사용하여 AlpineSkiHouse.Web 프로젝트를 만들 때 개별 사용자 계정을 사용하여 웹 애플리케이션 템플릿을 선택했다. 이 옵션을 선택하면 ApplicationUser 엔티티의 DbContext인 ApplicationDbContext라는 컨텍스트가 애플리케이션에 만들어진다.

이 프로젝트에 추가된 엔티티 및 컨텍스트를 살펴보자.

Models\ApplicationUser.cs

```
namespace AlpineSkiHouse.Models
{
    // ApplicationUser 클래스에 속성을 추가하여 애플리케이션에 대한 데이터 프로필 추가
    public class ApplicationUser : IdentityUser
    {
    }
}
```

ApplicationUser 클래스는 EmailAddress 및 고유 ID와 같은 IdentityUser 클래스에서 공통 사용자 속성을 상속한다. 주석에 명시된 것처럼 이 클래스는 고유 속성을 추가하여 확장될 수 있다. 이것이 정확히 현재 스프린트에 필요한 것이지만 먼저 ApplicationDbContext를 살펴보도록 하자.

Data\ApplicationDbContext.cs

```
namespace AlpineSkiHouse.Data
{
    public class ApplicationDbContext : IdentityDbContext<ApplicationUser>
    {
        public ApplicationDbContext(DbContextOptions<ApplicationDbContext> options)
            : base(options)
        {
        }
        protected override void OnModelCreating(ModelBuilder builder)
        {
            base.OnModelCreating(builder);
        }
    }
}
```

ApplicationUser 클래스와 매우 흡사하게 ApplicationDbContext 클래스는 기본 클래스인 IdentityDbContext에서 속성을 상속받는다. ApplicationDbContext의 경우 이러한 속성은 사용자, 역할, 요구 및 토큰을 비롯한 ASP.NET ID 관련 엔티티에 대한 DbSet이다. 13장 "ID, 보안 및 권한"에서 ASP.NET ID 엔티티에 대해 자세히 설명한다.

OnConfiguration 메서드에 하드 코딩 구성 대신 구성 옵션이 생성자에 전달된다. 이를 통해 애플리케이션 시작의 일부로 구성을 지정하고 내장된 종속성 주입 프레임워크를 사용하여 해당 옵션을 DbContext에 주입할 수 있다. 애플리케이션에서 정의한 모든 DbContext 클래스에 해당 생성자 서명을 사용한다. 이 구성 방법을 사용하면 DbContext 클래스를 간단하게 테스트할 수 있으며 자세한 내용은 19장 "테스트"를 참고하자.

알파인 스키 하우스 애플리케이션에 기능을 추가하기 시작하면 ApplicationDbContext 클래스에 모든 엔티티의 배치를 원할 수 있다. 대신, 4장 "프로젝트 범위 지정"에 설명된 제한된 컨텍스트 각각에 대해 별도의 DbContext 클래스를 만드는 경우 애플리케이션을 유지 관리하는 것이 훨씬 쉽다. ApplicationDbContext는 컨텍스트와 관련된 로그인에 매핑되지만, 전체 애플리케이션에 대한 단일 DbContext라고 암시하는 것으로 오해받을 수 있다. 그래서 ApplicationDbContext의 이름을 ApplicationUserContext로 바꾼다.

```
public class ApplicationUserContext : IdentityDbContext<ApplicationUser>
{
  public ApplicationUserContext(DbContextOptions<ApplicationUserContext> options)
  : base(options)
  {
  }
  protected override void OnModelCreating(ModelBuilder builder)
  {
    base.OnModelCreating(builder);
  }
}
```

ApplicationUserContext 확장하기

이제 도메인에 명확한 경계가 있으므로 ApplicationUser 클래스에 사용자 계정 세부 정보를 추가할 수 있다. 알파인 스키 하우스의 판매 및 마케팅 전문가인 밀드레드는 이메일 주소 및 전화번호와 같은 사용자의 연락처 정보를 수집하여, 당사의 리조트 중 한 곳에서 스키를 타고 난 이후에 계정 관련 활동을 사용자에게 알리거나 활동 요약을 보낼 수 있다.

EmailAddress 및 PhoneNumber 속성은 이미 기본 IdentityUser 클래스의 일부이지만, FirstName 및 LastName 속성을 추가해야 한다.

```
public class ApplicationUser : IdentityUser
{
  [MaxLength(70)]
  [Required]
  public string FirstName { get; set; }

  [MaxLength(70)]
  public string LastName { get; set; }
}
```

위에서 데이터 주석을 사용하여 필요한 속성과 문자열 속성의 최대 길이를 지정한다. 이 특성은 엔티티를 저장하기 전에 상태를 확인하는 데 사용되며 데이터베이스의 열 데이터 형식을 생성할 때 엔티티 프레임워크에서도 사용된다. FirstName 및 LastName에 대해 MaxLength를 70으로 지정하면 열 유형이 nvarchar(max) 대신 nvarchar(70)이 된다. 어떤 사람들은 이름 하나만 가지고 있기 때문에 성(LastName)을 선택 사항으로 남겨둔다. 북미 문화에서는 해당 상황이 일반적으로 드문 경우이지만 성을 둘러싼 임의의 제한 때문에 리조트에서 스키를 타는 사람을 제외시키고 싶지는 않다. 또한 셰(Cher)와 마돈나가 매년 알파인 스키 하우스에 스키를 타러 계속 오기를 바란다.

지금까지 엔티티 클래스를 변경했으므로 해당 열을 데이터베이스에 추가하기 위해 마이그레이션을 만들어야 한다.

```
dotnet ef migrations add AddNamePropertiesToApplicationUser
public partial class AddNamePropertiesToApplicationUser : Migration
{
  protected override void Up(MigrationBuilder migrationBuilder)
  {
    migrationBuilder.AddColumn<string>(
      name: "FirstName",
      table: "AspNetUsers",
      nullable: false,
      defaultValue: "");

    migrationBuilder.AddColumn<string>(
      name: "LastName",
      table: "AspNetUsers",
      nullable: true);
  }
  protected override void Down(MigrationBuilder migrationBuilder)
  {
    migrationBuilder.DropColumn(
      name: "FirstName",
      table: "AspNetUsers");

    migrationBuilder.DropColumn(
      name: "LastName",
      table: "AspNetUsers");
  }
}
```

위 마이그레이션을 적용하려면 dotnet ef database update 명령을 실행하도록 하자.

스키 카드는 파슬리 프로젝트의 중요한 개념이다. 스키 카드는 고객이 지니고 다닐 때 스키장에 있는 리프트 및 기타 위치의 스캐너가 인식하는 물리적 카드이다. 스키 카드는 시스템 내에서 고객을 대표한다. 원래 모델은 고객과 카드를 두 개의 엔티티로 모델링했다. 스키 카드는 고객과의 일대일 매핑이고 스키 카드 없이는 고객도 결코 존재할 수 없기 때문에 스키 카드를 단일 SkiCard 엔티티로 병합하도록 했다. 로그인 후 사용자는 자신과 가족 구성원을 위해 하나 이상의 스키 카드를 만들 수 있다.

먼저 SkiCardContext라는 새로운 DbContext를 만든다.

```
public class SkiCardContext : DbContext
{
  public SkiCardContext(DbContextOptions<SkiCardContext> options) :
base(options)
  {
  }
  public DbSet<SkiCard> SkiCards { get; set; }
}
```

하나 또는 두 개의 엔티티 유형만 있는 컨텍스트를 갖는 것이 이상해 보일 수 있지만, 작게 유지하는 데는 아무런 문제가 없다. 시스템에 다수의 컨텍스트가 갖는 부하는 매우 작으며 나중에 언제든지 이를 다시 정의할 수 있다.

지금은 ApplicationUserContext와 동일한 데이터베이스에 데이터를 저장하도록 SkiCardContext를 구성한다. 연결 문자열 구성은 Startup 클래스의 ConfigureServices 메서드에서 수행된다.

```
services.AddDbContext<SkiCardContext>(options =>
  options.UseSqlServer(Configuration.GetConnectionString("DefaultConnecti
on")));
```

SkiCard 클래스에는 고유한 식별자, 카드가 생성된 날짜와 시간, 그리고 카드 소지자로 언급
되는 고객에 대한 기본 정보가 포함되어 있다.

```
public class SkiCard
{
  public int Id { get; set; }
  /// <summary>
  /// 이 스키 카드를 소유한 ApplicationUser의 ID
  /// </summary>
  public string ApplicationUserId { get; set; }

  /// <summary>
  /// 카드가 생성된 날짜
  /// </summary>
  public DateTime CreatedOn { get; set; }
  [MaxLength(70)]
  [Required]
  public string CardHolderFirstName { get; set; }
  [MaxLength(70)]
  public string CardHolderLastName { get; set; }
  public DateTime CardHolderBirthDate { get; set; }
  [Phone]
  public string CardHolderPhoneNumber { get; set; }
}
```

알파인 스키 하우스 팀은 앞으로 SkiCard 엔티티를 확장해야 한다고 동의했지만, 이것은 팀
에게 스프린트 2에서는 고객이 가족 구성원용으로 로그인하여 스키 카드를 만들 수 있는 목

표를 달성하기 위한 좋은 출발점을 제공한다. 이제 스키 카드와 관련된 컨텍스트의 초기 버전이 만들어졌으므로 dotnet ef migrations 명령을 사용하여 초기 마이그레이션을 만들고 dotnet ef database update 명령을 사용하여 로컬 개발 데이터베이스를 업데이트 한다.

```
dotnet ef migrations add InitialSkiCardContext -c AlpineSkiHouse.Data.
SkiCardContext
dotnet ef database update -c AlpineSkiHouse.Data.SkiCardContext
```

컨텍스트 경계를 넘는 관계

관계형 데이터베이스 설계 경험이 있는 사람은 아마 우리가 여기에서 한 일이 소름 끼칠 것이다. 애플리케이션에서 DbContext 클래스 주위의 경계를 정의하면 일반적으로 외래 키로 연결되는 테이블의 연결이 끊어진다. 외래 키 없이 참조 무결성을 어떻게 보장할 것인가? 예를 들기 위해 스키 카드를 살펴보자. SkiCard 테이블에는 해당 SkiCard를 만든 ApplicationUser의 기본 키를 나타내는 ApplicationUserId라는 열이 있다. 이러한 엔티티가 동일하게 제한된 컨텍스트에 있는 경우 탐색 속성을 사용하여 ApplicationUser와 SkiCard 간의 관계를 명시적으로 모델링했을 것이다. 탐색 속성을 사용하면 EF는 두 테이블 간에 외래 키를 정의하고 데이터의 참조 무결성이 데이터베이스에 의해 강제 적용된다.

그것이 의미하듯이 관계는 명확하게 정의되지 않았다. 알파인 스키 하우스 팀은 이 장단점에 대해 토론했다. 주요 관심사 중 하나는 사용자가 자신의 계정을 삭제하기로 결정한 경우이다. ApplicationUser와 SkiCard 간의 명시적인 관계가 없으면 SkiCard 레코드는 고아가 되어버린다. 팀은 두 가지 옵션을 고려했다. 첫 번째 옵션은 마이그레이션을 사용하여 외래 키를 수동으로 정의하는 것이다.

```
dotnet ef migrations add AddSkiCardApplicationUserForeignKey -c
AlpineSkiHouse.Data.SkiCardContext
```

모델 변경이 없으므로 위 명령은 수동으로 외래 키를 추가할 수 있는 빈 마이그레이션을 생성한다.

```
public partial class AddSkiCardApplicationUserForeignKey : Migration
{
  protected override void Up(MigrationBuilder migrationBuilder)
  {
    migrationBuilder.AddForeignKey("FK_SkiCards_ApplicationUser_
ApplicationUserID",
      "SkiCards", "ApplicationUserId",
      "AspNetUsers", principalColumn: "Id",
      onDelete: ReferentialAction.Cascade);
  }
  protected override void Down(MigrationBuilder migrationBuilder)
  {
    migrationBuilder.DropForeignKey("FK_SkiCards_ApplicationUser_
ApplicationUserID", "SkiCards");
  }
}
```

이렇게 하면 관계형 데이터베이스 수준에서 SkiCard 레코드는 고아가 되지 않는다는 것을 확인할 수 있지만 이 방법을 사용하면 다른 문제가 발생할 수 있다. 사용자가 자신의 사용자 레코드를 삭제하기로 결정한 경우 비즈니스 사용자는 반드시 SkiCard 레코드를 삭제하지 않아도 된다. 비즈니스 사용자는 여전히 스키 카드가 존재하고 그 카드에 어떤 패스가 사용되는지 알고 싶어 한다. 스키 카드 기록을 삭제하면 기록 보고서가 부정확해진다. onDelete 값을 ReferentialAction.SetDefault로 변경할 수 있지만 팀은 현재 스프린트의 범위를 벗어나는 기능에 대해 논의하고 있음을 바로 알 수 있다. 사용자는 결과적으로 자신의 계정을 삭제할 방법이 없기 때문에 향후 요구 사항을 추측하는 데 시간을 낭비하지 않아야 한다. 현재로서는 외래 키 마이그레이션을 제거하고 해당 기능에 대한 결정을 미래 날짜로 연기하는 결정이 내려졌다.

사용자 계정을 삭제하는 것은 제한된 몇 가지 컨텍스트에 중요한 영향을 미치는 작업이 아니다. 외래 키를 통해 해당 논리를 모두 처리하려는 시도 대신 이벤트를 사용하여 이것을 처리하는 것이 더 이해하기 쉽고 더 확장하기 쉬울 수 있다. ApplicationUser가 삭제되면 애플리케이션 사용자의 제한된 컨텍스트는 ApplicationUserDeleted 이벤트를 발생시킨다. ApplicationUserDeleted 이벤트의 결과로 발생해야 하는 모든 동작은 다른 제한된 컨텍스트의 이벤트 처리기로 구현된다. 이는 더 나은 접근 방법이고 해당 기능이 필요하다면 고려해야 한다.

컨트롤러 연결하기

이제 컨텍스트가 사용 가능하므로 SkiCard 엔티티에 대한 컨트롤러를 구현해야 한다. 컨트롤러는 스키 카드 목록을 보면서 새로운 스키 카드를 만들고 기존 스키 카드의 세부 정보를 편집할 수 있는 끝점을 제공한다.

이 컨트롤러는 생성자로 전달되는 SkiCardContext 및 UserManager〈Application User〉에 대한 접근이 필요하다. 이러한 종속성은 14장에서 논의된 내장 종속성 주입 프레임워크에 의해 해결된다.

```
[Authorize]
public class SkiCardController : Controller
{
  private readonly SkiCardContext _skiCardContext;
  private readonly UserManager<ApplicationUser> _userManager;

  public SkiCardController(SkiCardContext skiCardContext,
UserManager<ApplicationUser> userManager)
  {
    _skiCardContext = skiCardContext;
    _userManager = userManager;
  }
}
```

SkiCardController에 [Authorize] 특성을 추가하면 로그인한 사용자만 SkiCardController의 액션 메서드에 접근할 수 있다. 인증 및 권한 부여에 대해서는 13장에서 자세히 설명한다.

Index 액션 메서드

Index 액션 메서드 구현을 시작해보자. Index 액션 메서드는 아무 인수도 갖지 않으며 현재 사용자에 대한 모든 스키 카드를 가져오고, 각 스키 카드를 SkiCardListViewModel의 인스턴스로 변환하고 뷰 모델의 목록을 HTML로 표시하는 View로 전달하는 역할을 한다. 표준 MVC 라우팅 구성에 따라 이 끝점에 대한 URL은 /SkiCard이다.

현재 사용자에 대한 스키 카드의 목록을 검색하기 위해 먼저 현재 사용자의 userId를 UserManager 인스턴스에서 가져온다.

```
var userId = _userManager.GetUserId(User);
```

그러면 DbSet _skiCardContext.SkiCards를 통해 userId와 일치하는 ApplicationUserId를 사용하여 모든 스키 카드를 쿼리할 수 있다.

```
_skiCardContext.SkiCards.Where(s => s.ApplicationUserId == userId)
```

위 쿼리를 실행하고 각 SkiCard에 대한 SkiCardListViewModel의 인스턴스 생성을 위해 결과를 반복하는 것보다는 Select 메서드 투영법(projection)을 사용하여 SkiCardList ViewModels 생성에 필요한 속성만 데이터베이스에 직접 쿼리하는 LINQ 투영법을 정의할 수 있다.

```
_skiCardContext.SkiCards
    .Where(s => s.ApplicationUserId == userId)
    .Select(s => new SkiCardListViewModel
```

```
    {
        Id = s.Id,
        CardHolderName = s.CardHolderFirstName + " " + s.CardHolderLastName
    });
```

앞에서 설명한 지연 쿼리 실행 기능을 활용하는 Select 투영법에서는 SkiCard 클래스의 인스턴스를 반환하는 대신 SkiCard 클래스의 속성 값을 사용하여 SkiCardListViewModel 클래스의 인스턴스를 반환하도록 지정한다.

여기에서 엔티티 프레임워크는 SkiCardListViewModel 속성을 채우는 데 필요한 데이터만 반환하는 쿼리를 생성할 만큼 똑똑하다.

```
SELECT [s].[Id], ([s].[CardHolderFirstName] + N' ') + [s].[CardHolderLastName]
FROM [SkiCards] AS [s]
WHERE [s].[ApplicationUserId] = @_userId_0
```

여기에 뷰 모델의 목록을 뷰로 전달하는 완전한 Index 액션 메서드가 있다. 11장 "Razor 뷰"에서 Razor를 사용하여 뷰를 정의하는 방법에 대해 자세히 살펴보겠다.

```
// GET: SkiCard
public async Task<ActionResult> Index()
{
    var userId = _userManager.GetUserId(User);
    var skiCardsViewModels = await _skiCardContext.SkiCards
        .Where(s => s.ApplicationUserId == userId)
        .Select(s => new SkiCardListViewModel
        {
            Id = s.Id,
            CardHolderName = s.CardHolderFirstName + " " + s.CardHolderLastName
        })
        .ToListAsync();
```

```
    return View(skiCardsViewModels);
}
```

> **Async/Await**
>
> 데이터베이스를 쿼리하거나 외부 리소스를 다루는 대부분의 액션 메서드에서 async/
> await를 사용한다. ASP.NET 애플리케이션에서 async 및 await에 대한 더 자세한 내
> 용은 Channel 9의 https://channel9.msdn.com/Events/aspConf/aspConf/Async-
> in-ASP-NET에서 훌륭한 비디오를 확인할 수 있다.

액션 메서드 생성

다음으로는 새로운 스키 카드 생성에 사용되는 Create 액션 메서드를 구현한다. SkiCard 컨
트롤러에는 SkiCard/Create URL에 매핑되는 두 개의 Create 액션 메서드가 있다. 첫 번째
액션 메서드는 아무런 인수를 갖지 않으며 GET 메서드를 통해 접근하고 사용자가 채우는
양식을 포함하는 뷰를 반환한다. 두 번째 액션 메서드는 CreateSkiCardViewModel 인수를
가지며 POST http 메서드를 통해 접근한다. POST 액션 메서드는 뷰 모델 값의 유효성 검사
와 새 SkiCard 엔티티 생성을 담당한다. SkiCard 엔티티를 성공적으로 생성하면 사용자를
Index 액션 메서드로 보낸다. 이 패턴은 흔히 Post/Redirect/Get 패턴이라고 한다.

create 액션에 대한 일반적인 GET 액션 메서드에는 많은 로직이 포함되어 있지 않다. 이 경
우 일부 기본 값으로 CreateSkiCardViewModel을 미리 채우기를 원한다. 특히, 카드 소지
자에 대한 PhoneNumber가 현재 사용자에 대한 PhoneNumber와 같다고 가정할 수 있다.

또한 사용자가 기존에 스키 카드를 갖고 있지 않다면 아마도 그가 자신의 카드를 생성하는
것을 가정할 수 있다. 현재 사용자의 이름과 성을 사용하여 FirstName 및 LastName 속성을
미리 채울 수 있다. 물론, 미리 채워진 데이터가 올바르지 않은 경우 양식에서 이 값을 변경
할 수 있는 기회가 주어진다.

```csharp
// GET: SkiCard/Create
public async Task<ActionResult> Create()
{
    var userId = _userManager.GetUserId(User);
    var currentUser = await _userManager.FindByIdAsync(userId);
    var viewModel = new CreateSkiCardViewModel
    {
        CardHolderPhoneNumber = currentUser.PhoneNumber
    };

    //이것이 사용자의 첫 번째 카드인 경우, 이 카드는 그 사용자가 가장 선호하는 카드이므로
    //이름 속성이 자동으로 채워진다.
    //그렇지 않으면 카드가 가족 구성원의 카드로 가정하고
    //이름 속성을 빈칸으로 남겨둔다.
    var hasExistingSkiCards = _skiCardContext.SkiCards.Any(s =>
s.ApplicationUserId == userId);
    if (!hasExistingSkiCards)
    {
        viewModel.CardHolderFirstName = currentUser.FirstName;
        viewModel.CardHolderLastName = currentUser.LastName;
    }
    return View(viewModel);
}
```

Any 메서드를 사용하여 제공된 정보를 기반으로 EF는 지정된 사용자에 대해 기존 스키 카드가 있는지 확인하기 위한 매우 효율적인 쿼리를 생성한다.

```sql
SELECT CASE
  WHEN EXISTS (
    SELECT 1
    FROM [SkiCards] AS [s]
    WHERE [s].[ApplicationUserId] = @_userId_0)
```

```
        THEN CAST(1 AS BIT) ELSE CAST(0 AS BIT)
END
```

POST 메서드는 ModelState.IsValid를 검사하여 뷰 모델의 상태를 확인한다. 모델 상태 유효성 검사는 11장에서 자세히 다룬다. 모델이 유효하면 ApplicationUserId가 현재 userId로 설정된 새 SkiCard가 만들어지고 CreateOn에 DateTime이 설정된다. 나머지 속성은 뷰 모델 인스턴스를 통해 전달된 값을 기반으로 설정된다. 마지막으로, 스키 카드가 SkiCards DbSet에 추가되고 데이터베이스에 변경 사항을 저장하기 위해 SaveChangesAsync를 호출한다. 저장이 완료되면 사용자를 Index 액션 메서드로 보내 새로운 스키 카드가 목록에 표시되는 것을 보게 될 것이다.

```csharp
// POST: SkiCard/Create
[HttpPost]
[ValidateAntiForgeryToken]
public async Task<ActionResult> Create(CreateSkiCardViewModel viewModel)
{

  if (ModelState.IsValid)
  {
    var userId = _userManager.GetUserId(User);

    SkiCard skiCard = new SkiCard
    {
      ApplicationUserId = userId,
      CreatedOn = DateTime.UtcNow,
      CardHolderFirstName = viewModel.CardHolderFirstName,
      CardHolderLastName = viewModel.CardHolderLastName,
      CardHolderBirthDate = viewModel.CardHolderBirthDate.Value.Date,
      CardHolderPhoneNumber = viewModel.CardHolderPhoneNumber
    };
```

```
        _skiCardContext.SkiCards.Add(skiCard);
        await _skiCardContext.SaveChangesAsync();

        return RedirectToAction(nameof(Index));
    }

    return View(viewModel);
}
```

Edit 액션 메서드

Edit 액션 메서드는 Create 액션 메서드처럼 동일한 post/redirect/get 패턴을 따른다. 주요한 차이점은 Edit 메서드가 편집 중인 스키 카드의 Id를 나타내는 단일 Id 매개변수를 갖는다는 것이다.

사용자가 다른 사용자의 스키 카드를 편집할 수 없도록 특별한 주의를 기울여야 한다. 편집할 스키 카드를 검색할 때 현재 ApplicationUserId에 대한 필터를 추가하여 이 작업을 수행할 수 있다. 결과가 없으면 NotFound()는 404 결과를 브라우저에 반환한다.

```
// GET: SkiCard/Edit/5
public async Task<ActionResult> Edit(int id)
{
    var userId = _userManager.GetUserId(User);

    var skiCardViewModel = await _skiCardContext.SkiCards
        .Where(s => s.ApplicationUserId == userId && s.Id == id)
        .Select(s => new EditSkiCardViewModel
        {
            Id = s.Id,
            CardHolderFirstName = s.CardHolderFirstName,
            CardHolderLastName = s.CardHolderLastName,
            CardHolderBirthDate = s.CardHolderBirthDate,
```

```
      CardHolderPhoneNumber = s.CardHolderPhoneNumber
    }).SingleOrDefaultAsync();

  if (skiCardViewModel == null)
  {
    return NotFound();
  }

  return View(skiCardViewModel);
}
```

투영법은 SkiCard에 대한 EditSkiCardViewModel을 생성하는 데 사용된다. Application UserId 및 CreatedOn 속성은 읽기 전용이고 편집 양식에는 나타나지 않기 때문에 EditSkiCardViewModel에는 SkiCard 엔티티의 모든 속성이 포함되어 있지 않다.

POST 액션 메서드는 모델 상태 유효 여부를 검사하여 시작된다. 뷰 모델이 유효하면 특정 SkiCard를 검색하여 시작한다. 다시 말하면, 현재 사용자에 대한 스키 카드만 반환하는 필터를 추가한다. 스키 카드를 찾을 수 없으면 NotFound() 메서드를 사용하여 404 응답을 반환한다.

특정 스키 카드가 발견되고 현재 사용자의 것이면 뷰 모델을 통해 Edit 메서드에 전달된 값을 기반으로 SkiCard 속성을 수정하고 스키 카드 컨텍스트에서 SaveChangesAsync를 호출한다. 이 시점에서 EF 변경 추적기는 데이터베이스에서 특정 레코드를 업데이트하기 위한 업데이트문을 만들고 조합하는 모든 변경 사항을 감지한다. 저장이 완료된 후 사용자는 Index 액션 메서드로 보내진다.

```
// POST: SkiCard/Edit/5
[HttpPost]
[ValidateAntiForgeryToken]
```

```
public async Task<ActionResult> Edit(EditSkiCardViewModel viewModel)
{
    if (ModelState.IsValid)
    {
        var userId = _userManager.GetUserId(User);

        var skiCard = await _skiCardContext.SkiCards
            .SingleOrDefaultAsync(s => s.ApplicationUserId == userId && s.Id ==
viewModel.Id);

        if (skiCard == null)
        {
            return NotFound();
        }

        skiCard.CardHolderFirstName = viewModel.CardHolderFirstName;
        skiCard.CardHolderLastName = viewModel.CardHolderLastName;
        skiCard.CardHolderPhoneNumber = viewModel.CardHolderPhoneNumber;
        skiCard.CardHolderBirthDate = viewModel.CardHolderBirthDate.Value.Date;

        await _skiCardContext.SaveChangesAsync();
        return RedirectToAction(nameof(Index));
    }
    return View(viewModel);
}
```

데이터베이스 컨텍스트와 컨트롤러를 두면 애플리케이션은 스키 카드 생성 및 편집과 관련된 요청을 처리할 준비가 된다. 스키 카드 컨트롤러와 관련된 뷰 생성은 11장에서 다룬다.

패스 유형 관련 컨텍스트에는 다양한 패스 유형에 대한 정보가 들어있다. PassType, PassTypeResort, 그리고 PassTypePrice의 세 엔티티로 구성된다. PassType 엔티티는 이름 및 설명뿐만 아니라 언제 그리고 어느 리조트에서 패스가 사용되는지 설명하는 다른 속성들로 구성된다. PassTypePrice 엔티티는 다른 연령대의 고객을 위해 특정 PassType에 대한 가격을 정의한다. 예를 들어, 표준 일일 패스는 성인에게는 가격이 높고 어린이들에게는 가격이 저렴하다.

```csharp
public class PassType
{

  public PassType()
  {
    PassTypeResorts = new List<PassTypeResort>();
    Prices = new List<PassTypePrice>();
  }

  public int Id { get; set; }

  [MaxLength(255)]
  [Required]
  public string Name { get; set; }

  public string Description { get; set; }
  public DateTime ValidFrom { get; set; }
  public DateTime ValidTo { get; set; }

  /// <summary>
  /// 이 형태의 패스권 최대 사용 횟수가 활성화될 수 있다.
  /// 예를 들어 표준 일일 패스는 최대 1번 활성화될 것이다.
  /// 연간 패스는 최대 265번 활성화될 것이다(스키장이 문 여는 날의 수)
```

```
    /// </summary>
    public int MaxActivations { get; set; }

    public List<PassTypeResort> PassTypeResorts { get; set; }
    public List<PassTypePrice> Prices { get; set; }
}
public class PassTypeResort
{
    public int ResortId { get; set; }
    public int PassTypeId { get; set; }
}
public class PassTypePrice
{
    public int Id { get; set; }

    [Range(0, 120)]
    public int MinAge { get; set; }

    [Range(0, 120)]
    public int MaxAge { get; set; }

    public decimal Price { get; set; }
    public int PassTypeId { get; set; }
}
```

PassTypeContext에는 PassTypes에 대한 단일 DbSet이 포함된다. PassTypeResort 또는
PassTypePrice라는 두 엔티티의 모든 작업은 PassType 엔티티의 인스턴스를 통해 수행되
므로 두 엔티티에 대해 DbSet을 정의할 필요가 없다. EF는 PassType 엔티티에 정의된 관계
로 인해 해당 컨텍스트의 일부로 PassTypeResort 및 PassTypePrice 엔티티를 여전히 인식
한다.

PassTypeResort 엔티티에 대한 기본 키는 컨텍스트의 OnModelCreating 메서드에서 Model Builder를 사용하여 지정하는 복합 키이다. 모델 빌더는 기본 키, 외래 키, 속성 유형, 그리고 기타 제한 조건에 대한 추가 정보를 지정하는 데 사용될 수 있다. 일반적으로 EF에 내장된 규칙은 엔티티에 충분하지만 때로는 OnModelCreating 메서드에서 이러한 규칙을 재정의 해야 한다.

```
public class PassTypeContext : DbContext
{
    public PassTypeContext(DbContextOptions<PassTypeContext> options)
    :base(options)
    {
    }

    public DbSet<PassType> PassTypes { get; set; }

    protected override void OnModelCreating(ModelBuilder modelBuilder)
    {
        modelBuilder.Entity<PassTypeResort>()
            .HasKey(p => new { p.PassTypeId, p.ResortId });

        base.OnModelCreating(modelBuilder);
    }
}
```

알파인 스키 하우스 관리 애플리케이션은 결국 패스 유형 생성에 대한 메커니즘을 제공한다. 이 스프린트의 경우 알파인 스키 하우스 팀은 마이그레이션을 사용하여 기본 패스 유형을 삽 입하기로 결정했다.

이 스프린트에서 구현된 최종 제한 컨텍스트는 스키 패스 컨텍스트이다. 스키 패스는 일정 기간 동안 특정 리조트에서 카드 소지자가 리프트에 접근하도록 패스를 제공하는 스키 카드와 관련이 있다. 기간 및 특정 리조트는 패스 유형과 관련된 속성에 따른다.

스키 패스 관련 컨텍스트의 첫 번째 버전은 Pass, PassActivation 및 Scan의 세 가지 엔티티를 포함한다. Pass 엔티티는 특정 스키 카드(CardId)에 대해 구매한 특정 패스 유형(TypeId)을 나타낸다. Scan 엔티티는 리조트의 다양한 위치에서 스캔되는 Card의 각 개별 발생을 나타낸다. PassActivation 엔티티는 특정 날짜에 리조트에서 스키 패스가 사용된 기록을 나타낸다. 패스 활성화는 특정 날짜에 리프트에서 스키 카드가 처음 스캔될 때 패스 유효성 서비스에 의해 생성된다. 각 SkiPass는 연관된 PassType 엔티티의 MaxActivations 속성에 의해 정의된 대로 특정 수의 패스 활성화만 허용한다. 자신의 스키 카드에 더 이상의 패스 활성화가 남아 있지 않으면 고객의 스키 리프트 접근이 거부된다.

이러한 엔티티 클래스를 정의하는 패턴과 해당 DbContext 클래스는 이 시점에서 매우 친숙해 보일 것이다.

```csharp
public class Pass
{
  public Pass()
  {
    this.Activations = new List<PassActivation>();
  }
  public int Id { get; set; }
  public int CardId { get; set; }
  public int PassTypeId { get; set; }
  public DateTime CreatedOn { get; set; }
  public List<PassActivation> Activations { get; set; }
}
```

```csharp
public class PassActivation
{
    public int Id { get; set; }
    public int PassId { get; set; }
    public int ScanId { get; set; }
    public Scan Scan { get; set; }
}
public class Scan
{
    public int Id { get; set; }
    public int CardId { get; set; }
    public int LocationId { get; set; }
    public DateTime DateTime { get; set; }
}
public class PassContext : DbContext
{
    public PassContext(DbContextOptions<PassContext> options)
        :base(options)
    {
    }
    public DbSet<Pass> Passes { get; set; }
    public DbSet<PassActivation> PassActivations { get; set; }
    public DbSet<Scan> Scans { get; set; }
}
```

이벤트 및 이벤트 처리기

고객은 웹사이트를 통해 온라인으로 패스를 구매할 수 있지만 지불 처리 및 관련된 제한 컨텍스트는 이 스프린트의 범위를 벗어난다. 이벤트로 제한된 컨텍스트 간의 상호작용을 모델링하여 완전한 기능의 지불 처리 시스템 없이 스키 패스를 생성하는 논리를 구현할 수 있다.

구매가 완료되면 구매한 제한 컨텍스트에 의해 이벤트가 발생한다. 이 이벤트는 여러 유형의 카드에 대해 구매한 패스 유형과 관련된 정보를 제공한다. 이 이벤트가 발생하면 새로운

SkiPass 엔티티를 생성하는 패스 제한 컨텍스트가 필요하다.

이를 위해 게시자가 이벤트 알림을 생성하고 메시지 버스에 게시하는 게시-알림 신청 메시지 패턴을 사용한다. 그러면 메시지 버스는 이벤트 알림의 특정 유형에 관심이 있는 모든 알림 신청자에게 통지한다. 이 패턴 사용의 장점은 게시자가 알림 신청자 또는 신청자들에 대한 어떤 세부 사항도 알 필요가 없다는 것이다. 이 패턴은 테스트하기 쉽고, 확장하기 쉽고, 이해하기 쉬운 애플리케이션 구조를 촉진시킨다. 이 경우 완벽하게 작동하는 구매 및 체크아웃 하위 시스템을 요구하지 않고 패스 제한 컨텍스트에서 논리를 구현하도록 해준다.

이 예제에서는 MediatR* 라이브러리를 사용하여 파슬리 프로젝트에 대해 해당 패턴을 구현한다. MediatR은 .NET 애플리케이션에서 간단한 인 프로세스 메시징을 가능하게 해준다. 이벤트는 INotification 인터페이스를 구현하는 POCO 클래스로 표현된다. Purchase Completed는 체크아웃 프로세스가 완료된 후 구매 제한 컨텍스트에 의해 발생한 이벤트이다. 여기에는 구매에 대한 정보가 들어 있다.

```
public class PurchaseCompleted : INotification
{
  public string UserId { get; set; }
  public DateTime Date { get; set; }
  public string TransactionId { get; set; }
  public decimal TotalCost { get; set; }
  public List<PassPurchased> Passes { get; set; }
}
public class PassPurchased
{
  public int PassTypeId { get; set; }
```

---

*   https://github.com/jbogard/MediatR

```
    public int CardId { get; set; }
    public decimal PricePaid { get; set; }
    public string DiscountCode { get; set; }
}
```

구매 관련 컨텍스트가 구현되면 MediatR 버스를 사용하는 PurchaseCompleted 클래스의 인스턴스를 게시한다.

```
_bus.Publish(purchaseCompletedEvent);
```

패스 제한 컨텍스트의 경우, PassPurchased 인스턴스 각각에 대해 PassTypeId 및 CardId에 주로 관심을 갖는다. INotificationHandler〈PurchaseCompleted〉를 구현하는 클래스를 생성하고 Handle 메서드에 논리를 추가하여 PurchaseCompleted 이벤트를 구독할 수 있다.

```
public class AddSkiPassOnPurchaseCompleted : INotificationHandler<PurchaseCompleted>
{

  private readonly PassContext _passContext;
  private readonly IMediator _bus;

  public AddSkiPassOnPurchaseCompleted(PassContext passContext, IMediator bus)
  {
    _passContext = passContext;
    _bus = bus;
  }

  public void Handle(PurchaseCompleted notification)
  {
    var newPasses = new List<Pass>();
```

```
foreach (var passPurchase in notification.Passes)
{
  Pass pass = new Pass
  {
    CardId = passPurchase.CardId,
    CreatedOn = DateTime.UtcNow,
    PassTypeId = passPurchase.PassTypeId
  };
  newPasses.Add(pass);
}

_passContext.Passes.AddRange(newPasses);
_passContext.SaveChanges();

foreach (var newPass in newPasses)
{
  var passAddedEvent = new PassAdded
  {
    PassId = newPass.Id,
    PassTypeId = newPass.PassTypeId,
    CardId = newPass.CardId,
    CreatedOn = newPass.CreatedOn
  };
  _bus.Publish(passAddedEvent);
}
  }
}
```

처리기는 이벤트 알림에 전달된 정보를 기반으로 Pass 클래스의 새 인스턴스를 생성하는 것부터 시작한다. 그런 다음 새 패스가 패스 컨텍스트에 추가되고 변경 사항이 데이터베이스에 저장된다. 마지막으로 처리기는 새로 생성된 각 패스에 대한 PassAdded 이벤트를 게시한다. 현재 PassAdded 이벤트에 대한 어떠한 처리기도 없지만, 이것은 애플리케이션

232

에서 간단한 확장점을 제공한다. 패스가 추가될 때 트리거되는 모든 로직은 INotification Handler<PassAdded>를 구현하는 클래스로 구현된다.

PassContext 및 IMediator의 인스턴스는 처리기의 생성자에 전달된다. 이것은 14장에서 살 펴볼 ASP.NET Core의 내장 종속성 주입에 의해 런타임에서 처리된다.

👆 요약

엔티티 프레임워크 Core를 통해 Microsoft는 데이터베이스에서 데이터를 검색하고 데이터 를 저장하는 데 사용하기 쉬운 API를 제공한다. ORM과 관련된 대부분의 일반적인 함정은 더 큰 데이터 모델들을 더 작고 더 관리하기 쉬운 제한 컨텍스트로 분리하여 피할 수 있다. EF Core가 ASP.NET Core에서 사용할 수 있는 유일한 데이터 접근 라이브러리는 아니지 만 많은 애플리케이션에서 기본 옵션으로 간주되어야 한다.

다음 장에서는 Razor 뷰 엔진에 대해 살펴볼 것이다.

Razor 뷰

캔다이스는 그녀의 키보드를 가볍게 두들기면서 그녀의 귀에 연주되는 음악을 흥얼거리기에 바빴다. 그녀는 Razor에서 배운 몇 가지 장점을 뷰에 리팩토링하고 있었다. 그녀는 체스터가 그녀에게 왜 늦게까지 일하는지 물으며 다가오는 것을 듣지 못했고, 그녀가 알아차리도록 그녀의 어깨 너머로 엿보려고 했을 때, 갑자기 체스터의 턱에 바로 주먹을 날려서 그가 카펫으로 넘어졌다.

"오 이런! 큰 사슴 턱인 줄 알았어요, 뭐하는 짓인가요?!" 그녀가 외쳤다.

"캔다이스, 아파요." 체스터가 바닥에서 대답했다. 그는 천장 타일을 올려다보고 있었다. "무슨 일이 일어났죠?"

"당신이 절 겁줬어요. 그리고 아세요? 전 태권도 검은띠예요. 저에게 그런 식으로 다가오지 마세요." 그녀가 체스터를 바닥에서 일어나도록 도우려고 책상에서 일어나면서 바깥 하늘이 어둡고 사무실에 아무도 없다는 것을 깨달았다. "이런, 몇 시죠?"

"으." 그가 투덜거리며 말했다. "아파요, 캔다이스."

"네, 알아요. 미안해요. 자, 일어나세요. 멍청씨." 그녀는 체스터가 바닥에서 일어나도록 도와주었다. "제가 보기엔 밤이 깊었군요, 그렇죠? 문단속 하시는 건가요?"

"아뇨, 팀(Tim)이 아직 여기 있어요. 그리고 제가 팀에게 당신 이야기를 할께요." 그는 웃었다. "멍이 생기면 점심 사세요. 여기서 여태 뭐하고 있나요? 보통 한 시간 전에 퇴근했어야 하잖아요."

"알지만, 여기서 그냥 이 뷰들을 파고 있었어요. 전 이 스프린트의 카드 작업을 약간 일찍 끝냈어요. 아시죠? 다니엘과 제가 이번 주 초에 이 Razor 제품 몇 가지를 분석했는데 정말 멋지더군요. 그건 그냥, 정말 똑똑해요. 그래서 제가 발라즈와 함께 점검했고 그가 뷰들을 약간 정리하는 데 이틀쯤 걸린다고 말해줬어요."

"오, 그래서 우리 Ruby 프로그래머가 오고 있나요? Microsoft호에 올라타나요?"

"글쎄요. 전 그렇게 멀리 가진 않아요." 캔다이스가 웃었다. "하지만 네, 제가 여기에 약간의 믿음을 줘야 해요. 이것이 시간을 많이 절약해주고 있어요. 그 모든 마크업들 때문에 얼마나 좌절했는지 아시나요? 이걸 확인해야 합니다." 스키 카드에 대한 뷰 코드를 가져오면서 그녀가 물었다. "이 태그 도우미를 보신 적 있나요?"

"아뇨. 제 말은, 네. 불평하던 것은 기억납니다, 하지만 아뇨, 전 태그 도우미를 본 적은 없어요."

"알았어요, 음, 앉으시면 제가 몇 가지 Razor를 보여드릴게요, 그러면 점심 사세요. 그런 다음 앉아서 당신이 저에게 몰래 다가왔을 때를 회상해보죠."

현대 개발자로 웹사이트 생성하기

현대 웹 개발과 관련하여 가장 흥미로운 점 중 하나는 브라우저 내 경험이 중요한 부분을 차지하고 있음에도 불구하고 더 이상 HTML을 작성하지 않는다는 것이다. 믿기지 않을 수도 있지만 사실이다. 물론, 여기 저기에 조각들이 흩어져 있다. 그러나 실제로 우리가 하고 있는 것이 무엇인가? HTML을 생성하는 애플리케이션을 작성하므로 실제로 HTML은 작업의 결과물이지만 우리 노동의 직접적인 결과는 아니다.

오늘날 우리는 사용자 요청의 컨텍스트와 함께 브라우저에서 해석할 수 있는 내용으로 변환하도록 설계된 여러 도구를 사용한다. 그러나 HTML은 프로그래밍 언어 자체가 아니기 때문에 HTML로 애플리케이션을 작성한다고 말할 수는 없다. 단일 페이지 애플리케이션에서도 프론트엔드 개발자는 순수 HTML 작성보다 서식 파일 및 바인딩 코드를 작성하는 경향이 크다. 우리는 브라우저가 HTML을 찾는 곳에서 우리 자신이 관련된 도구, 템플릿 및 언어를 서버의 코드와 상호 운용하기에 더 적합하게 사용하고 있는 것을 발견할 수 있다.

결국 HTML은 실제로 문자열일 뿐이므로 C#에서 HTML 출력을 생성하는 방법은 여러 가지가 있다. HTML 생성을 위해 문자열 조합을 추가할 수 있다.

```
var html = "<html>";
html += "<body>";
html += "<div class=\"exciting\">Hello" + name + "!</div>";
html += "</body>";
html += "</html>";
```

그러나 이 방법은 조잡하고 유지하기가 매우 어렵다. C# 6의 새로운 보간법을 사용하면 더 예쁘게 만들 수 있다.

```
var html = @$"<html>
    <body>
      <div class='exciting'>Hello {name}!</div>
    </body>
  </html>";
```

이전 버전보다 좋지만 여전히 인텔리센스를 제공하거나 HTML 인코딩 문자열을 깜박하는 것과 같은 일반적인 함정을 피할 수 있는 HTML 생성 방법이 있다면 좋을 것이다. 그런 도구가 바로 Razor이다.

이전에 성공한 빌드 및 학습

Razor 뷰 엔진 뒤에 풍부한 정보화 개발의 역사가 있음을 지적하는 것은 가치가 있지만 Razor 뷰 엔진은 이전의 노력에 대한 페이지당 파일 접근 방식에서 벗어난 출발점이었다. 꺾쇠 괄호의 "범블비(bumblebee) 구문"과 웹 양식에 사용된 퍼센트 기호의 필수 명시적 표기법에서 벗어나 설계된 대로 사용하면 작업 재사용을 단순화시킨다. C#이 HTML과 결합하는 것을 허용하고 .NET 언어로 작업을 편하게 느끼도록 템플릿 마크업 구문 작성 선택을 유도한다. Razor는 또한 인텔리센스, HTML 인코딩 및 기타 다양한 구문을 가능하게 하고 이전 버전보다 뷰 개발 워크 플로우를 보다 유연하게 만들 수 있는 기본 도우미 집합을 제공한다.

Razor는 성숙하는 중이며 각 릴리스마다 계속 개선되고 있다. MVC 3 프레임워크 시대에 도입되어 2010년 6월에 처음 출시되었다.

Razor 규칙 이해하기

Razor는 ASP.NET Core MVC의 기본이며 유일하게 성숙한 뷰 엔진이지만 Razor의 정의는 Razor가 프로젝트에 제공하는 다양한 편의성으로 인해 다소 흐려지게 되었다. Razor를 참조할 때, 아마도 우리의 관점에서 포함된 구문이나 파일 자체에 대해 이야기할 것이다. 그러나 Razor에는 비주얼 스튜디오에서 인텔리센스 지원을 위한 실시간, 편집 시 구문 분석 기능을 제공하는 파서 및 토큰화가 포함되고, C# 생성기는 뷰를 표시하는 C# 클래스 파일을 구현하기 위해 자주 호출되는 청크 생성기(chunk generators)의 플레도라(plethora)로 완성된다.

이러한 것들 중 일부는 편집 때, 다른 일부는 런타임 때 발생하며 모든 것들은 편집 시간 동안의 경험을 즐겁게 해준다. 런타임 경험을 기능적으로 만들기 위해 중요하지만 Razor의 구문 측면과 몇 가지 규칙은 실제 개발자로서 알아야 한다.

Razor를 사용하면 뷰를 생성할 때 HTML과 C# 사이를 거의 앞뒤로 원활하게 마술처럼 전환할 수 있다. Razor는 HTML 요소의 컨텍스트와 형식화된 C# 언어의 규칙을 함축적으로 이해하지만 또한 어떤 부분이 마크업이고 어떤 부분은 코드인지를 나타내기 위한 명시적 경계를 설정하도록 해준다. 생성하거나 뷰에 표시하는 조건들을 설정하는 옵션 부분을 포함하는 페이지를 템플릿으로 만들 수 있다.

궁극적으로 Razor의 의도된 목적은 뷰가 표시되는 방식을 제어하는 것이 메서드라는 잊어서는 안될 중요한 사실을 제공한다. 뷰는 비즈니스 규칙 및 유효성 검증을 저장할 만한 곳이 아니다. 연결을 초기화하고, 이벤트를 제어하고, 또는 뷰의 일부를 표시할 것인지와 서비스 호출을 만들 것인지를 결정하기 위한 여러 수준의 조건부 로직이 들어가서는 안된다. 이러한 코드는 망가지기 쉽고, 유지 보수가 어려우며 비즈니스 로직의 일부를 테스트하기 어렵도록 분리한다. 다음은 Razor 프로젝트의 핵심 기여자가 말하는 몇 가지 충고이다.

> "Razor는 단지 언어일 뿐이다. 뷰 자체에 너무 많은 논리를 넣으려 하지 말자. 가능하면 구성 요소와 모듈을 추상화하자."
>
> -Microsoft Razor팀 SDE의 테일러 뮬런(Taylor Mullen)

그러므로 결론은 단순하다. Razor는 믿을 수 없을 만큼 복잡한 작업을 수행할 수 있지만 Razor의 아이디어는 실제로 올바른 입력이 주어질 때 간단하고, 읽기 쉽고, 기능적인 뷰를 개발하는 데 도움이 되도록 하는 것이다.

Razor 기본 마스터하기

3장 "모델, 뷰 및 컨트롤러"에서 클라이언트에 전달되는 사용자 경험을 생성하는 데 뷰가 관여한다는 것을 기억할 것이다. 뷰에는 종종 차례로 CSS 및 자바스크립트 참조를 갖는 HTML이 포함되어 있지만 브라우저에서 뷰를 직접 볼 수는 없다. 뷰가 결국 C# 클래스로 바뀐다는 생각은 아마 C# 코드로 작성하지 않고 있어도 작성하고 있는 것이 C# 코드로 바뀌게 된다는 것을 알게 될 좋은 방법일 것이다.

커튼 뒤에서 훔쳐보기

틀림없이 Razor 뷰 엔진의 내부는 프로젝트에서 보이지 않는다. 사실, 많은 개발자들이 깊이 이해해야 하는 것은 아니지만, 우리가 무대 뒤에서 살펴보면 "마술" 몇 가지가 어떻게 일어나는지 이해할 수 있다. 마술사를 그대로 둔 채 그의 속임수를 밝히지 않는다면 이 절은 여러분에게 아무 소용이 없을 것이다!

이 책을 통해 그리고 함께하는 예제 프로젝트, 수많은 뷰 그리고 그것에 포함되는 코드에서 이미 접했다. 실험을 조금 해보면 뷰가 망가지고, 계속하면 줄 번호가 포함된 오류 메세지가 표시되는 것을 볼 수도 있다. 진행을 멈추고 그것에 대해 생각해보면 좀 이상하다. 그렇지 않은가? 뷰에서 컴파일러 오류를 표시하는 그림 11-1과 유사한 내용이 실제로 표시된다.

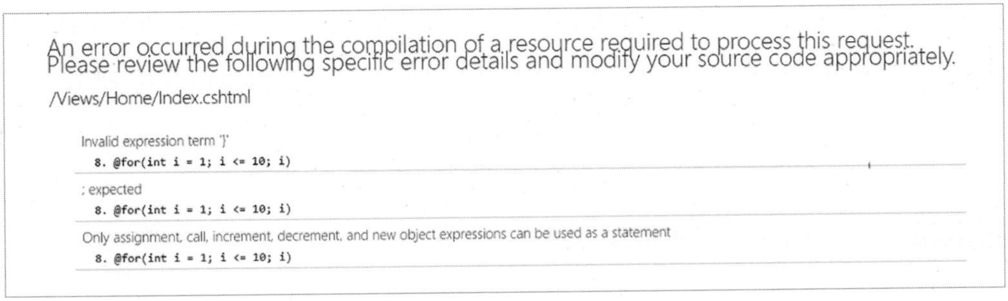

An error occurred during the compilation of a resource required to process this request.
Please review the following specific error details and modify your source code appropriately.

/Views/Home/Index.cshtml

Invalid expression term ']'
```
8. @for(int i = 1; i <= 10; i)
```

; expected
```
8. @for(int i = 1; i <= 10; i)
```

Only assignment, call, increment, decrement, and new object expressions can be used as a statement
```
8. @for(int i = 1; i <= 10; i)
```

<그림 11-1> Razor 뷰 컴파일 오류의 예

컴파일 오류 예제는 for문에 대한 i 변수에서 증가 연산자 누락이 있는 오류 원인과 함께 오류에 대한 여러 가지 의심되는 이유를 표시한다. 컴파일러는 개발자들에게 다소 의미가 적기 때문에 생성된 C# 클래스 뷰에서가 아니라 사용자의 뷰에서 오류 소스의 정확한 줄 번호를 표시한다.

여기 동작하는 방식이 있다. 뷰가 파싱되면 여러 부분으로 쪼개지고 평가된다. 이 부분들 중 일부는 이미 C#에 있지만 다른 부분은 텍스트 비트로 잘려서 C# 클래스가 되는 구조에 삽입된다. 예를 들어 소스 11-1의 코드 예제를 살펴보면 C# 및 HTML, 출력 메시지를 반복하는 Razor 뷰 파일에 단순 코드 블록이 있다.

소스 11-1 가상의 SampleView.cshtml 뷰에서 C# 코드가 있는 Razor 구문 예제

```
@for(int i = 1; i <= 5; i++){
  <p>This is index #@(i)</p>
  i += 1;
}
```

런타임 디버거에서 의미 있는 정보를 얻으려면 무대 뒤에서 많은 일들이 수행되어야 한다. 소스 11-2는 소스 11-1의 Razor 뷰 코드 블록 일부가 파싱된 후 표시되는 것을 보여준다. 물론 목록이 완전하지는 않다. 매우 장황하기 때문에 using문, 네임스페이스, 클래스 선언이나 함수 이름이 포함되지 않았지만 이것은 소스 11-1에서 찾을 수 있는 Razor 코드의 핵심 표현이다.

소스 11-2 Razor 뷰의 생성된 C# 클래스 일부

```
#line 1 "SampleView.cshtml"
for(int i = 1; i <= 5; i++){
#line default
```

```
#line hidden
  Instrumentation.BeginContext(19, 4, true);
  WriteLiteral(" <p>This is index #");
  Instrumentation.EndContext();
  Instrumentation.BeginContext(29, 1, false);
  #line 2 "SampleView.cshtml"
  Write(i);
#line default
#line hidden
  Instrumentation.EndContext();
  Instrumentation.BeginContext(31, 6, true);
  WriteLiteral("</p>\r\n");
  Instrumentation.EndContext();
#line 3 "SampleView.cshtml"
  }
```

클래스 생성기에서 WriteLiteral을 호출하여 HTML을 문서에 추가하는 위치뿐만 아니라 출력에서 직접 원시 C# 코드의 증거를 볼 수 있다. 또한 instrumentation 컨텍스트 시작과 종료를 위한 호출이 있지만 아마도 여기서 가장 흥미로운 것은 #line 컴파일러 지시문을 사용하여 원본 파일과 코드가 매핑된 줄 번호 힌트를 위해 사용하고 있다는 것이다. 이것이 런타임 시에 컴파일 오류를 뷰에 적합한 정보로 나타나도록 해준다.

그렇다, 이것은 런타임 시 발생하고, MVC 프레임워크의 이전 버전에서 시작하는 또 다른 출발점이며, Razor 뷰는 메모리에서 문자열로서 C# 클래스로 컴파일된다. 문자열은 MVC 컴파일 서비스로 전달되어 뷰를 다른 메모리 내의 가공물, 즉 뷰의 자체 어셈블리로 컴파일하고 런타임은 결과를 메모리에 로드한다.

note

이 글을 쓰고 있는 시점에서 몇 가지 해결책과 무거운 장치 없이 ASP.NET Core MVC에서 Razor 뷰의 빌드 시 컴파일을 지원하는 기능은 없다. 이것은 뷰가 클래스로 표시되며 프로젝트 외부에서 로드 가능한 별도의 어셈블리에 둘 수 없다는 것을 의미하지만, ASP.NET 팀은 해당 기능이 필요한 사람들을 위해 솔루션을 작업하고 있다고 말한다.

어셈블리의 일부로 뷰는 다른 모든 클래스와 유사하게 사용될 수 있다. 컨트롤러에서 View()를 사용하는 명시적 요청이나 이름을 사용하는 암묵적 요청이 있을 때, 뷰 위치 지정자(view locator) 서비스는 기본 유형을 결정하고 생성된 메서드를 비동기적으로 호출한다.

이제 뷰 작성을 끝내고 실행하려고 할 때, 장면 뒤에서 일어나는 일이 조금 더 잘 이해가 갈 것이다. 이제 약간 되감기하여 뷰를 빌드하기 위해 알아야 할 사항, 특히 뷰 엔진을 제어하고 .NET 클래스에 대한 뷰를 완전히 노출하는 데 사용할 수 있는 구조를 살펴보자.

Razor 구문으로 표현식 작성하기

기본적으로 Razor는 여러분이 마크업을 작성하고 있다면 HTML로 작업하고 있다고 가정한다. 대부분의 사람들이 뒤에서 실행되는 애플리케이션이 있다는 것을 이해하지 못하더라도 여전히 관련되는 항목이 앞에 있다는 기대를 가지고 있다. 페이지를 사용자와 관련성 있게 만드는 보다 의미 있고 문맥적인 정보로 정적인 부분을 삽입하길 원한다면 Razor에게 몇 가지 C#을 작성할 때가 되었음을 알릴 필요가 있다. 다음 문장을 고려해보자.

```
<p>Today is @DateTime.Today.ToString("D"). What a wonderful day.</p>
```

위 문장은 다음과 같은 결과 HTML을 생성한다.

```
<p>Today is October 13, 2016. What a wonderful day.</p>
```

우리는 바로 HTML을 사용하여 열었지만 @ 문자를 통해 형식화된 날짜를 삽입하여 Razor가 코드 작성을 시작했음을 알린다. 흥미로운 점은 호출이 점으로 연결된 ToString을 따라가지만 파서는 메서드를 호출하거나 속성에 접근하려고 시도하지 않는다고 판단할 수 있다. 이러한 유형의 코드를 암시적 표현이라고 부른다.

암시적 호출이 동작하지 않는 경우, 예를 들어 계산을 수행하거나 명확하지 않은 C# 요소로 코드를 유도하려는 경우 다음과 같은 명시적 표현을 대신 사용할 수 있다.

```
<p>Half of 10 is @(10 / 2).</p>
```

위 결과는 다음과 같이 예상된다.

```
<p>Half of 10 is 5.</p>
```

명시적 표현을 생성하기 위해서 작성 중인 코드를 괄호로 묶어야 하고 닫는 괄호는 HTML로 다시 전환하라는 신호이다. 암시적 및 명시적 메서드 모두에 대해 하나의 식만 사용할 수 있다. 코드를 더 많이 사용하려면 코드 블록을 쓰는 편이 좋을 것이다.

코드로 전환하기

이전에 소스 11-1에서 HTML로 전환했던 for문을 포함하는 코드를 살펴보았다. 전체 코드 블록은 코드 블록이라고 하는 일련의 @{..} 문자로 묶었다. 이제 소스 11-3에서 더 많은 코드를 소개하는 확장된 예제를 살펴보자.

소스 11-3 자체에 추가 C# 문이 있는 확장 코드 블록

```
@for (int i = 1; i <= 5; i++)
{
  <p>This is index #@(i)</p>
  for (int j = 0; j < 10; j++)
  {
    if (j >= 5)
```

```
    {
        <p>Multiplied by the inner index, the product is @(j * i).</p>
    }
  }
  i += 1;
}
```

여기에서 대단한 것은 코드가 매우 유동적이어서 HTML 마크업과 C# 문 간에 앞뒤로 이동할 수 있다는 것이다. 그러나 코드 블록 내에서 다른 점은 C#이 코드 블록 외부에 있기 때문에 파서가 HTML이 아닌 C#을 예상한다는 것이다. 여기에서 그런 이유로 파서는 엄격하다. <p>가 유효한 C# 코드가 아니기 때문에 HTML 태그를 입력하는 것이 파서에게 중요하지만 HTML 블록에서 나가기 위해서는 태그를 명시적으로 종료해야 한다. HTML은 닫는 태그가 필요 없으며 Razor 파일의 코드 블록 외부에서 여전히 유효하지만, 코드 블록 내부에 태그를 열려면 역시 Razor 밖으로 나가서 태그를 닫는 게 도움이 된다는 것을 기억해야 한다.

다시 말해, 이전에 논의한 코드에서 <p> 태그와 같은 태그로 내용을 감싸기만 하면 되기 때문에 HTML로 다시 이동하는 것은 매우 쉽다. 그러나 Razor 뷰 엔진의 기대는 C#이 코드 블록 내부에서 기본이기 때문에, 소스 11-4에서 보는 바와 같이 마크업 없이 일반 텍스트만 혼자 두는 것은 더 이상 유효하지 않다.

소스 11-4 코드 블록 내부의 유효하지 않은 문자 내용

```
@if(true)
{
  Hello.
}
```

"Hello."가 유효한 C# 문이 아니기 때문에 위 코드는 코드 블록 내에서 유효하지 않다. 그러나 가능한 경우도 있다! 우연히 Hello 또는 다른 문자 집합이 애플리케이션의 클래스로 등장한다면 우리가 문자 그대로의 문자열 "Hello."에 대해 말하고 있는지 또는 Hello 클래스 속성에 접근하려는지를 파서가 알 수 있는 방법이 없다. 코드 블록 내부에 내용을 추가하려고 할 때 이것은 다소 곤란하게 보일 수 있지만 명시적 마크업 모드로 전환하는 것과 같은 해결책은 있다.

명시적으로 마크업 사용하기

친숙한 인사말을 〈text〉 태그로 묶어 소스 11-4의 코드를 고칠 수 있다. 여기 소스 11-5에서 파서가 의도한 대로 메시지를 해석하도록 하는 두 가지 방법을 설명한다.

소스 11-5 코드 블록에서 올바르게 표시된 텍스트의 예

```
@if(true)
{
  <text>Hello.</text>
}
@if(true)
{
  @:Hello.
}
```

〈text〉 태그는 Razor 구문의 일부이며 새로 제안된 HTML 마크업이 아니다. 〈text〉 태그는 서버 측에서 처리되고 클라이언트로 전송되는 응답에서 제거된다. 태그 내부에 넣은 모든 것이 코드 블록의 외부에 있는 것처럼 표시된다. 〈text〉 태그는 여러 줄에 걸쳐 있을 수 있다.

방법적으로 일련의 @: 문자를 〈text〉 태그의 줄임말로 생각할 수 있고, 유일한 차이점은 파서가 줄의 나머지 텍스트를 텍스트로만 처리하도록 지시한다는 것이다. 두 번째 줄로 넘어가

면 파서는 사용자가 작성하는 모든 항목 기본값이 다시 C#이라고 가정한다.

Razor 파서 제어 치트 시트

지금까지 살펴봤던 기본 사항 외에도 사용할 수 있도록 알아야 할 몇 가지 보석이 있다. 여기 표 11-1에 모두 포함된 유용한 치트 시트가 있다.

대부분의 이러한 흐름 제어 명령문에 대해 기억해야 할 점은 Razor에게 하나의 모드 또는 다른 모드를 선호하도록 지시한다는 것이다. 이 문자들을 함께 중첩하여 여전히 모드 사이를 자유롭게 전환할 수 있다. 그러나 여기에서 권장 사항은 뷰의 복잡성이 증가하므로 모드를 유지하는 데 필요한 수고가 너무 많기 때문에 코드를 작성할 때 제안한 사항과 유사하다는 것이다. 뷰 내에서 쉽게 어떤 작업을 수행할 수 없다는 것을 알게 되는 경우 로직의 일부를 뷰 모델, 뷰 구성 요소나 심지어 자바스크립트로 이동하는 것이 좋고 이러한 모든 경우에서 제대로 테스트될 수 있다.

〈표 11-1〉 Razor 파서 제어 치트 시트

문법	의미
@	C# 코드로 인라인 전환을 야기시키는 암시적 표현식은 첫 번째 비 C# 문자가 발생할 때까지 계속된다.
@@	@에 대한 일련의 탈출 문자. 이메일 주소 작업을 할 때 Razor가 이메일 주소의 구조를 이해하고 텍스트로 그것을 암시적으로 처리하므로 필요하지 않다.
@()	명시적 표현. 괄호 내의 코드가 C#으로 해석된다.

@{
 ...
 }
	명시적 코드 블록. 중괄호 안에 있는 모든 것은 또 다른 제어 시퀀스를 사용하여 파서를 다시 텍스트로 변환하지 않는 한 C#으로 간주한다.

\<text\>... </text\>	클라이언트에 출력되지 않는 서버 측 태그. 파서에서 찾은 모든 것이 응답에서 텍스트로 표시된다.
@:	이 일련의 문자 앞에서부터 명시적 텍스트 모드. 현재 줄의 끝에서 종료된다.
// /* ... */	C# 스타일 주석. 파서가 C# 모드일 때만 유효하며 텍스트 모드일 때 문자 그대로의 출력으로 처리된다.
@* ... *@	Razor 스타일 주석. 파서는 위치에 있는 모든 내용을 무시하고 클라이언트 응답의 최종 출력에 표시되지 않는다.

ASP.NET Monsters 멤버들이 ASP.NET Core MVC의 Razor 뷰 엔진에 상당 부분을 기여한 소프트웨어 개발 기술자 중 한 사람인 테일러 뮬런(Taylor Mullen)과 함께한 채팅에 참석했다. Microsoft 채널 9 (https://channel9.msdn.com/Series/aspnetmonsters/ASPNET-Monsters-59-Razor-with-Taylor-Mullen)에서 Razor 뷰 엔진에 관한 테일러와 Monsters 멤버들의 에피소드를 확인해보자.

더 많은 C# 기능 가져오기

Razor에는 기본적인 문법 기능들 외에도 많은 기능이 있다. 이러한 것들 중 몇 가지는 이 절과 이 책의 후반부인 19장 "재사용 가능한 구성 요소" 및 21장 "확장성"에서 살펴볼 것이다.

뷰에서 C# 형식 사용하기

다른 모든 C# 코드 블록과 마찬가지로 using 문을 사용하여 작업할 네임스페이스와 유형을 컨텍스트에 가져와야 한다. 이것은 자체 어셈블리에서 정의한 형식이나 외부 라이브러리에 대한 종속성을 통해 가져온 형식이 포함될 수 있다.

```
@using AlpineSkiHouse.Models
```

코드를 체계적으로 유지하려면 파일의 맨 위에 using문을 두어야 하지만 모든 using문이 어쨌든 생성된 클래스의 시작 부분에 올라가기 때문에 이것이 필수는 아니다. C#을 약간 벗어나면 코드 전체에서 using문을 깔끔하게 처리할 수 있지만 가독성과 유지 관리상의 문제로 인해 그렇게 하는 것이 현명하지는 않다.

모델 정의하기

Razor는 뷰가 자신이 나타내는 객체 유형을 인식하고 있다는 것을 의미하는 "강력한 형식 뷰"라는 개념을 가지고 있다. 이를 통해 자신의 모델 속성을 뷰에 손쉽게 끼워넣을 수 있다.

먼저 Razor에 사용을 원하는 유형에 대해 신호를 보내야 한다.

```
@model SkiCard
```

그러면 페이지 전체에서 모델의 속성에 접근할 수 있다.

```
Welcome to your Ski Card summary, @Model.CardHolderFirstName.
```

여기서는 Razor 파서의 흐름 제어를 이해하는 것이 도움이 된다. 관찰력 있는 독자는 텍스트 블록의 중간에서 암시적 표현을 보고 뷰 엔진이 텍스트 블록을 적절하게 처리한다는 것을 알게 된다.

뷰 자체에서 사용할 모델 유형을 정의할 수 있지만 모델을 궁극적으로 인스턴스화하거나 또는 인스턴스화한 후 뷰에 전달하는 것은 컨트롤러이다. 또한 뷰에 전달되는 유형이 뷰에서 예상한 것과 일치하는지 확인하는 것은 컨트롤러의 책임이고, 그렇지 않으면 런타임 시 예외가 발생한다.

뷰 데이터 사용하기

개발 워크플로우에서 실용주의 수준을 유지하려면 학문적으로 "올바른" 방식으로 작업하는 것이 특정 시나리오에 맞지 않을 수도 있다는 것을 받아들여야 한다. "모든 것이 강력하게 형식화되어야 한다" 혹은 "뷰 모델은 컨트롤러에서 뷰로 데이터를 전달하는 올바른 방법이다"라고 쉽게 설교할 수 있지만, 실제로는 그것을 설정하는 다른 현실들이 있다. 예를 들어, 웹 페이지의 머리글에 표시된 제목을 살펴보자. 그것을 설정하는 올바른 방식은 무엇인가? 제목이 페이지마다 바뀔 수 있으므로 확실히 어떤 종류의 템플릿은 아니다. 뷰에서 설정하는 것이 옳은 것처럼 보이지만 뷰가 동적이고 표시되는 항목의 각 형식에 대해 다른 제목이 표시될 필요가 있다면 어떤가? 이것은 "음, 그래. 컨트롤러에서 속성을 설정하고 뷰로 전달할 수 있는 곳에 뷰 모델을 둘 필요가 있다"라는 말처럼 들린다. 그럼 해결을 위해 모든 페이지에 대한 뷰 모델이 필요할 수 있다. 그러나, 뷰 모델이 **SkiCardViewModel** 유형과 같은 경우는 어떤가? 페이지 제목은 SkiCardViewModel의 뷰 모델과 관련해서 할 것이 없는데 그럼 왜 거기 두어야 하는가? 그리고 IEnumerable<SkiCardViewModel>과 같은 모델의 사용처럼 다른 시나리오에서 제목을 저장하는 가장 좋은 위치는 어디인가?

요점은 올바른 위치가 아닐 수도 있다는 것이고, 결국 적어도 모든 상황에 맞는 것이 아니라는 것이다. 다른 개발자와 함께 두 가지 모두에 대해 동작하는 좋은 해결책을 찾을 수는 있지만, 다음 개발자가 회사에 온 다음에는 그것이 다시 잘못되어버린다. 모든 사람들의 의견이 다른 것은 괜찮다. 언어와 프레임워크의 아름다움은 우리에게 다른 견해를 갖도록 해준다는 것이다. 동일한 방식으로 ASP.NET Core MVC는 강력한 형식 객체를 사용하지 않고 몇 가지 속성을 통해 접근할 수 있는 뷰 데이터(View Data)에 대한 아이디어를 유지한다. 이는 고정 위치에 둘 필요 없이 컨트롤러에서 데이터를 저장하고 뷰에서 데이터를 검색할 수 있는 대체 방법을 사용할 수 있도록 해준다. 특히 페이지 제목과 같이 합법적으로 한 가지만 전달하면 Razor의 뷰 데이터 메커니즘을 사용하므로 실제로 잘못될 수는 없다.

가장 단순한 형태로 컨트롤러 액션에서 다음과 같은 것을 수행하려 한다.

```
ViewData["Message"] = "Thanks for reaching out.";
```

그리고 뷰에서 다음과 같이 데이터를 조회한다.

```
<h3>@ViewData["Message"]</h3>
```

뷰 데이터는 IDictionary<string, object>에 의해 뒷받침되므로 그 안에서 원하는 모든 것을 저장할 수 있다. int 및 string과 같은 단순한 형식뿐만 아니라 SkiCardViewModel과 같은 보다 복잡한 객체에서도 동작한다. 이 사전에 겹쳐져 있는 것은 ViewBag이라는 뷰의 dynamic 속성에서 뷰 데이터에 접근하는 또 다른 메커니즘이다. ViewBag을 사용하면 속성이라 할지라도 사전의 모든 키에 접근할 수 있다.

```
<h3>@ViewBag.Message</h3>
```

두 가지 사용법 모두에 대해 제공하는 키가 사전에 항목이 없다면 이 방식으로 뷰 데이터를 표시하려고 할 때 오류 메시지가 표시되지는 않는다.

값에 접근하려고 하는 경우 페이지의 텍스트에 객체를 두고 알리면 Razor는 그 안에 객체의 ToString() 메서드를 호출하는 Console.WriteLine처럼 처리한다는 것을 알게 된다. 객체의 속성에 접근하려면 다음과 같이 전체적으로 사용할 수 있는 뷰 상단의 코드 블록에 뷰 범위 변수를 생성하는 것이 좋다.

```
@{
    var skiCard = (SkiCardViewModel)ViewData["SkiCard"];
}
```

Razor가 단순히 C#으로 바뀌어 끝날 것이라는 것을 기억해야 하므로 주의하지 않으면 계속 null 참조 예외 및 캐스팅 변환과 같은 문제가 발생한다. 그리고 뷰 데이터는 데이터를 쉽게 이동할 수 있는 방법이지만 뷰 데이터 사용과 관련된 몇 가지 모범 사례에 대해 이야기할 시간이다.

우선, 복잡한 객체를 뷰 데이터에 저장하는 이전 예제는 캐스팅을 사용할 다른 위치와 마찬가지로 캐스팅이 뷰에서 어떻게 동작하는지 보여주기 위한 것이다. 이것에 대한 합리적인 사용 사례를 찾을 수 있지만 컨트롤러에서 뷰로 전체 뷰 모델을 전달하는 데 선호되는 방법은 확실한 @model 구문을 사용하는 것이다. 페이지가 각 부분을 지원하는 다른 뷰 모델을 가진 많은 부분으로 구성된 경우 19장에서 다루는 뷰 구성 요소를 살펴보도록 하자.

두 번째, 뷰 데이터를 사용해야 하는지 여부를 추론하는 좋은 방법은 저장하는 데이터가 모델의 주제에 관한 것인지 아니면 뷰에 관한 것인지 여부를 생각하는 것이다. 뷰 데이터에 뷰 모델을 저장하기만 하는 것은 좋은 방법이 아니고, 객체에서 속성을 분리하여 독립적으로 저장하는 것도 좋지 않다. 다음은 피해야 할 다른 예이다.

```
ViewData["SlopeName"] = "Knee Bender";
ViewData["Altitude"] = "3317m";
ViewData["SnowDepth"] = "12dm";
```

독자가 해야 할 범위 밖에 있는 코드를 보여주기는 싫지만, 코드에서 문제가 될 가능성이 있는 것을 식별할 수 있도록 코드가 어떠한지 아는 것이 중요하다. 예제 코드 블록에서는 특정 슬로프의 눈 깊이가 흐름 제어 또는 HTML의 〈head〉 제목 설정과 관련된 뷰의 관심사라고 가정하는 것은 타당하지 않다. 따라서 이러한 속성을 노출하는 뷰 모델을 구성하고 다시 그것들을 @model을 통해 뷰로 이동하는 것이 현명할 것이다.

마지막으로 최상의 조언은 단순히 뷰 데이터의 예약된 사용을 만드는 것이다. 뷰 데이터는 기능성, 유지 보수성, 단순한 데이터를 웹페이지로 주고받는 부하 사이에서 균형을 유지하는 데 도움이 된다.

레이아웃으로 작업하기

웹 초창기부터 우리는 특정 페이지와 관련된 header 및 footer와 같은 반복적인 페이지 요소의 문제를 다루었지만, 이는 또한 사이트의 모든 페이지에 나타나는 브랜딩 요소이기도 하다. 이러한 요소는 한번 코드를 작성하기는 쉽지만 페이지에서 페이지로 복사하여 붙여넣기가 되면 일관성 있게 유지하기가 어려워진다. 초기 프레임워크는 이러한 구성 요소를 페이지에서 정적 요소들로 포함할 수 있도록 해주었다.

웹이 발전하면서 웹 기반 애플리케이션의 요구도 커졌다. header 및 footer와 같은 측면을 다루는 파일을 포함하는 것은 그림 11-2에서 보는 바와 같이 더 이상 더 복잡해진 디자인을 처리하기에 충분하지 않다. 장바구니, 추천 제품 목록 및 사용자 계정 관리는 모두 사용자의

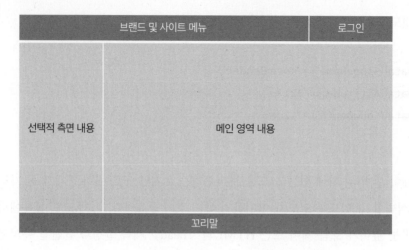

브랜드 및 사이트 메뉴		로그인
선택적 측면 내용	메인 영역 내용	
	꼬리말	

<그림 11-2> 상호작용, 교체 가능한 구성 요소를 가진 템플릿

현재 경험 상태를 기반으로 동적 콘텐츠를 표시해야 하므로 템플릿이 성숙해져야 한다.

ASP.NET 2.0에서 WebForms는 외부 템플릿을 사용하는 페이지 구성을 가능하게 해주는 마스터 페이지라는 개념을 통해 페이지 템플릿을 제공한 다음 중첩 페이지로 그 안을 채웠다. 이러한 페이지에는 특별한 지시자 및 내용을 감싸는 사용자 정의 서버 측 태그가 있었고 올바른 위치에 그것이 삽입되었는지를 확인했다.

Razor에서는 뷰가 레이아웃 이전에 표시되기 때문에 조금 다르게 동작한다. 즉, 뷰 데이터 속성을 통해 페이지 제목과 같은 값을 설정한 다음 레이아웃에서 해당 값을 사용할 수 있다. 이제 그림 11-2에서 볼 수 있는 디자인 화면을 표현하는 데 필요한 코드의 종류에 대해 알아보자.

레이아웃의 기본

레이아웃과 뷰가 어떻게 어울리는지 빠르게 살펴보자. 3장에서 컨트롤러는 액션 메서드 이름을 사용하여 규칙에 따라 뷰를 반환하거나 명시적인 특정 뷰 이름으로 요청할 수 있었다는 것을 기억하자. 뷰 자체는 많은 레이아웃을 포함할 필요가 없으며 레이아웃을 지정해야 할 필요는 없지만 둘 다 수행하도록 선택할 수도 있다. 그러나 이러한 것들이 누락되면 뷰들이

252

어디에서 나오는지 알아내야 한다.

템플릿 엔진을 함께 두는 것이 중요하지 않으므로 기본 값을 설정하는 방법과 사물을 배치하는 방법에 대한 대부분의 고려 사항을 관리하기 위해 Razor에서 레이아웃이 동작하도록 일련의 규칙이 작성되었다. 비즈니스의 첫 번째 순서는 템플릿을 하나로 묶는 출발점을 해결하는 것이었다. 따라서 View 폴더에는 루트에 _ViewStart.cshtml이라는 파일이 있어서 코드에서 사용할 템플릿을 설정할 수 있다. 기본 프로젝트 템플릿에서 레이아웃 선택은 다음과 같이 매우 간단하다.

```
@{
    Layout = "_Layout";
}
```

이 간단한 지정을 통해 Razor는 템플릿으로 _Layout.cshtml이라는 파일을 사용하고 있음을 알 수 있다. 다음 규칙은 _ViewStart.cshtml의 사용이 뷰의 위치와 연결된다는 것이다. _ViewStart.cshtml이 있는 모든 폴더는 이를 시작점으로 사용한다. _ViewStart.cshtml이 없는 폴더는 트리에서 가장 가까운 조상의 폴더를 사용하며, 필요한 경우 Views 폴더의 루트로 다시 돌아가 작업한다.

이제 우리 모두가 아는 것처럼 Razor는 C# 코드이고 _ViewStart.cshtml도 예외가 아니다. 이 파일에서 구성 설정이나 비즈니스 로직을 기반으로 코드를 작성하고, 뷰 데이터를 조작하거나 기본으로 사용할 레이아웃을 결정할 수 있다. 여기에서 설정하는 레이아웃은 렌더링된 모든 뷰를 위해 사용하지만 컨트롤러 상의 뷰나 뷰 자체에 재정의하는 옵션이 있다.

소스 11-6에서 보여주는 레이아웃의 골자는 그림 11-2에서 목표를 달성하는 데 필수적인 사항을 설명하기에 충분하다. 바깥쪽 작업을 살펴보면 DOCTYPE 정의가 있고 다음으로 〈head〉 및 〈body〉 태그 모두를 포함하는 바깥쪽 〈html〉 태그가 있다.

소스 11-6 다수의 **Razor** 기능을 사용하는 레이아웃 파일의 예제

```html
<!DOCTYPE html>
<html>
<head>
  <title>@ViewData["Title"] - My Site</title>
  <link href="~/css/site.css" rel="stylesheet" />
</head>
<body>
  @await Html.PartialAsync("_Toolbar")
  <div class="container body-content">
    @RenderSection("sidebar", required: false)
    @RenderBody()
    <hr />
  </div>
  @Html.Partial ("_Footer")
  @RenderSection("scripts", required: false)
</body>
</html>
```

〈title〉 요소는 〈head〉에 우리가 지금까지 몇 번 보았던 암시적 표현인 Razor 기능만을 포함한다. 〈head〉에 더 많은 것을 두더라도 제한은 없다. 실제로 이 장의 뒷부분에서 태그 도우미에 대해 이야기할 때 이 출발점에서 빌드하는 방법에 대한 좋은 예를 들어서 설명할 것이다.

여기에서 사용되는 나머지 기능 중 가장 중요한 것은 RenderBody에 대한 호출이지만 PartialAsync 및 RenderSection에 대해서도 이야기할 예정이니 걱정하지 말자. Render Body는 문서에서 Razor가 요청한 뷰 표시를 하는 위치이다.
RenderBody를 호출하지 않으면 IgnoreBody를 명시적으로 호출하지 않았으므로 런타임에 오류가 발생한다. 이 경우 컨트롤러에서 요청한 뷰는 표시되지 않는다.

> IgnoreBody를 호출하는 경우에도 실행은 여전히 사용자의 뷰를 통해 전달된다는 점
> 에 유의해야 한다. 뷰의 결과는 클라이언트에 대한 응답에서 반환되지 않는 반면 일반
> 적으로 생성될 모든 리소스, 호출될 서비스, 실행될 뷰 구성 요소, 또는 기타 부작용으
> 로 발생할 모든 작업은 여전히 실행된다. IgnoreBody가 솔루션의 올바른 경로로 밝
> 혀지면 서버 리소스 사용, 로깅 및 데이터베이스 연결을 포함하여 원하지 않는 부작용
> 을 염두에 두어야 한다.

뷰에 섹션 포함하기

뷰를 클래스로 생각할 수 있다면 호출하는 부모로부터 호출되는 함수로서 섹션을 생각할 수
있다. 부모는 섹션이 어디에 있는지를 정의하고 자식은 무엇이 들어가는지를 선택한다. 소
스 11-6의 경우 부모가 레이아웃이 될 것이고 섹션을 구현하는 것은 뷰에 달려있다. 정의된
모든 섹션은 기본적으로 요청되면 정의되고 Razor는 섹션이 정의된 레이아웃을 기반으로
모든 뷰에 표시되도록 확인한다.

뷰에 섹션을 포함시키는 것은 상대적으로 쉽다. 소스 11-6에서와 같이 레이아웃에서 섹션을
정의한 후에는 뷰에 다음 코드를 추가해야 한다.

```
@section sidebar {
  <p>There are currently @cart.Count items in your cart.</p>
  <nav>
    <a asp-action="index" asp-controller="cart">View My Cart</a>
    <a asp-action="index" asp-controller="checkout">Check Out and Pay</a>
  </nav>
}
```

이 섹션이 뷰에 표시되는 위치에 관계없이 섹션은 레이아웃에서 정의된 위치에 표시된다. 섹
션은 페이지의 다른 모든 부분과 동일하며 필요한 경우 Razor의 텍스트 모드에서 코드 모드

로 원활하게 이동할 수 있다.

지금까지 정의한 섹션은 레이아웃에 있다. 다양한 수준에서 섹션을 정의할 수 있지만 체인의 "위"로 동작하지는 않는다. 예를 들어, 뷰 계층에서 부모는 자식이 정의하는 섹션에 대해 알지 못한다. 레이아웃에서 섹션을 정의하고 뷰에서 구현할 수 있지만, 파샬 뷰(partial view, 부분 뷰)에서 섹션을 정의하면 레이아웃에서 그것에 접근할 수 없다.

뷰에 표시되는 섹션은 IgnoreSection("sectionName")을 호출하여 레이아웃의 섹션을 명시적으로 무시하지 않는 한 뷰가 표시된 레이아웃에 의해 정의되어야 한다. 무시된 섹션에 있는 코드는 호출되지 않는다. 이 기능은 모든 페이지에 대해 필수 섹션을 갖는 레이아웃 구성을 원하는 경우 유용할 수 있지만 사용자가 정의한 조건에 따라 조건부로 제외되고, 인증된 사용자가 있는지 없는지를 미리 예측할 수 있다.

파샬 뷰 정의 및 사용하기

파샬 뷰(partial view, 부분 뷰)는 애플리케이션에서 여러 뷰 간에 템플릿 또는 사용자 경험의 작은 부분을 공유하는 좋은 방법이다. 파샬(partials)을 뷰를 표시하는 데 사용된 뷰의 하위 요소로 생각할 수 있다. 이것은 WebForms 사용자 컨트롤 기능과 비슷하며 초기 웹 애플리케이션에 있던 포함 파일과 유사하다. 복잡한 레이아웃이나 기능을 분리하고 상위 문서와의 복잡성을 격리시키는 좋은 방법이다. 앞에서 본 구문을 사용하여 뷰에 파샬을 포함할 수 있다.

```
@Html.Partial("_Footer")
```

파샬 뷰는 단지 뷰의 조각일 뿐이다. 파샬 뷰는 뷰 위치 사용과 동일한 전략을 사용하여 위치하며, 위치한 일반 뷰와 같은 cshtml 파일 확장자를 공유한다. 필수 사항은 아니지만 대부분의 사람들은 뷰 폴더에서 찾기가 쉽기 때문에 밑줄을 붙여 파샬 뷰의 접두어 이름을 만드는 경향이 있다.

전체 뷰와 마찬가지로 모델 정의를 사용하여 파샬 뷰를 강력하게 형식화할 수 있다. 모델 정의는 앞에서 본 뷰와 동일하다. 그러나 파샬(partials)로 작업할 때 컨트롤러가 동작하지 않으므로 모델이 뷰에서 파샬로 전달된다.

```
@Html.Partial("_VolumeBarChart", Model.DailyRiderVolumeData)
```

파샬 및 뷰 모델을 사용하는 이 방법은 복합 뷰 모델을 활용하여 대시보드와 같은 것을 만드는 상황에서 매우 유용하다.

note

파샬 뷰(partial view)는 단순하게 유지해야 한다. 파샬을 통해 표시하려는 경우 서비스에 접근하거나 비즈니스 로직을 지원해야 하는 경우 19장 "재사용 가능한 구성 요소"에서 다룰 뷰 구성 요소 사용을 고려해야 한다.

파샬 뷰는 Razor에서 다른 뷰 기능과는 약간 다른 방식으로 동작한다. 한 가지 차이점은 파샬이 레이아웃에서 정의된 섹션과 같은 것에 참여하지 않기 때문에, 스크립트 섹션을 정의하여 렌더링된 페이지의 부분에 특정한 자바스크립트를 포함시킬 수 없다는 것이다. 또 다른 차이점은 파샬이 표시될 때 뷰 데이터의 복사본이 제공되지만 뷰 데이터에 대한 참조는 제공되지 않으므로, 뷰의 기본 뷰 데이터 사전에서 값을 변경하거나 설정할 방법이 없다는 것이다. 즉, 파샬 뷰의 템플릿에서 정의한 작업을 통해 파샬 뷰에서 페이지 제목을 설정할 수 없다는 것이다. 마지막으로, 부분은 이미 수행한 뷰의 일부가 될 것으로 예상되므로 레이아웃 내부에 표시되지 않는다. 이러한 선택은 파샬을 단순하게 유지하고, 간단하고 신속하게 표시하기 위해 실제로 의도한 것이다.

고급 Razor 기능으로 뷰 향상시키기

Razor가 단일 용도나 뷰 엔진에 제한된 기능이 아니라는 것은 이미 분명하다. ASP.NET Core MVC에는 개발자가 뷰를 구성하는 방법에 대한 유연성과 도구 상자에 기능을 추가할 수 있는 새로운 특성이 있다.

뷰로 서비스 내보내기

많은 개발자에게 ASP.NET Core MVC용 뷰 엔진에 내장된 종속성 주입 양식이 들어갈 것이라고 알려졌을 때 워싱턴 주에서 제기된 항의, 청원 및 여러 집단 소송이 있었다.

그래도 그런 일은 일어나지 않았지만 사람들은 개발자들이 비즈니스 로직과 서비스 접근이 뷰에 들어가는 영역으로 흘러들어가며, 뷰가 컨트롤러와 모델이 수행해야 하는 것들을 시작할 수 있도록 해주는 데 대해 정당한 우려를 했다. 결국 컨트롤러가 모델과 동일한 방식으로 동작할 수 있다면, 뷰와 모델을 분리하는 프레임워크의 핵심은 무엇인가?

그러나 무엇이 진행 중인지 생각하기 위해 멈추게 되면, 여러분은 서비스들이 언제나 이미 무대 뒤에서 주어지고 있다는 것을 깨닫게 된다. HTML 도우미와 URL 도우미 같은 것들이 무대 뒤에 있으며 컨트롤러 및 액션 라우터 해석과 같은 수행 작업이 사용되고 있다. 다시 말하지만, 이것은 균형을 이루고 올바른 목적에 맞는 도구를 찾는 방법에 관한 것이다. 이것은 "뷰 모델 대신"이나 "컨트롤러 대신"의 시나리오가 아니며, 각 컨트롤러에서 수행해야 하는 작업량을 제한하는 방법을 제공하는 "둘 다"의 시나리오이다. 또한 서비스가 한 곳에서 만들어졌는지, 제대로 테스트되었는지, 뷰를 통해 안정적으로 사용될 수 있는지를 확인하는 데 도움이 된다.

using문과 inject문을 함께 사용하거나 inject문을 정규화된 서비스 이름과 함께 사용하여 뷰에서 서비스 컨테이너에 등록된 모든 서비스를 사용할 수 있다.

```
@using AlpineSkiHouse.Services
```

```
@inject ICsrInformationService customerServiceInfo
```

여기서는 ICsrInformationService의 인스턴스를 주입하고 이를 customerServiceInfo로 이름 짓는다. 그런 다음 뷰의 아무 곳에서나 customerServiceInfo 변수를 사용할 수 있다.

```
Call us at @customerServiceInfo.CallCenterPhoneNumber today!
```

 note

14장 "종속성 주입"에서 컨테이너에 서비스를 배치하는 방법에 대한 자세한 정보를 찾을 수 있다.

그러나 서비스 주입은 잘못 사용될 수 있다. 여기서 요점은 파샬 뷰와 같은 것이 프로필이나 장바구니에 있는 것과 같은 사용자 세션의 다른 측면에 대한 정보를 필요로 한다는 것이다. 우리는 발생할 이벤트 정보로 뷰 모델이 오염되는 것을 원치 않으며, 모든 컨트롤러에 이벤트 로직을 넣어야 하는 것은 절망스럽다. 서비스 주입이라는 동전의 한쪽 면을 볼 때 데이터베이스 컨텍스트를 뷰에 주입하여 바로 레코드를 가져오는 기능은 끔찍한 잘못이 될 수도 있다. 그러나 역할의 분리를 유지하는 데이터 검색 서비스를 주입함으로써 서비스를 격리하고, 개별적으로 테스트가 가능하면서 컨트롤러와 관련되지 않은 관심사에 대해 일부러 컨트롤러나 뷰 모델을 노출할 필요가 없다.

태그 도우미로 작업하기

최신 Razor 버전은 HTML을 혼란스럽게 하지 않으면서 서버 측 처리를 도입하는 방법인 강력한 태그 도우미 기능을 제공한다. HTML과 비슷하게 나타나는 서버 측 처리를 표현하는 기능은 WebForms 프로젝트의 코드 예제인 소스 11-7에서 볼 수 있듯이 Razor의 새로운 기능이 아니다. 이 예제에서 웹 컨트롤은 HTML 〈input〉, 〈label〉 및 〈span〉 태그 지정자로 사용된다.

```
<div class="form-group">
  <asp:Label runat="server" AssociatedControlID="Email" CssClass="col-md-2
control-label">Email</asp:Label>
  <div class="col-md-10">
    <asp:TextBox runat="server" ID="Email" CssClass="form-control"
TextMode="Email" />
    <asp:RequiredFieldValidator runat="server" ControlToValidate="Email"
      CssClass="text-danger" ErrorMessage="The email field is required." />
  </div>
</div>
```

WebForms에서는 모든 컨트롤을 적절한 접두어로 표시해야 했다. Microsoft가 제공하는 대부분의 컨트롤은 기본적으로 asp:을 사용하지만 타사 공급 업체는 자체적인 접두어를 만들수 있다. 자신의 것을 만들거나 접두어를 수정할 수 있으며 원하는 네임스페이스 어디에나 그것을 둘 수 있다. 또한 적절한 처리를 위해 runat="server" 특성을 각 컨트롤러에 포함시켜야 했다.

그러나 디자이너들을 실수하게 만들고, ASP.NET 초보자 교육에 참여한 많은 사람들에게 불만을 안겨주는 것은, 이런 자리 지정자들이 단지 자리 지정자일 뿐 실제 HTML이 아니라는 진실이다. 디자이너가 페이지를 조정할 수 있는 옵션은 거의 없으며 디자이너가 제공하는 웹 페이지의 모든 초안은 서버 측 기능 사용을 위한 대대적인 수정이 필요하다. 특성에서 사용된 CSS 클래스 설정조차도 유효한 HTML과는 거리가 멀다. 널리 알려진 구문에 대한 지식은 제쳐두고 나머지 업계에서 동작하지 않는 것들을 선택해야 한다.

Razor와 연동되는 태그 도우미가 있는 소스 11-8의 코드 경험을 비교해보자. 구문은 훨씬 자연스럽고 코드는 사용자 정의 특성을 사용하는 경우에도 유효한 HTML이며 사용 중인 요소가 무엇인지 명확하게 알 수 있다. 어떤 구성 요소가 〈label〉인지 〈span〉인지 알 필요가 없으며 CSS 클래스 할당과 같은 요소 특성을 다시 사용할 수 있다.

소스 11-8 필수 필드를 표시하는 **Razor**의 태그 도우미 사용

```
<div class="form-group">
  <label asp-for="Email" class="col-md-2 control-label"></label>
  <div class="col-md-10">
    <input asp-for="Email" class="form-control" />
    <span asp-validation-for="Email" class="text-danger"></span>
  </div>
</div>
```

위 코드는 Razor로 스마트하게 대응하고 있으며 여기에는 몇 가지 강력한 것들이 있다. 첫째, 태그 도우미 특성은 클라이언트에 있는 그대로 표시되지 않는다. asp-for와 같은 기능은 태그 도우미에게 배경 정보를 주고 개발자에게 도움을 제공한다. 이 사용자 지정 특성은 그림 11-3에서 볼 수 있는 것처럼 비주얼 스튜디오와 상호작용하여 인텔리센스를 제공한다. 이 경우 레이블 태그 도우미는 뷰 모델을 인식하고 모델의 속성에 접근하는 코딩이 가능하다는 것을 알 수 있다. 이렇게 하면 모델의 유형을 기반으로 제안 사항을 제공할 수 있으며 공용 속성을 이러한 종류의 "바인딩" 구문에 사용할 수 있다. 인텔리센스는 열거형 속성을 인식하고 적절한 자동 완성 옵션을 제공할 만큼 충분히 잘 통합되어 있다.

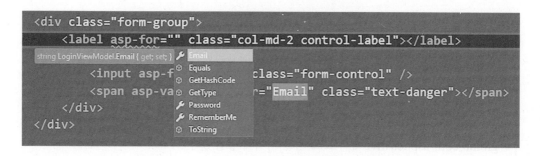

<그림 11-3> **Razor** 태그 도우미에 대한 비주얼 스튜디오 인텔리센스

서버 측 실행이 완료되면 소스 11-8에 있는 코드의 최종 결과가 소스 11-9에서 보는 바와 같아진다. 모든 태그 도우미 특성이 제거되었으며 HTML 요소는 원하는 사용자 환경을 제공하는 데 필요한 특성으로 장식되었다. 〈input〉 요소는 클라이언트 쪽 유효성 검사 메시지로 꾸며져 있으며 〈label〉과 〈span〉은 〈input〉과의 관계가 설정된다.

소스 11-9 태그 도우미에서 생성된 HTML 출력 양식

```
<div class="form-group">
  <label class="col-md-2 control-label" for="Email">Email</label>
  <div class="col-md-10">
    <input class="form-control" type="email" data-val="true" data-val-
email="The Email field is not a valid e-mail address." data-val-required="The
Email field is required." id="Email" name="Email" value="">
    <span class="text-danger field-validation-valid" data-valmsg-for="Email"
data-valmsg-replace="true"></span>
  </div>
</div>
```

태그 도우미의 암시적인 사용에 상관이 없다면 더 명확한 구문을 사용하도록 선택할 수도 있다. 개발 커뮤니티에서 제기된 우려 사항 중 하나는 디자이너와 상반되는 "어느 것이 HTML이고 어느 것이 태그 도우미의 일부인지 개발팀이 어떻게 알 수 있나?" 라는 새로운 의문이었다. 사실, 이것은 1년 반 이상 커뮤니티에서 200개의 댓글이 달린 주제였다.

📝 *note*

ASP.NET 팀이 태그 도우미 설계를 공개하고 커뮤니티와 상호작용하여 태그 도우미를 균형 있게 관리했던 방법은 오픈 소스를 얼마나 진지하게 받아들이고 있는지를 보여주는 좋은 예이다. 개발자들은 토론에 참여하고, 사람들을 설득하고, https://github.com/aspnet/mvc에서 코드 기반 기여에 동참했다.

명시적 접두어를 사용하려면 다음 코드를 뷰에 추가해야 한다.

```
@tagHelperPrefix "th:"
```

또한 모든 뷰에서 동일한 표기법 사용을 요청하는 _ViewImports 수준에서 이 구문을 사용 가능하도록 할 수 있다. 태그 도우미를 사용하려는 모든 HTML 요소 앞에는 이제 접두어가 붙어야 한다. 소스 11-8과 동일한 코드에 접두어가 붙어 소스 11-10에 다시 표시된다.

소스 11-10 접두어를 사용하는 태그 도우미가 표시된 양식 요소

```html
<div class="form-group">
  <th:label asp-for="Email" class="col-md-2 control-label"></label>
  <div class="col-md-10">
    <th:input asp-for="Email" class="form-control" />
    <th:span asp-validation-for="Email" class="text-danger"></span>
  </div>
</div>
```

지금까지 설명한 것처럼 태그 도우미는 웹 컨트롤보다 가볍고 눈에 거슬리지 않으며 영향을 미치는 태그와 쉽게 상호작용한다는 점에서 몇 가지 이점을 보여준다. 명시적 접두어 구문의 자세한 정보를 원하는 경우 이를 다시 추가할 수 있다. 태그 도우미는 영역 및 도달 범위가 제한되어 있으며 페이지의 다른 부분을 간섭하지 않고 더욱 동적인 결과를 구성하기 위해 단일 요소와 결합할 수 있다.

또한 HTML 요소가 대상이 아닌 곳에서 태그 도우미를 사용하는 또 다른 경우가 있지만 태그 도우미가 불필요하게 사용된다. 소스 11-11에서 현재 실행 환경을 기반으로 하는 적절한 <link> 요소 생성에 사용된 환경 태그 도우미 예제를 살펴보자. 이 경우 태그 도우미의 기본 기능은 뷰에서 결과에 도달하는 복잡성을 제거하는 것이다. 어떤 스타일 시트를 사용해야 하는지를 결정하기 위해 뷰에 로직을 작성하거나 구성에 접근하는 방법을 알 필요가 없다.

소스 11-11 스타일 시트 선택을 위한 환경 태그 도우미 사용

```
<environment names="Development">
  <link rel="stylesheet" href="~/css/site.css" />
</environment>
<environment names="Staging,Production">
  <link rel="stylesheet" href="~/css/site.min.css" asp-append-version="true" />
</environment>
```

올바르게 사용되면 태그 도우미는 개발자의 뷰 복잡성을 추상화하는 값을 추가한다. 컨텍스트를 인식하고 뷰 모델에 접근할 수 있으므로 풍부한 기능을 제공한다. 자신만의 태그 도우미도 역시 만들 수 있다. 이 방법에 대해 더 자세히 알고 싶다면 19장의 사용자 정의 태그 도우미 부분을 확인하자.

비주얼 스튜디오의 도움

비주얼 스튜디오는 태그 도우미를 사용하여 뷰의 어떤 부분을 식별할 수 있는지 확인하는데 매우 도움이 된다. 그림 11-4는 태그 도우미로 활성화되지 않은 태그와 활성화된 태그의 차이점을 보여준다.

비주얼 스튜디오의 어두운 테마에서 그림 11-4의 바깥쪽 〈div〉는 태그 도우미에 의해 수정되지 않았지만 태그 바로 안의 〈label〉이 수정되었다. 〈div〉는 파란색으로 표시되지만

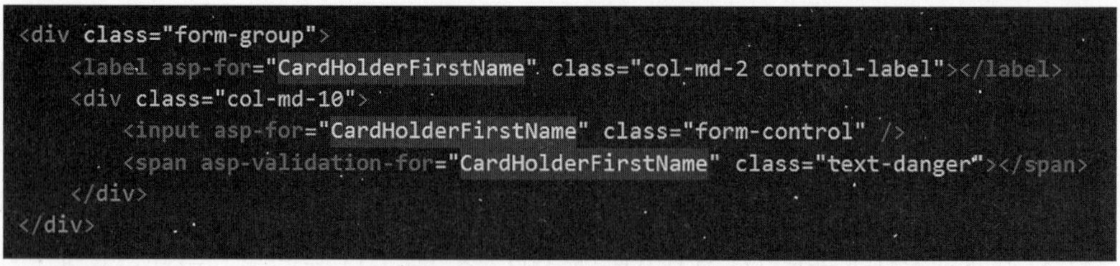

```
<div class="form-group">
    <label asp-for="CardHolderFirstName" class="col-md-2 control-label"></label>
    <div class="col-md-10">
        <input asp-for="CardHolderFirstName" class="form-control" />
        <span asp-validation-for="CardHolderFirstName" class="text-danger"></span>
    </div>
</div>
```

<그림 11-4> 비주얼 스튜디오에서 태그 도우미 구문 강조

264

〈label〉은 밝은 청록색이다. 마찬가지로 〈div〉의 class와 같은 HTML 속성은 파란색의 밝은 음영이지만 〈label〉의 asp-for는 태그 도우미의 서버 측 특성으로 인식된다. asp-for 특성은 바운드(bound) 특성이라고 하며 클라이언트에 대한 최종 출력에는 표시되지 않지만 class와 같은 언바운드(unbound) 특성은 HTML을 통해서만 흘러간다.

뷰에서 복제 피하기

프로젝트에서 재사용 수준이 높은 네임스페이스가 있을 것이다. 모든 뷰의 상단에 using문을 추가하는 대신 _ViewImports를 사용하여 네임스페이스를 애플리케이션의 모든 뷰가 가져다 쓸 수 있다. 태그 도우미뿐만 아니라 뷰에 주입되는 서비스에 대해서도 마찬가지다. 다음은 팀이 뷰 전체에서 사용하도록 만든 모델 및 태그 도우미를 허용하는 Views 폴더의 루트에 위치한, 알파인 스키 하우스 _ViewImports에 표시되는 몇 가지 문장의 예제이다.

```
@using AlpineSkiHouse
@using AlpineSkiHouse.Models
@addTagHelper *, AlpineSkiHouse.Web
```

_ViewImports는 다른 뷰 엔진 구성 요소와 동일한 상속 모델을 따른다. 폴더의 모든 뷰는 포함된 명령문을 공유한다. 상위 폴더의 설정을 재정의하려면 하위 폴더에 또 다른 _ViewImports를 추가하여 설정할 수 있다. 서비스 정의를 재정의하는 옵션도 있다.

대체 뷰 엔진 사용하기

Razor에 관한 대화를 끝내기 전에, 혹시 Razor를 원하지 않는다면 Razor를 사용할 필요가 없다는 언급을 해야 하겠다. 모험 같은 것을 좋아한다면 IViewEngine을 구현하여 자신만의 뷰 엔진을 작성하거나 다른 프레임워크의 뷰 엔진에서 혼합하여 대체 사용할 수도 있다.

```
services.AddMvc().AddViewOptions(options =>
  {
    options.ViewEngines.Clear();
    options.ViewEngines.Add(MyIViewEngine);
  });
```

ASP.NET MVC 초기에는 앞서가는 몇 가지 대체 뷰 엔진이 있었다. 그러나 대부분은 Razor 채택 이후 버려졌다.

물론, 뷰 엔진을 작성하는 것은 간단한 작업이 아니다. 아마도 전체 핵심 옵션이 필요하지 않다면 기존의 RazorViewEngine 클래스를 상속받아 몇 가지 사소한 조작을 하고 싶을 것이다. 그것이 여러분의 방식이라면 Startup 클래스의 ConfigureServices 메서드에서 startup 이 발생할 때 Razor의 자체 버전을 추가할 수 있다.

```
services.AddSingleton<IRazorViewEngine, YourCustomRazorEngine>();
```

그리고 마지막으로 Razor가 모든 것들을 수행하지 않기를 원한다면, 예를 들어 파일 제공자 목록을 확장하거나 뷰가 위치할 때 기본적으로 포함된 위치를 변경해야 하는 경우라면 더 단순한 경로로 갈 수 있으며 일부 Razor의 기본 설정을 수정할 수 있다.

```
services.Configure<RazorViewEngineOptions>(options =>
  {
    // 옵션 수정
  });
```

요약

뷰 엔진이 있는 한, Razor는 이미 사용자 경험을 표시하는 서버 측 측면을 처리할 수 있는 유용하고 성숙한 도구로 입증되었다. HTML을 작성하는 과정에서 C# 코드 구문을 사용하면 마찰이 적고 프레임워크와 언어 기능을 쉽게 통합할 수 있다. 바닐라 HTML을 밀접하게 반영하는 구문을 사용하면, 잘 알려진 구문과 함께 근본적으로 다른 프레임워크보다 디자이너가 훨씬 작업을 쉽게 할 수 있다. 레이아웃 및 파샬(partials)을 사용하면 페이지마다 간단한 명령으로 얻을 수 있는 일관된 모양의 웹 애플리케이션을 구성할 수 있으며, 뷰에 플랫폼의 힘을 부여하는 강력한 형식의 모델, 서비스 주입 및 태그 도우미 기능을 사용할 수 있다.

지금까지 이 책 전체에서 Razor 뷰 엔진을 포함하여 몇 가지 대체 구성을 훑어보았고, 이제는 더 자세히 살펴볼 시간이다. 다음 장에서는 중요한 변경 및 개선을 보인 ASP.NET의 두 영역인 구성 및 로깅에 대해 자세히 살펴보겠다.

Chapter
12 구성 및 로깅

"네, 알겠어요. 채프만, 노고에 감사해요. 그게 우리에게 도움이 되지는 않겠지만 우릴 죽이지도 않을 거예요." 팀(Tim)은 그렉이 끊기를 기다렸다가 세게 전화기를 내려놨다. "아, 이런!"

그렉 채프만(Greg Chapman)은 전화기 회사의 파트너 통합 관리자이고 알파인이 사용하던 전화 및 고객 서비스 시스템의 현 제품 소유자이다. 불행히도 알파인에 설치된 소프트웨어 버전을 추가 하드웨어 구입 없이 직접 업그레이드할 수 있는 경로가 없었다. 이것은 알파인의 개발팀이 사이트에 표시하려고 했던 서비스 중앙 정보 코드에 대한 서비스를 받지 못할 것이라는 의미였다.

전화를 끊는 소리를 들었을 때 마크와 마르는 팀의 사무실 바깥쪽 복도에 있었다. 마르가 "그래서요?"라며 문을 빼꼼히 열기 시작했다. "전화 끊을 때 '오, 이런!'이라고 한 다음 수화기를 세게 내려놓으면 우리에게도 영향이 있다고 생각해야 하는 건가요?"

팀은 "흠"이라며 불평을 시작했다. "들어오세요." 그가 들어오라고 했지만 마크는 이미 입구에 들어섰다. "그렉은 A. Datum에서 일할 때부터 나의 오랜 친구여서, CSR 소프트웨어 업그레이드를 계속 진행할 수 있는지 확인하려고 그에게 연락했어요. 그가 우리 요청을 신속하게 처리하려고 우리 라이센스 버전을 알아보았는데 만료된 지 오래되었다고 해요. 새 서버를 살 때까지는 시스템 업그레이드조차 할 수 없어요, 이건 완전..."

"...그럼 반짝반짝 빛나는 새 API를 쓸 수 없겠군요"라며 마르가 그의 말을 이었다. "큰일이군."

팀은 "네. 저는 여러분이 웹사이트에 그걸 사용하길 원한다는 것을 알아요"라고 말을 이어갔다. "하지만 작업 전에 그것을 얻을 수 있으리라고는 생각하지 않아요. 갖고 있는 것을 붙입시다."

"글쎄요, 그게 완전히 끝난 게 아닐 수도 있죠, 그렇죠?" 마크가 물었다. "제 말은 누군가 VOIP 전화에 인증할 때마다 정보를 파일에 쓴다는 거죠. 철 지난 사용법인 건 알지만, 우리는 매번 그냥 파일을 덮어쓰라고 말할 수 있었어요. 마르, 기억하나요? 다니엘이 이런 사용자 구성 제공자에 대해 말해주었어요."

"맞아요... 그걸로 해봅시다!" 마크가 새 노하우를 다니엘에게 보여주며 열변을 토했다. "팀, 잠시만요. 우리가 이걸 조금씩 짝을 지어서 이렇게 하면 실제로 문제가 되는지 파악해보죠. 그걸 알아보는 데 3시간이 걸릴 텐데 지켜봐주시겠어요?"

프로덕션 환경에서는 로깅 및 구성이 매우 중요하다. 이 장에서는 ASP.NET Core의 새로운 구성 시스템과, 애플리케이션의 실행 방법에 대한 정보를 작성, 저장 및 공유하는 기법을 향상시키는 데 도움이 되는 강력한 새 로깅 도구에 대해 설명한다.

web.config에서 벗어나기

전통적으로 web.config에는 애플리케이션 구성을 저장할 수 있는 화려함과 책임이 있었다. 시간이 지남에 따라 web.config는 기능이 발달하고 집중화되었다. 명시적으로 라이브러리 바인딩을 설정하고, 특정 사용자에 대한 접근 권한을 부여하고, 뷰 엔진의 설정을 수정하고, 연결 문자열을 지정하고, 사이트 배경의 기본 색상을 설정하도록 선택할 수 있다. 그 파일에 너무 많은 일이 일어나고 있다.

이 복잡성은 web.config에서 벗어나는 중요한 동기 중 하나가 되었다. 이름 자체는 "웹"과 관련된 구성이 있음을 의미하지만 웹이 무엇인가? 웹 애플리케이션? 웹 서버?

.NET 커뮤니티는 대부분의 애플리케이션에서 동작하는 몇 가지 규칙에 익숙하다. 다음은 해당 규칙의 몇 가지 예이다. 먼저 비주얼 스튜디오에서 애플리케이션을 개발해야 한다. 다음으로, 프로덕션에 배포하는 하드웨어는 .NET 프레임워크가 설치된 윈도우즈 서버를 실행해야 한다. 또한 웹사이트 및 관련 호스트 구성을 호스팅하는 IIS 복사본이 있어야 한다. 애플리케이션 데이터를 저장하는 SQL 서버 설치를 위해 대화하는 코드를 작성해야 할 것이다. 이것은 ASP.NET Core로 진행하고 있으며, web.config 또한 그 진행상에 있다고 가정하기 때문이다.

마지막 문장은 적어도 뷰 애플리케이션의 관점에서는 사실이다. IIS에서 애플리케이션을 호스팅하려면 web.config가 필요하지만, web.config가 ASP.NET Core에서 애플리케이션 구성을 강화하는 것은 아니다. web.config에서 자유롭게 벗어나는 것은 사용하는 도구가 web.config를 이해할 필요가 없다는 것을 의미한다. IIS 외부에서 애플리케이션을 호스팅하려는 경우 호스트가 이해 못하는 web.config를 기본으로 사용하지는 않을 것이다. 그리고 대부분의 web.config 파일을 구성하고 있는 것들을 솔직하게 말하자면 3개의 뿔 달린 괴물들을 두려워하는 것만큼 무시무시하면서 관련 없는 많은 정보와 구성이 있다.

그러나 지금까지 web.config에 대한 가장 크고 불만스러운 점 중 하나는 그 파일이 괴롭힘을 당한 아이라는 것이다. IIS의 상위 폴더에서 시스템 차원으로 상속된 구성(applicationhost. config 또는 machine.config)을 사용하면 알지 못하는 동안 애플리케이션에 침투하여 애플리케이션의 문제를 알아내기 어렵게 만든다. 부모 수준의 설정은 사용자가 인지하지 못하고 런타임에 의도치 않은 부작용을 야기하여, 다른 환경에는 존재하지 않았던 동작이나 결과를 발생시키고 잠금을 가져올 수 있다.

ASP.NET Core에서는 읽을 수 있는 구성 유형을 자유롭게 선택할 수 있고, 호스트 및 서버 구성을 정리할 수 있으며, 애플리케이션 설정과 분리를 할 수 있고, 프로젝트에서 더 강력한 구성 시스템을 활용할 수 있음을 알 수 있다.

애플리케이션 환경 설정

생성한 각 환경마다 고유 컨텍스트에 적합한 다른 설정이 있다. 로컬 개발 컴퓨터에서 실행하는 경우 Azure 저장소 도구용 개발자 에뮬레이터를 사용할 수 있지만, 실제로는 더 높은 환경을 사용하길 원한다.

ConfigurationBuilder를 사용하면 애플리케이션이 Startup 클래스의 생성자에서 주어진 환경 소스의 적합한 해당 값을 읽도록 지시할 수 있다.

```
var builder = new ConfigurationBuilder()
  .SetBasePath(env.ContentRootPath)
  .AddJsonFile("appsettings.json", optional: true, reloadOnChange: true)
  .AddJsonFile($"appsettings.{env.EnvironmentName}.json", optional: true);
  if (env.IsDevelopment())
    builder.AddUserSecrets();
```

```
builder.AddEnvironmentVariables();
Configuration = builder.Build();
```

위 코드로부터 실행하는 환경이 사용하는 구성에 일부 영향을 미친다는 결론에 쉽게 이를 수 있다. 실행 중인 환경을 기반으로 구성 파일을 적용하는 데 사용되는 env.Environment Name 토큰을 볼 수 있다. 이 토큰은 운영 체제를 통해 기본적으로 환경 변수로 선택되거나 비주얼 스튜디오를 사용하는 경우, 프로젝트의 디버그 설정에서 설정된 프로세스 바인딩 환경 변수를 통해 선택된다. 조건부 추가 구성 소스의 기술은 추가적인 빌드 또는 배포 단계 없이 값을 쉽게 대체할 수 있다. 환경명을 기반으로 하는 .AddJsonFile에 대한 호출 또한 optional 매개변수를 true로 설정하여, 필요에 따라 이러한 파일을 생성할 때만 사용할 수 있다. 마찬가지로 구성 값이 저장되는 방식으로 인해 모든 환경마다 값을 일일이 생성해야 한다는 걱정도 할 필요가 없다. 개발 환경 파일에 다른 곳에는 존재하지 않는 연결 문자열을 정의하는 것도 괜찮다.

note

특히 공용 저장소에서 작업하는 경우 특정 유형의 데이터는 애플리케이션 구성 파일에 저장하기가 적합하지 않다. 팀 내에서도 개발자가 공유해서는 안 되는 구성 측면이 있다. 사용자 보안에 관해서는 13장 "ID, 보안 및 권한"에서 이러한 유형의 값을 저장하는 방법을 살펴본다.

또한 위 코드는 여러 파일에 저장되거나 다른 구성 공급자가 제공하는 값이 있을 수 있다는 아이디어를 강조 표시한다. 거기에 JSON 파일과 환경 변수에 대한 호출이 있다. 코드가 개발 환경을 실행하는 경우 사용자 보안 저장소에서 구성을 로드한다.

각 구성 제공자는 추가된 순서대로 호출되므로 구성을 로드하는 순서가 중요하다. 여러 구성 소스에 존재하는 값은 경고 없이 이전 항목을 덮어쓰며, 애플리케이션의 구성 저장소에 있는 경우에만 나타난다. appsettings.json 및 appsettings.development.json에 모두

StorageKey 값이 포함되어 있고 환경 변수에 동일한 키가 있는 경우 환경 변수의 값은 애플리케이션이 런타임에 사용하는 값이다.

구성의 모든 값은 키-값 쌍으로 저장되고 저장 시 계층 구조의 일부 측정을 표시하기를 원할 때도 사용할 수 있다. 일반적으로 다음 appsettings.json 파일에 있는 것과 같은 값의 집합을 볼 수 있다.

```
"Logging":{
  "IncludeScopes": false,
  "LogLevel":{
    "Default": "Debug",
    "System": "Information",
    "Microsoft": "Information"
  }
}
```

다시 말하지만, 키-값 쌍으로 구성 정보를 저장하는 기능만 있으므로 위의 구성은 키-값 구조에서 작동할 수 있도록 역직렬화된다. Startup 생성자의 끝에 중단점을 설정하고 Configuration 속성을 검사하면 값이 표 12-1의 해당 값으로 변환된 것을 볼 수 있다.

구성 제공자는 JSON 문서의 값 트리를 값 추출 끝 노드로 이동한다. 그 외의 모든 속성명의 경우, 그 노드의 이름을 사용해 대응하는 키를 생성한다.

〈표 12-1〉 구성 및 구성 매핑에서 로깅 수준 값에 이르는 계층적 키

키	값
Logging:IncludeScopes	False
Logging:LogLevel:Default	Debug
Logging:LogLevel:System	Information
Logging:LogLevel:Microsoft	Information

기타 구성 공급자 사용하기

구성을 읽는 데 필요한 프레임워크 제공 구성 요소가 늘어나고, 저장소의 추가적인 유형을 지원하도록 추가되는 커뮤니티의 노력 또한 마찬가지이다. 성숙한 공급자 중 누구나 유창한 구문으로 연결을 가능하게 하고 소스를 쉽게 연결하기 위해 ConfigurationBuilder의 확장 메서드를 사용할 수 있다.

GitHub의 ASP.NET 구성 저장소의 예제 호출로 현재 사용 가능한 공급자는 다음과 같다.

- Configuration.Azure.KeyVault - 사용자가 제공한 클라이언트 ID 및 암호가 제공되면 지정된 키 저장소에서 데이터를 읽는다. 이는 개발자가 접근할 수 있는 리소스에 대한 세부적인 제어를 유지하면서 클라우드 리소스를 사용할 수 있는 좋은 방법이다.

```
builder.AddAzureKeyVault(vaultUri, clientId, clientSecret);
```

- Configuration.CommandLine - 명령줄에서 인수를 제공할 수 있다. 이 기능은 ASP.NET Core MVC 애플리케이션에서는 사용되지 않지만 몇 가지 추가 단계를 수행하면 연결이 가능하다.

```
builder.AddCommandLine(args);
```

- Configuration.EnvironmentVariables - 실행 중인 애플리케이션 프로세스에서 구성 정보를 읽는다. 프로세스를 시작할 때 사용자와 시스템의 환경 변수가 로드되고 새로 고쳐지지 않으므로 비주얼 스튜디오 프로세스 및 하위 프로세스가 동작하지 않는다. 변경 값으로 작업하려면 프로젝트의 속성 페이지 디버그 탭에서 환경 변수를 설정하는 것이 좋다. 키 이름에서 제거된 접두어를 통해 환경 변수를 선택적으로 필터링할 수 있다.

```
builder.AddEnvironmentVariables("AlpineApi-");
```

- Configuration.Ini - 웹 애플리케이션의 컨텍스트에서는 일반적으로 생각하지 않지만 INI 파일은 실제로 구성을 저장하는 꽤 좋은 컨테이너이다. 그것들은 명명된 섹션을 지원하며 취약점이 거의 없고 사람이 읽을 수 있다.

```
builder.AddIniFile("loadbalancerinfo.ini", optional: false, reloadOnChange:
true);
```

- Configuration.Json - de facto 공급자는 ASP.NET Core MVC 프로젝트 템플릿에서 사용된다. 가장 장황한 형식은 아니지만, JSON 파일은 중첩된 구조 기능을 제공하며 문서의 정확성을 검증할 수 있다. 문서를 시각적으로 평가하고 그 내용을 이해하기 쉽게 해주는 많은 인쇄 유틸리티가 있다.

```
builder.AddJsonFile("appsettings.json", optional: true, reloadOnChange: true);
```

- Configuration.Xml - 대부분의 개발자에게 익숙한 전통적인 ASP.NET 저장소 형식이다. 추가된 장점으로는 이전 사용자 정의 구성 섹션을 사용하고 그것을 마이그레이션 하려는 경우 ASP.NET Core MVC 프로젝트에 최소한의 노력으로 이러한 설정을 이식할 수 있다. XML 구성 제공자를 사용하면 XML에서 속성과 노드 값을 모두 검사할 수 있다.

```
builder.AddJsonFile("webserviceendpoints.{envEnvironmentName}.json", optional:
true);
```

XML, INI 및 JSON 파일용 파일 기반 제공자는 모두 구성 파일을 선택적으로 만드는 것을 지원하며 런타임 시 애플리케이션을 다시 시작하지 않고도 자동으로 재로드되도록 지원한다. 이러한 유형에 구성 파일을 추가할 때 reloadOnChange 매개변수를 true로 설정하면 이 기능이 활성화되고 변경 사항이 즉시 애플리케이션에 반영된다.

사용자 정의 구성 제공자 생성하기

마크가 사이트에서 고객 서비스 응대(Customer Service Representative, CSR) 가용성 문제를 해결하기로 결정했을 때 필요한 정보가 포함된 파일을 보고 구성 소스로 간주하기로 결정했다. 이 파일에는 콜센터의 전화번호가 있는 머리글 행, 온라인 상태인 각 콜센터 대표자를 위한 추가 줄, 그들이 연결할 수 있는 내선 및 로그인 시간이 포함되어 있었다. 그들은 세부 정보를 조사하기 위해 예제 파일을 택했다.

```
ACTIVE_PHONE_NUMBER|555-SKI-HARD
STAMMLER, JEFF|4540|2016-09-12T08:05:17+00:00
ILYINA, JULIA|4542|2016-09-12T13:01:22+00:00
SCHUSTIN, SUSANNE|4548|2016-09-12T12:58:49+00:00
CARO, FERNANDO|4549|2016-09-12T10:00:36+00:00
```

애플리케이션에서 해당 파일에 대한 지원을 생성하는 방법에 대해 살펴보자. 파일에서 정보를 구문 분석하고 구성 값을 빌드할 수 있는 클래스를 작성하는 것부터 시작하자. 이 로직 및 기능을 다른 문제와는 별도로 빌드하고 테스트할 수 있기 때문에 이 작업이 중요하다. 우리는 실제로 콜센터의 전화번호 및 온라인 상태에 있는 CSR의 수라는 두 가지 특정 사항에 관심이 있다. 해당 값을 추출하여 계산한 다음 CsrInformationOptions 접두어가 붙은 키를 사용하여 사전에 저장한다. 다음은 스트림을 읽고 작업의 대부분을 수행하는 Parse 메서드이다.

```
public IDictionary<string, string> Parse(Stream stream)
{
  _data.Clear();
  using (var reader = new StreamReader(stream))
  {

    // 첫 번째 줄은 전화번호를 포함한다
    var line = reader.ReadLine();
    var phoneNumber = ExtractPhoneNumber(line);
```

```
    // 모든 다음 줄은 연락처 정보를 포함한다
    var onlineCount = 0;
    while ((line = reader.ReadLine()) != null)
    {
        onlineCount++;
    }

    // 구성 저장소에 할당
    _data.Add("CsrInformationOptions:PhoneNumber", phoneNumber);
    _data.Add("CsrInformationOptions:OnlineRepresentatives", onlineCount.
ToString());
    }

    return _data;
}
```

사용자 정의 구성 공급자를 구현하려면 IConfigurationProvider의 인스턴스를 구성하고 반환하는 IConfigurationSource 구현을 작성해야 한다. 파일 기반 구성 소스의 경우 파일을 설명하는 데 필요한 속성이 있고, 파일이 디스크에서 변경될 때 자동 재로드를 지원할 수 있는 프레임워크에서 미리 만들어진 FileConfigurationSource를 활용할 수 있다.

```
public class CsrInformationConfigurationSource : FileConfigurationSource
{
    public override IConfigurationProvider Build(IConfigurationBuilder builder)
    {
        FileProvider = FileProvider ?? builder.GetFileProvider();
        return new CsrInformationConfigurationProvider(this);
    }
}
```

공급자는 내부 값 목록에 접근하는 일련의 메서드를 제공한다. 구성 시스템은 이러한 메서드를 사용하여 구성 소스에서 읽은 값에 접근한다. 여기서는 FileConfigurationProvider에서 상속받은 CsrInformationConfigurationProvider를 구현하고 제공된 스트림에서 값을 읽도록 이전에 작성된 파서를 사용한다.

```
public class CsrInformationConfigurationProvider : FileConfigurationProvider
{
  public CsrInformationConfigurationProvider(FileConfigurationSource source)
  : base(source){}

  public override void Load(Stream stream)
  {
    var parser = new CsrInformationParser();
    Data = parser.Parse(stream);
  }
}
```

명시적으로 요구되는 것은 아니지만 IConfigurationBuilder에서 중단된 확장 메서드를 통해 구성 소스의 사용을 표면화할 수도 있다. 이렇게 하면 startup에서 구성 소스를 다른 구성 소스로 쉽게 연결할 수 있다. CsrInformationExtensions 클래스는 알파인 프로젝트에서 이러한 확장 메서드를 포함하며, 결국 Startup.cs의 프로젝트에 구성 파일을 추가하기 위해 한 줄의 코드를 고려한다.

```
var builder = new ConfigurationBuilder()
  .SetBasePath(env.ContentRootPath)
  .AddCsrInformationFile("config\\TPC_ONLINE_AGENTS.INFO", reloadOnChange: true)
  .AddJsonFile("appsettings.json", optional: true, reloadOnChange: true)
  .AddJsonFile($"appsettings.{env.EnvironmentName}.json", optional: true);
```

틀림없이 이 방법은 많은 해결책 중 하나이며 자신의 손에 맞지 않을 수도 있다. 구성 소스보다는 데이터 소스로 고려해야 하는 애플리케이션의 입력 측면을 항상 검토해야 한다.

ASP.NET Core 1.0.1 버전에서 FileConfigurationSource 제공자는 디스크에서 변경 시에 설계된 대로 다시 로드하지 않는다. 이는 알려진 이슈였고, 1.1 버전에 맞추어 GitHub에서 해결을 위한 이정표가 설정되었다. 실제로 비주얼 스튜디오 2017 출시에 맞춰 해당 문제가 수정되었다.

여기서 마지막으로 하나를 되짚어보자. 고유한 파일 형식에서 매우 구체적인 값 집합을 추출하기 위해 사용자 정의 구성 공급자를 만들었지만 속성을 키-값 쌍으로 표시하여 공통 바구니에 저장했다. 이것은 우리가 구성한 후에 구성 소스가 애플리케이션에 추가되면 구성한 키 값이 포함될 수 있다는 의미이다.

옵션 패턴 이용하기

ASP.NET Core 구성의 목표는 구성을 제공하고 소비하는 방법을 단순화하는 것이다. JSON, XML 및 사용자 정의 데이터 소스는 모두 이 방정식의 "제공" 측면을 말하고 소비를 단순화하는 옵션 서비스이다. 옵션 서비스를 사용하면 종속성 주입을 사용하여 애플리케이션의 서비스, 컨트롤러 및 기타 객체에 구성 정보를 제공할 수 있다.

이러한 서비스를 최대한 활용하려면 주입될 수 있는 객체가 필요하므로 객체가 시작점이 된다. 고객 서비스 구성 정보는 기본적으로 콜센터 전화번호와 현재 로그인된 CSR 수라는 두 가지 속성으로 요약된다. 그로부터 콜센터가 운영되고 있는지 역시 알 수 있다. Option 객체는 분명 구 CSR 객체이므로 옵션 클래스를 작성하는 것은 구현하기가 매우 어렵다.

```
public class CsrInformationOptions
{
  public string PhoneNumber { get; set; }
  public int OnlineRepresentatives { get; set; }
}
```

해당 데이터를 애플리케이션의 전 주기 동안 사용할 수 있는 옵션 서비스에 표시하려고 하므로 ConfigureServices 메서드의 Startup 클래스로 돌아가서 연결한다. Configuration. GetSection을 호출하면 공유된 이름 접두사가 있는 데이터 그룹을 검색할 수 있다. 이것은 구성 파일의 섹션이거나, 이 경우에는 접두사 CsrInformationOptions를 사용하여 구성 저장소에 추가한 값일 수 있다. 이 호출의 결과를 Configure<T> 메서드에 전달하고 이전에 만든 옵션 클래스에 이.메서드를 입력한다.

```
services.Configure<CsrInformationOptions>(Configuration.GetSection("CsrInfor
mationOptions"));
```

애플리케이션이 실행되면 이제 다양한 구성 소스에서 로드된 모든 등록 정보가 미리 로드된 구성 객체를 요청할 수 있다. 이 예제는 CsrInformationService 생성자에서 볼 수 있다.

```
public CsrInformationService(IOptions<CsrInformationOptions> options)
{
  _options = options.Value;
}
```

생성자에서 단순 CsrInformationOptions가 아닌 IOptions<CsrInformationOptions> 유형의 매개변수를 수락하는지 확인한다. 이는 옵션 서비스가 동작하는 방식이므로 구성된 옵션 객체를 해결할 수 있는 애플리케이션에 단일 서비스를 등록하기 때문이다.

옵션 서비스는 일반적으로 기본 프로젝트 템플릿이 사용하는 다양한 코드 경로를 통해 기본적으로 활성화된다. 애플리케이션에 IOptions<TOptions>가 구성되어 있지 않아 오류가 발생하는 경우 Startup의 ConfigureServices 메서드에서 services.AddOptions()에 대한 호출을 추가하여 해당 문제를 해결할 수 있다.

최상급 로깅

"우리가 어떤 것도 활발하게 로깅하지 않은 것에 감사한다. 그것이 우리 프로덕션의
문제를 훨씬 더 어렵게 만들었을 것이다."

-이제껏 아무도 없음

혼합된 규칙, 형식 및 로깅 실행에 참여하는 세계에는 이미 발생한 오류를 진단하려고 되돌
아가서 로깅을 시작할 수 없다는 한 가지 사실이 있다. 문제가 발생할 때 로깅을 하고 있지
않으면 문제의 근본 원인을 찾는 작업을 단순화하는 중요한 기회를 놓치게 된다. 로깅은 사
용자보다 더 정직하고, 단계적으로 늘어나는 헬프데스크 번호표보다 시기 적절하며, 화난
DevOps 관리자보다 침착하다. 로깅이 없으면 런타임 시 애플리케이션의 내부 동작에 거의
눈이 멀어 예방 유지 관리의 중요한 도구를 놓치게 된다.

이러한 단서들을 보면서 ASP.NET Core는 개발자의 가시성과 접근성을 한 단계 높였다.
타사 라이브러리에 문의하고 온라인 예제에서 구성을 패치하는 대신 애플리케이션 전체
에 로깅을 쉽게 할 수 있는 모든 기능이 프로젝트 템플릿에 포함되어 있다. 다음 필드 및
CsrInformationService 생성자를 고려해보자.

```
private ILogger<CsrInformationService> _logger;
private CsrInformationOptions _options;
public CsrInformationService(
  IOptions<CsrInformationOptions> options,
  ILogger<CsrInformationService> logger)
{
_options = options.Value;
_logger = logger;
logger.LogInformation("Entered the CsrInformationService constructor.");
}
```

애플리케이션에서 로깅을 시작하기 위해 로그 담당 인스턴스를 만들지 않아도 되며, 14장 "종속성 주입"에서 더 자세히 살펴볼 종속성 주입을 통해 가능한 서비스들을 제공한다. 런타임에서 로거 팩토리(logger factory)는 logger의 범주를 설정하는 서비스 클래스에 입력된 ILogger의 인스턴스를 생성하며, 범위에 있는 logger를 즉시 사용할 수 있다. 우리가 서비스에서 로깅을 위해 필요한 것은 백업 필드, 생성자 매개변수 및 코드 한 줄이다.

더 중요한 것은 로깅과 관련된 모든 작업이 로깅 개념을 추상화한다는 것이다. 우리가 선택한 라이브러리를 쉽게 사용하도록 해주는 대체 로깅 라이브러리를 위한 내장 로깅 교체에 대해서는 이 장의 끝부분에서 더 자세히 알아본다.

명확성을 제공하는 로그 생성하기

명확하게 로그를 남기면 실패한 서비스를 감지하고, 릴리스 변경 사항의 성능 영향을 모니터하는 기회를 가질 수 있으며, 모든 것이 레일에서 완전히 벗어났을 때 일어난 일을 더 잘 이해할 수 있다. 로그 파일을 절대 볼 필요가 없다면 좋겠지만, 반드시 해야 하는 경우에는 초기에 성공하도록 정보를 제공하는 것이 좋다.

다음은 애플리케이션에서 유용한 로그를 작성하는 방법에 대한 몇 가지·제안 사항이다.

- 명확히 하라: 학생 때 육하원칙에 대해 배웠을 것이다. 대부분의 상황에서 이것들은 로그 파일에 대해 생성하는 메시지에 포함할 좋은 세부 정보이다. 사용자(구체적), 요청 ID(익명화), 실행 중인 명령, 질의한 서비스, 타이밍 및 난감한 상황에서 복구하기 위해 수행한 모든 노력을 포함하는 것이 모두 도움이 된다.
- 과용하지 마라: 언제 정보가 도움이 될 지를 예상하고 전체 요청을 일상적으로 포함하려고 하겠지만, 시나리오에 대한 정보를 스스로 제한하자. 사용자가 프로필을 업데이트하는 경우 서버의 프로세스 수를 기록할 필요가 없다.
- 과용할 수도 없다: 디스크 공간은 제한되어 있고 조사하는 시간은 소중하다. 올바르게 수행 중이라는 상황이 제공되면, 상황에 따른 정보의 상세함은 애플리케이션이 가장 암울한 시기일 때 매우 유용할 수 있다. 요청의 범위를 벗어난 곳에서 사용할 수 없는 일시적인 모든 정보는 진행할수록 점점 가치가 생겨날 수 있다. 마찬가지로 넓은 범위의 정보를 그룹

화하고 추출하는 데 도움이 되는 모든 정보 또한 유용하다. 여기서 주의해야 할 점 하나는 성능에 영향을 미칠 때까지 로깅하지 않도록 하는 것이다.

- 남기는 것을 이해해라: 이미 완료된 것을 로깅할 필요가 없다. 다음 절에서 논의할 종속성 로깅에 대한 자세한 정보를 장황하게 기록하고 기본 로깅 서비스를 통해 해당 라이브러리가 제공하는 내용을 확인한다. 의지하는 라이브러리가 이미 필요한 정보를 제공할 수 있다면 네임스페이스 단위로 필터를 다시 돌리고 그곳에 주석을 다는 것에 최선을 다하자.

- 이해관계가 무엇인지 이해하라: 사용자가 제공하는 정보는 오작동하는 애플리케이션에 대해 신속한 대응을 제공하는 중요한 역할을 할 수 있지만, 로깅 목적으로 선택한 데이터에 유념해야 한다. 예를 들어, 수잔 서스틴은 훌륭한 사람이며 캐나다인으로 1744 North Cypress Blvd, Winnipeg, MB, R0M 2J4에 사는 사회 보험 번호 636 192 352라는 것을 아무도 알 필요가 없다. 그래서 제발, 친애하는 독자 여러분, 로깅할 때 여러분만의 방법을 생각해보자. 조직이 단순히 로그 파일을 열면 바인딩되는 개인 신원 정보 정책을 위반할 위험이 있는 개발자를 DevOps에 배치하는 것은 불공정하다.

예외에 대한 기대치 설정하기

예외를 로깅할 때 해야 할 일에 대해 여러분이 받는 조언은 알고 있는 것보다 더 다양하다. 그냥 다시 스로(throw)할거면 왜 로깅을 방해할까? 단일 세부 사항이 하나도 없다면 무엇이 잘못되었는지 어떻게 알 수 있을까? 아마도 다른 관점에서 예외를 살펴보고 우선 예외를 발생시키는 애플리케이션의 상태를 고려해야 한다.

예외 처리는 애플리케이션에 중요한 실행 경로가 있고, 오류에 대해 뭔가를 수행할 수 있으며, 강제성이 있는 예외적인 상황에서 수행하는 작업이다.

위험도가 높은 작업으로, 중요한 정보가 노출될 수 있는 시나리오에 대해서는 앞서 언급한 명확성을 위한 제안 사항을 따르도록 하자. 잠시 후에 로깅 수준에 대해 이야기하겠지만 런타임의 문제를 해결하기 위해 취할 수 있는 적극적인 접근 방법으로 다음 로깅 전략 패턴을 고려하자.

```
try
{
  _logger.LogDebug($"Entering critical path for {resource.Id}...");
  _service.InvokeRiskyManeuvre();
  _logger.LogInformation("Successfully completed barrel roll for {resource.
Id}.");
}
catch (UnexpectedStateException ex)
{
  _logger.LogError($"Unable to complete operation, resource {resource.Id} in
{resource.Status} state. Error: {ex.Message}");
  throw;
}
```

로깅 구성이 다르면 다른 로그 결과가 표시되겠지만, 모든 시나리오에서 어떤 리소스를 사용하고 있는지 알 수 있다. 디버그 구성에서 진행률을 한 줄씩 추적할 수 있다. 상위 레벨 환경에서는 애플리케이션이 성공 메시지를 표시하도록 구성될 수 있다. 또한 예외가 발생한 경우 명시적으로 예외를 포착하여 예상되는 오류를 격리한 다음 잘못된 내용을 이해하는 데 도움이 되는 리소스 정보를 제공할 수 있다.

개발 전략의 로깅

로깅에 대한 버그를 파악한 대로 모든 것을 로깅하기 시작하는 경향이 있다. 물론, 안 될 것도 없지 않은가? 로컬 컴퓨터에서 작업할 때 로그를 사용하면 애플리케이션이 로드되지 않고 이벤트 순서를 분별하기 쉬운 경우 서비스가 실행되는 방식을 빠르게 파악할 수 있다. 다음은 로깅이 디버깅 환경을 실제로 향상시킬 수 있는 몇 가지 시나리오이다.

• 애플리케이션에서 이벤트가 비동기적으로 발생할 때 그 현상을 식별한다.
• 애플리케이션이 아닌 IoT 소스의 명령에 응답하는 서비스를 작성한다.
• 다른 많은 서비스와 통신하는 마이크로 서비스를 개발한다. 로컬에서 한 서비스를 디버깅하고 로깅이 다른 사람을 위한 주변 정보를 캡처하도록 허용할 수 있다.

- 민감한 정보와 관련된 어려운 결함을 로컬에서 재생할 때 해당 데이터를 캡처하여 로컬 로그 스트림을 통해 표시할 수 있다.

마지막 항목이 여러분을 괴롭히는 원인이 될 수 있지만, 기회는 로깅의 강력한 측면을 빠뜨릴 수 있다. 로컬에서는 데이터를 입력할 가능성이 높으며, 여러분은 이미 비밀을 알고 있다. 추적 레벨 로깅을 상위 레벨 로깅과 함께 사용하면 애플리케이션에서 발생한 것들의 전체 그림을 그려주는 세부 정보를 캡처할 수 있다.

```
_logger.LogDebug($"Created new resource {resource.Id}...");
_logger.LogTrace($"Resource private token {resource.Token}");
```

이러한 유형의 정보를 프로덕션 환경으로 가져온다면 분명히 당황스러울 것이므로, 추적 수준 로깅이 기본적으로 해제되어 있다는 사실을 안다면 기쁠 것이다. ASP.NET Core를 사용하면 로깅의 상세 수준을 지정할 수 있으므로 애플리케이션 로그 파일의 주변 소음을 줄일 수 있다.

ASP.NET Core에서 로깅 수준

지금까지 중요한 정보를 로그에 저장하는 위치 전환에 대해 알게 되었지만, 중요한 문제를 피하기 위해 식별 기능의 대기열을 읽을 수 있는 logger의 기능에 대해서도 암시해왔다. 또한 로그에 사용할 수 있는 몇 가지 메서드가 있음을 눈치 챘을 것이므로 이제 알파인 스키 팀이 로깅 수준을 정의하기 시작하는 방법에 대해 살펴보겠다. 이러한 수준은 개발에서 가장 유용한 것부터 프로덕션에서 가장 의미 있는 것까지 아래의 순서대로 표시하고 있다.

- 추적(Trace): 이 수준은 기본적으로 사용되지 않는다. 이 로깅 수준을 로컬에서 사용하여 중요한 데이터 문제를 분류할 수 있다. 다른 개발자에게 "안전"하다고 인식되기 때문에 프로덕션 환경에서는 절대 사용하지 않아야 한다.
- 디버그(Debug): 이 수준에서 전략 선택의 동기, 토글이나 플래그의 상태 및 GUID나 프로세스 ID와 같은 개발자에게 더 흥미로운 것의 유형들을 구분하는 데 도움이 될 수 있다.

- 정보(Information): 빌드 경고, 알림 및 모니터링의 기타 종류를 가능하게 돕는 로그 분석 도구에서 사용 가능한 명령이나 데이터의 개별 작업에 대한 로그 값을 가져온다.
- 경고(Warning): 이 수준에 있는 것들은 아직 완전히 어둡지도 완전히 밝지도 않은 곳에 있다. 경고 수준을 사용하는 이상적인 시나리오는 어떤 것이 실패한 곳에서 희망을 주는 일종의 두 번째 수준의 재시도를 통해 오류를 복구할 수 있는 경우이다.
- 오류(Error): 비즈니스에 중요한 작업을 중단하고 조사에 필수적인 정보를 로그에 기록해야 하는 경우, 오류가 그렇게 하는 수단이 된다. 이러한 오류는 특정 상황에서 실패를 알리는 요청과 관련이 있을 수 있다.
- 위험(Critical): 이 수준은 애플리케이션에서 중요한 인프라에 도달할 수 없거나 다른 재난 상황이 발생할 때와 같은 광범위한 확산 실패에 대한 것이다. 여기에서 브레이크를 밟지 않는다면 도랑에 빠질 것이기 때문이다.

이제 애플리케이션에서 해당 수준을 적용하는 방법, 즉 예상 수준에서 로그하도록 애플리케이션을 구성하는 방법을 살펴보겠다. appsettings.config로 돌아가면 알파인 팀이 설정한 이전 장과 동일한 구성을 볼 수 있다.

```
"Logging": {
    "IncludeScopes": false,
    "LogLevel": {
        "Default": "Debug",
        "System": "Information",
        "Microsoft": "Information"
    }
}
```

모든 로깅의 기본은 "디버그"이지만 로깅 수준도 역시 설정하는 System 및 Microsoft 네임스페이스 항목이 있다. 팀은 로깅 수준을 코드가 로컬에 내려지고 애플리케이션이 동작할 때 대부분의 개발자를 위해 유용한 설정이라고 결정했다. 그림 12-1에서 dotnet run 명령을 통해 콘솔에서 애플리케이션을 실행하여 이것들의 결과를 볼 수 있다. 그러나 이것이 뷰에서

<그림 12-1> 기본 로깅 구성의 많은 정보

뷰로 이동하는 것과 같은 일반적인 동작을 수행할 때 많은 잡음이 발생할 수 있다는 것을 보게 된다.

 note

> 이 잡음은 우리가 피해야 할 것들과 일치하므로, 팀은 사용자 보안을 사용하여 자신의 컴퓨터에서 일부 세부 정보를 제거하기로 결정했다. 13장에서 사용자 보안에 대해 더 자세히 이야기한다.

이러한 정보 메시지를 프로덕션 외부에서 필터링하기 위해 프로덕션 환경에서 예상되는 로깅 수준을 갖는 환경 구성 파일인 appsettings.production.json도 추가되었다.

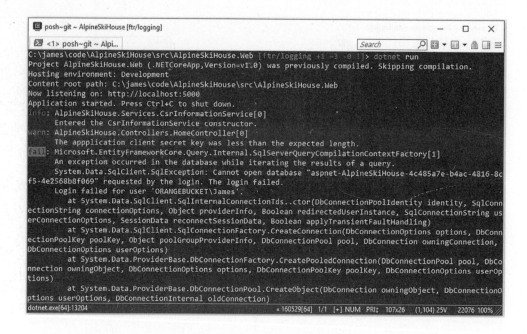

<그림 12-2> 로그 청소기 생성을 위한 수정 로깅 구성

```
{
  "Logging": {
    "IncludeScopes": false,
    "LogLevel": {
      "Default": "Information",
      "System": "Error",
      "Microsoft": "Error"
    }
  }
}
```

이것은 주 구성 파일에 있는 것과 동일한 구조이다. 이 장의 앞부분에서 언급한 것을 기억해 보면 동일한 값이 여러 구성 소스에서 나타날 수 있지만 마지막 것이 적용된다. 이 경우 재정의는 System 및 Microsoft 네임스페이스의 일부인 정보 메시지를 제거하여 그림 12-2에서와 같이 보다 확실하게 살펴볼 필요가 있는 증거를 보여준다.

288

이 설정을 애플리케이션에 적용하려면 Logging 절을 AddConsole 확장 메서드에 전달하여 로깅 미들웨어를 적절하게 구성해야 한다.

```
var loggingConfig = Configuration.GetSection("Logging");
loggerFactory.AddConsole(loggingConfig);
loggerFactory.AddDebug();
```

여기에는 실제로 두 번의 호출이 있으며, 어떤 일이 벌어지고 있는지 처음에는 분명하지 않을 수 있다. 우선, 일부 확장 메서드가 다른 것보다 더 유용하다고 지적하는 것이 중요하다. 여기에서 로깅을 계속하기 위해 두 가지가 사용된다. 첫 번째는 콘솔에 로깅을 추가하고, 두 번째는 비주얼 스튜디오의 디버그 출력 창에 로깅을 추가한다. AddConsole에 대한 호출은 이전 코드 블록에서 수행한 IConfiguration의 인스턴스를 전달할 수 있게 해준다. 반면 AddDebug 메서드는 그렇지 않다. 즉, AddConsole에는 네임스페이스를 기반으로 로그 메시지를 필터링하도록 저장한 설정을 사용할 수 있다. AddDebug에는 필터링에 대한 설정을 전달할 수 있는 오버로드가 포함되어 있지 않으므로 알파인 팀은 자체적으로 작성하도록 선택했다.

```
loggerFactory.AddDebug((className, logLevel) => {
  if (className.StartsWith("AlpineSkiHouse."))
    return true;
  return false;
});
```

필터에는 일반적으로 완전하게 정규화된 클래스 이름인 logger 범주를 포함하는 문자열을 받는 Func와 로깅된 메시지의 LogLevel이 필요하다. 메시지 자체를 검사할 필요가 없으며 해당 시점이 이 범주의 메시지에 로깅이 적합한지 여부를 결정할 수 있는 기회일 뿐이므로 적합성도 수행할 필요가 없다. 로깅 필터의 간단한 구현에서 팀은 메시지가 자체 제작으로 만든 네임스페이스에서 오는 경우에만 디버그 출력 창에 메시지를 출력하기로 결정했다.

향상된 로깅을 위한 로깅 범위 사용하기

범위(Scope)는 호출 체인의 일부를 드러나도록 하여 로그가 어디에서 오는 것인지를 더 잘 이해할 수 있는 방식이다. 범위는 각 요청 및 방식에 따라 자동으로 생성되며, 실행 파이프라인의 다른 부분에서 자체 중첩 범위를 생성하도록 선택할 수 있다. 요청을 통해 탐색할 때 새 범위가 들어오고 나간다. 자신만의 클래스를 추가하고 여러 클래스에 걸쳐 있는 프로세스 주변 범위를 포함할 수 있다. 타사 서비스의 지불 완료 및 결제 모음에 필요한 모든 작업을 수행하는 것 같은 비즈니스 프로세스 쪽으로 들어가기 전에 범위를 열 수도 있고, 명령이 완료될 때 범위를 닫을 수도 있다. ASP.NET Core에서 범위는 HTTP 요청의 전 주기 동안 유지된다.

알파인 팀은 특히 새로운 스키 카드 데이터의 추가와 관련되어 각각 들어오는 요청의 관점에서 실행되고 있는 단계를 명확하게 이해하고 싶어 한다. 이 기능을 사용하려면 먼저 설정을 "IncludeScopes": true로 변경하여 appsettings.json에 범위 정보를 포함하도록 로깅 설정을 수정한다. 그러면 다음과 같이 로그의 범위 정보가 노출된다.

```
info: Microsoft.AspNetCore.Hosting.Internal.WebHost[1]
   => RequestId:0HKV5MFUPFPVU RequestPath:/
   Request starting HTTP/1.1 GET http://localhost:5000/
```

범위 정보에는 하나 또는 그 이상의 => 기호 체인으로 시작하므로, 이 지점에서 유일하게 활성화된 범위는 요청 자체의 루트이다. 추가 로그 항목 세그먼트가 출력에 추가될 때 중첩 양식을 볼 수 있다. 로그 항목이 컨트롤러의 액션에서 나올 때 더 분명해진다.

```
info: Microsoft.AspNetCore.Authorization.DefaultAuthorizationService[1]
   => RequestId:0HKV5MFUPFPVV RequestPath:/skicard
   => AlpineSkiHouse.Web.Controllers.SkiCardController.Index (AlpineSkiHouse.Web)
   Authorization was successful for user: james@jameschambers.com.
```

팀은 핵심 비즈니스 시나리오와 관련된 사용자 정의 범위를 포함하도록 logger에 지시하여 범위 정보를 더욱 강화했다. 다음은 SkiCardController에서 사용자 정의 범위를 사용하여 사용자의 계정에 스키 카드를 추가하는 데 사용된 코드를 포함시키는 예제이다. _logger에 대한 호출 및 CreateSkiCard 범위 시작과 관련된 위치에 유의하자.

```
if (ModelState.IsValid)
{
  var userId = _userManager.GetUserId(User);
  _logger.LogDebug($"Creating ski card for {userId}");
  using (_logger.BeginScope($"CreateSkiCard:{userId}"))
  {
    SkiCard skiCard = new SkiCard
    {
      ApplicationUserId = userId,
      CreatedOn = DateTime.UtcNow,
      CardHolderFirstName = viewModel.CardHolderFirstName,
      CardHolderLastName = viewModel.CardHolderLastName,
      CardHolderBirthDate = viewModel.CardHolderBirthDate.Value.Date,
      CardHolderPhoneNumber = viewModel.CardHolderPhoneNumber
    };
    _skiCardContext.SkiCards.Add(skiCard);
    await _skiCardContext.SaveChangesAsync();
    _logger.LogInformation($"Ski card created for {userId}");
  }
  _logger.LogDebug($"Ski card for {userId} created successfully, redirecting to
  Index...");
  return RedirectToAction(nameof(Index));
}
```

사용자의 스키 카드를 생성하기 위한 로그 출력은 다음과 같다. 호출 체인에서 로그의 출처에 대한 명시적인 정보가 표시된다.

```
dbug: AlpineSkiHouse.Web.Controllers.SkiCardController[0]
  => RequestId:0HKV5MFUPFQ01 RequestPath:/SkiCard/Create
  => AlpineSkiHouse.Web.Controllers.SkiCardController.Create (AlpineSkiHouse.
  Web)
  Creating ski card for f81d8803-304a-481b-ad4f-13ef7bcec240
info: Microsoft.EntityFrameworkCore.Storage.Internal.RelationalCommandBuild
erFactory[1]
  => RequestId:0HKV5MFUPFQ01 RequestPath:/SkiCard/Create
  => AlpineSkiHouse.Web.Controllers.SkiCardController.Create (AlpineSkiHouse.
  Web)
  => CreateSkiCard:f81d8803-304a-481b-ad4f-13ef7bcec240
  Executed DbCommand (1ms)...
  ...WHERE @@ROWCOUNT = 1 AND [Id] = scope_identity();
info: AlpineSkiHouse.Web.Controllers.SkiCardController[0]
  => RequestId:0HKV5MFUPFQ01 RequestPath:/SkiCard/Create
  => AlpineSkiHouse.Web.Controllers.SkiCardController.Create (AlpineSkiHouse.
  Web)
  => CreateSkiCard:f81d8803-304a-481b-ad4f-13ef7bcec240
  Ski card created for f81d8803-304a-481b-ad4f-13ef7bcec240
dbug: AlpineSkiHouse.Web.Controllers.SkiCardController[0]
  => RequestId:0HKV5MFUPFQ01 RequestPath:/SkiCard/Create
  => AlpineSkiHouse.Web.Controllers.SkiCardController.Create (AlpineSkiHouse.
  Web)
  Ski card for f81d8803-304a-481b-ad4f-13ef7bcec240 created successfully,
  redirecting to Index...
```

범위는 엔티티 프레임워크, 요청의 일부로 실행되는 컨트롤러 및 액션, 요청 ID 자체를 통한 SQL 호출 정보를 제공한다. 이것은 요청 과정에서 발생한 모든 것을 이해하는 데 도움이 되는 강력한 정보이며 SkiCardController.Create 액션의 컨텍스트에서 수행된 데이터베이스 호출이 쉽게 식별된다는 사실로 더욱 향상되었다. 현명하게 사용하면 많은 통찰력을 제공할 수 있다.

끝으로 범위는 드물게 그리고 다른 방식으로는 추가할 수 없는 중요한 가치를 추가할 수 있는 경우에만 사용하는 것이다. 요청 ID가 일련의 관련된 로깅 이벤트를 분리하는 데 필요한 경우 범위 스택을 염두에 두고, 필요치 않은 경우 로그에 부하를 추가하지 않는 것이 좋다.

구조적 로깅 프레임워크 사용하기

구조화된 로깅은 로그 항목 자체와는 별도로 로그 항목의 데이터 부분을 저장할 수 있도록 하는 개념이다. 로그 템플릿 및 매개변수의 개념을 소개하면서 데이터를 템플릿으로 렌더링하여 기존의 텍스트 전용 로그 항목을 계속 지원한다. 로깅에 구조를 추가하면 로그 항목에 시스템이 읽을 수 있는 형식이 생겨서 흥미로운 시나리오가 활성화된다.

> 구조적 로깅은 "일관된, 의미론적 정보 [...]를 포함하는 미리 결정된 메시지 형식"을 사용하여 로그에서 더 심층적인 통찰력을 가능하게 한다.
>
> -ThoughtWorks Technology Radar[*], 2014년 1월

알파인 팀은 Serilog 라이브러리를 선택하고 Serilog.Extensions.Logging 및 Serilog.Sinks.Literate라는 이름의 적절한 패키지를 추가했다. 이 패키지는 프로젝트의 project.json에서 찾을 수 있으며 여기에는 다른 로깅 종속성도 포함되어 있다. 확장 패키지는 Serilog가 ASP.NET Core의 로깅 추상화 내에서 구조화된 근육을 유연하게 하도록 해주는 반면, Literate 라이브러리는 더 명확하고 읽기 쉬운 콘솔 출력을 제공한다.

다음 단계는 먼저 AddDebug에 대한 호출을 포함하는 LoggerFactor의 구성을 제거한 다음, 다음과 같이 대체하여 새 패키지를 사용하도록 Startup 클래스를 업데이트하는 것이다.

---

[*] 　기술 동향을 소개하는 사이트. https://www.thoughtworks.com/radar

```
Log.Logger = new LoggerConfiguration()
  .MinimumLevel.Information()
  .MinimumLevel.Override("AlpineSkiHouse", Serilog.Events.LogEventLevel.Debug)
  .Enrich.FromLogContext()
  .WriteTo.LiterateConsole()
  .CreateLogger();
```

이 구성은 이전에 콘솔 로깅을 위해 추가된 동일한 수준의 오류 메시지를 제공하고 런타임에 Serilog를 애플리케이션에 노출한다.

Serilog 구성 사용하기

Serilog 구성이 환경마다 다르기를 원한다면, Serilog 고유의 알려진 구조에서 설정을 읽을 수 있도록 해주는 Serilog.Settings.Configuration 패키지를 사용해야 한다는 것을 빠뜨리면 안 된다. 앞서 설명한 것과 동일한 구성이 appsettings.json에서 다음과 같이 표시된다.

```
"Serilog": {
  "Using": ["Serilog.Sinks.Literate"],
  "MinimumLevel": {
    "Default": "Information",
    "Override": {
      "AlpineSkiHouse": "Debug"
    }
  },
  "WriteTo": [
    { "Name": "LiterateConsole" }
  ],
  "Enrich": ["FromLogContext"],
  "Properties": {
    "Application": "Sample"
  }
}
```

이전에 구성한 IConfigurationRoot를 사용하면 로그 설정을 로드하는 Startup 클래스의 Configure 메서드에서 다음을 수행하기만 하면 된다.

```
var logger = new LoggerConfiguration()
  .ReadFrom.Configuration(Configuration)
  .CreateLogger();
```

그러면 환경별 구성에서 배운 것을 사용하여 사용자 보안, 환경 변수 또는 appsettings. EnvironmentName.json 파일의 요청에 따라 설정을 재정의하고 logger에 적용할 수 있다.

이제 팀이 로깅에 접근할 수 있는지에 대한 간단한 예제로 Home 컨트롤러의 Contact 메서드에서 로그 템플릿과 템플릿에 표시할 데이터를 포함하는 로깅 구문을 살펴보자.

```
_logger.LogDebug("User visited contact page at {VisitTime}", DateTime.Now);
```

로깅의 개념은 양동이나 싱크대와 같은 것으로 생각할 수 있다. 원하는 만큼의 싱크대를 가질 수 있으며, 선택한 대로 싱크대를 모두 쓸 수도 있고 선택적으로 쓸 수도 있다. 비구조화 싱크대가 콘솔 창이나 텍스트 파일에 쓰는 것과 같이 정보를 로깅할 때 LogDebug에 대한 이전 호출은 단순히 텍스트로 표시된다. 그러나 로그 항목의 매개변수화된 버전을 이해하는 싱크대에 로그를 남기면 구조화된 로깅이 실제로 빛을 발하기 시작한다. 우리가 생각하는 싱크대와 같은 로깅과는 다른 각도에서 살펴보자.

서비스로 로깅하기

데이터처럼 로그를 처리하도록 가치를 높이려면 유지하려는 정보를 이해하는 로깅 싱크대가 필요하다. 더 중요한 것은 정보를 꺼내는 데 도움이 된다는 것이다. 애플리케이션 발자취의 일부로 많고 많은 서비스를 사용한다고 생각한다면 그 정보를 꺼내는 것이 더 중요해진다. 또한 이러한 서비스가 여러 애플리케이션 서버에 걸쳐 있으면 점점 더 복잡해진다. 이런 복잡성을 방지하고 대기 시간의 위험성을 완화하기 위한 일반적인 해결책은 서비스를 사용하여 로그를 수집하는 것이다.

알파인 팀은 개발자가 로컬에서 무료로 사용할 수 있는 Seq로 작업하도록 결정했지만 프로덕션을 위한 상용 라이센스가 필요했다. 우리가 특정 제품이나 서비스에 너무 깊이 관여하지는 않겠지만 Serilog로 동일한 사람들이 작성하고, Serilog로 유지하고 작업하기 쉽기 때문에 Seq 엔진을 강조하는 것이다.

Seq 다운로드 및 설치에 대한 최신 정보는 https://getseq.net/를 방문하도록 하자.

Serilog가 이미 구성되었으므로 알파인 팀은 Serilog.Sinks.Seq라는 추가 패키지를 추가한 다음 Startup에서 다음과 같이 추가 싱크대를 Logger 구성에 추가했다.

```
Log.Logger = new LoggerConfiguration()
  .MinimumLevel.Information()
  .MinimumLevel.Override("AlpineSkiHouse", Serilog.Events.LogEventLevel.Debug)
  .Enrich.FromLogContext()
  .WriteTo.LiterateConsole()
  .WriteTo.Seq("http://localhost:5341")
  .CreateLogger();
```

이 구성의 한 가지 중요한 점은 WriteTo.Seq()에 대한 호출에 작성을 원하는 Seq 서버의 위치가 매개변수로 전달되고, localhost:5341은 로컬 Seq 설치의 기본 설정이라는 것이다. 애플리케이션을 실행한 다음 그림 12-3과 같이 Seq 인터페이스에 정보가 나타나기 시작하는 것을 보게 된다.

위 그림은 로그에서 드러나는 명확성을 보기에 훌륭하다. 중요한 정보가 강조 표시되고 서로 다른 로그 수준이 다른 색상 표시자로 수신된다. UI는 로그에 대한 시각적 단서를 제공할 수 있지만, 실제로 여기서 주목할 만한 점은 특정 로그 명령문을 드릴링 하는 기능이다. 그림 12-4는 팀의 Contact 액션에서 나타나는 LogDebug 메시지에 표시된 내용을 보여준다.

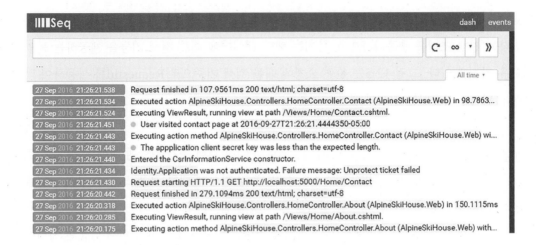

<그림 12-3> Seq 웹 인터페이스

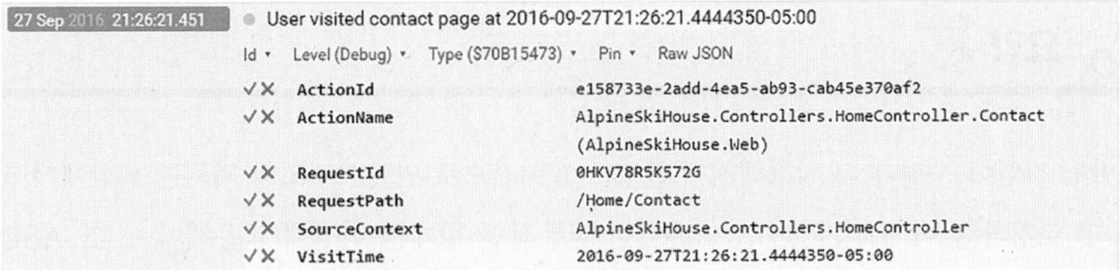

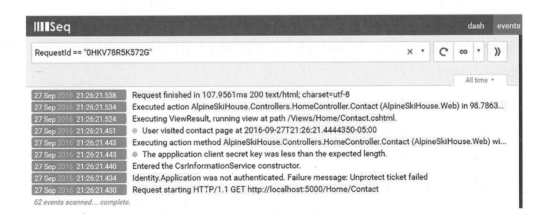

<그림 12-4> 로그 항목으로 드릴링

RequestId == "0HKV78R5K572G"

<그림 12-5> 요청 ID를 기반으로 하는 쿼리

로그 항목의 일부로 전달되는 VisitTime 매개변수를 주목하자. 로그를 데이터로 취급할 수 있다는 전제 조건을 충족시켰으며, 증거는 해당 데이터에 대한 검색 기능을 제공하는 툴의 고유 기능에 있다. 그림 12-5는 관련 요청에 대한 검색 기준으로 RequestId를 사용하여 작성된 쿼리를 사용하는 검색의 예를 보여준다.

구조적 로깅 및 로깅 서비스 능력의 강력함으로 주어진 검색 조건 집합에 대한 모든 관련 로그 항목을 쉽게 식별할 수 있다. 리소스의 사용, 특정 자산에 대한 접근, 또는 일련의 화면을 통한 사용자 진행과 관련된 정보를 검색할 때 이것이 얼마나 도움이 되는지 상상할 수 있다. 또한 여러 애플리케이션 서버에서 로그 파일을 조사할 필요가 없을 때 얼마나 단순한 처리가 가능한지 상상해보자!

🐾 요약

개발팀 작업이 운영과 더 밀접해지며 환경이 실시간으로 만들어지고 파괴되는 세상에서 구성 및 로깅과 같이 우리가 한 번 의존했던 전통적인 주제는 현실에 적응해야 했다. ASP.NET Core는 애플리케이션 구성 및 로깅 구조를 제공하기 위한 어느 때보다도 뛰어난 기능을 갖추고 있다. 이러한 구조는 다양한 입력에 의해 형성되고 특정 컨텍스트에 바인딩될 수 있다. 모든 것을 하나로 모으고 로깅 서비스를 사용하면 문제가 발생한 시간을 진단하는 데 도움이 되는 정보를 보다 쉽게 추출할 수 있으며, 현대적인 라이브러리 및 서비스는 실제로 우리 팀에 힘을 실어줄 수 있다. 다음 장에서는 ASP.NET의 ID, 보안 및 권한 관리에 대해 자세히 설명한다.

PART
03

스프린트: 비스트 밸리

엑스파일 시즌 3에서는 다니엘이 이전 시즌 때보다 조금 더 잘 수 있었다. 더 이상 인간-벌레 잡종이 나오지 않게 되었기 때문이다. 인간-외계인 잡종은 많았지만 다니엘은 걱정하지 않았다. 외계인들은 주로 사람들의 코에 작은 모니터링 장치를 설치하는 데 관심이 있어 보였다. 인간이 언제 코를 푸는지 외계인이 알고 싶다면, 그녀가 적당하다. 이 마지막 스프린트는 매우 생산적이다. 데이터 접근 보안, 로깅, 종속성 주입을 알아보고 배포할 실제 사이트가 존재한다.

발라즈는 "환영합니다, 모두 환영합니다. 우리는 두 번째 스프린트에 돌아왔습니다. 시작하기 전에 다시 살펴보고 스프린트 1의 문제점 중 일부를 해결할 수 있는지 알아보겠습니다"라고 말했다. 그는 노트북을 꺼내 펼쳤다. "자, 아직 실제 제품을 올리지 않은 것 같습니다. 그럼 어떻게 할까요?"

캔다이스는 "느낌이 좋아요. 저기 많은 페이지가 있어요. 예쁘게 보이지 않을지도 모르지만, 어떤 구조를 가지고 있어요"라고 말했다.

마크는 "데이터베이스 작업이 멋지네요. 이 엔티티 프레임워크 작업은 데이터 검색과 추가를 쉽게 만듭니다. 심지어 비동기 메서드처럼 느껴지네요"라고 말했다.

다니엘은 "LINQ 쿼리 작성에 대한 지원이 좋아요. 전에 NHibenate에서 해봤지만 항상 좀 이상하게 여겼어요. EF는 내부가 LINQ로 작성된 것 같았지만 NHibernate는 처음부터 수기로 작성했던 것 같았어요"라고 덧붙였다.

팀(Tim)이 "정말 기쁘네요"라며 팀(Team) 회의에 참가자가 아닌 것처럼 끼어들었다. "프로덕션으로 나가는 작업이 완료되지는 않았지만, 빌드가 하루에 12번씩 나가는 것 같고 점점 개선되고 있어요. 대체적으로요."

아드리안이 "보세요, 저는 분홍색과 빨간색 구성이 매끄럽다고 생각해요. 스위트 타르트가 생각나네요"라고 말했다.

팀 전체가 웃었다. 불쌍한 아드리안은 일주일 내내 스타일 시트를 바꿔놓았다. 발라즈는 "좋아요, 하지만 그 어려운 문제가 해결되었어요. 점심을 먹고도 회의를 계속했어요. 이번 주에 이들 중 두 개를 끝냈고, 고생한 다니엘과 마크에게 감사드려요"라고 말했다.

팀은 배를 두들기며 "정말 감사드려요. 저는 그걸 진정으로 이해하지 못했지만 그건, 음, 제가 참여했다는 의미가 중요하다고 생각해요"라고 말했다.

발라즈가 "스프린트 보드를 던져주고 이번 주에 사람들이 무엇을 제안하는지 알아보죠"라며 냄새 없는 새 펜을 실망스럽게 바라보았다. 지난번 회의 후 펜에 약간의 안정성 문제가 있었고 정말 마음에 들어 했던 모든 펜이 수거되었다.

팀원들은 다시 펜을 잡고 보드에 작성하기 시작했다.

시작	멈춤	계속
자바스크립트 알아보기	예쁘지 않은 페이지 만들기	.NET 사용하기
기존 테스트 더 자동화하기	로컬 컴퓨터에서 로그인 유지하기. 그건 정말 속도를 느리게 한다.	종속성 주입 사용하기
여러 곳에 있는 일부 코드 재사용		점심 먹고 공부하기
더 강력한 종속성 주입 사용하기		
사이트 더 예쁘게 만들기		

발라즈는 "이번 주에는 많지 않군요"라고 말했다. "그건 우리 팀이 함께 꽤 잘하고 있기 때문이라는 생각이 드네요. 저는 이 테스트 자동화에 관심이 생기네요. 누가 적었죠?"

아드리안이 "저요"라고 말했다. "저는 우리가 고친 후에 몇 가지 문제가 다시 생겼다고 알고 있어요. 그걸 막기 위해 거기에 몇 가지 테스트를 넣는다면 좋을 것 같아요."

마크가 "좋은 생각이군요, 제가 생각한 빨간색과 분홍색 스타일 시트로 만들어요. 그걸 두 번째로 해요!"라고 말했다. "제가 작성한 코드로 테스트를 하고 싶지만 좋은 테스트를 작성하기 위해 적당한 시간을 투자하는 데 어려움이 있네요."

발라즈가 "테스트 주도 개발을 생각하고 계신가요?"라고 물었다.

마크가 "맞아요! 우리가 코드를 작성하기 전에 테스트를 작성해야 해요. 그러면 변경 관련 코드에 더 잘 적응하도록 해줄 뿐만 아니라 안전망을 제공해줘요"라고 대답했다.

다니엘이 "테스트를 먼저 작성한다구요?"라고 물었다. "전 그게 이해가 안 가요."

"좋아요." 발라즈가 끼어들었다. "그건 점심 식사 때 좋은 화제가 될 수 있을 것 같으니 이번 주에 공부합시다. 종속성 주입과 관련해서도 어떤 어려움이 있나요?"

체스터가 "그렇다고 생각해요"라고 말했다. "내장 컨테이너는 꽤 훌륭하지만 Autofac 같은 것만큼 좋지 않은 것들이 있어요."

발라즈가 "흠, 이 스프린트에 그걸 추가할 수 있다고 생각해요. 체스터, 그걸 해주시겠어요?"라고 물었다.

체스터가 "좋아요"라고 대답했다.

발라즈가 "좋아요"라며 계속했다. "사이트의 모습에 대해서도 뭔가 할 수 있는지 알아보죠. 아직 기능적으로 모두 해결되지 못한 상황에서 걱정하는 것은 이상하겠지만, 저는 사람들에게 사이트의 디자인이 아주 좋아 보이면 다 용서가 된다는 것을 알고 있어요. 높으신 분들에게는 효과가 두 배겠죠. 사람들 모두가 시각적인 것을 중요시하니 정말 보기 좋도록 노력합시다."

발라즈는 "마지막으로 자바스크립트를 살펴볼 필요가 있어 보이는군요. 제가 자바스크립트와 관련된 몇 가지 체크인을 봤는데 그게 좀 불편해 보였어요. 아마 깔끔한 방법이 있을 겁니다"라고 제안했다.

체스터는 "그 아이디어가 마음에 드네요"라고 말했다. "사이트가 커지면 지금 우리가 가진 코드를 유지 보수할 수 없을 것 같아요. 우리는 2002년도처럼 다시 페이지의 스크립트 태그에 하나의 함수만 포함하는 방식으로 자바스크립트를 사용하고 있어요."

발라즈는 "훌륭해요"라고 말했다. "여러분이 체스터의 책임을 나눌 수 있어요. 저는 다음 스프린트를 위해 몇 가지 카드 작업을 하러 가야 해요. 여러분 모두 이제 퇴근하셔야죠, 좀 늦었네요."

다니엘은 두 말할 나위 없이 미뤄두었던 엑스파일의 늪 에피소드를 모두 보며 올리브오일과 고수를 섞어 하루 종일 숙성시켰던 명아주 샐러드를 먹었다. 날씨가 바뀌고 있기 때문에 주말 동안 아마 이번 계절 마지막으로 호수에 갈 계획을 세웠다. 거기에는 재래식 화장실밖에 없었기 때문에 호수로 가기 전에 화장실에 들러야 한다고 계속 되뇌었다.

ID, 보안 및 권한 관리

참견을 좋아하진 않지만 다니엘은 분위기가 돌아가는 걸 느끼며 거의 한 달 동안 지냈다. 여름 동안 한 명씩 개발자는 휴식을 위해 일주일씩 휴가를 다녀오면서 새로운 소프트웨어 시스템 공식 런칭 및 탑재를 준비했다. 다른 팀 구성원들이 일손을 놓기 때문에 2주 동안 그녀는 그들이 보안 비트에 대해 이야기하는 것을 엿들었지만, 지금까지 그것에 대해 생각해본 적은 없었다.

마르는 "좋아요, 그러면 말이 되네요"라고 마크에게 답했다. "로그인에서 미들웨어 체크인의 일부로 필요한 요청을 할당 할 수는 있지만 페이스북 인증 작업을 로컬에서 어떻게 얻을 수 있나요?"

마크가 "아, 그건 쉬워요"라고 말했다. "제가 리조트 페이스북 페이지에 대한 자격을 팀(Tim)에게 얻어서 제 하위에 그것을 집어넣으면 됩니다. 로컬에 그것을 받으면 그냥 동작해요."

다니엘이 "잠시만요"라고 끼어들었다. "우리 프로덕션 자격 증명을 GitHub에 체크인한다는 말씀이세요?"

마크가 "음, 네. 하지만 상관없어요. repo는 비공개잖아요"라고 대답했다.

다니엘이 "물론 이해해요. 하지만 적어도 두 가지 문제가 있어요, 첫 번째는 책임입니다. 프로덕션 자격 증명은 우리 repo가 신뢰할 수 있는지 유무에 상관없이 해당 팀원 중 누구라도 접근할 수 있다는 의미예요. 위험성 있는 컴퓨터에서 repo를 내려받으면 우리의 자격 증명이 나갈 수 있어요. 게다가 전 시스템의 어떤 부분에 대한 프로덕션 접근 키를 모두가 아는 위치에 두기를 원치 않아요!"라고 반박했다. 마크와 마르는 이것이 어떤 의미인지 알기 때문에 고개를 끄덕였다.

마르가 "전 그걸... 전에 비공식적인 곳에서 받았어요"라고 덧붙였다. "그렇다면 제가 이걸 제 컴퓨터에 어떻게 받을 수 있나요?"

마크가 "사용자 보안을 검사할 시점이 된 건가요?"라고 물었다.

"네, 그리고 우리가 앞으로 이 문제를 어떻게 처리할 것인지에 대해서도 이야기하는 모임을 만들어야 할 것 같아요. 그러면, 누가 팀에게 페이스북 키를 재설정하도록 요청할 건가요?"

깊이 있는 방어

이 장에서는 보안의 기술적인 측면에 대해 자세히 설명하기보다는 이 절에서 전체적인 그림을 살펴볼 것이다. 이 말이 기술적인 사람들에게는 비직관적인 것처럼 보일 수 있지만 모든 중요한 측면이 기술에 관한 것만은 아니다.

물론 기술적인 부분은 매우 중요하다. 사이트를 SSL 인증서 뒤에 두고 보안을 유지하는 것만으로는 충분하지 않다. 여러 수준에서 다양한 요소가 있으며, 기술적인 위반을 막는 것뿐만 아니라 사람의 행동으로 인한 시스템 손상을 방지하는 일련의 시스템, 프로토콜 및 메커니즘을 실행하는 것은 전문가로서의 사용자 책임이다. 우리가 회사 애플리케이션과 데이터를 보호하기 위해서는 유지 보수, 관리자, 직원 및 기타 개발자가 애플리케이션 및 데이터와 상호작용하는 방식을 수집해야 한다. 데이터 사용이 어떻게 회사를 추가 위험에 노출시키는지에 대해 생각하는 것처럼 데이터를 사용하는 방법에 대해 생각하는 것 또한 중요하다.

> "기업들은 방화벽, 암호화 및 보안 접근 장치에 수백만 달러를 소비하며, 이러한 조치 중 보안 연결에서 가장 취약한 부분을 해결할 수 있는 방법이 없기 때문에 돈을 낭비하는 것이다."
>
> -케빈 미트닉(Kevin Mitnick), 2000년 3월 정부 상원 의원 업무 회의 증언에서

이 책의 범위는 사회적 취약성 또는 잘 설계된 인프라의 구현으로부터 애플리케이션을 보호하는 데 충분하지 못하다. 그러나 제공하는 데이터를 보호하기 위한 진지한 접근 방식을 취하는 애플리케이션 빌드 방법을 논의할 수 있다. 애플리케이션이 공격자에게 취약해질 수 있는 몇 가지 상황을 이해함으로써 잠재적인 가해자의 목표가 될 수 있는 결점이 줄어들도록 잘 조절할 수 있다.

내부 위협

알파인 스키 리조트 개발팀의 경우 민감한 데이터로 서로를 신뢰하고 비공개 GitHub 저장소에서 소스 코드가 안전하다고 믿었기 때문에 팀의 코드 기반에 대한 보안 감지가 강화되

었다.

우리가 자주 잊어버리는 것은 특히 소규모 팀에서 본질적으로 신뢰의 기본 성격이 일시적이라는 점이다. 역동적인 팀은 인턴 합류, 장기 근무자의 퇴직 또는 부서 구조 조정으로 하루가 다르게 변할 수 있다. 이러한 다양한 면이나 모든 다른 조정들이 운영 중에 나타나면 현재 접근할 수 있는 데이터 사용 방법을 알 수 없다. 따라서, 프로덕션 키 또는 하위 수준 환경의 접근 키조차 소스 코드 제어 시스템에 침투하지 않도록 해야 한다. 최소 권한 원칙을 준수함으로써 직원들이 왕국의 열쇠를 제어하지 않고도 업무를 수행할 수 있다. 해당 원칙을 준수하지 않으면 불순한 의도를 가진 직원, 불만을 가진 직원 또는 개발자의 컴퓨터가 악성 코드에 감염되는 보안 침해를 통해 발생할 수 있는 보안 노출의 기회가 증가한다. 이 같은 직원에게 키가 제공되지 않으면, 침해가 격리될 가능성이 더 높다.

대부분의 타사 서비스는 개발자 수준의 API 키와 접근 토큰을 제공하므로 개발 환경에서 프로덕션 코드를 안전하게 지킬 수 있다. 일반적으로 말해서 회사에서 제공하는 데이터와 서비스를 보호하는 데 도움이 되기 때문에 그렇게 하는 것이 좋다. 개발자 키를 포함하는 것이 일시적인 가시 옵션이 아닌 경우 공급자에게 직접 도움을 요청할 필요가 있다! 공격의 대상이 될 정보를 제공하지 않으므로 개발자가 악용하지 못하도록 보호할 수 있다. 프로덕션 접근 토큰이 저장소에 없으면 악의적인 사람의 손에 들어갈 수 없다. 이 장의 뒷부분 "사용자 보안" 절에서 접근 토큰에 대해 다룬다.

애플리케이션 서비스의 악용 또는 오용에 대한 기타 공격 경로는 주로 API가 제공하는 과도한 접근 권한과 관련이 있다. 여기에는 API가 내부적으로 사용되고 안전하다고 가정되는 등 의도치 않게 생성된 취약성이 포함될 수 있으므로 인증이 필요하지 않다. 인증은 좋은 단계이지만 인증된 사용자에게 시스템에 대한 무제한 접근 권한을 부여하는 앱이나 서비스도 위험하다. 훌륭한 도구를 사용하여 공격자는 예기치 않은 방식으로 웹 UI 주변을 돌면서, 사용자 이름 및 암호를 사용하여 API에 직접 접근하는 것과 같이 애플리케이션 서비스를 사용할 수 있다. 이 장에서는 ID, 요청 및 정책에 대해 논의할 때 인증을 API 보호를 위한 인증과 분리하는 방법을 배울 것이다.

위험의 형태에는 기술적 부채가 하나 더 있다. 보안 및 데이터 무결성에 대한 적절한 고려 없이 문 밖의 기능만 찾다 보면 의도하지 않은 모든 오용이 너무 자주 발생한다. 3장 "모델, 뷰 및 컨트롤러"에서 오버바인딩의 개념에 대해 언급했으며, 읽기 및 쓰기 시나리오에 대해 동일한 모델을 간단하게 실행해서 취약점을 발견했다. 소프트웨어에 대한 전체적이고 정직한 리뷰는 개발팀이 이미 알고 있는 민감성을 드러내고 코드로 들어갈 필요가 없다.

외부 위협

서비스가 내부 애플리케이션을 대상으로 하는 경우에도 외부 소스에서 오는 데이터를 소비하고, 다른 API 서비스와 상호작용하여 사용자에게 이익을 주며, 비즈니스 시나리오를 사용할 수 있는 시점이 있다. 해당 상호작용이 어떻게 발생하는지, 그리고 처리하는 데이터, 애플리케이션의 호출자 또는 상호작용하는 서비스를 어느 정도 신뢰하는지 생각할 필요가 있는 세상에 살고 있다는 것은 불행한 현실이다.

데이터를 가져오고 있는가? 그것이 어디에서 왔는지 아는 것이 중요하다. 전체 파일을 레코드 일괄 처리로 검증하는가, 아니면 줄 단위 검증만 수행하는가? 모든 행이 유효하지만 전체적으로 파일에 의해 조율된 파일이나 조작으로 사기를 칠 수 있기 때문에 몇 가지 악용이 가능하다. 사용자가 애플리케이션에서 문서를 생성하거나 수정할 수 있는가? 이 시나리오의 대부분은 자원 조작의 한 형태이므로 적합한 애플리케이션 정책을 사용하여 처리할 수 있다.

파트너 사이트에 데이터를 노출하는가? 그렇다면 조직을 경쟁 업체와 구별할 수 있는 합리적이고 가치 있는 시나리오이다. 그렇게 할 때 검사를 포함하여 API를 재사용하는 사이트가 신뢰할 수 있는 사이트인 것이 확실한가? 모든 주요 브라우저에서는 서버가 원 호출자를 모르는 경우 스크립트가 데이터를 로드하지 못하도록 차단하는 기능을 지원한다.

사용자 보안

알파인 스키 리조트 개발팀으로 돌아가보자. 관리팀의 누군가가 개발팀에 접근 키를 나누어 준다면 모두 다소 불쾌감을 느끼게 될 것이다. 어떤 면에서 이것은 아마도 모든 창구 직원과 야간 보안 순찰 경관에게 지하실에 있는 은행 금고의 비밀번호를 알려주는 것과 비슷하다. 관리팀이 비즈니스를 이해하면 프로덕션 접근 키는 훨씬 더 중요하게 고려된다.

프로덕션 접근 키는 주로 사용자 보안이 들어 있는 곳이다. 개발자가 보안 리소스 및 서비스 에 접근할 수 있는 애플리케이션을 로컬에서 안정적으로 개발하고 사용해야 할 필요가 있다. 개발자는 민감한 키, 데이터 및 서비스에 대한 권한을 부여하는 대신 페이스북과 같은 애플 리케이션 서비스 인스턴스를 등록한 다음 로컬로 자체 키를 사용할 수 있다. 이렇게 하려면 개발자가 자격 증명을 저장하고, 애플리케이션이 실행될 때 애플리케이션에 로드하며, 해당 키가 다른 사용자와 공유되지 않도록 하는 메커니즘이 필요하다. 이것은 의도하지 않은 당사 자가 키를 사용하거나 다른 부작용을 일으킬 수 있는 경우 특히 위험하므로 개발자는 적절한 주의를 기울여 자신의 토큰과 키를 보호해야 한다.

개발자가 자신의 계정에 대한 개인 고유 키를 사용하도록 권장하는 다른 이점은 리소스 사용 률, 감사 가능성 및 비용과 관련이 있다. 일반적으로 공급 업체에서 제공하는 샌드박스 서비 스를 사용하는 것은 상위 수준 환경에서 권장되는 반면 개발자가 API와 상호작용하는 방식 에 서비스 제약이나 제한 사항이 있는지 조사해야 한다. 제한이 존재한다면, 해당 서비스는 각 개발자가 고유 키로 호출할 수 있는 좋은 후보가 될 수 있다.

사용자 보안은 사용자별, 프로젝트별 환경 변수로 생각할 수 있다. 이 값은 프로젝트에서 격 리되었지만 런타임 시 ASP.NET Core 구성 시스템을 통해 사용할 수 있는 구성 값이다. 사 용자 보안은 사용자 프로필 아래에 JSON 파일로 저장되며 가장 일반적인 키-값 쌍으로 구 성되지만, 더 복잡한 구조를 12장 "구성 및 로깅"에서 배웠다.

보안을 추가하는 기본적인 작업은 매우 간단하다.

dotnet user-secret set 사용키 "희망하는 설정 값"

이 글을 쓰는 시점에서는 명령줄 인터페이스(Command Line Interface, CLI)에서 사용자 보안과 상호작용하는 명령 집합은 제한되어 있다.

- set: 지정된 키에 제공된 값을 할당한다.
- list: 주어진 프로젝트 사용자에 대해 알려진 모든 사용자 보안을 나열한다.
- remove: 지정된 키-값 쌍을 저장소에서 제거한다.
- clear: 확인 없이 저장소에서 모든 키를 제거한다.

user-secret 명령은 project.json 파일이 있는 디렉토리에서만 실행할 수 있으며 파일에 userSecretsId 값이 있어야 하고, 그렇지 않으면 실행 실패가 발생한다. 해당 명령은 userSecretsId 값을 사용하여 사용자 프로필 아래에 있는 디스크의 특정 폴더에 접근한다.

사용자 보안은 JSON 파일로 저장되므로 여러 수준의 구조 및 속성 할당이 가능하다. CLI에서 기본 명령만을 사용하면, 구문을 사용하여 보다 복잡한 보안을 쉽게 설정할 수 없다. 중첩된 속성을 가진 복잡한 객체를 만드는 명령이나 지루할 수 있는 다수의 키를 삭제하는 것과 같은 작업은 없다. 그러나 일반 텍스트 형식으로 파일에 직접 접근할 수 있기 때문에 CLI를 사용할 필요가 없다. 이 파일은 userSecretsId와 동일한 이름의 디렉토리에 있는 appdata₩Roaming₩Microsoft₩UserSecrets에서 찾을 수 있다. 이 파일은 비주얼 스튜디오의 솔루션 탐색기에서 프로젝트를 우클릭하고 사용자 암호 관리를 선택해서 접근할 수 있다.

Azure 인증 배경
기업 설정에서 사용자가 있는 곳이 관리자와 계정에 의해 제공되고 내부 역할과 정책에 연계되어 있는 액티브 디렉토리(Active Directory, AD)가 발견된다. 액티브 디렉토리는 클라우드를 위한 방법을 찾았고 서비스를 제공하는 Microsoft Azure에서 사용 가능하다. 내부 액티브 디렉토리를 클라우드 호스트 인스턴스에 연결하고, Microsoft Azure의 영구 관리 솔루션으로 가져오거나 마이그레이션할 수 있으며 조직의 오피스 365 계정 사용자와 연결할 수도 있다. 이를 통해 다중 지역 안정성 및 장애 복구 지원, 가동 시간에 대한 높은 SLA의 장점을 제공하고, 안정적인 보안인프라 호스팅 및 실시간 업그레이드 지원 사실을 알 수 있다. 또한 모바일 지원, 다중 요소 인증 및 원격 정책 실행과 같은 기능을 수많은 장치에 추가할 수 있다.

Azure 액티브 디렉토리 옵션

Microsoft Azure 액티브 디렉토리를 애플리케이션의 인증 메커니즘으로 선택하면 두 가지 구성 중에서 선택할 수 있다.

- 단일 테넌트(Single-tenant): 애플리케이션이 회사 디렉토리에 연결되어 있다. 사용자 도메인에서 사용자는 관리자가 설정한 정책에 따라 로그인할 수 있다.
- 다중 테넌트(Multi-tenant): 사용자가 가진 Microsoft Azure 계정의 여러 디렉토리 또는 계정 외부의 디렉토리가 애플리케이션에 대한 인증을 지원할 수 있도록 애플리케이션이 구성된다. 각 조직이 애플리케이션에 필요한 요청 제공을 수행해야 하지만, 이를 통해 각 조직은 앱에 접근할 수 있다.

Microsoft Azure는 인증 조직에 대한 정보를 제공하므로 다중 테넌트 시나리오에서 사용자 컨텍스트에 있는 사용자 환경을 상황에 적합한 환경으로 일치시킬 수 있다.

해당 기능이 내부 애플리케이션의 성공에 도움이 될 수 있지만 대부분의 소비자 관련 애플리케이션의 목표는 자체 서명 및 관리를 허용하는 것이다. Microsoft Azure 액티브 디렉토리는 내부 사용자, 중앙 집중식 관리의 이점을 누릴 수 있는 사용자 및 조직 계정이 이미 있는 사용자를 대상으로 한다. 해당 기능은 외부 사용자가 주로 사용하는 구축 중인 알파인과는 애플리케이션 유형에 있어 일반적으로 일치하지는 않는다.

조직 외부 사용자

고객에게 개인화된 경험을 제공하려면 인증을 받아야 하지만 관리자가 사용자 계정을 만들어야 하는 장벽을 원하지는 않는다. 단일 테넌트 또는 다중 테넌트에 적합하지 않은 또 다른 우려 사항은 작업 부하나 비용 측면의 옵션이다.

- 사용자의 가입이나 계정 변경을 위한 관리자 간섭 없이 자신의 계정을 스스로 생성하고 관리하기를 원한다.
- 사용자가 사이트를 나가기 전이고 기능 사용이 없으면 일시적으로 조직의 수익이 적거나 없을 수 있다.
- 사용자는 구글이나 페이스북과 같은 타사 사이트 계정을 사용하여 자신의 ID를 가져오고 싶어 할 수 있다.
- 사용자는 사이트 간 동일 자격 증명 집합을 사용하는 경우가 종종 있다. 해당 자격 증명이 비교적 안전하지 못한 다른 위치에서 손상된 경우 앱의 경험과 데이터도 손상될 수 있다.

이러한 이유로 Microsoft Azure는 역시 Azure 액티브 디렉토리를 내장하고 있기 때문에 Azure 액티브 디렉토리와 동일한 고가용성을 자랑하지만, 소셜 계정 사이트에서 인증 소스를 제공하는 추가 이점을 가진 Azure 액티브 디렉토리 B2C라는 서비스를 제공한다. 매월 50,000명의 고유 사용자와 총 50,000개의 인증을 허용하는 무료 계층이 있다. 인증 후 Azure AD B2C는 로컬 데이터 저장소 또는 소셜 로그인 서비스를 통해 사용자에 대해 수집된 정보가 포함된 JWT 토큰을 사용하여 애플리케이션으로 재이동시킨다.

Azure AD B2C를 시작하려면 먼저 Microsoft Azure 구독에 B2C 디렉토리를 만들어야 한다. 디렉토리를 생성할 때 생성된 후에는 변경이 불가능하므로 그림 13-1에서 보는 바와 같이 B2C 상자를 체크하도록 확인하자. 디렉토리가 완전히 활성화되려면 몇 분이 걸릴 수있다.

디렉토리를 생성한 후에는 애플리케이션 내에서 완전히 동작하도록 소셜 ID 공급자 추가, 사용자 속성 선택 및 애플리케이션에 필요한 설정 추가 등의 여러 가지 구성 옵션을 완료해야 한다.

Microsoft 계정 또는 페이스북과 같은 소셜 ID 공급자는 먼저 해당 서비스에 애플리케이션을 등록해야 한다.

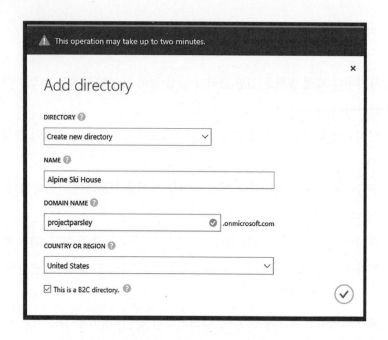

<그림 13-1> B2C 디렉토리 생성하기

<그림 13-2> Azure AD B2C에 소셜 ID 공급자 추가하기

지원되는 각 공급자의 등록 위치 목록을 보려면 http://aspnetmonsters.com/2016/09/heres-a-handy-list-of-social-login-providers/를 방문하자. Azure AD B2C에서 ID 공급자를 구성할 때 그림 13-2에서 볼 수 있는 서비스가 통신하고 사용자 ID를 구성할 수 있는 양식을 완료하라는 메시지가 표시된다.

이러한 서비스에 등록하려면 B2C 서비스 구성 시 사용할 클라이언트 ID와 암호가 수신된

<그림 13-3> 페이스북 애플리케이션에 사용자의 클라이언트 ID 및 암호 넣기

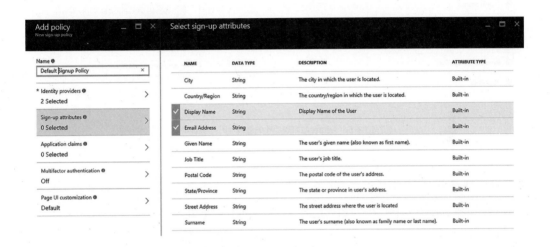

<그림 13-4> 디렉토리에 대한 기본 가입 정책 구성

다. 각 공급자의 인터페이스가 다르므로 필요한 설정을 찾기 위한 연습으로 남겨두지만, 그림 13-3은 페이스북 애플리케이션용 개발자 도구의 인터페이스를 보여준다. 이 경우 클라이언트 ID는 애플리케이션 ID라고 하며, 클라이언트 보안은 단순히 애플리케이션 보안이라고 하지만 해당 이름은 서비스마다 다를 수 있다.

소셜 공급자를 추가한 후에는 애플리케이션의 등록 프로세스에 적합한 경우 사용자별 특성을 선택적으로 추가할 수 있다. 예를 들어, 일반적으로 임대하는 스키의 크기는 사용자와 연관될 수 있는 사용자 환경 설정일 수 있지만 가입 프로세스에서 필요한 사항이 아니다. 표시 이름 및 이메일 주소와 같은 것은 많은 소셜 로그인 서비스에서 제공할 수 있는 것이며 사용

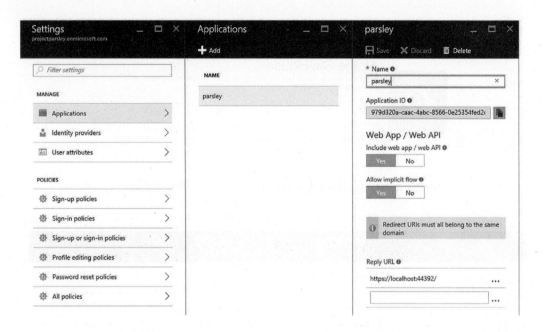

<그림 13-5> Azure AD B2C에 애플리케이션 등록하기

자가 처음 계정을 만들 때 사용자에게 요청하는 것이 합리적이다. 가입 시에 이러한 필드를 요청하기 위해 그림 13-4와 같은 디렉토리 가입 정책에 연동되는 특성이 포함된 정책을 작성해야 한다.

애플리케이션에서 표시 이름 및 전자메일 주소 특성을 사용하려면 해당 값을 애플리케이션의 JWT 토큰에 전달할 수 있도록 애플리케이션 클레임(Application Claims) 절을 구성해야 한다. 가입 프로세스 외에도 로그인 정책을 만들어 다중 요소 인증을 제어하거나 프로필 편집 또는 비밀번호 재설정과 관련된 정책을 구성할 수 있다. 정책은 사용자에게 제공하려는 신원 관리 경험을 설명할 수 있는 강력한 메커니즘을 제공한다.

마지막으로 Azure AD B2C를 활용하기 위해 애플리케이션에 필요한 값을 생성해야 한다. 이를 위해 그림 13-5에 표시된 대로 애플리케이션을 테넌트에 추가해야 한다. 암시적 플로우를 활성화할 뿐만 아니라 web app/web API에 대한 옵션을 선택했는지 확인해야 한다. 해당 옵션은 애플리케이션에서 Open ID Connect를 작동시키는 데 필요하다.

다음으로 이러한 설정을 애플리케이션에 추가해야 한다. appsettings.json 파일에서 소스 13-1과 같이 구성의 루트에 다음 값을 추가할 수 있다.

소스 13-1 Azure AD B2C 미들웨어 구성에 필요한 예상 구성 요소

```
"AzureAd": {
  "ClientId": "CLIENT_ID_FROM_PORTAL",
  "Tenant": "YOUR_TENANT.onmicrosoft.com",
  "AadInstance": "https://login.microsoftonline.com/{0}/v2.0/.well-known/openid-
  configuration?p={1}",
  "PostLogoutRedirectUri": "https://localhost:44392/",
  "SignUpPolicyId": "B2C_1_YOUR_SIGN_UP_POLICY_NAME",
  "SignInPolicyId": "B2C_1_YOUR_SIGN_IN_POLICY_NAME"
}
```

토큰화된 값을 고유한 값으로 변경하고 재이동 URI에 대해 적절한 끝점을 설정해야 한다. 이 장의 앞부분에서 논의했듯이 민감한 값인 경우 사용자 보안 도구를 사용하는 것이 좋다. 이러한 설정을 적용한 다음 단계는 project.json 파일에 OpenID Connect를 지원하는 패키지를 추가하는 것이다. 포함할 패키지는 다음과 같다.

```
Microsoft.AspNetCore.Authentication.Cookies
Microsoft.AspNetCore.Authentication.OpenIdConnect
```

이제 시작 시 로드된 사용자 암호와 OpenID Connect 게이트웨이에 접근하기 위한 인증 패키지인 사이트 요청 인증 미들웨어를 구성하는 데 필요한 부분을 갖게 되었다. Azure AD B2C에서 생성한 각 정책에 대해 해당 작업을 수행해야 한다.

소스 13-1에서 구성에 추가된 두 가지 정책을 지원하려면 구성에 추가한 데이터를 사용하여 UseOpenIdConnectAuthentication을 두 번 호출하고 각 정책에 대해 다음과 비슷한 미들

웨어를 구성해야 한다.

```
app.UseOpenIdConnectAuthentication(signUpPolicy));
app.UseOpenIdConnectAuthentication(signInPolicy));
```

마지막으로, 필요한 ID 함수를 지원하도록 AccountController를 작성하거나 수정해야한다. 여기에는 가입, 로그인 및 로그아웃이 포함된다. 예를 들어, 가입을 제어하기 위해 SignUp 메서드에서 다음 코드를 구현할 수 있다.

```
var policyId = Startup.SignUpPolicyId.ToLower();
var authProperties = new AuthenticationProperties { RedirectUri = "/" };
await HttpContext.Authentication.ChallengeAsync(policyId, authProperties);
```

이 코드는 StartUp 클래스에서 policyId를 캡처하고 AuthenticationProperties 객체의 인스턴스를 만든 다음 HTTP 챌린지(HTTP Challenge)로 요청에 응답한다. 비슷한 방식으로 다른 정책에 대한 작업을 구현할 수 있다.

📝 note

이 글을 쓰는 시점에서 구성 및 구현에 대한 경험은 여전히 진화하고 있으며 메커니즘은 유사하지만 코드 자체는 변경될 수 있다. B2C가 성숙함에 따라 미들웨어 및 단순화된 구성이 전체적으로 제공될 수 있다. ASP.NET Core MVC에서 동작하는 완전한 코드 예제를 포함하고 있는 Azure AD B2C를 애플리케이션에 통합하는 방법에 대한 최신 정보는 https://azure.microsoft.com/en-us/documentation/services/active-directory-b2c/를 방문하자.

각 조직 및 조직 내의 각 프로젝트는 사용자 ID를 설정하는 방법을 선택해야 한다. Azure 액티브 디렉토리 및 Azure AD B2C는 애플리케이션 내에서 ID 저장소를 만들고 관리해야 하는 부담을 줄이기 위해 고려해야 할 여러 가지 옵션을 제공한다. 알파인 스키 하우스의 경우 하루에 약 100건의 로그인만 예상한다. 정책, 역할 및 접근 제한은 매우 정적이며, 외부 의존성을 추가하는 것이 프로젝트에 가치를 더할 것이라고는 생각하지 않는다. 대신 NuGet 사용과 함께, ID를 위해 프로젝트 템플릿에 내장된 구성 요소를 사용하기로 결정했다.

ASP.NET Core MVC 유일성

ASP.NET Core는 내장된 ASP.NET Core 유일성(Identity, ID)을 통해 인증, 권한 부여 및 사용자 관리를 제공한다. Identity는 압도적인 구성 옵션 수를 제공하지만 대부분의 애플리케이션은 기본 구성 옵션을 약간만 변경하면 잘 처리된다.

ASP.NET Core Identity 모듈에서 엔티티는 IdentityUser, IdentityRole, IdentityUserClaim, IdentityRoleClaim, IdentityUserLogin 및 IdentityUserToken이다. 알파인 스키 하우스 웹 애플리케이션과 마찬가지로 엔티티 프레임워크를 사용하도록 구성된 경우 해당 엔티티는 그림과 같이 테이블에 저장된다.

IdentityUser에는 애플리케이션의 사용자에 대한 정보가 들어있다. 이것은 10장 "엔티티 프레임워크 Core"에서 설명한 대로 확장할 수 있는 ApplicationUser 클래스로 표현된다. 기본 IdentityUser 클래스에는 고유 ID와 애플리케이션의 필요에 따라 사용될 수도 있고 사용되지 않을 수도 있는 기타 선택적 속성이 포함되어 있다. 예를 들어, 사용자가 애플리케이션 내에 암호를 만들면 PasswordHash 속성에는 사용자의 암호로 강력한 암호화 해시가 포함된다. 또한 사용자의 Email 및 PhoneNumber가 확인되었는지 여부를 나타내는 참·거짓 값이 있다. 실패한 로그인 시도 횟수와 계정 잠김 여부를 추적할 수 있는 옵션도 있다.

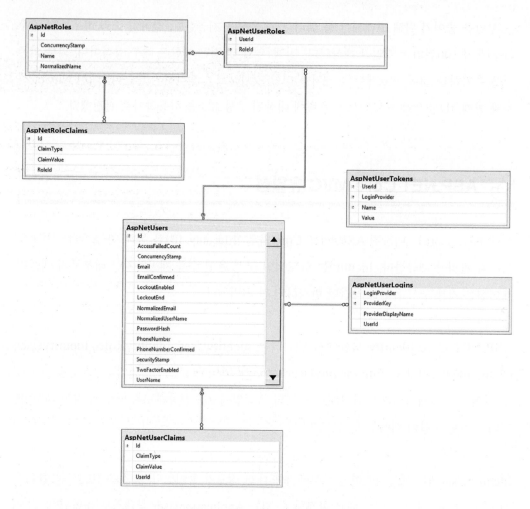

<그림 13-6> ASP.NET Core Identity 테이블

비밀번호 저장

비밀번호 저장은 항상 까다롭다. 비밀번호를 저장할 때 두 가지 방법이 있으며 둘 모두는 거의 잘못되었다. 처음에는 비밀번호를 암호화하는 것이 좋은 생각인 것 같아 보인다. 그러나 암호화된 비밀번호가 누출되면 알림 규칙에 따라 공격자가 비밀번호를 해독할 수 있다. 이것은 많은 사람들이 사이트 간에 비밀번호를 재사용하기 때문에 나쁜 상황이다. 자신의 사이트뿐만 아니라 다른 사이트도 위험에 빠뜨릴 수 있다. 비밀번호와 전자메일 주소를 사용하면 공격자가 은행 웹사이트나 다른 영향력 있는 사이트에 로그인할 가능성이 있다. 이런 이유에서 사람들이 각 웹사이트마다 다른 비밀번호를 사용하는 것을 추천한다.

비밀번호 해싱은 훨씬 좋은 아이디어이다. 해시는 되돌릴 수 없는 단방향 함수이다. 패스워드를 해싱할 때, 사용자의 비밀번호뿐만 아니라 비밀번호를 솔트(salt)와 결합하는 것이 중요하다. 솔트는 해시하기 전에 해시되지 않은 비밀번호에 추가된 임의의 문자로 된 문자열이다. 이 무작위 문자열은 레인보우 테이블(rainbow table)을 사용하여 공격으로부터 보호하는 동작을 한다. 레인보우 테이블은 생성한 해시로 비밀번호를 매핑하는 대용량 데이터베이스이다. 많은 대중적인 해시 알고리즘은 키 영역의 상당 부분을 즉각적으로 탐색할 수 있는 레인보우 테이블을 갖는다. 레인보우 테이블의 키가 비밀번호용 솔트에 매핑되기 때문에 솔트는 이 접근법을 무효화한다. 솔트를 알지 못하면 공격자가 동작하는 어떤 비밀번호도 입력할 수 없다. 레인보우 테이블의 키는 실제 사용자의 비밀번호와 같지 않으며, 단순히 동일한 값으로 해시하는 문자열일 가능성이 높으므로 사용자의 비밀번호가 무엇인지 분명하지 않다.

비밀번호를 해싱할 때도 구현에 대해 경계를 해야 한다. MD5 및 SHA와 같은 많은 일반적인 해싱 함수는 최대한 처리가 빠르도록 설계되었다. 그것의 목적은 체크섬을 제공하여 파일이 올바른지 여부를 알 수 있도록 하는 것이다. 많은 양의 데이터를 해싱할 때는 가능한 한 단순하고 빠른 작업을 원하게 된다. 비밀번호 해싱의 경우와 반대이다. 컴퓨터 리소스가 더 저렴해짐에 따라 강제 공격을 피하기 위해, 더 오랜 시간이 걸릴 수 있는 튜닝 가능 알고리즘을 사용하는 것이 완벽하다.

낮은 등급의 해시 함수로 비밀번호 해시를 깨는 것이 얼마나 쉬울까? 잘 알려진 해커인 케빈 미트닉(Kevin Mitnick)은 다음과 같은 힌트를 제공한다.

> "나는 나의 새로운 4 GPU 비밀번호 크래커를 좋아한다. 60억 건이 넘는 NTLM을 1초만에 해시한다. :-) 불행히도 Md5crypt는 훨씬 느리다. 카드를 추가해야 한다."
>
> - 케빈 미트닉 (@kevinmitnick)

로버티엘로(Robertiello)와 밴들라(Bandla)가 2005년에 발표한 MD5 해시된 비밀번호
* 강제 공격은 단순한 CPU 기반 접근법을 사용하여 96시간 동안 MD5 암호를 무차별
적으로 사용할 수 있다고 제안했다. 현대의 GPU 접근 방식과 값싼 하드웨어 그리고
탄력적인 컴퓨팅조차도 MD5를 깨는 것이 가능할 뿐만 아니라 쉽기까지 하다.

다행히도 이 모든 것은 ASP.NET Identity에 의해 처리된다. 로컬 계정을 사용하도
록 구성하면 ASP.NET Identity는 PasswordHasher를 사용하여 비밀번호를 해시한
다. 기본적으로 ASP.NET Identity의 PasswordHasher는 PBKDF2 해시(HMAC-
SHA256), 128비트 솔트, 256비트 하위 키 및 10,000번의 반복을 사용한다. 이 모
든 것을 측정하여 매우 강하게 해시하려면 크랙에 상당한 시간이 걸린다. 이 해시는
AspNetUsers 테이블의 PasswordHash 열에 저장되며 로그인을 시도할 때 사용자의
비밀번호 확인을 위해 SigninManager를 사용한다.

IdentityRole은 역할을 나타내며 IdentityUsers는 모든 수의 IdentityRoles에 포함될 수 있
다. IdentityRole에 대한 멤버십은 이 장의 "특성을 통한 보안 활성화" 절에서 설명하는 애플
리케이션 내의 영역 또는 자원에 대한 사용자 권한을 부여하는 데 사용할 수 있다.

ASP.NET Identity는 클레임(claims)을 많이 사용한다. 클레임은 단순히 사용자에 대한
몇 가지 정보가 포함된 이름-값 쌍이다. 클레임은 페이스북과 같은 신뢰할 수 있는 당사자
가 제기할 수도 있고 애플리케이션에서 추가할 수도 있다. 클레임의 몇 가지 예로는 사용자
의 이메일 주소와 생일이 있다. ASP.NET Core Identity에서 특정 사용자에 대한 클레임은
IdentityUserClaim 엔티티로 표시된다. IdentityRoleUserClaims 엔티티에 있는 사용자 그
룹에 클레임을 추가할 수도 있지만 일반적이지 않다. 클레임은 이 장의 "사용자 정의 인증 정

---

*   http://pamsusc.googlecode.com/svn-history/r38/CSCI555/thesis/papers/RAINBOW_report.pdf

책" 절에서 설명하는 것처럼 권한 부여의 중요한 측면이다.

IdentityUserLogin 엔티티는 신뢰할 수 있는 타사의 로그인을 나타낸다. 이 장의 "기타 타사 인증 공급자" 절에서 페이스북 및 트위터와 같은 타사 인증 공급자에 대해 논의한다.

IdentityUserTokens는 특정 사용자와 관련된 접근 토큰을 나타낸다. 이 토큰은 일반적으로 애플리케이션의 공용 API에 대한 접근을 부여하는 데 사용한다. 이 접근법의 한 예로 GitHub를 사용하여 사용자가 GitHub API에 접근하는 데 사용할 수 있는 개인 접근 토큰을 생성하는 방법을 들 수 있다. AlpineSkiHouse 애플리케이션에서 IdentityUserTokens을 사용할 계획은 아니다.

ASP.NET Identity 참조하기

ASP.NET Core Identity는 기본 ASP.NET Core 프로젝트 템플릿을 사용하여 만든 애플리케이션에 자동으로 추가된다. 그러나 참조되는 패키지가 무엇인지와 그것들이 어떻게 구성되는지를 이해하는 것이 중요하다.

AlpineSkiHouse.Web 프로젝트를 생성할 때 Authentication: Individual 사용자 계정 옵션을 선택했다. 이 옵션을 선택하면 Microsoft.AspNetCore.Identity.EntityFrameworkCore에 대한 참조가 추가되고 Microsoft.AspNetCore.Identity 패키지가 참조된다. 또한 프로젝트 템플릿은 애플리케이션에서 사용자를 관리하기 위한 상용구 코드를 생성한다. 이전에 10장에서 ApplicationUser 클래스와 관련 DbContext를 검토했다.

Startup 클래스에서 ASP.NET Identity에 ApplicationUser 클래스를 사용하고 엔티티 프레임워크를 사용하여 Identity 모델을 저장하도록 알리는 다음 구성을 알 수 있다.

Startup.ConfigureServices에서 ASP.NET Identity를 위한 구성

```
services.AddIdentity<ApplicationUser, IdentityRole>()
  .AddEntityFrameworkStores<ApplicationUserContext>()
  .AddDefaultTokenProviders();
```

여기에는 추가 옵션을 지정할 수 있는 옵션도 있다. 예를 들어, 계정 잠금을 트리거하는 데 걸리는 잘못된 로그인 시도 횟수를 변경할 수 있다.

```
services.AddIdentity<ApplicationUser, IdentityRole>(
  options =>
  {
    options.Lockout.MaxFailedAccessAttempts = 3;
  })
  .AddEntityFrameworkStores<ApplicationUserContext>()
  .AddDefaultTokenProviders();
```

다른 옵션을 사용하여 암호 강도 요구 사항, 사용자 이름 요구 사항, 사용자 로그인 및 로그아웃 경로, 인증 쿠키가 유효한 기간 등을 구성할 수 있다.

📝 note

옵션의 전체 목록은 https://docs.asp.net/en/latest/security/authentication/identity.html를 참조하거나 Identity 저장소는 https://github.com/aspnet/Identity/blob/dev/src/Microsoft.AspNetCore.Identity/IdentityOptions.cs를 방문하도록 하자. ASP.NET Identity 구성의 마지막 단계는 Startup 클래스의 Configure 메서드에 있는 app.UseIdentity();를 호출하는 것이다. 이 호출은 app.UseMvc(); 바로 앞에서 발생한다.

로컬 사용자 계정

ASP.NET Identity는 UserManager 및 SignInManager의 각 클래스를 통해 사용자를 관리하고 사용자를 인증하는 메커니즘을 제공한다. 로컬 계정 관리를 위한 상당량의 코드는 기본 프로젝트 템플릿에 의해 이미 생성되었다. 이 코드를 좀 더 자세히 살펴보는 시간을 갖도록 하자.

사용자 관리

UserManager 클래스는 ASP.NET Identity Core에서 사용자를 관리하는 데 사용된다. 예를 들어, 등록하는 동안 CreateAsync 메서드를 호출하여 새 사용자를 만든다.

```
var user = new ApplicationUser
{
  UserName = model.Email,
  Email = model.Email,
  FirstName = model.FirstName,
  LastName = model.LastName,
  PhoneNumber = model.PhoneNumber
};
var result = await _userManager.CreateAsync(user, model.Password);
```

UserManager 클래스는 구현하기가 매우 까다로운 많은 기능을 제공한다. 예제에는 이메일 주소 및 전화번호 확인, 비밀번호 재설정 및 사용자 계정 잠금 및 잠금 해제를 위한 메커니즘이 포함된다. 이러한 메커니즘은 https://docs.asp.net/en/latest/security/authentication/accconfirm.html에 있는 공식 ASP.NET 문서 사이트에 잘 설명되어 있다.

사용자 인증

사용자가 자신의 로컬 계정을 사용하여 로그인을 선택하면 로그인 양식을 통해 제공된 사용자 이름과 비밀번호를 기반으로 사용자의 신원을 확인해야 한다. 사용자 이름과 비밀번호는 AccountController에 삽입되는 SignInManager를 사용하여 수행된다.

```
//
// POST: /Account/Login
[HttpPost]
[AllowAnonymous]
[ValidateAntiForgeryToken]
public async Task<IActionResult> Login(LoginViewModel model, string
```

```
  returnUrl = null)
 {
   ViewData["ReturnUrl"] = returnUrl;
   if (ModelState.IsValid)
   {
     var result = await _signInManager.PasswordSignInAsync(model.Email, model.
Password, model.RememberMe, lockoutOnFailure: false);
     if (result.Succeeded)
     {
       _logger.LogInformation(1, "User logged in.");
       return RedirectToLocal(returnUrl);
     }
     if (result.RequiresTwoFactor)
     {
       return RedirectToAction(nameof(SendCode), new { ReturnUrl = returnUrl,
RememberMe = model.RememberMe });
     }
     if (result.IsLockedOut)
     {
       _logger.LogWarning(2, "User account locked out.");
       return View("Lockout");
     }
     else
     {
       ModelState.AddModelError(string.Empty, "Invalid login attempt.");
       return View(model);
     }
   }

   // 뭔가 실패한 과정이 있어 이것을 얻지 못하면, 양식을 재표시한다.
   return View(model);
 }
```

지정한 사용자 이름과 비밀번호가 일치하면 로그인이 성공하고 SignInManager는 HttpResponse에 특별한 인증 쿠키를 추가한다. 쿠키의 값은 실제로 ClaimsPrincipal의 인스턴스를 직렬화하는 암호화된 문자열이다. ClaimsPrincipal은 사용자 및 사용의 클레임을 고유하게 식별한다. 이후 요청에서 ASP.NET Identity는 인증 쿠키의 유효성을 검증하고 ClaimsPrincipal를 해독하여 HttpContext의 User 속성에 할당한다. 해당 방식으로 각 요청은 모든 요청과 함께 사용자 이름 및 비밀번호를 전달하지 않고도 특정 사용자와 연결된다. 해독 및 역직렬화된 ClaimsPrincipal은 User 속성을 통해 모든 컨트롤러 작업에서 접근할 수 있다.

note

ASP.NET Core Identity의 쿠키 기반 접근 인증은 미들웨어를 사용하여 구현된다. 쿠키 미들웨어는 Microsoft.AspNetCore.Authentication.Cookies 패키지를 통해 ASP.NET Identity와 독립적으로 사용할 수 있다. 자세한 내용은 https://docs.asp.net/en/latest/security/authentication/cookie.html을 참고하자.

SignInManager는 몇 가지 선택적 기능을 제공한다. 한 가지 옵션은 실패한 로그인 시도가 계정 잠금으로 계산되어야 하는지 여부이다. 실패한 횟수가 많아지면 계정을 잠그는 것이 중요한 보안 수단이다. 기본 템플릿은 시스템 관리자가 잠긴 계정을 해제하는 메커니즘에 템플릿이 포함하지 않기 때문에 해당 동작을 사용 불가능하게 만든다. 이것을 기록하고 앞으로의 스프린트에서 잠금 기능을 추가로 언급한다. 지금은 잠금과 관련된 지원 문제가 데이터베이스를 통해 수동으로 잠금 해제하도록 개발팀으로 전달된다. 또 다른 옵션은 두 가지 요소 인증을 사용하는 것이다. 두 가지 요소 인증(또는 2FA)을 사용하면 사용자가 유효한 사용자 이름과 비밀번호를 입력한 후 전자메일 또는 텍스트 메시지를 통해 임의 코드가 전송된다. 사용자는 코드를 입력하는 페이지로 이동하게 된다. 사용자는 코드 유효성을 검사해야만 로그인할 수 있다. SMS를 사용하여 2단계 인증을 사용하는 방법에 대한 전체 자습서는 https://docs.asp.net/en/latest/security/authentication/2fa.html에 있는 공식 ASP.NET 문서 사이트에서 찾을 수 있다.

기타 타사 인증 공급자

ASP.NET Identity는 외부 로그인 공급자라고도 하는 타사 인증 공급자와의 쉬운 통합을 제공한다. 그림 13-7에 표시된 것처럼 알파인 팀은 사용자가 외부 소스로 트위터 또는 페이스북을 사용하여 로그인할 수 있도록 선택했다.

파슬리 프로젝트의 목표 중 하나는 소셜 네트워크를 통해 고객 참여를 늘리는 것이므로 페이스북 및 트위터는 애플리케이션 인증 공급자의 자연스러운 선택이다.

페이스북 및 트위터를 사용하여 로그인을 사용하려면 적절한 NuGet 패키지에 대한 참조를 추가해야 한다.

```
"Microsoft.AspNetCore.Authentication.Facebook": "1.0.0",
"Microsoft.AspNetCore.Authentication.Twitter": "1.0.0"
```

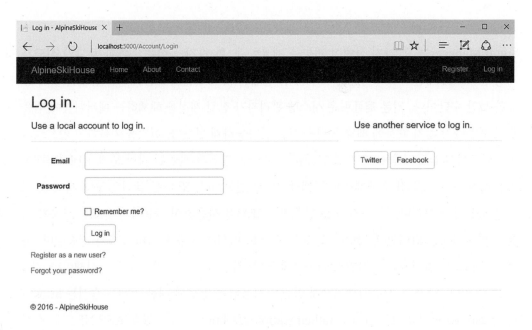

<그림 13-7> 외부 공급자 로그인

다음으로 Startup 클래스의 Configure 메서드에서 공급자를 구성한다.

```
app.UseIdentity();

if (Configuration["Authentication:Facebook:AppId"] == null ||
    Configuration["Authentication:Facebook:AppSecret"] == null ||
    Configuration["Authentication:Twitter:ConsumerKey"] == null ||
    Configuration["Authentication:Twitter:ConsumerSecret"] == null)
    throw new KeyNotFoundException("A configuration value is missing for
authentication against Facebook and Twitter. While you don't need to get tokens
for these you do need to set up your user secrets as described in the readme.");
app.UseFacebookAuthentication(new FacebookOptions
{
    AppId = Configuration["Authentication:Facebook:AppId"],
    AppSecret = Configuration["Authentication:Facebook:AppSecret"]
});

app.UseTwitterAuthentication(new TwitterOptions
{
    ConsumerKey = Configuration["Authentication:Twitter:ConsumerKey"],
    ConsumerSecret = Configuration["Authentication:Twitter:ConsumerSecret"]
});
```

각 외부 로그인 공급자에는 일련의 public 및 private 토큰이 필요하다. 이러한 토큰을 얻는 메서드는 공급자마다 다르므로 구체적인 지침은 공급자의 개발자 문서를 참조하자. 이 장의 "내부 위협" 절에서 앞서 논의한 것처럼 토큰을 비공개로 유지해야 하기 때문에 코드에 직접 포함하지 않고 구성에서 검색한다.

로그인 페이지에서 구성된 모든 외부 공급자를 통해 로그인할 수 있는 단추를 표시할 수 있다. 예를 들어 페이스북 공급자와 같이 사용자가 해당 공급자 중 하나를 선택하면, 페이스북 로그인 페이지로 이동되어 페이스북 사용자명 및 비밀번호를 입력하라는 메시지가 표시된다. 페이스북 로그인이 성공했다고 가정하면 알파인 스키 하우스 웹 애플리케이션의 사용자는 Account/ExternalLoginCallback 끝점으로 이동된다. 이 액션 메서드에서는 SignInManager에서 사용자에 대한 로그인 정보를 가져온 다음 외부 로그인 정보를 사용하여 애플리케이션에 로그인하려고 시도할 수 있다.

```
ExternalLoginInfo info = await _signInManager.GetExternalLoginInfoAsync();
if (info == null)
{
  return RedirectToAction(nameof(Login));
}

// 사용자가 이미 로그인한 경우 이 외부 로그인 공급자로 로그인한다
var result = await _signInManager.ExternalLoginSignInAsync(info.
LoginProvider,
info.ProviderKey, isPersistent: false);
if (result.Succeeded)
{
  _logger.LogInformation(5, "User logged in with {Name} provider.", info.
  LoginProvider);
  return RedirectToLocal(returnUrl);
}
if (result.RequiresTwoFactor)
{
  return RedirectToAction(nameof(SendCode), new { ReturnUrl = returnUrl });
}
if (result.IsLockedOut)
{
  return View("Lockout");
}
```

로그인이 성공하지 못하면 알파인 스키 하우스에서 새 계정을 만들 수 있는 기회를 제공해야 한다. 새 계정을 만들 때 이메일 주소, 이름, 성, 전화번호 및 연령과 같은 몇 가지 추가 계

정 정보를 수집하기를 원한다. 일부 외부 로그인 공급자는 해당 정보 중 일부를 External LoginInfo의 Principal 속성에서 찾을 수 있는 클레임 값으로 제공한다. 예를 들어, 페이스북 공급자는 사용자의 이메일, 이름 및 성을 사용 가능하게 하여 사용자를 위해 미리 채울 수 있다. 트위터 공급자는 이러한 클레임을 채우지 않는다.

```
// 사용자에게 계정이 없으면 사용자 계정 생성을 요청한다.
ViewData["ReturnUrl"] = returnUrl;
ViewData["LoginProvider"] = info.LoginProvider;
var email = info.Principal.FindFirstValue(ClaimTypes.Email);
var lastName = info.Principal.FindFirstValue(ClaimTypes.Surname);
var firstName = info.Principal.FindFirstValue(ClaimTypes.GivenName);

return View("ExternalLoginConfirmation",
  new ExternalLoginConfirmationViewModel
  {
    Email = email,
    FirstName = firstName,
    LastName = lastName
  });
```

📝 *note*

Microsoft는 모두 NuGet에서 찾을 수 있는 페이스북, 트위터, 구글 및 Microsoft 계정 인증을 지원하기 위해 내장된 Identity 구조와 통합되는 패키지를 제공한다. 또한 사용자 또는 타사가 작성한 사용자 정의 구현을 통해 다른 공급자의 로그인을 지원할 수도 있다. GitHub 인증 활성화에 대한 자습서는 http://aspnetmonsters.com/2016/04/github-authentication-asp-net-core/를 참고하자.

특성을 통한 보안 활성화

애플리케이션 아래에 위치한 포괄적인 프레임워크의 이점 중 하나는 옵트 인(opt-in) 부분이 서로를 멋지게 보완한다는 것이다. 미들웨어를 통해 애플리케이션에서 인증이 활성화된 후에는 전역 필터를 사용하거나 클래스 및 메서드를 사용하여 특성을 통해 이를 활용할 수 있다. 다음 절에서 필터에 대해 살펴보겠지만 MVC 영역의 개발자는 이미 익숙할 수도 있다. 그러나 ASP.NET Core에서는 애플리케이션 정책의 개념에 따라 구현된다.

가장 단순한 사용 양식에서 Authorize 특성을 사용하여 클래스를 꾸미기만 하면 사용자를 인증하도록 요청할 수 있다. 다음 SkiCardController의 정의에서 이를 확인할 수 있다.

```
[Authorize]
public class SkiCardController : Controller
{
    // ...
}
```

또는 모든 액션에서 인증을 요구하지 않으려면 메서드 수준에서 특성을 사용할 수도 있다.

```
[Authorize]
public async Task<ActionResult> Create()
{
    // ...
}
```

사용자의 컨트롤러를 Authorize 특성으로 장식한 경우, 여전히 인증되지 않은 사용자가 내부에 있는 액션에 접근하기를 원할 수도 있다. 이것은 일반적으로 AccountController 및 유사한 클래스에서 볼 수 있다. 다시 말해 사용자 인증을 원하지만 등록 프로세스 중에는 아직 로그인할 계정이 없다. 이것은 다음 특성으로 액션을 장식하면 가능하다.

```
[AllowAnonymous]
public IActionResult Register(string returnUrl = null)
{
  ViewData["ReturnUrl"] = returnUrl;
  return View();
}
```

특성에 다른 수준의 특이성을 추가하고 [Authorize(Roles = "customer,csr")]와 같이 값을 특성 생성자에 전달하여 인증된 사용자의 역할을 지정할 수 있다. 단일 특성을 사용하는 경우, 사용자는 쉼표로 구분된 목록에서 제공하는 역할 중 하나 이상에 속해 있어야 한다. 다수의 Authorize 특성을 사용하는 경우 사용자가 지정한 모든 역할에 속해 있어야 한다.

Authorize 특성을 추가하고 역할을 지정하면 프레임워크가 RolesAuthorization Requirement 로 해당 역할을 해결하기 위해 배후에서 작업하고 있다. 그것은 클레임에 명시된 사용자가 속한 모든 역할을 반복하는 ClaimsPrinciple.IsInRole() 메서드를 사용하도록 해준다. 기본적으로 로그인 프로세스가 어떤 방식으로든 클레임이 있는 사용자를 장식하면 사용자의 Identity에 추가되고 사용자는 애플리케이션의 해당 부분에 접근할 수 있다. 그러나 지정한 역할은 컴파일 시에 고정되어 있으며 런타임에 변경할 수 없으므로 제한적이다.

좋은 소식은 이러한 부분에는 마법이 없으며 Authorize 특성만이 유일한 옵션이 아니라는 것이다. 조직에 적합한 방식으로 보안을 정의하기 위해 동일한 유형의 구조를 만들 수 있다. 코드에서 상수를 사용하는 대신 다음에 논의할 것처럼 애플리케이션을 보호하기 위해 풍부한 요구 사항과 정책을 구축할 수 있다.

인증을 위한 정책 사용하기

정책은 요청 속성, 요청한 클라이언트, 요청을 시작한 사용자의 신원 요청 및 빌드하려는 다른 요소를 기반으로 접근을 제어하는 데 사용되는 일련의 요구 사항이다. 박스의 바깥에서,

작업, 역할 또는 다른 클레임을 기반으로 요구 사항을 포함하는 정책을 설정할 수 있다.

범용 정책 적용하기

사용자 인증의 범용적인 요청은 사이트에 접근하려는 사람을 나타내는 일종의 ID 토큰을 요구하는 것으로 일반적인 경우이다. 대부분의 시나리오에서는 쿠키를 사용하거나 challenge/login 모델을 이용한 협상을 통해 클라이언트 측 및 서버 측의 미들웨어에서 브라우저로 처리된다. 모든 애플리케이션 접근에 대한 인증을 요구하는 범용 규칙을 가능하게 하려면 정책 생성을 포함하고, 그 정책을 애플리케이션의 FilterCollection에 추가한다. 알파인 스키 하우스 애플리케이션에서는 정책을 구현하지 않지만 원한다면 애플리케이션이 시작되는 동안 해당 작업을 수행할 것이다. Startup.cs의 ConfigureServices 메서드에는 MVC 서비스를 종속성 주입 컨테이너에 추가하는 코드가 있다.

```
services.AddMvc();
```

AddMvc() 또한 MvcOptions 매개변수를 받는 액션을 수락하는 오버로드가 포함되어 있다. MvcOptions는 여러 속성에 대한 접근을 제공하며, 그중 하나는 알파인 스키 하우스 애플리케이션에서 사용하는 필터의 모음이다. 다음과 같이 필터를 생성하여 해당 컬렉션에 추가할 수 있다.

```
services.AddMvc(options =>
{
  var policy = new AuthorizationPolicyBuilder()
    .RequireAuthenticatedUser()
    .Build();
  options.Filters.Add(new AuthorizeFilter(policy));
}
);
```

장면 뒤에서 DenyAnonymousAuthorizationRequirement 유형의 파이프 라인에 요구 사

항을 추가하여 특성이 수행하는 것과 동일한 작업을 수행한다. 요청이 실행될 때 로그인하지 않은 모든 사용자에 대해서는 해당 요구 사항이 실패한다. 애플리케이션 전체에서는 컨트롤러 또는 액션 수준에서 AllowAnonymous 특성을 사용하여 해당 필터를 사용하지 않도록 설정할 수 있다.

선택 사용을 위한 정책 정의하기

AuthorizationPolicyBuilder는 한 가지 재능만 갖고 있지는 않다. 다음과 같은 정책 생성에 사용할 수 있다.

- 특정 클레임 요청
- 클레임의 명시적 값 요청
- 특정 역할 요청
- 특정 인증 스키마 사용
- 명시된 옵션 중 하나를 단일 규칙으로 결합

애플리케이션에서 관리 정책을 정의하고 사용할 수 있도록 필요한 사항을 간략하게 살펴보자. 관리 정책의 요구 사항은 매우 사소할 수 있다. 예를 들어, 인사 부서 또는 회계 부서에 근무하고 애플리케이션에서 관리 역할을 담당하는 인증된 사용자를 확보해야 한다. 역할을 특성화하고 부서 클레임이 적절하다고 가정하면 정책 정의는 다음과 같다.

```
var policy = new AuthorizationPolicyBuilder()
  .RequireAuthenticatedUser()
  .RequireRole("admin")
  .RequireClaim("department", new List<string> { "hr", "accounting" })
  .Build();
```

이는 ConfigureServices 메서드의 Startup 클래스에 있다. 정책을 정의한 후에는 애플리케이션 전반에 걸쳐 사용할 수 있는 서비스에 정책을 추가할 수 있다.

```
services.AddAuthorization(options =>
{
  options.AddPolicy("RefundAccess", policy);
});
```

유창한 구문을 사용하여 AuthorizationPolicyBuilder를 사용하는 것이 편리하지만 람다 오 버로드와 함께 인라인으로 정책을 정의할 수도 있다.

```
services.AddAuthorization(options =>
{
  options.AddPolicy("RefundAccess", policy =>
  {
    policy.RequireAuthenticatedUser();
    policy.RequireRole("admin");
    policy.RequireClaim("department", new List<string> { "hr", "accounting" });
  });
});
```

명명된 RefundAccess 정책을 사용하여 이전처럼 Authorize 특성을 통해 컨트롤러 또는 액 션을 꾸밀 수 있지만 이제는 정책 이름을 지정할 수도 있다.

```
[Authorize("RefundAccess")]
public class HomeController : Controller
{
  // ...
}
```

이러한 기능은 애플리케이션에서 많은 인증 시나리오를 다루지만 제한 사항이 있다. 예를 들어, 앞서 언급한 빌더 또는 람다 메서드로 작성된 정책은 시작하는 동안 구성되기 때문에 애플리케이션 수명 주기 동안 기본적으로 정적인 요소이다. 또한 이러한 접근 방식은 런타임

336

시 요인이 정책에 의해 승인 또는 거부될 수 있는 사용자의 능력에 영향을 미치지 못하게 한다. 프레임워크를 통해 사용할 수 있는 요구 사항 및 정책이 여전히 필요한 제어 수준을 제공하지 못하면 원하는 대로 자유롭게 스스로 만들고 통합할 수 있다.

사용자 정의 인증 정책

인증 특성 및 클레임 정책은 알파인 스키 하우스 애플리케이션에서 권한 부여에 필요한 대부분의 기능을 제공하지만, 사용자가 애플리케이션에서 무언가를 수행할 권한이 있는지를 결정하기 위해 더 많은 맞춤 로직을 구현해야 하는 경우가 있다. ASP.NET Core Identity에서 이 논리는 사용자 정의 인증 정책으로 정의된다. 인증 정책은 하나 이상의 요구 사항과 현재 인증 컨텍스트에 대해 해당 요구 사항을 평가하는 제어기로 구성된다.

요구 사항은 요구 사항을 정의하는 속성을 포함하는 단순한 클래스이다. 요구 사항 클래스는 IAuthorizationRequirement를 상속한다. 다음 예제에서 사용된 가설적인 요구 사항은 직원이 지정된 기간 이상 회사와 함께 있게 된다는 것이다.

```
public class EmploymentDurationRequirement : IAuthorizationRequirement
{
  public EmploymentDurationRequirement(int minimumMonths)
  {
    MinimumMonths = minimumMonths;
  }
  public int MinimumMonths { get; set; }
}
```

정책 요구 사항을 평가하는 논리는 인증 제어기에서 구현된다. 인증 제어기는 T가 평가되는 요구 사항의 유형인 기본 Authorization⟨T⟩ 클래스로부터 상속된다. 예를 들어, EmploymentDurationRequirement의 처리기는 고용 날짜 클레임에 기반한 최소 개월 수를 계산할 수 있다.

```
public class MinimumEmploymentDurationHandler :
  AuthorizationHandler<EmploymentDurationRequirement>
{
  protected override Task HandleRequirementAsync(AuthorizationContext
context, EmploymentDurationRequirement requirement)
  {
    if (!context.User.HasClaim(c => c.Type == ClaimTypes.EmploymentDate &&
        c.Issuer == "http://alpineskihouse.com"))
    {
      return Task.FromResult(0);
    }

    var employmentDate = Convert.ToDateTime(context.User.FindFirst(
      c => c.Type == ClaimTypes.EmploymentDate &&
      c.Issuer == "http://alpineskihouse.com")Value);

    int numberOfMonths = (DateTime.Today ? employmentDate).TotalMonths;
    if (numberOfMonths > requirement.MinimumMonths)
    {
      context.Succeed(requirement);
    }
    return Task.FromResult(0);
  }
}
```

요구 사항과 처리기가 정의된 후 Startup.cs의 ConfigureServices 메서드에서 사용자 지정 정책을 정의할 수 있다. 처리기는 services 컬렉션에도 등록되어야 한다는 점에 주의하자.

```
services.AddAuthorization(options =>
{
  options.AddPolicy("CompletedProbation",
```

```
        policy => policy.Requirements.Add(new EmploymentDurationRequirement(3)));
    });
    services.AddSingleton<IAuthorizationHandler, MinimumEmploymentDurationHan
    dler>();
```

사용자 정의 정책은 다른 인증 정책과 마찬가지로 참조할 수 있다.

```
[Authorize(Policy = "CompletedProbation")]
public IActionResult GetSomeFreeSwag()
{
    return View();
}
```

리소스 보호하기

권한 논리에 따라 특정 리소스에 대한 접근을 보호해야 하는 경우가 종종 있다. 리소스 접근 보호의 예는 SkiCard를 생성한 고객이 유일하게 SkiCard를 편집할 수 있다는 것이다. 초기 구현에서 이것은 SkiCardController의 Edit 액션 메서드에서 로직으로 처리되었다. s.ApplicationUserId == userId를 SkiCard 쿼리에 추가하여 고객이 자신의 SkiCards만 편집할 수 있도록 할 수 있다.

```
var skiCard = await _skiCardContext.SkiCards
    .SingleOrDefaultAsync(s => s.ApplicationUserId == userId
            && s.Id == viewModel.Id);
if (skiCard == null)
{
    return NotFound();
}
//그렇지 않으면 Edit 액션을 계속한다.
```

위 접근법은 간단한 시나리오에서 작동하지만 잠재적으로 오류가 발생하기 쉽고 제한될 수 있다. SkiCard의 소유자만 SkiCard를 편집할 수 있다는 제한이 명시되어 있지 않다. 또한 애플리케이션에는 권한이 부여된 시스템 관리자가 고객을 대신하여 스키 카드를 편집할 수 있도록 허용해야 한다는 요구 사항이 있다. 쿼리에 복잡성을 추가하면 일부 모호한 논리가 생기게 된다.

SkiCard 엔티티에 대한 사용자 정의 AuthorizationHandler를 생성하여 해당 권한 부여 프로세스를 단순화할 수 있다. 먼저, 이 처리기에서 권한을 부여한 요구 사항 유형을 정의하는 IAuthorizationRequirement를 정의해야 한다. 이 경우, SkiCard 엔티티를 편집 중이므로 EditSkiCardAuthorizationRequirement라는 클래스를 생성한다.

```
public class EditSkiCardAuthorizationRequirement :
IAuthorizationRequirement
{
}
```

다음으로, AuthorizationHandler 클래스에서 상속된 EditSkiCardAuthorizationHandler 라는 클래스를 생성하여 요구 사항 유형 및 리소스 유형을 제네릭 매개변수로 지정한다. HandleRequirementAsync 메서드에서 현재 사용자가 지정된 SkiCard를 편집할 수 있는지 여부를 확인하는 논리를 추가한다.

```
public class EditSkiCardAuthorizationHandler :
  AuthorizationHandler<EditSkiCardAuthorizationRequirement, SkiCard>
{
  private readonly UserManager<ApplicationUser> _userManager;

  public EditSkiCardAuthorizationHandler(UserManager<ApplicationUser>
userManager)
  {
```

```
        _userManager = userManager;
    }

    protected override Task HandleRequirementAsync(AuthorizationHandlerConte
xt context,
            EditSkiCardAuthorizationRequirement requirement,
            SkiCard skiCard)
    {
      var userId = _userManager.GetUserId(context.User);
      if (skiCard.ApplicationUserId == userId)
      {
        context.Succeed(requirement);
      }
      return Task.CompletedTask;
    }
}
```

이제 SkiCard를 편집하기 위한 인증 요구 사항은 20장 "테스트"에서 설명하듯이 명확하게 명시하고 테스트할 수 있다. 그런 다음 Startup.cs의 ConfigureServices 메서드에 Authorization Handler를 등록한다.

```
services.AddSingleton<IAuthorizationHandler, EditSkiCardAuthorizationHand
ler>();
```

마지막으로 SkiCardController를 수정하여 Edit 액션 메서드에서 사용자를 적절하게 인증한다. 이전 사용자 정의 인증 정책과 달리 Authorize 특성이 실행될 때 SkiCard 리소스를 알 수 없으므로 Authorize 특성을 사용하는 선언적 방법을 사용할 수 없다. 대신, IAuthorization Service를 사용하여 사용자에게 명령으로 권한을 부여한다.

```
private readonly SkiCardContext _skiCardContext;
private readonly UserManager<ApplicationUser> _userManager;
private readonly IAuthorizationService _authorizationService;

public SkiCardController(SkiCardContext skiCardContext,
        UserManager<ApplicationUser> userManager,
        IAuthorizationService authorizationService)
{
    _skiCardContext = skiCardContext;
    _userManager = userManager;
    _authorizationService = authorizationService;
}
```

Edit 액션 메서드에서 인증 서비스의 AuthorizeAsync 메서드를 호출하여 현재 사용자 스키 카드 및 EditSkiCardAuthorizationRequirement의 인스턴스를 전달한다. AuthorizeAsync 메서드가 true를 반환하면 계속 진행할 수 있다. 그렇지 않으면 사용자를 Account/Access Denied로 다시 보내는 ChallengeResult를 반환한다.

```
[HttpPost]
[ValidateAntiForgeryToken]
public async Task<ActionResult> Edit(EditSkiCardViewModel viewModel)
{
    if (ModelState.IsValid)
    {
        var skiCard = await _skiCardContext.SkiCards
        .SingleOrDefaultAsync(s => s.Id == viewModel.Id);
        if (skiCard == null)
        {
        return NotFound();
        }
        else if (await _authorizationService.AuthorizeAsync(User, skiCard, new Edit
SkiCardAuthorizationRequirement()))
```

```
        {
            skiCard.CardHolderFirstName = viewModel.CardHolderFirstName;
            skiCard.CardHolderLastName = viewModel.CardHolderLastName;
            skiCard.CardHolderPhoneNumber = viewModel.CardHolderPhoneNumber;
            skiCard.CardHolderBirthDate = viewModel.CardHolderBirthDate.Value.Date;
            await _skiCardContext.SaveChangesAsync();
            return RedirectToAction(nameof(Index));
        }
        else
        {
            return new ChallengeResult();
        }
    }
    return View(viewModel);
}
```

원본 간 리소스 공유(CORS)

이미지 및 스타일 시트에서 스크립트에 이르기까지 풍부한 웹페이지를 표시하기 위해서는 많은 유형의 콘텐츠 및 행위자가 필요하다. 컨텐츠 중 일부는 브라우저에 추가 페이로드를 내리는 기능의 데이터 또는 AJAX 요청일 수 있다. 해당 요청이 악의적으로 도용당하는 것을 막기 위해 CORS(Cross-Origin Resource Sharing) 권장 사항은 클라이언트와 서버 간의 신뢰 구축에 도움이 되는 W3C(World Wide Web Consortium)에서 권장하는 표준에 포함되었다.

이를 위해 AJAX를 통해 웹페이지 자체의 출처가 아닌 다른 도메인으로 요청하는 브라우저는 Origin 헤더를 제공해야 한다. 서버는 종류에 따라 Access-Control-Allow-Origin 헤더로 응답하여 해당 도메인의 요청을 예상하는 신호에 보낸다. 예상 값 또는 헤더로 응답하지 않으면 브라우저는 자원을 요청하는 스크립트가 서버 반환 응답에 접근하지 못하게 된다. 서버 측에서 보안 침해 이벤트가 발생해도 클라이언트를 보호하지는 않지만 사이트 간 스크립트 취약점의 위험을 상당 부분 제거한다.

동일한 원본에서 시작하지 않은 웹사이트에 대한 API를 열려고 하는 경우 애플리케이션에서 CORS를 활성화해야 한다. 두 가지 요청이 모두 동일한 도메인, 동일한 포트 및 HTTP 또는 HTTPS 같은 동일한 스키마에서 작동하는 경우 두 요청이 동일한 원본을 공유한다고 말할 수 있다. CORS를 활성화할 때는 특정 원본을 즉시 수정하거나 무효화할 수 있는 곳에서 하는 것이 좋다. 이것의 예는 API에 접근하는 데 비용을 지불하는 타사 API가 있는 곳이다.

애플리케이션에서 CORS를 활성화하려면 먼저 Microsoft.AspNetCore.Cors 패키지를 project.json에 추가해야 한다. 그런 다음, CorsPolicyBuilder를 통해 Startup.cs의 애플리케이션에 있는 서비스 컨테이너에 CORS 정책을 추가해야 한다.

```
public void ConfigureServices(IServiceCollection services)
{
  // 다른 서비스 구성
  services.AddCors(options =>
  {
    options.AddPolicy("AlpineSkiHouseApiPolicy",
      builder => builder.WithOrigins("https://alpineskihouse.com"));
  }
  );
  // …
}
```

AddPolicy()를 호출하면 원하는 정책의 이름을 지정하고 만들 수 있다. 그런 다음 Startup.cs의 Configure 메서드에서 UseMvc()를 호출하기에 앞서 CORS 미들웨어를 애플리케이션에 연결할 수 있다.

```
app.UseCors("AlpineSkiHouseApiPolicy");
```

이 정책의 폭은 전체 API에서 너무 광범위할 수 있으므로 실제로 UseCors() 호출을 생략하고 컨트롤러 수준에서 특성 기반 접근 방식을 사용하도록 선택할 수 있다.

```
[EnableCors("AlpineSkiHouseApiPolicy")]
public class SkiPassValidationApiController : Controller
{
    // ...
}
```

위 접근은 API의 특정 측면에 대해 CORS를 사용하도록 보다 세분화된 접근 방식을 제공한다. 또한 액션 수준에서 EnableCors를 사용하거나 정책에 범용적으로 또는 컨트롤러 수준에서 포함될 액션에 대한 CORS를 비활성화하려는 경우 DisableCors 특성을 적용할 수 있다.

요약

애플리케이션에 대한 많은 보안 측면이 있으며 다수의 문구가 이미 제목에 적혀 있다. 언론의 현재 분위기는 고객의 프라이버시에 대한 우려가 커지고 있으며, 애플리케이션의 위험이 증가함에 따라 허용 가능한 것으로 판단되는 애플리케이션만 애플리케이션의 적절한 부분에 접근할 수 있도록 보장해야 한다.

물론 우리가 가진 내부적인 관심사가 있겠지만 소프트웨어 개발자로서 모든 코드를 작성할 때 보안에 대해 생각할 필요가 있다. 코드를 작성하는 방법과 접근을 허용하는 사람을 포함하여 우리가 내부적으로 수행하는 것 이상으로 동의 없이 시스템에 접근하려는 사람들을 고려하는 것도 중요하다. 외부 대면 시스템과 관련된 보안에 대한 자세한 내용은 https://www.owasp.org/에 있는 공개 웹 애플리케이션 보안 프로젝트(Open Web Application Security Project, OWASP) 커뮤니티의 작업 본문을 참고하자.

보안은 포괄적인 주제이며 이 장에서 12가지가 넘는 관심사에 대해 논의했지만 인증서나 SQL 주입 공격과 같은 전통적인 개념은 다루지 않았다. 해당 주제가 중요성이 덜하기 때문이 아니다. 보안은 분명 모든 개발자에게 최우선이 될 필요가 있으며, 조직 전체의 대화에서 프로젝트의 일반적인 주제가 되어야 하는 화두이다.

보안은 애플리케이션에서 사용되는 서비스의 한 범주일 뿐이다. 다음 장에서는 서비스 인스턴스화의 세부 사항을 알아야 하는 특정 구성 요소가 아닌 프로젝트의 모든 구성 요소에 대해 서비스를 만들 수 있는 방법을 살펴볼 것이다.

종속성 주입

"이 코드는 다소 혼란스럽군요"라고 마크가 불평했다. "저는 테스트를 어떻게 하는지 모르겠어요. 전 여기 이 private 메서드를 정말 테스트해보고 싶지만 어려운 것 같아요. 그냥 public으로 만들어버릴까 해요."

다니엘은 "글쎄요, 호출되는 메서드가 무엇인가요?"라고 대답했다.

"CalculatePassStartDate예요."

"네, 클래스가 무엇인가요?"

"PassValidationChecker요."

다니엘은 "이런, 클래스가 너무 많은 것을 수행하는 것처럼 들리는군요. 패스권 검사기나 시작일 계산기인가요?"

"둘 다예요. 패스권이 유효한지 여부를 검사하려면 시작일이 필요하니까 둘 다 동일한 클래스에 두는 게 말이 되죠."

"좋아요, 그럼 우리가 새로운 패스권 유형을 추가하면 어느 클래스를 변경해야 하나요?"

"아마도 PassValidationChecker요."

"그리고 새로운 스키장을 추가하면 어느 클래스를 변경하게 되나요?"

"역시 PassValidationChecker요. 거기에 각 스키장에 대한 규칙 목록을 가지고 있어요. 청소년 패스권 만료에서 나이와 같은 규칙을 변경하길 원할 때는 그곳 역시 변경해야 해요."

"음, 그러면 클래스를 변경해야 할 최소한 두 가지의 이유가 있을 것 같아요. 그건 여러 클래스가 되어야 한다는 신호예요. 이 SOLID 원칙에 대해 생각해봐요. S는 단일(Single) 책임 원칙에 대한 것이에요. 이건 클래스가 한 번 그리고 하나씩만 수행하는 너무 좁은 초점을 갖는다는 뜻이기 때문에 변경해야 할 이유는 단 한 가지예요."

마크는 "그렇군요. 그러면 CalculatePassStartDate를 꺼내고, PassStartDateCalculator와 다음으로 PassValidationChecker 내부에서 새로운 것을 만들어야겠네요"라고 말했다.

"잠시만요, '새로운 것'이 무슨 의미예요?"

"음, 평범한 새 PassStartDateCalculator()예요."

"그건 당신이 가진 두 가지 문제를 진짜 해결하지 못해요. 콘크리트 구현 방식에 의존하기 때문에 테스트를 위한 클래스 격리는 여전히 어렵군요."

"다니엘, 저는 그것을 새로 만들어야 해요. 그냥 마술처럼 PassValidationChecker에 나타나진 않겠지요."

"종속성 주입 컨테이너에 그걸 추가하고 인터페이스로 해결한다면 가능할 거예요."

"오 좋은 생각이에요, 다니엘. 봐요, 이 SOLID에서 I는 제어 반전(Inversion) 같은 걸 말하는 것 같군요."

"네, 종속성 주입은 제어 반전을 구현하는 한 가지 방법이에요. .NET Core만큼 더 쉬울 순 없어요. 이미 내장 컨테이너가 있으니 거기에 구현을 등록하기만 하면 할 수 있어요."

"고마워요, 다니엘. 당신은 'SOLID' 프로그래머예요"라고 빙그레 웃기 시작하면서 마크가 말했다.

다니엘은 눈을 흘겼다. 두 번이나. "마크, 여기서 당장 나가요."

이 책 전체에서 이 장을 여러 번 참조하는 것은 우연이 아니다. 종속성 주입(Dependency Injection, DI)은 ASP.NET Core 설계에서 중요한 아키텍처 고려 사항이다. 일부 독자는 이미 해당 주제에 대해 전문가일지 모르지만 많은 사람들은 여기에 있는 개념이 새로울 것이다. 이 장에서는, 종속성 주입에 대한 개요부터 시작하여 ASP.NET Core에서 기본 제공되는 구현에 대해 설명한다.

종속성 주입이란?

종속성 주입의 기본 사항에 들어가기 전에, 종속성 주입 문제를 해결하기 위해 무언가를 시도해보겠다. 이 주제에서 주의할 것은 우리가 애플리케이션을 서비스로 만드는 모든 컨트롤러, 구성 요소 및 기타 클래스를 참조한다는 것이다.

수동으로 종속성 해결하기

10장 "엔티티 프레임워크 Core"의 비교적 간단한 SkiCardController를 살펴보자. SkiCard Controller는 스키 카드 보기, 생성, 편집에 대한 요청을 처리하기 위해 애플리케이션의 다른 서비스를 필요로 한다. 특히, 데이터에 접근하기 위한 SkiCardContext, 현재 사용자에 대한 정보에 접근하는 UserManager<ApplicationUser> 및 현재 사용자가 요청된 스키 카드를 편집하거나 볼 수 있는 권한이 있는지 확인하기 위한 IAuthorizationService가 필요하다.

DI 또는 다른 패턴을 사용하지 않으면 SkiCardController에 이러한 서비스의 새로운 인스턴스를 생성할 책임이 있다.

DI가 없는 SkiCardController
```
public class SkiCardController : Controller
{
    private readonly SkiCardContext _skiCardContext;
    private readonly UserManager<ApplicationUser> _userManager;
    private readonly IAuthorizationService _authorizationService;
```

```
public SkiCardController()
{
    _skiCardContext = new SkiCardContext(new DbContextOptions<SkiCardConte
xt>());

    _userManager = new UserManager<ApplicationUser>();

    _authorizationService = new DefaultAuthorizationService();
}


//Action 메서드

}
```

위 코드는 비교적 단순해 보이지만 실제로는 컴파일되지 않는다.

먼저 SkiCardContext에 대한 연결 문자열 또는 데이터베이스 형식을 지정하지 않았으므
로 DbContext가 실제 제대로 만들어지지 않는다. UserManager〈ApplicationUser〉에는
기본 생성자가 없다. UserManager 클래스의 유일한 public 생성자에는 7개의 매개변수가
있다.

UserManager<TUser> 클래스를 위한 Public 생성자
```
public UserManager(IUserStore<TUser> store, IOptions<IdentityOptions>
optionsAccessor, IPasswordHasher<TUser> passwordHasher, IEnumerable<IUser
Validator<TUser>> userValidators, IEnumerable<IPasswordValidator<TUser>>
passwordValidators, ILookupNormalizer keyNormalizer, IdentityErrorDescriber
errors, IServiceProvider services, ILogger<UserManager<TUser>> logger)
{ //…
}
```

이제는 SkiCardController가 해당하는 모든 다른 서비스를 만드는 방법을 알아야 한다.
DefaultAuthorizationService의 생성자에는 세 개의 매개변수도 있다. 분명히 컨트롤러나
애플리케이션에 있는 모든 다른 서비스가 상호작용하는 모든 서비스를 생성하는 것은 불가

350

능하다.

이 구현이 초래할 상당한 양의 코드 중복과는 달리 코드는 또한 밀접하게 결합된다. 예를 들어, SkiCardController는 이제 IAuthorizationService 인터페이스에 의해 노출된 메서드에 대한 기본적인 이해만 하는 것이 아니라 구체적인 DefaultAuthorizationService 클래스에 대한 특정 지식을 갖는다. DefaultAuthorizationService의 생성자를 변경하고 싶다면 SkiCardController와 DefaultAuthorizationService를 사용하는 다른 클래스도 변경해야 한다.

밀접한 결합은 또한 구현을 스왑 아웃(swap out)하는 것을 더 어렵게 만든다. 완전히 새로운 인증 서비스를 구현할 수는 없지만 쉽게 모킹(mocking)할 수 있으므로 구현을 스왑 아웃하는 것이 중요하다. 모킹은 20장 "테스트"에서 볼 수 있는 것처럼 애플리케이션에서 예상되는 서비스 상호작용을 훨씬 쉽게 테스트할 수 있게 해주는 중요한 기술이다.

종속성 해결을 위한 서비스 컨테이너 사용하기

종속성 주입은 종속성을 해결하는 데 사용되는 일반적인 패턴이다. 종속성 주입을 사용하면 클래스 인스턴스를 작성하고 관리하는 책임이 컨테이너로 넘겨진다. 또한 각 클래스는 자신이 의존하는 다른 클래스를 선언한다. 그런 다음 컨테이너는 런타임에 이러한 종속성을 해결하고 필요에 따라 이를 전달할 수 있다. 종속성 주입 패턴은 제어 반전(Inversion of Control, IoC)의 한 형태이며, 이는 구성 요소 자체가 더 이상 종속성을 직접 인스턴스화하지 않아도 된다는 것을 의미한다. 또한 IoC 컨테이너라고 하는 DI 구현을 듣게 될 수도 있다.

종속성을 주입하기 위한 가장 일반적인 접근법은 생성자 주입이라고 하는 기술을 사용하는 것이다. 생성자 주입을 사용하여 클래스는 필요한 모든 서비스에 대한 인수를 허용하는 public 생성자를 선언한다. 예를 들어 SkiCardController에는 SkiCardContext, UserManager〈ApplicationUser〉, 및 IAuthorizationService를 허용하는 생성자가 있다. 컨테이너는 런타임에 각 유형의 인스턴스를 전달한다.

생성자 주입을 사용하는 `SkiCardController`

```
public class SkiCardController : Controller
{
    private readonly SkiCardContext _skiCardContext;
    private readonly UserManager<ApplicationUser> _userManager;
    private readonly IAuthorizationService _authorizationService;

    public SkiCardController(SkiCardContext skiCardContext,
        UserManager<ApplicationUser> userManager,
        IAuthorizationService authorizationService)
    {
        _skiCardContext = skiCardContext;
        _userManager = userManager;
        _authorizationService = authorizationService;
    }
    //Action 메서드
}
```

생성자 주입은 특정 클래스에 어떤 종속성이 필요한지 명확하게 보여준다. 필요한 서비스를 전달하지 않고 새로운 SkiCardController를 만들 수 없기 때문에 컴파일러의 도움을 받는다. 이전에 언급했듯이 해당 접근법의 주요 이점은 단위 테스트를 훨씬 쉽게 만들 수 있다는 것이다.

종속성을 주입하기 위한 또 다른 옵션은 속성이 런타임에서 컨테이너에 의해서 설정되어야 한다는 것을 가리키는 특성으로 장식되고 public 속성이 있는 속성 주입(property injection)이다. 속성 주입은 생성자 주입보다 다소 일반적이지 않으며 모든 IoC 컨테이너에서 지원하지 않는다.

애플리케이션이 시작되면 서비스가 컨테이너에 등록된다. 서비스 등록 메서드는 사용되는 컨테이너에 따라 다르다. 이 장의 뒷부분에서 몇 가지 예를 볼 수 있다.

종속성 주입은 현재 종속성 해결 문제를 풀기 위한 가장 보편적인 패턴이지만 사용 가능한 유일한 패턴은 아니다. 일정 기간 동안 .NET 커뮤니티에서 서비스 로케이터 (Service Locator) 패턴이 널리 사용되었으며 이 패턴을 사용하면 서비스가 중앙 서비스 로케이터에 등록된다. 서비스가 다른 서비스의 인스턴스를 필요로 할 때마다 서비스 로케이터에서 해당 서비스 유형의 인스턴스를 요청한다. 서비스 로케이터 패턴의 주요 단점은 모든 서비스가 이제 서비스 로케이터에 대한 명시적 종속성을 가진다는 것을 의미한다. 두 가지 패턴에 대해 자세히 알아보려면 마틴 포러(Martin Fowler)의 훌륭한 글*을 살펴보자.

ASP.NET Core의 종속성 주입

ASP.NET Core는 생성자 주입을 지원하는 내장 컨테이너의 기본 구현을 제공한다. 서비스는 애플리케이션 시작 중에 Startup 클래스의 ConfigureServices 메서드에 등록된다.

Startup.cs의 ConfigureServices 메서드
```
// 이 메서드는 런타임에 호출된다. 서비스를 컨테이너에 추가하는 데 사용한다.
public void ConfigureServices(IServiceCollection services)
{
    //서비스를 여기에 추가
}
```

ASP.NET Core MVC 프로젝트의 가장 단순한 버전이라 할지라도 컨테이너에 적어도 몇 가지 서비스가 있어야 원하는 대로 애플리케이션을 실행할 수 있다. MVC 프레임워크 자체

---

*   http://www.martinfowler.com/articles/injection.html

는 런타임에 컨트롤러 활성화, 뷰 표시 및 기타 코어 개념을 적절하게 지원해야 하는 서비스에 의존한다.

내장 컨테이너 사용하기

가장 먼저 할 일은 ASP.NET Core 프레임워크에서 제공하는 서비스를 추가하는 것이다. ASP.NET Core의 모든 서비스를 수동으로 등록해야 하는 경우 ConfigureServices 메서드를 신속하게 제어할 수 없게 된다. 다행스럽게도 프레임워크의 각 기능은 해당 기능을 사용하는 데 필요한 서비스를 쉽게 추가할 수 있는 편리한 Add* 확장 메서드를 제공한다. 예를 들어, AddDbContext 메서드는 엔티티 프레임워크 DbContext를 등록하는 데 사용된다. 해당 메서드 중 일부는 등록되는 서비스의 추가 설정을 허용하는 옵션 대리자를 제공한다. 예를 들어 DbContext 클래스를 등록할 때 delegate 옵션을 사용하여 컨텍스트가 Default Connection 연결 문자열에 지정된 SQL 서버 데이터베이스에 연결되도록 지정한다.

AlpineSkiHouse.Web에서 DbContexts 등록하기

```
services.AddDbContext<ApplicationUserContext>(options =>
  options.UseSqlServer(Configuration.GetConnectionString("DefaultConnecti
  on")));
services.AddDbContext<SkiCardContext>(options =>
  options.UseSqlServer(Configuration.GetConnectionString("DefaultConnecti
  on")));
services.AddDbContext<PassContext>(options =>
  options.UseSqlServer(Configuration.GetConnectionString("DefaultConnecti
  on")));
services.AddDbContext<PassTypeContext>(options =>
  options.UseSqlServer(Configuration.GetConnectionString("DefaultConnecti
  on")));
services.AddDbContext<ResortContext>(options =>
  options.UseSqlServer(Configuration.GetConnectionString("DefaultConnecti
  on")));
```

여기에 추가할 기타 프레임워크 기능에는 인증 및 권한 부여를 위한 ID, 강력한 유형의 구성을 가능하게 하는 옵션, MVC와 함께 제공되는 라우팅, 컨트롤러 및 MVC에서 제공하는 기타 모든 기능이 있다.

```
services.AddIdentity<ApplicationUser, IdentityRole>()
  .AddEntityFrameworkStores<ApplicationUserContext>()
  .AddDefaultTokenProviders();
services.AddOptions();
services.AddMvc();
```

다음 단계는 작성한 애플리케이션 서비스 또는 다른 타사 라이브러리의 서비스를 등록하는 것이다. 알파인 스키 팀은 이 작업을 수행하여 해당 컨트롤러가 필요로 하는 모든 서비스가 올바르게 등록되도록 한다. 애플리케이션 서비스를 등록할 때 추가되는 서비스의 수명을 고려하는 것이 중요하다.

note

> 컨테이너의 역할 중 하나는 서비스의 수명을 관리하는 것이다. 서비스의 수명은 종속성 주입 컨테이너에 의해 처음 작성된 이후부터 컨테이너가 모든 인스턴스를 해제할 때까지의 서비스가 존재하는 시간으로 정의된다. ASP.NET 컨테이너는 표 14-1에 표시된 수명 옵션을 지원한다.

〈표 14-1〉 ASP.NET 서비스 컨테이너 수명 옵션

Transient	서비스가 요청될 때마다 새 인스턴스가 생성된다. 경량 서비스에 이 수명을 사용한다.
Scoped	단일 인스턴스가 HTTP 요청당 생성된다.
Singleton	단일 인스턴스가 첫 번째 서비스 요청이 발생할 때 생성된다.
Instance	Singleton과 유사하지만 인스턴스가 startup에서 컨테이너와 함께 등록된다.

AddDbContext 메서드를 사용하여 DbContext를 추가하면 컨텍스트가 Scoped 수명에 등록된다. 요청이 파이프 라인에 들어가고 필요한 서비스에 해당 DbContext의 인스턴스가 제공되는 경로를 따라 단일 인스턴스가 생성되며, 데이터베이스에 해당 연결이 필요한 모든 서비스에 사용된다. 결과적으로 컨테이너에 의해 생성된 서비스는 HTTP 요청에 대해 "범위 지정(scoped)"되며 요청 중에 모든 종속성을 충족시키는 데 사용된다. 요청이 완료되면 컨테이너는 서비스의 모든 사용을 해제하고 런타임에 정리되도록 해준다.

다음은 AlpineSkiHouse.Web 프로젝트에서 찾을 수 있는 애플리케이션 서비스의 몇 가지 예이다. 서비스 수명은 적절하게 명명된 Add* 메서드를 사용하여 지정된다.

```
services.AddSingleton<IAuthorizationHandler, EditSkiCardAuthorizationHandler>();
services.AddTransient<IEmailSender, AuthMessageSender>();
services.AddTransient<ISmsSender, AuthMessageSender>();
services.AddScoped<ICsrInformationService, CsrInformationService>();
```

애플리케이션 서비스 목록이 늘어남에 따라 ConfigureServices 메서드를 단순화하기 위한 확장 메서드를 만드는 것이 도움이 될 수 있다. 예를 들어, 애플리케이션에 수십 개의 IAuthorizationHandler 클래스가 등록되어 있는 경우 AddAuthorizationHandlers 확장 메서드를 만들 수 있다.

서비스 집합을 추가하는 확장 메서드의 예

```
public static void AddAuthorizationHandlers(this IServiceCollection services)
{
    services.AddSingleton<IAuthorizationHandler, EditSkiCardAuthorizationHandler>();
    //기타 권한 부여 처리기 추가
}
```

IServiceCollection에 서비스가 추가되면 프레임워크는 생성자 주입을 사용하여 런타임에 종속성을 연결한다. 예를 들어, 요청이 SkiCardController로 라우팅되면 프레임워크는 전역 생성자를 통해 필요한 서비스를 전달하는 SkiCardController의 새 인스턴스를 만든다. 컨트롤러는 더 이상 해당 서비스를 만들거나 수명을 관리하는 방법을 알지 못한다.

 note

새 기능을 개발할 때 다음과 같은 오류가 표시되는 경우가 있다.

Invalid OperationException: 그림 14-1과 같이 'SomeController'를 활성화하는 동안 'ServiceType' 유형의 서비스를 확인할 수 없다.

위 오류가 가장 쉽게 발생하는 원인은 ConfigureServices 메서드에 서비스 유형을 추가하는 것을 잊었기 때문이다. 이 경우 CsrInforamtionService를 추가하면 오류가 해결된다.

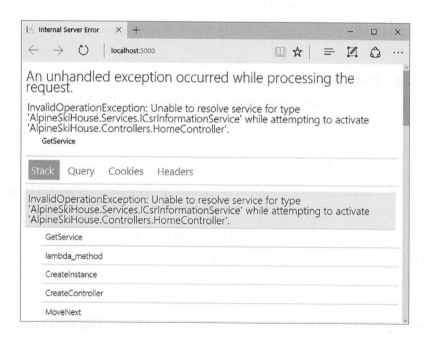

<그림 14-1> 필요한 서비스가 서비스 모음에 추가되지 않은 경우 표시되는 개발자 오류 페이지의 예

```
services.AddScoped<ICsrInformationService, CsrInformationService>();
```

타사 컨테이너 사용하기

ASP.NET Core 프레임워크가 제공하는 내장 컨테이너에는 대부분의 애플리케이션을 지원하는 데 필요한 기본 기능만 포함되어 있다. 그러나 .NET에는 여러 가지 기능이 풍부하고 잘 설정된 종속성 주입 프레임워크가 많이 있다. 다행히 ASP.NET Core에는 기본 컨테이너를 타사 컨테이너로 대체할 수 있는 방식이 존재한다. 자세히 살펴보자.

.NET용으로 널리 사용되는 IoC 컨테이너에는 Ninject, StructureMap 및 Autofac이 포함된다. 글을 쓰는 시점에서, Autofac은 ASP.NET Core에 대한 지원이 가장 진보적이므로 다음 예제에서 사용하고 있다. 첫 번째 단계는 Autofac.Extensions.DependencyInjection NuGet 패키지를 참조하는 것이다. 다음으로 Startup.cs의 ConfigureServices 메서드를 일부 수정해야 한다. void를 반환하는 대신 ConfigureService 메서드는 IServiceProvider를 반환해야 한다. 프레임워크 서비스는 IServiceCollection에 계속 추가되며 애플리케이션 서비스는 Autofac 컨테이너에 등록된다. 마지막으로, 내장 컨테이너를 사용하는 대신 Autofac 컨테이너가 있는 ASP.NET Core를 제공하는 AutofacServiceProvider가 반환된다.

AutoFac을 사용하는 ConfigureServices의 생략된 버전

```
public IServiceProvider ConfigureServices(IServiceCollection services)
{
    // 프레임워크 서비스 추가.
    services.AddDbContext<ApplicationUserContext>(options =>
        options.UseSqlServer(Configuration.GetConnectionString("DefaultConnecti
        on")));
    services.AddDbContext<SkiCardContext>(options =>
        options.UseSqlServer(Configuration.GetConnectionString("DefaultConnecti
on")));
    services.AddDbContext<PassContext>(options =>
        options.UseSqlServer(Configuration.GetConnectionString("DefaultConnecti
        on")));
```

```csharp
services.AddDbContext<PassTypeContext>(options =>
  options.UseSqlServer(Configuration.GetConnectionString("DefaultConnecti
  on")));
services.AddDbContext<ResortContext>(options =>
  options.UseSqlServer(Configuration.GetConnectionString("DefaultConnecti
  on")));
services.AddIdentity<ApplicationUser, IdentityRole>()
  .AddEntityFrameworkStores<ApplicationUserContext>()
  .AddDefaultTokenProviders();

services.AddOptions();
services.AddMvc();

//이제 Autofac 컨테이너로 우리의 서비스를 등록한다
var builder = new ContainerBuilder();
builder.RegisterType<CsrInformationService>().As<ICsrInformationService>();
builder.Populate(services);
var container = builder.Build();
// 컨테이너 기반 IServiceProvider 생성
return new AutofacServiceProvider(container);
}
```

여기 예제는 매우 단순하지만 Autofac은 또한 어셈블리 검색과 같은 고급 기능을 제공하여 사용자가 선택한 기준에 맞는 클래스를 찾을 수 있다. 예를 들어 어셈블리 검색을 사용하여 모든 IAuthenticationHandler 구현을 프로젝트에 자동으로 등록할 수 있다.

유형 자동 등록을 위한 어셈블리 검색 사용

```csharp
var currentAssembly = Assembly.GetEntryAssembly();

builder.RegisterAssemblyTypes(currentAssembly)
  .Where(t => t.IsAssignableTo<IAuthorizationHandler>())
  .As<IAuthorizationHandler>();
```

Autofac의 또 다른 장점은 구성을 모듈로 분할하는 것이다. 모듈은 단순히 관련 서비스 집합의 구성을 묶는 클래스이다. 가장 간단한 형태의 Autofac 모듈은 IServiceCollection의 확장 메서드를 만드는 것과 비슷하다. 그러나 모듈은 좀 더 고급 기능을 구현하는 데 사용할 수 있다. 그것들이 클래스이기 때문에 또한 런타임에 발견되고 동적으로 로드되어 플러그인 프레임워크를 구현할 수 있다.

Autofac 모듈의 단순 예제

```
public class AuthorizationHandlersModule : Module
{
  protected override void Load(ContainerBuilder builder)
  {
    var currentAssembly = Assembly.GetEntryAssembly();

    builder.RegisterAssemblyTypes(currentAssembly)
      .Where(t => t.IsAssignableTo<IAuthorizationHandler>())
      .As<IAuthorizationHandler>();
  }
}
```

Startup.ConfigureServices내에서 모듈 로드하기

```
builder.RegisterModule(new AuthorizationHandlerModule());
```

Autofac은 성숙하고 기능이 풍부한 종속성 주입의 도구로서 여기서 간단히 논의했다. 자세한 내용은 http://docs.autofac.org/에서 Autofac의 훌륭한 설명서를 참고하자.

요약

ASP.NET Core의 종속성 주입을 위해 내장된 유연한 지원은 프레임워크에 추가되어 환영받고 있다. 종속성 주입을 사용하면 해당 책임을 컨테이너로 이동함으로써 서비스의 인스턴스화 및 관리가 크게 단순화된다. 애플리케이션의 컨트롤러 및 서비스는 의존하는 서비스만 선언하면 되므로 구현하기가 더 쉽다. 20장 "테스트"에서 설명하듯이 서비스가 생성자 주입을 사용할 때 단위 테스트가 쉽게 가능하다.

제공되는 기능이 대부분의 애플리케이션에 충분하기 때문에 내장 컨테이너로 시작할 것을 추천한다. 타사 컨테이너로의 전환은 고급 기능이 필요한 경우 언제든지 수행할 수 있다. 다음 장에서는 현대 웹 애플리케이션에서 자바스크립트가 맡은 역할에 대해 설명한다.

오늘은 아직 화요일이었지만 다니엘은 이미 두통을 앓고 있었다. 두통이 오기 전 지난 주 목요일까지 그녀는 늦게까지 일했다. 그녀는 그것을 자바스크립트 두통이라고 불렀다. 그녀는 자바스크립트를 정말 좋아하지 않았다. 그녀는 자바스크립트가 바보 같은 장난감 언어라고 생각했고, 실수하게 만드는 방식이나 생성 함수를 호출하는 함수 방식을 좋아하지 않았다. 그녀는 정신을 가다듬으면서 약간의 커피 마실 시간을 갖기로 했다.

주방으로 가는 길에 체스터의 칸막이를 지나갔다. 그의 노트북은 항상 흥미로웠고, 다니엘은 지난 주와 달리 새로운 스티커가 붙었는지 확인하기 위해 잠시 멈춰섰다. 그의 칸막이 왼쪽 상단에 있는 스티커는 JQuery와 유사했다. 다니엘은 그것을 알아 보았다. 그녀는 그것을 모두 너무나 잘 알고 있었다. 그녀가 지난 주 금요일 11시 45분에 앓았던 두통의 원인이 거기 있었다.

"체스터, 그 JQuery 스티커는 새로 붙인 거예요?"

체스터는 "당연하죠, 실제로 자바스크립트 전체가 여기 들어있어요. 보세요, 제가 지금 막 rpm을 사용해서 이 Node에서 실행되는 bower 패키지 관리를 설치했어요"라고 답했다.

다니엘은 "자, 자, 천천히요. 아직 커피를 마시지 않았어요. 전 커피 없이는 자바스크립트를 읽을 수 없어요"라며 두 손을 들어올렸다.

체스터는 "알았어요, 이것들 중 몇 가지를 함께하는 게 어때요? 우리가 사용할 수 있는 멋진 기술이 많이 있어요. 하지만 커피를 마실 때까지 기다릴 수는 있어요"라고 말했다.

다니엘은 "커피로 두통을 잊으려면 수영장 물만큼 마셔야 할 텐데 얼마나 걸릴지 몰라요"라고 말했다.

현대 인터넷에서 사이트 프로그래밍은 서버 및 클라이언트 측 프로그래밍이 혼합되어 있다. 서버에서 선택할 언어가 당황스러울 만큼 많다. .NET 언어를 계속 사용해왔어도 F#, C# 및 VB.NET까지 선택할 수 있다. 그러나 클라이언트 측면에서는 자바스크립트를 작성하는 것으로 제한된다.

이 장에서는 현대 웹 개발에서 자바스크립트가 얼마나 보급되었는지 살펴보고, 자바스크립트의 양과 자바스크립트에 대한 빌드 파이프 라인 설정 방법에 대해 논의한다. 그런 다음 자바스크립트로 컴파일하고 빌드 페이지를 쉽게 만들 수 있는 프레임워크를 살펴본다. 마지막으로 자바스크립트 코드를 구성하는 방법을 검토하여 결과물이 엉망이 되지 않도록 한다.

좋은 자바스크립트 작성하기

자바스크립트는 프로그래밍 실력을 저하시키는 언어였다. 아마도 논쟁의 여지가 있겠지만, 언어에 클래스나 네임스페이스와 같은 여러 기본적인 프로그래밍 구조가 부족한 것을 고려해야 한다. 물론 클래스와 네임스페이스 모두를 시뮬레이션할 수 있지만 이를 수행하는 데 필요한 지식 수준은 상당히 높다. 초보자용 자바스크립트 자습서를 살펴보면 누구도 클래스를 만드는 방법부터 배우지 않지만, C#의 초보자용 자습서에는 선택 사항 없이 클래스가 언어의 기본 요소이기 때문에 클래스가 바로 소개된다. 다행스럽게도 최신 자바스크립트는 클래스 및 모듈에 대한 새로운 구문을 도입하여 단점을 수정했다. 이 장 전체와 알파인 스키 하우스 애플리케이션 전반에 걸쳐 해당 구성을 사용한다.

페이지에 자바스크립트 메서드를 포함하는 것은 연습 부족을 나타내는 기회이기도 하다. HTML에 인라인으로 자바스크립트를 작성하는 것을 피할 방법은 없다. 예를 들어, 아래 코드는 페이지 로드가 끝난 후 페이지 본문의 배경을 분홍색으로 설정한다.

```
<html>
<body onload="document.querySelector('body').style.backgroundColor = 'pink'">
```

위 방식으로 코드와 마크 업을 혼합하는 것은 유지 보수 및 디버깅이 어렵다. 페이지에서 자바스크립트가 실행되도록 허용하는 것은 사이트를 교차 사이트 스크립트 공격(Cross-Site Scripting Attack, XSS)에 취약하게 만드는 좋지 않은 방법이기도 하다. 해당 공격 클래스에서 공격자는 자바스크립트를 다른 것의 입력에 넣고 수정된 스크립트를 이후 방문자가 사이트에 표시하고 실행하도록 한다. 누구나 사이트를 편집할 수 있는 위키피디아(Wikipedia)와 같은 사이트를 생각해보자. 위키피디아가 입력 내용을 정화하지 않으면 침입자는 다음과 같은 경고를 한 페이지에 넣을 수 있으며 사이트의 모든 후속 방문자는 다음 메시지를 받게 된다.

```
alert("You are quite smelly"); //"당신은 냄새가 많이 나요"
```

어떤 경우에는 사실일지도 모르지만 이것은 상당히 무례한 말이다. 훨씬 더 사악한 접근법은 비밀번호 입력 박스의 내용을 훔쳐서 공격자에게 정보를 보내는 자바스크립트를 삽입하는 것일 수 있다.

스크립트가 추가되지 않도록 입력 정보를 정화하는 것은 해당 공격을 방지하기 위한 접근 방법이다. 그러나 더 나은 접근 방법은 Content-Security Policy 헤더를 사용하는 것이다. 대부분의 최신 브라우저에서 지원되는 이 헤더는 브라우저에 인라인 자바스크립트를 실행하지 않도록 지시하여 XSS 공격 스레드를 효과적으로 무력화시킨다. 대신 외부 스크립트 파일에 있는 자바스크립트만 지원된다.

📝 *note*

어떤 브라우저가 새로운 기능을 지원하는지 궁금하다면 http://caniuse.com에 있는 Can I Use 사이트는 훌륭한 도구가 될 것이다. 예를 들어, Content-Security Policy 헤더의 지원 매트릭스는 http://caniuse.com/#feat=content securitypolicy에서 확인할 수 있다.

스크립트 태그를 통해 페이지에 포함된 외부 스크립트 파일은 확실한 방향을 제시해준다. 자바스크립트를 별도의 파일로 유지하는 또 다른 장점은 전체 브라우저를 호출하지 않고도 단위 테스트를 수행하기 위해 Node.js가 호스팅하는 자바스크립트 엔진에 스크립트를 직접 전달할 수 있다는 것이다. 자바스크립트 테스트 및 일반적인 테스트에 대한 자세한 내용은 20장 "테스트"를 참고하자.

자바스크립트가 필요하긴 한가?

22년 전 어버이날에는 자바스크립트가 존재하지 않았다. 정말로 웹사이트에 자바스크립트를 사용해야 할까? 솔직히 말하면, 그렇다. 자바스크립트는 다른 방법으로는 불가능한 모든 기능을 제공한다. 풍부한 사용자 컨트롤, 단일 페이지 애플리케이션 및 웹사이트 메트릭스(metrics)까지 모두 자바스크립트에 의해 구동된다. 자바스크립트를 사용하지 않으면 모든 상호작용이 서버로 재통신되어야 하므로 당연히 대기 시간이 길어지고 고비용의 서버가 더 많이 필요하다. 자바스크립트 없이 사이트를 구축하면 사용자 경험이 어려워진다.

자바스크립트를 사용할 수 없는 사용자가 계속 좋은 환경을 유지할 수 있도록 기준을 낮추어 사이트를 구축하도록 고려해야 한다는 말을 들어봤을 것이다. 최근 몇 년간 얼마나 많은 사용자가 자바스크립트를 사용하지 않고 웹을 탐색하는지에 대한 통계는 찾기가 어렵다. 하지만 해당 숫자는 수년간 감소세를 보이고 있으며, 모든 기능을 서버로 옮겨놓은 맞춤형 웹사이트를 개발하려는 노력은 더 이상 가치가 없다. 물론 높은 비율의 사용자가 정상적인 자바스크립트를 사용하지 않는 틈이 있을 수 있지만 해당하는 경우는 거의 없으며 그 상황하에 있는지는 쉽게 알 수 있다.

👆 조직

ASP.NET Core MVC는 웹 서버에 제공되는 모든 콘텐츠 파일을 포함하는 wwwroot 디렉토리에 대한 아이디어를 소개한다. 해당 파일에는 CSS, 이미지 및 자바스크립트 파일이 포함된다. 기본 템플릿에서 wwwroot 폴더는 해당 위치에만 존재하는 많은 자원을 포함한다. 이는 wwwroot 폴더를 삭제하면 해당 자원이 손실된다는 의미이다. 따라서, 기본 템플릿을 사용하는 경우 소스 제어에 wwwroot 폴더를 체크인하는 것이 좋다.

그러나 이 책에서는 해당 개념이 wwwroot 폴더에 대한 올바른 접근 방법이 아니라고 제안한다. wwwroot 폴더의 모든 파일은 해당 트리 외부에 저장해야 하며, 빌드 도구를 사용하여 wwwroot 폴더를 다시 만들 수 있어야 한다. 각 파일 유형과 그 파일의 출처를 살펴보자.

CSS 파일은 웹사이트의 모양과 느낌을 제어한다. 그러나 대형 웹사이트용으로 순수한 CSS를 작성하는 것은 복잡한 과정이다. 역사적으로 CSS는 변수에 대한 지원이 없었으므로 아주 좋은 언어는 아니다. 해당 문제를 해결하기 위해 CSS로 컴파일하는 여러 언어가 만들어졌다. Less와 SASS는 몇 가지 인기 있는 도구이다. CSS 파일을 wwwroot에 보관하는 대신 Style과 같은 폴더에 있는 것을 루트 외부에 보관해야 한다. 빌드 과정에서 해당 파일은 SASS에서 CSS로 변환되어 wwwroot 디렉토리에 저장된다.

이미지 파일은 빌드 프로세스의 일부로 처리될 수도 있다. 인터넷상의 이미지는 페이지 팽창의 주요 원인이다. 이미지가 클수록 다운로드 시간이 길어지고 웹사이트가 깔끔하지 못하게 느껴진다. 좋지 않은 결과 몇 가지를 제거하여 자주 사용되는 이미지를 최적화하고 충실도를 유지할 수 있다. 해당 최적화를 수행하기 위한 훌륭한 자바스크립트 기반 도구가 있으며 처리 후에 이미지를 wwwroot에 복사할 수 있다.

<그림 15-1> Scripts 디렉토리의 레이아웃

마지막으로 자바스크립트 파일은 거의 항상 사후 처리가 필요하다. 단일 자바스크립트 파일을 만들기 위해서는 파일들을 함께 축소하고 연결해야 한다. 다시 말하지만 파일은 트리의 다른 곳에서 복사해야 한다. wwwroot 외부의 Scripts 폴더에서부터 시작하여 다양한 유형의 스크립트에 대해 폴더를 추가하는 것이 좋다. Scripts 폴더 아래의 정확한 구조는 사이트마다 다를 수 있다. 그림 15-1에서 볼 수 있듯이 페이지, 컨트롤 및 서비스용 폴더는 좋은 후보이다. 즉, wwwroot 폴더는 빌드 가공물의 임시 위치로 bin 폴더를 처리하는 것과 동일한 방식으로 처리되어야 한다.

SPA용인가 SPA용이 아닌가?

고급 개발자의 확실한 차이는 장시간의 토론을 시작하기 전 기술적인 질문에 "그것은 상황에 따라 다르다"라고 답하는 것이다. 기술 선택 문제에 대한 간단한 대답은 거의 없다. 항상 문제의 영역으로 깊이 들어갈 필요가 있으며 흑과 백은 따로 없다.

"내 사이트에서 얼마만큼의 자바스크립트를 사용해야 할까?"라는 질문에도 동일한 개념이 적용된다. 잘 만들어진 필라델피아 치즈 스테이크에는 칼로리만큼 고려해야 할 요소가 많이 있다. 단일 페이지 애플리케이션(Single Page Application, SPA)에 대한 모든 입력 유효성 검사와 같이 단순한 상호작용을 수행하는 경우에만 자바스크립트를 사용하여, 모든 사용자의 상호작용이 자바스크립트와 상호작용하는 인스턴스를 쓸 수 있도록 한다.

서버 측 애플리케이션은 웹 애플리케이션을 작성하는 보다 전통적인 방법이다. 애플리케이션의 논리는 페이지를 HTML로 표시하고 브라우저로 전달하는 서버에서 유지된다. 이는 기본 MVC 템플릿 박스에서 나온 모델이다. 모든 탐색은 완전히 새로운 페이지로 사용자를 이동시키고 서버와의 통신은 새로운 페이지를 얻거나 양식을 게시하는 형태를 취하는 경향이 있다. 전반적인 클라이언트와 서버 간의 트래픽 양은 SPA보다 서버 측 애플리케이션에서 더 크다. 이로 인해 사용자에 대한 경험은 더 느려지게 된다. 그러나 트래픽은 세션의 전 주기로 확산된다.

단일 페이지 애플리케이션은 처음에는 콘텐츠를 클라이언트로 전송하기 위해 더 큰 대역폭을 가질 수 있지만 사용자 세션 수명이 지속되면 훨씬 효율적이다. JSON으로 전송된 서버의 템플릿 및 데이터의 조합을 사용하여 문서 객체 모델(document object model, DOM)을 조작해서 클라이언트 측 HTML을 작성할 수 있다.

단일 페이지 애플리케이션이 서버 측 애플리케이션보다 작성하기가 어렵다는 주장은 과거보다는 다소 미약해 보인다. 클라이언트 측 자바스크립트 프레임워크는 10년 동안 지속적으로 개선되었다. 자바스크립트 프레임워크를 사용하는 개발자의 생산성은 서버 측 애플리케이션과 동등하다. 이 장의 뒷부분에서 해당 프레임워크 중 일부를 살펴본다.

더 나은 도구 사용의 결과로 개발자 생산성도 향상되었다. 자바스크립트가 유일한 실제 클라이언트 측 프로그래밍 옵션이지만 자바스크립트용으로 컴파일 언어 빌드가 가능하다. CoffeeScript 및 TypeScript와 같은 언어는 수년 동안 그 역할을 해왔으며 자바스크립트가 웹의 어셈블리 언어라는 비유를 낳게 했다. 사실 컴파일 및 실행이 더욱 효율적으로 설계된 자바스크립트의 하위 집합인 asm.js라는 매우 흥미로운 프로젝트가 있다. C++과 같은 언어를 asm.js로 컴파일하는 것도 가능하다.

자바스크립트 컴파일 오류를 찾을 수 있는 linting 도구가 있지만 아직 마땅치 않다. 단위 테

368

스트 실행기는 빌드 파이프 라인의 일부가 될 수도 있다. 빌드 파이프 라인 자체는 강력한 많은 도구 중 하나를 사용하여 구성할 수 있다.

자바스크립트 빌드하기

소스 제어 도구에서 클라이언트가 사용하는 양식에 관계없이 자바스크립트를 어셈블하는 도구를 선택하는 것은 너무나도 많은 선택의 문제이다. 비주얼 스튜디오에 내장된 도구와 웹 개발자가 사용하는 도구가 있다. 생태계가 너무 빨리 움직이기 때문에 "최고의" 도구가 해당 작업에 어떻게 부합하는지 거의 파악할 수 없다. 빌드 도구는 새로운 발명이 아니다. 우리는 수십 년 동안 Make를 해왔고 빌드의 문제는 크게 변하지 않았다. 소스 파일은 여전히 한 형식에서 다른 형식으로 변환되는 과정을 거쳐야 한다. C 프로그래밍에서는 .c 파일을 .o 파일로 변환한 다음 이진 파일을 a.out과 같은 단일 바이너리로 연결한다. TypeScript 개발에서는 .ts 파일을 가져와서 .js 파일로 변환한 다음 축소된 단일 파일로 함께 묶는다. parallels가 두드러지며 가장 현대적인 도구조차도 근본으로부터 크게 벗어나지 않는다.

📝 *note*

우리는 이미 유서 깊은 HTTP 1.1 프로토콜에서 새로운 HTTP 프로토콜인 HTTP 2.0으로 옮겨가고 있다. 구글의 SPDY 프로토콜에서 영감을 얻은 해당 프로토콜은 단일 연결을 통해 여러 파일을 파이프 라인으로 연결하는 기능을 추가한다. 더 이상 TCP/IP 연결 오버 헤드를 피하기 위해 파일을 단일 파일로 연결하지 않아도 된다는 것을 의미한다. HTTP 2.0은 1999년 이래로 HTTP에 대한 최초의 주요 개정이며 전체적인 개선이 이루어졌다. HTTP 2.0에 대한 자세한 내용은 https://tools.ietf.org/html/rfc7540에서 읽을 수 있지만 http://queue.acm.org/detail.cfm?id=2716278의 폴 헨닝 캠프(Poul-Henning Kamp)가 다룬 내용도 읽어볼 가치가 있다.

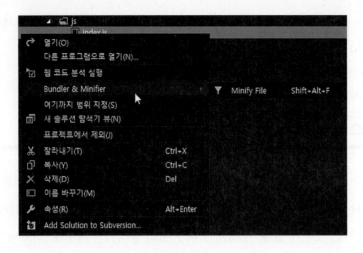

<그림 15-2> Bundler & Minifier 메뉴 항목

Bundler & Minifier

자바스크립트 처리를 위한 가장 간단한 도구는 비주얼 스튜디오의 확장 기능인 Bundler & Minifier 도구*이며 새로운 ASP.NET Core 프로젝트에 대한 Microsoft의 권장 도구이다. Bundler & Minifier는 사용하기 쉽도록 기능과 유연성을 희생한다. 대부분의 경우 단순히 파일을 마우스 우클릭한 후 Bundler & Minifier를 선택한 다음 Minify File을 선택한다. 이 것은 그림 15-2에서 확인할 수 있다.

여러 파일을 선택할 때 함께 묶을 수 있는 옵션이 있다. Bundler & Minifier는 기본적으로 소스와 출력 간의 매핑을 나열하는 bundleconfig.json 파일에서 구성을 가져온다. 기본 bundleconfig.json 파일은 다음과 같다.

```
[
  {
    "outputFileName": "wwwroot/css/site.min.css",
```

---

*   비주얼 스튜디오 도구 메뉴의 확장 및 업데이트를 선택하고 창에서 온라인 검색으로 설치가 가능하다.

```json
    "inputFiles": [
      "wwwroot/css/site.css"
    ]
  },
  {
    "outputFileName": "wwwroot/js/site.min.js",
    "inputFiles": [
      "wwwroot/js/site.js"
    ],
    "minify": {
      "enabled": true,
      "renameLocals": true
    }
  }
]
```

Bundler & Minifier의 멋진 점 중 하나는 .NET Core 명령줄 도구에 쉽게 연결할 수 있다는 것이다. 연결로 다음 명령을 실행할 수 있다.

```
dotnet bundle
```

그러면 bundleconfig.json을 읽고 지정한 연결 및 축소 작업을 처리하여 출력 파일을 만든다. Bundler & Minifier는 파일을 감시하여 저장 시 자동으로 출력 파일을 재생성할 수 있다.

해당 도구는 제한적이고 자바스크립트 표준 도구가 아니므로 모든 상황에 사용하지 말고 가장 단순한 애플리케이션에 한해서 사용하기를 권장한다. 더 복잡하지는 않더라도 고급 도구가 존재하기 때문에 Node, Go 또는 Elixr 커뮤니티의 누구도 Bundler & Minifier로 옮겨가지 않는다. Bundler & Minifier를 사용하여 수행할 수 없는 것들을 수행하는 본격적인 자바스크립트 빌드 도구들이 있다.

Grunt

Grunt는 중요한 마인드 공유를 수집하는 최초의 자바스크립트 빌드 도구였다. Grunt는 자바스크립트로 제작되었으며 다른 자바스크립트 라이브러리를 활용하여 무수히 많은 작업을 수행할 수 있다. 또한 "JavaScript Task Runner"라는 브랜드로 단순하게 자바스크립트를 처리하는 것 이상을 의미한다. CSS, linting, 단위 테스트 및 이미지 축소를 조작하기 위한 플러그인이 있다. 사실, 거의 6,000개의 플러그인이 있으므로 생태계는 꽤 성숙한 편이다.

Grunt를 시작하려면 npm을 사용한 설치가 필요하다. 다음과 같은 발행으로 전역 설치할 수 있다.

```
npm install -g grunt-cli
```

위 명령은 실제로 Gruntfile을 찾고 실행하기 위한 도구를 설치하기만 하므로 npm을 사용하여 Grunt를 로컬 프로젝트에 다시 설치해야 한다.

```
npm install ?save-dev grunt
```

그러면 Grunt에 대한 종속성이 package.json 파일에 추가된다. 아래 예제에서는 grunt-ts 패키지를 설치해본다. 해당 패키지는 TypeScript 파일을 작성하는 데 사용할 수 있는 Grunt 작업이다. 이 장의 뒷부분에서 TypeScript에 대해 이야기하겠지만, 훌륭한 것임이 틀림없다.

```
npm install ?save-dev grunt-ts
```

Grunt 작업이 설치된 위치에서 Gruntfile.js라는 매우 단순한 파일을 구성하여 Grunt가 실행되는 방식을 제어할 수 있다.

```
module.exports = function(grunt){
  grunt.initConfig({
```

```
    ts:{
      default :{
        src:["**/*.ts", "!node_modules/**"]
      }
    }
  });
  grunt.loadNpmTasks("grunt-ts");
  grunt.registerTask("default", ["ts"]);
};
```

여기에서는 조작을 위해 grunt 객체를 가져오는 함수를 export한다. 해당 모듈은 Grunt로 값을 가져오고, 처리되고, 즉시 사용된다. 순수 자바스크립트이므로 유효한 자바스크립트를 모두 작성할 수 있다. 위의 경우 TypeScript 또는 ts 작업에 대한 일부 구성을 설정하여 시작한다. src 속성을 사용하여 컴파일에 사용할 파일의 glob을 정의한다. node_modules 디렉토리의 내용은 무시되고 .ts로 끝나는 모든 파일이 포함된다.

그런 다음 ts 작업을 추가하여 TypeScript를 자바스크립트로 컴파일하기 위한 실제 기능을 제공하는 grunt-ts 라이브러리를 로드한다. 마지막으로 ts 작업에 종속되도록 기본 작업을 등록한다. 이제 명령행에서 아래 명령을 실행할 수 있다.

```
grunt
Running "ts:default" (ts) task
Compiling...
Cleared fast compile cache for target: default
### Fast Compile >>Scripts/chart.d.ts
### Fast Compile >>Scripts/Controls/MetersSkied.ts
### Fast Compile >>Scripts/Controls/MetersSkiedLoader.ts
### Fast Compile >>Scripts/init.ts
### Fast Compile >>Scripts/Pages/Home/Blah.ts
### Fast Compile >>Scripts/Pages/Home/Index.ts
Using tsc v1.8.10
```

TypeScript compilation complete: 1.86s for 6 TypeScript files.

Done.

많은 파일이 TypeScript에서 자바스크립트로 컴파일된 것을 볼 수 있다. 후속 빌드 단계에서는 해당 파일을 단일 파일로 모아서 wwwroot로 이동할 수 있다.

gulp

Grunt에 대한 불만 중 하나는 많은 수의 중간 파일이 남는다는 것이다. 자바스크립트 처리에는 많은 단계가 필요할 수 있으며, 각 단계가 끝나면 Grunt는 나중에 정리할 파일을 남겨둔다. Gulp는 이에 대한 답이다. Gulp는 스트림의 아이디어를 기반으로 한다. 빌드 처리의 각단계는 하나의 스트림이며 그림 15-3에서와 같이 여러 개의 파이프를 통해 스트림을 지정할수 있다.

파이프의 각 단계별 출력은 파이프에서 다음 단계로 입력하는 데 사용되므로 디스크에 임시파일이 기록되지 않는다.

스트림은 일반적으로 빌드에 대한 환상적인 모델이며 Stream 혼합은 문제 영역에서 매우 일반적으로 사용된다. Gulp는 Grunt와 마찬가지로 매우 풍부한 생태계이다. 현재 2,500개 이상의 엄청난 수의 플러그인이 있다. 다시 말하지만, Gulp를 제어하기 위해 사용되는 파일은단순한 자바스크립트 파일이므로 유효한 자바스크립트이고, npm 내에 포함된 더 큰 모듈 커뮤니티에 의지할 수 있다.

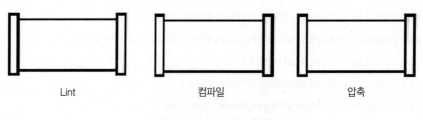

Lint   컴파일   압축

<그림 15-3> 빌드 파이프라인

기본 gulp 파일을 살펴본 다음 확장하여 모든 빌드 단계를 수행해본다.

```
var gulp = require("gulp"),
  rename = require("gulp-rename2"),
  typescript = require("gulp-typescript");

var webroot = "./wwwroot/";
var sourceroot = "./Scripts/"

var paths = {
  ts: sourceroot + "**/*.ts",
  tsDefintionFiles: "npm_modules/@types/**/*.d.ts",
  jsDest: webroot + "js/"
};

gulp.task("typescript", function(){
  return gulp.src([paths.tsDefintionFiles, paths.ts, "!" + paths.minJs], { base: "." })
    .pipe(typescript({
      module: "system"
    }))
    .pipe(rename((pathObj, file) => {
      return pathObj.join(
        pathObj.dirname(file).replace(/^Scripts\/?\\?/, ''),
        pathObj.basename(file));
    }))
    .pipe(gulp.dest(paths.jsDest));
});
gulp.task("default", ["typescript"]);
```

파일의 처음 세 줄은 gulp 자체, 이름 재지정 라이브러리 및 typescript 작업과 같은 여러 모듈을 가져온다. 이들은 단순 npm 모듈이며 표준 require 구문을 사용하여 추가된다. 다음으로, 파일의 나머지 부분에서 매직 문자열을 사용하지 않도록 여러 변수를 설정한다. ** 문자 구문을 주목해 보자. 해당 문자는 어떤 깊이에서도 모든 디렉토리와 일치하므로 TypeScript 파일을 좋은 폴더 구조로 유지할 수 있다.

나머지 파일은 몇 가지 작업을 정의한다. 첫 번째 과제는 가장 힘든 과제이다. 먼저, gulp.src 지시문을 사용하여 모든 소스 파일을 수집한다. 그런 다음 typescript 컴파일러 작업을 통해 해당 파일을 연결한다. 시스템 스타일 모듈을 생성하기 위해 여기에 몇 가지 옵션을 설정했고 옵션에 대해서는 나중에 다룰 것이다. 다음으로 Scripts 접두어를 제거하는 이름 바꾸기 작업을 통해 파일을 연결한다. 해당 작업은 TypeScript 컴파일의 기본 디렉토리를 변경하여 수행할 수 있었지만 파이프를 매우 잘 보여주지 못했다. 마지막으로 파일을 대상 디렉토리로 연결한다.

이미지를 최적화하는 것과 같은 작업을 수행하기 위해 몇 가지 추가 라이브러리를 가져올 수 있다. 해당 목적을 위해 사용할 수 있는 image gulp-image-optimization이라는 훌륭한 gulp 플러그인이 있다.

```
var imageop = require('gulp-image-optimization');
```

다음으로 최적화 수행을 위한 작업을 작성한다.

```
gulp.task("images", function()
{
  return gulp.src(paths.images)
    .pipe(imageop({
      optimizationLevel: 5,
      progressive: true,
      interlaced: true
    })).pipe(gulp.dest(paths.imagesDest));
});
```

위 코드는 src를 사용하여 스트림을 설정한 다음 여러 단계를 거쳐 출력을 파이핑하는

376

TypeScript 컴파일과 동일한 기본 구조를 가지고 있다.

GitHub repo에서 알파인 스키 하우스에 사용된 gulp 파일의 전체 예제를 찾을 수 있다. 환상적인 빌드 도구이므로 Gulp로 완료할 수 있는 것들에는 거의 제한이 없다.

Gulp는 현재 가장 인기 있는 자바스크립트 빌드 도구이다. 그럼에도 불구하고 WebPack에 많은 관심과 노력이 집중되고 있다.

WebPack

WebPack은 자바스크립트 덩어리를 동적으로 로드해야 하는 대규모 프로젝트의 솔루션으로 자체 판매된다. 대규모 프로젝트의 문제점은 가격을 먼저 지불하고 첫 번째 로드에서 자바스크립트를 대량으로 로드하거나 필요에 따라 서버에서 로딩 모듈을 탐색하는 것이므로 앱을 느리게 한다.

> 📝 *note*
>
> 서버에서 클라이언트로 자바스크립트 파일을 가져오는 여러 가지 방법에 대해 더 자세히 알고 싶다면 ASP.NET Monsters에서 해당 주제에 대해 녹화한 비디오를 참고하자. 비디오는 https://channel9.msdn.com/Series/aspnetmonsters/ASPNET-Monsters-Ep-67-Gettting-JavaScript-to-the-Client에서 찾을 수 있다.

지금까지 사용하던 것과 동일한 유형의 컴파일에 WebPack을 적용해본다. 그러나 그 전에 자바스크립트 모듈 유형에 약간의 우회로를 만들 필요가 있다. CommonJS, AMD, System, ES2015 및 UMD를 비롯하여 자바스크립트에서 모듈을 정의하는 데 필요한 최소 다섯 가지 이상의 주요 표준이 있으며 덜 알려진 모듈 형식도 24가지가 더 있다. 문제는 자바스크립트가 최근까지 언어의 일부로 모듈 형식을 정의하지 않는다는 것이다. 자연스럽게 빈 부분은 채워질 것이고 현재 가능한 모듈 형식의 묶음은 조금씩 다르다. TypeScript 컴파일러는 전달된 module 플래그의 값을 기반으로 다섯 가지 주요 모듈 형식 중 하나를 내보낼 수 있다.

WebPack은 CommonJS 및 AMD 모듈을 인식하지만 다른 모듈은 인식하지 못한다.

따라서 TypeScript 컴파일러가 CommonJS 모듈을 내보내는지 확인해야 한다. 프로젝트의 루트에 있는 tsconfig.json 파일을 사용하여 작업을 수행할 수 있다. 해당 파일에는 프로젝트의 TypeScript 설정이 들어 있다. 최소한의 모습은 다음과 같다.

```
{
  "compilerOptions": {
    "module": "commonjs",
    "noImplicitAny": true,
    "removeComments": true,
    "preserveConstEnums": true
  }
}
```

여기에서 가장 중요한 줄은 만들 모듈 유형을 정의한 줄이다. 물론 위 파일에 추가할 수 있는 많은 옵션이 있지만 여기서는 다루지 않을 것이다. 해당 파일을 사용하면 WebPack을 추가할 수 있다.

먼저, WebPack 도구를 전역으로 설치해야 한다.

```
npm install -g webpack
```

Grunt와는 달리 위 명령은 실제로 완전한 WebPack을 설치하기 때문에 WebPack을 실행하기 위해 로컬에 추가 도구를 설치할 필요가 없다. 그러나 typescript 컴파일을 수행하기 위해 플러그인을 설치해야 한다.

```
npm install ts-loader ?save
```

이제 webpack.config.js라는 WebPack용 빌드 파일을 만들 수 있다.

```
module.exports = {
  entry: './Scripts/Init.ts',
  output: {
    filename: 'wwwroot/js/site.js'
  },
  resolve: {
    extensions: ['', '.webpack.js', '.web.js', '.ts', '.js']
  },
  module: {
    loaders: [
      { test: /\.ts$/, loader: 'ts-loader' }
    ]
  }
}
```

위 파일은 포함된 내용이 아니라 내용에 포함되지 않은 내용이 꽤 흥미롭다. 동일한 내용이지만 gulp 파일보다 훨씬 적다. WebPack 파일은 파일 확장명을 기반으로 몇 가지 규칙을 정의한다. 예를 들어, 모듈 부분은 .ts로 끝나는 모든 파일인 기본 표현 \.ts$와 일치하는 파일에 사용할 도구를 정의한다. 해당 파일들은 모두 TypeScript 플러그인으로 전달된다. 다음으로 알아두어야 할 점은 애플리케이션에 진입점을 정의한다는 것이다. 이 기본 위치에서 WebPack은 포함된 모듈을 탐색하므로 출력에 포함할 파일을 결정할 수 있다. 예를 들어, home/index.ts를 포함하는 init.ts를 입력하고 차례로 home/blah.ts를 포함시킨다. WebPack은 패키지에 포함할 파일을 결정할 수 있었고 프로젝트에 흩어져 있던 여러 .ts 파일을 무시하는 init.ts, home/index.ts 및 home/blah.ts 파일을 포함할 수 있다. 이는 import 구문을 사용하여 모듈을 일관되게 포함하는 한 WebPack은 프로덕션 자바스크립트 파일에서 죽은 코드를 제거할 수 있다는 것을 의미한다.

TypeScript를 만들고 단일 파일에 연결하는 것 외에도 자바스크립트를 축소하고자 한다고 가정해보자. 단순히 UglifyJsPlugin을 포함하여 수행할 수 있다. 이를 수행하려면 WebPack을 로컬 node_modules 디렉토리에 설치해야 한다.

```
Npm install webpack
```

그런 다음 webpack.config.js 파일에서 webpack을 요청하고 이를 플러그인 부분에 추가해야 한다.

```
var webpack = require('webpack');
module.exports = {
  entry: './Scripts/Init.ts',
  output: {
    filename: 'wwwroot/js/site.js'
  },
  resolve: {
    extensions: ['', '.webpack.js', '.web.js', '.ts', '.js']
  },
  plugins: [
    new webpack.optimize.UglifyJsPlugin()
  ],
  module: {
    loaders: [
      { test: /\.ts$/, loader: 'ts-loader' }
    ]
  }
}
```

위 코드가 프로젝트 축소에 필요한 전부이다.

WebPack은 강력한 도구이지만 내부적인 작업이 다소 모호하다. 일을 수행할 때 정석을 따르는 경우라면 이런 성격의 도구가 좋을 수 있지만, 경로에서 벗어나 다툼이 발생하면 여러분의 발목을 잡게 된다. WebPack은 gulp 플러그인이나 실질적인 모든 순수 자바스크립트를 빌드 프로세스로 끌어들일 수 있기 때문에 좋다. WebPack의 또 다른 흥미로운 기능은 자바스크립트가 실행 중인 웹페이지로 바로 재로드되는 것을 지원한다는 것이다. 이는 자바스크립트를 변경할 때마다 전체 페이지를 다시 로드할 필요가 없어 복잡한 단일 페이지 애플리케이션을 훨씬 쉽게 개발할 수 있도록 해준다.

어떤 도구가 나에게 적합한가?

각 도구에는 장점과 단점이 있기 때문에 팀에 적합한 도구가 무엇인지 말할 수는 없다. 알파인 스키 하우스 팀은 자신들의 작업에 gulp를 사용한다. WebPack이 좋지만 그들에게는 마술처럼 너무 과한 것이며 스트림 기반 접근 방식은 Grunt의 접근 방식보다 자연스러워 보인다. 이 책의 출판 시점에 모든 도구들이 자바스크립트 리더들의 레이더에서 벗어나 새로운 것으로 대체되었을 가능성이 있다. 자바스크립트 개발은 가장 빠르게 바뀌는 기술이므로 좋은 방법이 아니다. 새롭고 따끈따끈한 기술 때문에 산만해지지 않도록 하자. Grunt 및 gulp와 같은 실전 테스트 도구에는 논의되어야 할 사항이 많다.

 TypeScript

TypeScript에 대해서는 정확히 무엇인지 살펴보지 않고 이 장에서 이미 몇 번 언급했다. 모든 것이 바뀔 시간이다. TypeScript는 자바스크립트로 컴파일되는 언어이다. 그 관점에서 CoffeeScript는 더 잘 알려진 언어로 인식되지만 CoffeeScript와는 달리 TypeScript는 자바스크립트의 상위 집합이다. 이는 유효한 자바스크립트가 구문적으로 유효한 TypeScript라는 것을 의미한다. 그러나 TypeScript는 매우 유용한 기능을 추가하기 때문에 자바스크립트의 단순한 상위 집합 이상이다. TypeScript를 자체적으로 두 가지 도구로 생각할 수 있다. ES5 컴파일러에 대한 매우 완전한 ES2015 및 유형 추론을 수행하는 정적 유형 검사기이다.

ES5 컴파일러용 ES2015

ECMAScript 또는 ES는 일반적으로 자바스크립트로 알려진 언어의 표준이다. 자바스크립트는 매우 빠르게 움직이는 커뮤니티를 가지고 있으며 오랫동안 자바스크립트 자체의 진화 속도는 매우 느렸다. 지난 몇 년 동안 개발은 가속화되었다. ES2015는 2015년에 발표되었으며 자바스크립트에 대한 많은 개선 사항을 정의했다. 매년 새로운 버전의 자바스크립트가 발표되고 비준된 해를 기점으로 ES2016이 있으며 ES2017 계획이 존재한다. ES2016은 아주 작은 릴리스이므로 ES2015 또는 ES6로 계속 언급하지만 대다수는 ES2015 또는 ES6라고 부른다.

불행히도 모든 브라우저가 새로운 ES2015를 실행할 수 있는 것은 아니다. 웹 개발자로 잠시 있었다면 머리를 흔들면서 인터넷 익스플로러를 비난하고 웹을 다시 돌려놓은 적이 있을지도 모른다. 그러나 이번에는 Microsoft가 전적으로 비난받지 않는다. Microsoft는 사용자가 인터넷 익스플로러의 최신 버전 및 최상위 버전으로 업그레이드하거나 더 최신 브라우저로 구현된 Edge로 이동하도록 장려하여 큰 개선을 이루었다. 최근 주된 화두는 벤더가 사용자를 브라우저 버전으로 가두는 모바일 장치이다. 이들은 업그레이드가 매우 느리기 때문에 허용량을 만들어야 한다. 여기가 자바스크립트 컴파일러 또는 잘 알려진 transpilers가 진입하는 곳이다.

ES2015 자바스크립트를 보다 일반적인 ES5 변형으로 변환하기 위한 정말 뛰어난 변환기가 많이 있다. 그것들은 모두 ES2015+ 기능에 대해 다양한 수준의 지원을 제공하지만 자바스크립트는 최고의 기능 중 하나이다. 다음과 같은 클래스를 취할 수 있다.

```
import {MembershipGraph} from "./MembershipGraph";
export class Index {
  constructor() {
    var graph = new MembershipGraph();
    console.log("Graph loaded.");
    window.setTimeout(()=> console.log("load complete"), 2000);
  }
```

```
    }
```

그리고 이를 다음과 같은 ES5로 변환한다.

```
System.register(["./MembershipGraph"], function(exports_1, context_1) {
  "use strict";
  var _moduleName = context_1 && context_1.id;
  var MembershipGraph_1;
  var Index;
  return {
    setters:[
      function (MembershipGraph_1_1) {
        MembershipGraph_1 = MembershipGraph_1_1;
      }],
    execute: function() {
      Index = (function () {
        function Index() {
          var graph = new MembershipGraph_1.MembershipGraph();
          console.log("Graph loaded.");
          window.setTimeout(function () { return console.log("load complete"); }, 2000);
        }
        return Index;
      }());
      exports_1("Index", Index);
    }
  }
});
```

알 수 있듯이, 컴파일된 버전은 원래 버전보다 매우 크다. 여러분은 어느 쪽을 유지하겠는 가? 동일한 함수로 확장된 람다 구문에 특별히 주의를 기울여보자. 람다 구문을 확장하는 것 외에도 System.register를 사용하여 모듈을 등록하는 것과 관련된 많은 양의 코드가 생성되 었음을 알 수 있다. SystemJS 스타일 모듈을 생성하도록 TypeScript에 요청했기 때문이다.

MembershipGraph가 포함되면서 인덱스 모듈은 로그를 위한 요구 사항으로 확장된다. 모듈 로더에 관해 더 많이 알게 되겠지만 해당 종류의 표준 구문 코드 생성은 TypeScript가 제공하는 것일 뿐이다.

> 📝 *note*
>
> 어느 transpilers와 어느 브라우저가 자바스크립트의 다양한 새로운 기능을 가장 잘 지원하는지 보려면 가장 최신의 비교 매트릭스를 제공하는 https://kangax.github.io/compat-table/es6/을 참고하자.

이 책의 한 장에서 열거하고 설명하는 ES2015에는 너무나 많은 기능이 있다. 실제로 해당 기능에 대해서만 집중적으로 다루는 전집이 있다. 이 책에서 언급하지 못하는 것 중 하나는 let 변수 범위 지정 연산자이다. 자바스크립트의 변수 범위 지정은 항상 약간 이상했다. 대부분의 프로그래밍 언어는 블록 수준 범위 지정을 사용하지만 자바스크립트는 var 키워드 사용 시 함수 수준 범위 지정을 사용한다. 이는 특히 람다에 대한 강력한 기능이지만 혼란스러울 수 있다. let 키워드로 선언된 변수는 블록 수준 범위 지정을 취하므로 거의 모든 다른 언어에서 이해할 수 있다.

ES2015+에서 ES5의 컴파일이 TypeScript의 유일한 기능이었더라도 여전히 Babel과 같은 다른 컴파일러의 강력한 경쟁자였을 것이다. 그러나 TypeScript에서 수행할 수 있는 작업의 절반에 불과하다.

유형 지정 시스템

언어를 분류하는 데 사용할 수 있는 여러 차원 중 하나는 유형 지정 시스템이다. 강력하게 형식화된 언어는 정수 변환과 같은 문자열 연산을 수행하려고 하면 유형에 대한 컴파일 타임 유형 검사를 수행하여 컴파일러가 사용자를 중지시킨다. 해당 언어의 예로는 F#, JAVA 및 C#이 있다. 동적 유형 지정 언어는 런타임의 점검만 수행하는 스펙트럼의 반대편에 있다. 동적 언어는 전체 객체가 어떻게 생겼는지에 대해 신경을 쓰지 않고 호출하는 특정 메서드가 있는지 여부에 초점을 둔다. 자바스크립트는 Ruby, Python 및 PHP와 같은 동적 유형의 언어이다.

동적 유형 지정 언어로 크고 복잡한 애플리케이션을 작성할 가능성이 훨씬 높다. 그러나 때로는 문제에 대한 컴파일 또는 편집 시간 제안을 갖는 것이 좋다. 일반적으로 런타임보다 런타임 전에 문제를 해결하는 것이 저렴하고 쉬우므로 프로세스 초기에 오류 검색을 사전에 할 수 있다. TypeScript는 vanilla 자바스크립트 상단에 추가 마찰이 없는 방식으로 유형 지정 시스템을 추가한다.

두 숫자를 곱하는 함수를 생각해보자.

```
function multiply(one, two){
  return one * two;
}
```

런타임에 도달할 때까지 multiply(2,"elephant")로 작성해도 아무런 문제가 없고 런타임 시점에서 NaN을 얻게 된다. 그러나 one과 two가 숫자라는 주석을 추가함으로써, TypeScript는 오류를 던질 수 있다.

```
function multiply(one: number, two: number){
  return one * two;
}
```

컴파일하는 동안 발생하는 오류는 "Argument of type 'string' is not assignable to parameter of type 'number'."[**]이다. 이는 다소 작고 사소한 예처럼 보일 수 있지만 더 복잡한 애플리케이

[**]   'string' 유형의 인수를 'number' 유형의 인수에 할당이 불가능하다.

선을 작성할 때 유형 지정 시스템의 유용성이 빠르게 드러난다. 모든 변수가 유형을 지정해야 하는 것은 아니다. 그중 일부의 경우, 컴파일러는 유형을 유추할 수 있으며, 가능하다면 TypeScript는 유형이 any라고 가정하고 이는 타입에 대해 검사를 수행하지 않는다는 뜻이다. 원래 자바스크립트로 작성되지 않은 d3.js와 같은 라이브러리를 사용하는 경우 정의 파일이 유용하다는 것을 알 수 있다. 정의 파일은 라이브러리의 기능과 모든 들어오고 나가는 유형을 정의한다는 점에서 C의 헤더 파일과 유사하다. 거의 모든 인기 있는 자바스크립트 라이브러리에는 사용 가능한 정의 파일이 있어 라이브러리와 올바르게 상호작용할 수 있다. 예를들어, 알파인 스키 하우스 팀은 chart.js에 의존하고 정의 파일을 작성하여 그래프 기능을 올바르게 호출하는지 확인한다. 정의 파일의 발췌 내용은 다음과 같다.

```
interface Chart {
  Line(data: LinearChartData, options?: LineChartOptions): LinearInstance;
  Bar(data: LinearChartData, options?: BarChartOptions): LinearInstance;
  Radar(data: LinearChartData, options?: RadarChartOptions): LinearInstance;

  PolarArea(data: CircularChartData[], options?: PolarAreaChartOptions):
    CircularInstance;
  Pie(data: CircularChartData[], options?: PieChartOptions): CircularInstance;
  Doughnut(data: CircularChartData[], options?: PieChartOptions):
    CircularInstance;
}
```

위 코드는 Chart 인터페이스의 정의이며 알 수 있듯이 각 매개변수에 할당된 유형이 있다. 유형들을 적절히 배치하면 필요한 모든 매개변수가 채워지고 모든 값이 적절한 값으로 채워진다.

추가 보너스로 TypeScript를 사용하면 편집기에서 더 나은 자동 완성 기능을 사용할 수 있다. 비주얼 스튜디오 코드 편집기의 예제로 차트 객체에서 사용할 수 있는 기능뿐만 아니라 매개변수의 세부 정보도 보여준다. 이는 그림 15-4에서 볼 수 있다.

<그림 15-4> 완성을 제안하고 있는 드롭 다운 메뉴

종료 비용

새로운 기술을 적용할 때 팀이 올바른 해결책이 아니라고 결정하면 기술을 포기하는
비용을 고려하는 것이 중요하다. TypeScript의 가장 좋은 점은 종료 비용이 효과적으
로 0이라는 것이다. 모든 .ts 파일을 .js로 컴파일하고 .ts 파일을 삭제하기만 하면 된
다. 생성된 코드는 읽기 쉽고 주석을 유지하는 것도 가능하다. TypeScript 구현은 비
용 또한 매우 적다. 모든 자바스크립트는 구문적으로 유효한 TypeScript이므로 js에
서 ts로 이름을 바꾸면 많은 파일을 변환할 수 있다.

단순히 유효한 TypeScript가 아니라 구문론적으로 유효한 TypeScript를 강조했음을
알 수 있다. 이는 TypeScript 컴파일러가 자바스크립트의 모든 부분에서 유형 검사를
수행하기 때문이다. 컴파일러는 자바스크립트에서 존재하는지도 몰랐던 버그를 찾을
수 있다!

TypeScript가 실행되도록 다음과 같이 쉽게 설치할 수 있다.

```
npm update -g typescript
```

물론 이전 절에서 언급한 빌드 도구 중 하나를 사용한다면 TypeScript를 컴파일하는 방법을

이미 살펴봤을 것이다. TypeScript는 자바스크립트에 추가된 환상적인 도구이며, 대규모 자바스크립트 코드 기반에 강력한 도구를 제공한다.

모듈 로딩

이전 절에서는 알파인 스키 하우스용 TypeScript 컴파일러가 system.js 스타일 모듈을 생성하도록 설정되었다고 언급했다. 이는 팀이 적절한 자바스크립트 파일을 가져오기 위해 system.js 모듈 로더(module loader)를 사용하기로 결정했기 때문이다. 모듈 로더는 필요에 따라 여러 개의 개별 자바스크립트 파일을 함께 가져올 수 있는 기능을 추가한다. 대부분의 목적을 위한 모듈은 단순히 VB나 C# 클래스와 동일한 자바스크립트로 생각할 수 있다.

System.js는 디스크의 개별 파일 또는 연결된 파일 하나에서 모듈 로드를 제공하는 라이브러리이다. 로더는 어떤 모듈을 서버에서 검색했는지 추적하므로 모듈을 두 번 이상 가져오지 않으면 추가 네트워크 요청이 발생하지 않는다. system.js로 시작하는 것은 라이브러리를 포함시킨 다음 해당 파일을 사용해서 검색하는 것만큼 간단하다.

```
<script src="~/js/system.js"></script>
<script src="~/js/jspmconfig.js"></script>
<script> System.import("Pages/Home/Index");</script>
```

이 예제에서 System.import는 /js/Pages/Home/Index를 검색한다. /js 접두사는 jspm config.js 파일에 의해 제공된다. 해당 파일은 system.js를 사용하여 모듈을 로드하는 두 번째 부분이다.

jspm은 자바스크립트 라이브러리용 패키지 관리자이다. 여러 가지 면에서 Bower와 유사하지만 jspm의 라이브러리는 종종 동작하도록 약간의 수정이 필요한 Bower의 라이브러리보다 잘 관리되는 경향이 있다. jspm은 GitHub 또는 npm에서 직접 라이브러리를 가져와서 최

388

신 라이브러리를 사용할 수 있도록 한다. jspm은 또한 Bower가 다양한 형식의 거친 경향이 있는 표준 모듈 형식을 사용한다.

jspm을 시작하려면 npm에서 설치해야 한다.

```
npm install jspm -g
```

전역으로 설치된 jspm을 사용하여 프로젝트에 npm을 설정할 때와 비슷한 단계를 수행할 수 있다.

```
jspm init
```

이것은 우리가 앞에서 본 /js 접두어를 포함하는 jspmconfig.js 파일을 생성하기 위해 많은 질문을 던진다. 패키지 설치는 다음과 같이 간단하다.

```
jspm install chartjs
```

이것의 출력은 다음과 같다.

```
        Updating registry cache...
        Looking up github:chartjs/Chart.js
   ok   Installed chart as github:chartjs/Chart.js@^2.2.2 (2.2.2)
   ok   Install tree has no forks.
   ok   Install complete.
```

jspm은 차트 라이브러리를 찾고 GitHub에서 다음 중 하나를 수행하여 로드할 수 있는 형식으로 설치된다.

```
<script>System.import("chart").then( function(chart){
    //차트 작업 수행
});</script>
```

또는 TypeScript 파일에 있는 경우에는 다음과 같다.

```
import {Chart} from "chart";
```

JSPM 또는 다른 빌드 도구 중 하나를 사용하여 로더의 자바스크립트 리소스를 연결하고 단일 파일로 묶을 수 있다. 그러나 클라이언트와 서버가 둘 다 HTTP2를 지원한다면 system.js가 필요한 파일을 다운로드하도록 허용할 수 있다.

System.js 및 jspm은 모두 잘 작동하도록 설계되었지만 물론 해당 영역에서 유일한 도구만은 아니다. Require.js도 또한 매우 인기 있는 로더이다. 알파인 스키 하우스 팀은 System.js 및 jspm의 완전한 본질 및 일반적으로 우수한 지원으로 인해 조합을 결정했다.

프레임워크 선택하기

자바스크립트 커뮤니티에서 사용할 수 있는 모듈 유형이나 패키지 관리자 또는 빌드 도구의 수가 위협적이라고 생각한다면 이 절을 살펴보자. Angular, React, Aurelia, Backbone, Meteor 및 Ember.js를 비롯하여 문자 그대로 수천 개의 자바스크립트 프레임워크 중에서 선택할 수 있다. 어떤 것을 사용할지 결정하는 것은 상상력을 늘리는 것처럼 단순한 것이 아니다. 이 장에서 하나를 선택할 때 고려해야 할 요소를 나열하는 것조차 어렵다. 채택률, 숙련된 도움 가용성, 수명, 기능, 속도, 유지 보수 및 교차 브라우저 지원을 고려할 수 있다. 또는 대부분의 신생 기업이 취한 접근 방식에 따라 웹 개발 하위 목록에서 가장 많이 나타난 방식을 선택할 수 있다.

알파인 스키 하우스의 목적을 위해 팀은 RefluxJS 단방향 데이터 흐름 라이브러리와 결합된 React 뷰 라이브러리를 사용하기로 결정했다. React는 페이스북에서 지원하며 사이트에서 많이 사용되는 매우 인기 있는 라이브러리이다. 가상 DOM을 활용하여 과도한 조정이나 페이지 부분을 완전히 다시 그리지 않고 DOM을 빠르게 변경할 수 있다. React는 사용자 정의 태그 작성에 중점을 둔 컴포넌트 지향 프레임워크이다. AngularJS와는 달리 최소화 라이브러리이므로 RefluxJS와 같은 다른 도구와 결합해야 한다.

React는 .tsx 파일을 지원하는 TypeScript의 새로운 버전이기 때문에 TypeScript와 매우 잘 매치된다. ".tsx 파일이 무엇인가요?"라고 질문할 수 있다. 그것은 단순한 .jsx 파일의 TypeScript 버전이다. ".jsx 파일은 무엇인가요?"라는 질문도 있을 것이다. JSX는 React 커뮤니티에서 매우 인기 있는 자바스크립트와 XML의 혼합된 조합이다. 예를 들어, 다음과 같이 react에서 숫자 입력 필드를 정의할 수 있다.

```
function(){
return (<div>
    <label for={this.state.controlName}>{this.state.label}</label>
    <input type="number" name={this.state.controlName}/>
    </div>);
}
```

코드가 매우 이상해 보일 수 있지만, 익숙해지면 React와 JSX는 매우 생산적인 도구이다. TypeScript는 이 구문을 이해하며 HTML 내부에 포함된 속성에 대한 유형 검사를 제공할 수 있다.

알파인 스키 하우스 팀이 처음부터 결정한 한 가지는 JQuery 사용을 피하는 것이었다. 많은 사람들에게 이것은 이단적인 개념이다. JQuery 없이 웹사이트를 구축한다? 충격적이다. 실제로 JQuery는 오래된 브라우저에서 기능적으로 매우 큰 차이를 보였다. 그러나 JQuery는 자바스크립트에 querySelector와 같은 기능을 추가하는 방식으로 발전해 왔고 성능이 훨씬 향상된 버전이다.

요약

사실 이 장과 이 책 전체는 자바스크립트 전체 시스템을 완전히 탐구하기에는 정말 부적합하다. 우습게도 잉크가 마르자마자 구식이 되지 않도록 딱 맞는 시기에 책을 출간할 수가 없기때문일지도 모른다. 자바스크립트는 지금까지 보아온 프로그래밍 언어 및 생태계보다 빠르게 움직인다. 그러나 모두가 웹 개발 노력의 필수적인 부분이다. 아마도 자바스크립트를 다룰 때 최선의 조언은 J. R. R. 톨킨(J.R.R.Tolkien)의 다음 말일 것이다.

"반짝이는 것이 모두 금은 아니다."

프로젝트에 가장 적합한 자바스크립트 도구는 자바스크립트의 냉혹함 속에서 반짝이는 것이 아니라 보다 견고하고 잘 지원되는 라이브러리 및 도구일 것이다. 무엇을 선택하든 ASP.NET Core가 자바스크립트에 대한 모범 사례를 주의 깊게 관찰하는 데 큰 진보를 이뤘음을 깨닫는 것이 좋다. 더 이상 런타임에서 컴파일된 자바스크립트 번들 또는 업데이트 패널과 같은 우스운 추상화는 없다. 자바스크립트는 마침내 일류가 되었다. 다음 장에서는 종속성주입과 그것을 사용할 때의 많은 이점에 대해 다룰 것이다.

종속성 관리

개발이 빠르게 진행되고 있었다. 빌드를 하루에 20번 테스트할 수 있는 환경이 제공되었다. 개발팀이 문제를 빠르게 접하면서 버그 목록 중 두세 가지 문제가 제기되었다. 다니엘은 자신이 배우는 모든 것을 재미있어 했다. 그녀는 심지어 밤에 퇴근해서는 블로그를 읽고 비디오를 보았다. 마르와 같은 사람들의 열정은 전염성이 있었다. 그리고 그녀뿐만이 아니었다. 팀의 누군가가 새로운 멋진 라이브러리나 도구, 상황이 나아질 것 같은 개념을 발견하지 않은 날이 없었다.

아준이 "이 GunFu 라이브러리를 본 적이 있나요?"라고 어느 수요일에 물었다. "이건 클래스 이름만 보고 실제 테스트 데이터를 생성해요. 조심하세요!" 아준이 브라우저를 새로고침하자 스키어 목록이 나타났다. "보세요. 이 스키어에 대해 Lionel Penuchot으로 이름을 채웠고 이게 진짜 사람의 이름이 될 수 있어요. QA팀이 이걸 좋아할 거예요. 제가 이 패키지를 점검할게요!"

다니엘은 잠시 생각했다. 그녀가 지난주 밤에 종속성 검사에 대한 어떤 것을 읽지 않았던가? "잠시만요, 아준. 전 그 파일 안을 검사할 필요가 없다고 봐요. 종속성으로만 그것을 나열해야 할 것 같아요."

아준이 "오, 안돼요!"라며 울부짖었다. "제가 한 프로젝트에서 그렇게 하고 나면 모두가 동일한 라이브러리의 다른 버전을 갖게 되고, 동작하는 게 없게 되면 모두가 해고되어 결국 밴에서 살게 되고, 대세에 따라... 마지막 부분은 일어나진 않았지만 정말 끔찍한 생각이에요."

"아뇨, 제 말은 듣지 마세요. 전 그냥 지난밤에 도구나 그런 것들에 대해 읽었을 뿐이에요. 그건 이동성 폐쇄를 사용하여 우리의 종속성이나 종속성의 종속성까지도 제어할 수 있게 해줘요."

아준이 "이동성 폐쇄요? '이행적 폐쇄'를 말하는 건가요?"라고 물었다. "전 그런 도구가 있다는 걸 몰랐어요. 그걸 사용하면 좋겠군요. 그런 도구가 자바스크립트용으로도 있다고 생각해요?"

"아시겠지만 있다고 생각해요. 그걸 한번 살펴보죠."

이제 애플리케이션에는 그 어느 때보다 많은 수의 작은 구성 요소가 존재한다. 종종 해당 구성 요소는 다른 개발자가 작성한 라이브러리이며 수천 개의 다른 애플리케이션에서 사용된다. 과거에는 개발자가 라이브러리를 다운로드하고 해당 라이브러리를 애플리케이션의 소스 코드와 함께 소스 제어에 커밋하는 것이 일반적이었다. 해당 과정은 특히 다른 라이브러리의 특정 버전에 종속된 라이브러리로 시작될 때 금세 싫증나는 작업이 되었다. 특정 라이브러리의 새 버전으로 업데이트하는 것은 실수로 종속 라이브러리에 있는 다른 라이브러리를 손상시킬 수 있기 때문에 특히 어렵게 되었다. 패키지 관리자는 이 싫증나는 과정의 결과이다. 패키지를 설치하는 프로세스를 자동화하고 종속 패키지가 설치되었는지 확인하며 새 버전을 사용할 수 있을 때 패키지를 업데이트하는 방법을 제공한다.

일반적인 ASP.NET Core 애플리케이션은 최소한 두 개의 패키지 관리자를 사용한다. .NET 패키지용 NuGet과 JQuery 및 Bootstrap과 같은 클라이언트 측 패키지 관리자이다. 이 장에서 논의할 클라이언트 측 패키지 관리자를 위한 몇 가지 옵션이 있다.

NuGet

NuGet은 비주얼 스튜디오와 함께 제공되며 닷넷 명령줄 인터페이스에 깊이 통합된 .NET 용 오픈 소스 패키지 관리자이다. 이 책을 집필하는 시점에서 NuGet은 60,000가지 이상의 패키지를 보유하고 있으며 13억 건의 패키지 다운로드를 처리했다. 그 수는 매일 증가하고 있다. NuGet을 통해 ASP.NET Core를 구성하는 어셈블리조차도 이미 내장되어 있기 때문에 NuGet을 사용하기 위해 아무 것도 할 필요가 없다.

NuGet으로 패키지 설치하기

ASP.NET Core 애플리케이션에서 NuGet 패키지를 설치하는 방법에는 몇 가지가 있다. 한 가지 옵션은 애플리케이션의 .csproj 파일 내 종속성 절을 편집하는 것이다. 예를 들어, AlpineSkiHouse.Web용 .csproj 파일은 MediatR 패키지의 버전 2.1.0에 대한 종속성을 나열한다.

AlpineSkiHouse.Web에서 .csproj 파일의 종속성

```
<ItemGroup>
  <PackageReference Include="MediatR" Version="2.1.0"/>
</ItemGroup>
```

명령줄에서 패키지를 설치하려면 dotnet restore 명령을 실행하여 나열된 모든 패키지를 설치한다. 비주얼 스튜디오는 수정 후 .csproj를 저장하면 자동으로 dotnet restore를 실행한다.

비주얼 스튜디오 도구 사용

그림 16-1과 같이 프로젝트의 NuGet 패키지는 솔루션 탐색기의 참조 노드에서 볼 수 있다.

비주얼 스튜디오는 또한 NuGet 패키지를 관리할 수 있는 풍부한 시각적 인터페이스를 제공한다. 솔루션 탐색기의 프로젝트에서 마우스를 우클릭하고 NuGet 패키지 관리를 선택하여 단일 프로젝트에 대한 NuGet 패키지를 관리할 수 있다. 전체 솔루션에 대한 NuGet 패키지

<그림 16-1> AlpineSkiHouse.Web의 NuGet 패키지를 보여주는 스크린샷

를 관리하려면 솔루션 탐색기의 솔루션 노드를 마우스 우클릭하고 솔루션에 대한 NuGet 패키지 관리를 선택하자.

그림 16-2에서 보는 바와 같이 비주얼 스튜디오의 NuGet 패키지 관리자 도구를 사용하면 NuGet.org에서 패키지를 탐색하고 설치된 패키지 보기 및 설치된 패키지 업데이트를 할 수 있다.

<그림 16-2> 비주얼 스튜디오에서 NuGet 패키지 관리자를 보여주는 스크린샷

NuGet 피드

NuGet 피드는 NuGet 패키지를 호스팅하는 위치이다. 대부분의 경우, 우리는 공개 nuget.org 피드에서 NuGet 패키지를 참조하지만, 다른 소스에서도 패키지를 얻을 수 있다. 일부 대형 조직은 NuGet 패키지 집합을 미리 승인된 패키지 집합으로 제한하기를 선호하며, 이 경우 미리 승인된 패키지만 포함된 내부 NuGet 피드를 호스팅할 수 있다. 또 다른 일반적인 사용 사례는 회사가 사내 NuGet 피드를 사용하여 독점 패키지를 조직 내에서 배포하는 것이다.

자신의 NuGet 피드를 호스팅하는 것은 지나친 것처럼 들릴 수도 있지만 현실적으로는 수행이 매우 쉽고 대부분의 경우 노력할 가치가 있다. 조직에 대해 승인된 패키지 목록을 제한하면 개발자가 문제를 일으키거나 지원 및 업데이트가 부족한 것으로 알려진 패키지를 다운로드하지 못하게 할 수 있다. 해당 유형의 시나리오를 지원하는 데 사용할 수 있는 호스팅 솔루션 및 온 프레미스 솔루션 모두의 집합이 존재한다는 것이 인상적이다. http://myget.org/에서 제공되는 MyGet은 ASP.NET 팀에서 야간 빌드를 호스팅하는 데 사용하는 인기있는 호스팅 서비스이다. 일부 인기 있는 제품에 대한 개요는 https://docs.nuget.org/Contribute/Ecosystem을 참고하자. 이 글에 나열된 많은 옵션은 NPM 및 Bower와 같은 다른 패키지 관리자와도 잘 동작한다.

npm

npm은 Node.js의 패키지 관리자이다. 자신에게 "왜 ASP.NET Core 애플리케이션 작성에 전념하는 책에서 Node.js에 대해 이야기하는가?"라고 질문할 수도 있다. 더 넓은 웹 개발 환경을 볼 때 웹 개발자를 위한 많은 도구가 실제로 Node.js 패키지로 작성되고 npm을 사용하여 배포된다. 해당 도구의 예로는 TypeScript 컴파일러, gulp 및 grunt 작업 실행자, 그리고 자스민(Jasmine) 자바스크립트 단위 프레임워크가 있다. 15장 "자바스크립트의 역할"에서 보았듯이, 자바스크립트는 모든 최신 웹 애플리케이션의 중요한 부분이다. ASP.NET 세상의 외부에서 사용하는 도구에 접근하는 것이 중요하며 이는 개발자가 큰 웹 개발 커뮤니티와 멀어지지 않도록 도움을 주기 때문이다.

npm은 명령줄 도구이다. 애플리케이션에서 npm을 사용하려면 먼저 package.json 파일을 생성하여 시작하자. 수동으로 파일을 만들거나 npm init 명령을 사용하면 몇 가지 질문을 하고 package.json 파일을 자동으로 만들 수 있다. 다음은 자스민 단위 테스트 프레임워크와 카르마(Karma) 단위 테스트 실행자를 참조하는 기본 package.json 파일이다. 19장 "테스트"에서 자스민과 카르마 구성에 더 많은 시간을 할애한다.

```
{
  "name": "alpineskihouse",
  "version": "1.0.0",
  "description": "",
  "private": true,
  "main": "gulpfile.js",
  "dependencies": {},
  "devDependencies": {
    "jasmine": "2.5.0",
    "karma": "1.2.0"
  },
  "author": "Alpine Ski House"
}
```

애플리케이션의 일부로 제공하려는 패키지가 아니기 때문에 devDependencies에서 사용을 원하는 패키지를 나열하고 있지만 개발자가 애플리케이션을 작성하는 데 더 도움이 되는 도구이다. 또한 애플리케이션이 공개 npm 패키지 레지스트리에 실수로 게시하지 않도록 하기 위해 "private": true를 설정한다.

> note
>
> npm install 명령을 실행하면 package.json 파일에 나열된 모든 종속성이 복원된다. 기본적으로 나열된 모든 종속성 및 devDependencies는 현재 프로젝트에서 node_modules 폴더로 다운로드된다.

종속성 추가하기

새로운 종속성은 package.json 파일을 직접 편집하거나 npm install 명령을 호출하고 패키지 이름과 --save-dev 플래그를 지정하여 추가할 수 있다. package.json의 종속성 절에 패키지를 추가하는 --save 플래그도 있다. 이 플래그는 런타임 종속성을 추가하는 데 사용된다.

```
npm install karma --save-dev
```

npm의 기본 동작은 지정된 패키지의 최신 안정 릴리스에 종속성을 추가하는 것이다. 애플리케이션에 특정 버전의 패키지가 필요한 경우 package.json 파일을 수동으로 편집하거나 npm install 명령을 호출할 때 패키지 이름에 @x.x.x를 추가하여 버전을 지정하자.

```
npm install karma@1.2.0 --save-dev
```

npm 모듈 사용하기

많은 npm 모듈에는 명령줄 인터페이스가 포함되어 있으므로 Node 런타임 환경에 들어가지 않고도 명령줄에서 직접 사용할 수 있다. 이것의 좋은 예가 단위 테스트를 실행하는 데 사용할 수 있는 karma라는 명령줄 인터페이스를 포함하는 Karma 테스트 실행자이다. Karma와 같은 도구는 -g 플래그로 전역 설치하여 개발자 컴퓨터에서 전역적으로 사용 가능하게 만들거나 서버를 빌드하도록 할 수 있다.

```
npm install karma -g
```

전역으로 패키지를 설치하려면 특히 새로운 개발자에 대해서는 더욱 더 많은 설정이 필요하다. 이상적으로 새로운 개발자는 npm install을 실행하고 필요한 명령에 즉시 접근할 수 있다. npm은 /node_modules/.bin/ 폴더에 명령줄 도구를 로컬로 설치하여 개발자가 전체 경로에서 Karma 명령줄 도구를 사용할 수 없도록 할 수 있지만 ./node_modules/.bin/karma에서 참조할 수 있다.

```
.\node_modules\.bin\karma start
```

package.json 파일에 npm 스크립트를 정의하여 이 작업을 보다 쉽게 수행할 수 있다.

```
{
  "name": "alpineskihouse",
  "version": "1.0.0",
  "description": "",
  "private": true,
  "main": "gulpfile.js",
  "dependencies": {},
  "devDependencies": {
    "jasmine": "2.5.0",
    "karma": "1.2.0"
  },
  "author": "Alpine Ski House",
  "scripts": {
    "test-js": ".\\node_modules\\.bin\\karma start --single-run"
  }
}
```

스크립트가 정의된 후 npm run-script 명령을 호출하여 스크립트를 실행할 수 있다.

```
npm run-script test-js
```

비주얼 스튜디오 통합

npm용 명령줄 도구는 익숙할 수 있지만 비주얼 스튜디오 통합 개발 환경(Integrated Development Environment, IDE)을 사용하면 보다 통합된 환경을 기대할 수 있다. 다행히 비주얼 스튜디오의 최신 버전은 npm과의 통합성이 뛰어나다. 비주얼 스튜디오는 프로젝트에 package.json 파일이 들어있는 것을 자동으로 감지하고 그림 16-3과 같이 솔루션 탐색기의 Dependencies 노드 아래에 npm을 나열한다.

비주얼 스튜디오는 package.json 파일의 변경 사항을 자동으로 감지하고 필요할 때마다 npm install을 호출한다. 솔루션 탐색기에서 npm 노드를 마우스 우클릭하고 패키지 복원 메

<그림 16-3> 솔루션 탐색기에서 npm 종속성 노드

뉴 옵션을 선택하여 수동으로 npm 설치를 트리거할 수도 있다. 비주얼 스튜디오 출력 창에서 bower/npm 출력 옵션을 선택하여 npm install 명령의 출력을 찾을 수 있다.

 note

> 비주얼 스튜디오 확장을 사용하면 작업 러너 탐색기를 사용하여 비주얼 스튜디오에서 직접 NPM 스크립트를 실행할 수 있다. 먼저 https://github.com/madskristensen/ NpmTaskRunner에 나열된 지침에 따라 NPM 작업 러너 확장(NPM Task Runner extension)을 설치한다. 그런 다음 비주얼 스튜디오에서 보기 | 다른 창 | 작업 러너 탐색기를 선택하여 작업 러너 탐색기 창을 연다. 작업 러너 탐색기는 현재 프로젝트에 대한 모든 npm 스크립트를 나열한다. 그림 16-4와 같이 작업을 마우스 우클릭하고 실행 메뉴 옵션을 선택하면 개별 작업을 실행할 수 있다.

작업 러너 탐색기는 스크립트를 특정 비주얼 스튜디오 이벤트에 바인딩하는 옵션도 제공한

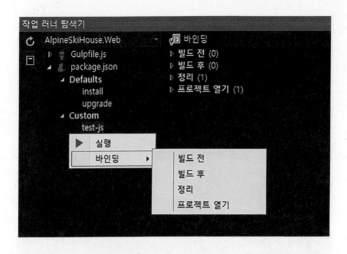

<그림 16-4> 작업 러너 탐색기를 사용하여 npm 스크립트 바인딩 추가하기

다. 예를 들어, 빌드 이벤트 전에 실행되도록 test-js 스크립트를 구성할 수 있다.

Yarn

서버 측 자바스크립트 도구를 위한 사실상의 패키지 관리자는 npm이다. 어떤 사람들은 클라이언트 라이브러리를 설치하기 위해 그것을 사용한다(대체 클라이언트 측 라이브러리 관리자인 Bower에 관한 정보를 계속 읽어보자). 그러나 npm은 자체 오류를 가지고 있다. 이 절에서는 npm뿐만 아니라 모든 npm의 오류를 해결하기 위해 설계된 새로운 자바스크립트 패키지 관리자인 Yarn을 다룰 것이다. npm의 일부로 포함된 각 모듈의 버전을 포함하는 package.json 파일을 고려해보자. 프로젝트에 있는 사람들이 잘못된 라이브러리 버전으로 끝낼 염려가 있는 경우 특정 버전 번호로 패키지를 수정할 수 있다.

```
"devDependencies": {
    "@types/chartjs": "0.0.28",
    "@types/lodash": "^4.14.34",
}
```

@types/chartjs 패키지에는 특정 버전 번호가 주어지므로 항상 설치된 패키지의 정확한 버전을 얻게 된다. @types/lodash의 오른쪽은 ^ 문자로 시작된다. 해당 문자는 npm이 semver*에 준하는 나열된 버전 번호와 호환되는 @types/lodash 버전을 설치할 것이라는 의미이다. 게시할 때 패키지 복원을 실행하면 실제로 @types/lodash@4.14.37이 제공된다. packages.json에 정확한 버전 번호를 지정해도 설치가 매일 동일하게 보장되지는 않는다. 패키지에는 종속성이 있을 수 있으며 패키지 작성자는 패키지의 특정 버전을 사용했을 수도 있다. 예를 들어, node_modules 디렉토리에서 임의의 package.json을 가져올 때는 다음을 포함한다.

```
"devDependencies": {
    "chai": "^3.2.0",
    "coveralls": "^2.11.2",
    "graceful-fs": "4.1.4",
    "istanbul": "^0.3.20",
    "mocha": "^2.0.0",
    "rimraf": "^2.4.3",
    "sinon": "^1.10.3",
    "sinon-chai": "^2.6.0"
},
```

거의 모든 패키지에는 semver 제한 패키지가 포함되어 있다. npm은 또한 비결정적이고 이는 패키지가 설치된 순서에 따라 설치 단계를 실행하는 사람마다 모듈 버전이 달라질 수 있다는 것을 의미한다. 이는 코드 조각이 개발자 워크스테이션 A에서 작동하고 개발자 워크스테이션 B에서는 다른 패키지 버전으로 작동할 수 있기 때문에 매우 중요하다.

---

*   npm에 사용되는 의미론적 버전(semantic version)의 파서

인터넷에서 node_modules 디렉토리의 전체 복원을 수행하는 것은 대단히 느릴 수 있다. 문자 그대로 수천 개의 패키지를 다운로드하고 압축을 풀어야 한다. 빌드 서버에서는 빌드 프로세스가 크게 느려질 수 있다. 더 나쁜 것은 예를 들어 잠시 동안의 네트워크 끊김과 같은 설치 중 일시적인 오류로 인해 빌드가 손상될 수 있다는 것이다.

다른 방법으로는 node_modules 디렉토리를 체크인할 수 있지만 수천 개의 파일이 있고 패키지를 업데이트하면 git 히스토리에서 큰 변화가 발생하는 경향이 있어 바람직하지 않다. 문제는 npm이 패키지의 로컬 캐시를 생성하지 않으므로 각 빌드가 패키지 레지스트리로 이동해야 한다는 것이다.

수년 동안 우리는 거의 npm에서 이러한 결함을 겪었지만 요즘은 새로운 Yarn 패키지 관리자의 도입으로 극복될 것이다. Yarn 패키지 관리자는 변경 없이 npm을 대부분 대체할 수 있다. Yarn은 페이스북, 익스포넌트, 구글 및 틸드의 프로젝트이며 npm의 단점을 해결하기 위해 노력한다. Yarn이 첫 번째로 제공하는 것은 프로젝트를 위한 확정적 패키지 설치이다. 패키지가 설치된 순서에 관계없이 node_modules의 결과 패키지 트리는 그대로 유지된다. Yarn은 또한 여러 다운로드 및 설치를 동시에 실행하여 실패한 항목을 다시 시도한다. 이렇게 하면 설치 프로세스가 빨라지고 어느 정도의 견고성이 추가된다.

Yarn을 설치하려면 다음을 실행하기만 하면 된다.

```
npm install -g yarn
```

이제 Yarn은 node_modules 디렉토리를 삭제하고 다음을 실행하여 기존 package.json 파일에서 사용할 수 있다.

```
yarn
```

패키지를 추가할 때 자동으로 저장되므로 더 이상 --save 또는 --save-dev를 지정하지 않아도 된다. 종속성 부분에 저장하기 위해 --dev 플래그를 추가할 수 있다.

```
yarn add jquery
yarn add gulp --dev
```

Yarn의 능력에 대한 비밀은 yarn.lock이라는 새로운 파일에 있다. 이 파일은 모든 사용자가 동일한 버전을 갖도록 버전 제어에 포함되어야 한다. lock 파일에서 발췌한 내용은 다음과 같다.

```
mkdirp@^0.5.0, mkdirp@^0.5.1, "mkdirp@>=0.5 0", mkdirp@~0.5.0, mkdirp@~0.5.1,
mkdirp@0.5:
  version "0.5.1"
  resolved "https://registry.yarnpkg.com/mkdirp/-/mkdirp-0.5.1.tgz#30057438eac6c
f7f8c4767f38648d6697d75c903"
  dependencies:
  minimist "0.0.8"
```

이는 mkdirp라는 패키지에 사용할 버전을 나열한다. 첫 번째 줄은 여러 버전의 mkdirp를 나열하며, 각 버전은 패키지 트리의 가운데쯤에 있는 패키지로 나열된다. Yarn은 나열된 모든 버전을 보고 필요한 모든 버전을 만족시킬 수 있는 단일 버전으로 해결한다.

Yarn은 npm의 많은 단점을 해결한다. 그러나 Yarn이 더 큰 포용력을 가질지에 대한 판단은 시기 상조이다. npm에서 Yarn으로 업그레이드하는 것이 쉽고 속도가 빨라졌으며 확정성 있는 패키지 설치가 매력적이므로 채택되지 않을 가능성보다 채택될 가능성이 더 크다.

 # Bower

ASP.NET Core는 Bower를 클라이언트 측 라이브러리의 기본 패키지 관리자로 사용한다. 클라이언트 측 라이브러리는 결국 클라이언트의 브라우저로 전송되는 자산으로 구성된다. 이러한 자산은 일반적으로 JQuery 및 부트스트랩(Bootstrap)과 마찬가지로 일반적인 자바스크립트 및 CSS이지만 이미지, 글꼴 및 아이콘과 같은 다른 자산도 포함할 수 있다. 대형 웹 애플리케이션이 수십 개의 클라이언트 측 라이브러리를 사용하는 것은 흔한 일이 아니므로 적절한 패키지 관리자를 갖는 것이 중요하다.

왜 Bower인가?

이전 버전의 ASP.NET에서는 클라이언트 측 라이브러리가 NuGet을 사용하여 배포되었지만 NuGet은 클라이언트 측 패키지 관리에 적합하지 않다. 큰 문제 중 하나는 클라이언트 측 라이브러리가 광범위한 웹 개발 커뮤니티에 의해 생성되고 소비된다는 것이다. .NET 개발 커뮤니티는 전체 커뮤니티 중 일부일 뿐이고 클라이언트 측 라이브러리의 작성자는 .NET 기반 경험이 없을 수도 있고 특히 .NET 개발자들이 NuGet의 복잡한 사항을 배우기를 기대하거나 NuGet 패키지를 유지 관리할 수는 없다. 많은 경우에 Microsoft 커뮤니티의 열정적인 개발자가 라이브러리 작성자를 대신하여 NuGet 패키지를 유지하려고 시도하지만 이는 번거롭고 오류가 발생하는 것으로 나타났다. 그 결과 인기 있는 클라이언트 라이브러리로 NuGet 패키지 사용이 가능하지 않았거나 시대에 뒤떨어진 패키지가 되었다.

NuGet에서 클라이언트 측 패키지를 유지 관리하는 대신 ASP.NET Core 및 비주얼 스튜디오는 웹 개발자 커뮤니티에서 일반적으로 사용하는 패키지 관리자를 지원한다. Bower는 해당 패키지 관리자 중 하나이며 기본 ASP.NET 핵심 애플리케이션 템플릿에서 사용되는 패키지 관리자이다.

비주얼 스튜디오에는 Bower의 복잡성을 숨기는 데 도움이 되는 우수한 도구 사용 기능이 있지만 먼저 Bower가 명령행에서 어떻게 사용되는지 살펴보자. Bower는 노드 기반 명령줄 도구로서 npm을 통해 설치된다. 다음 명령을 사용하여 전역으로 설치할 수 있다.

```
npm install bower -g
```

Bower를 사용하면 패키지는 bower.json 파일에 정의된다. 이 파일은 수동으로 만들 수도 있고 bower init 명령을 사용할 수도 있다.

```json
{
  "name": "alpineskihouse",
  "private": true,
  "dependencies": {
    "bootstrap": "3.3.6",
    "jquery": "2.2.0",
    "jquery-validation": "1.14.0",
    "jquery-validation-unobtrusive": "3.2.6"
  }
}
```

"alpineskihouse"라는 이름은 현재 패키지를 식별하는 데 사용되고 private 플래그는 true로 설정되어 애플리케이션이 실수로 Bower 패키지 레지스트리에 게시되지 않도록 한다. 라이브러리 작성자는 private 플래그를 false로 설정해야 한다. 애플리케이션에서 사용하는 라이브러리는 종속성 절에 나열되어 있다. 각 라이브러리에는 관련 버전이 있다. bower.json 파일에 나열된 모든 패키지를 설치하려면 bower install 명령을 호출하면 된다.

```
bower install
```

기본적으로 나열된 종속성은 모두 현재 프로젝트의 bower_components 폴더에 다운로드된다. 이 위치는 .bowerrc 구성 파일에 다른 디렉토리를 지정하여 겹쳐 쓸 수 있다. 알파인 스키 하우스 웹 프로젝트에서는 기본 위치를 wwwroot로 변경했다.

.bowerrc 파일의 내용
```json
{
  "directory": "wwwroot/lib"
}
```

종속성 추가하기

새 패키지에 종속성을 추가하려면 bower.json 파일을 수동으로 편집하거나 패키지 이름과 --save 옵션을 지정하여 bower install 명령을 호출한다.

```
bower install jquery --save
```

npm의 경우와 마찬가지로 Bower는 지정된 패키지의 안정적인 최신 버전에 대한 종속성을 추가한다. 특정 버전이 필요한 경우 --save-exact 옵션을 사용할 수 있다.

```
bower install jquery --save --save-exact 2.4.1
```

Bower는 공개적으로 사용할 수 있는 일반적인 GitHub를 나타내는 git 저장소에서 패키지를 가져온다. 때로는 릴리스 패키지로 만들지 않은 라이브러리의 시험판 버전을 참조해야 할 수도 있다. GitHub에서 패키지를 가져오기 때문에 이를 원활하게 처리할 수 있다. Bower에게 특정 git 위치 또는 git 저장소의 특정 커밋까지도 참조하도록 지시할 수 있다. 이러한 재정의를 가능하게 하려면 문제의 종속성에 대한 버전 번호 대신 git URL을 제공하면 된다.

```
"canvg": "https://github.com/gabelerner/canvg.git#f5519bc910ecefe083f636707b27
e436386fdeed"
```

Bower 패키지에서 자산 참조하기

bower install을 호출한 후 필요한 자산을 bower 구성 요소 디렉토리에서 사용할 수 있다. 이 책의 경우, wwwroot/lib 디렉토리이다. 다른 모든 스크립트 또는 스타일 시트와 마찬가지로 이 스크립트를 애플리케이션에서 참조할 수 있다. 각 bower 패키지에 대한 파일의 위치는 다양하지만 많은 패키지들이 중요한 파일을 폴더 이름에 저장하는 규칙을 따른다.

```
<html>
  <head>
```

```
  ...
  <link rel="stylesheet" href="~/lib/bootstrap/dist/css/bootstrap.css" />
  ...
</head>
<body>
  ...
  <script src="~/lib/jquery/dist/jquery.js"></script>
  <script src="~/lib/bootstrap/dist/js/bootstrap.js"></script>
  ...
</body>
</html>
```

프로덕션 배포에서는 웹 서버에 저장된 버전이 아닌 CDN(Content Delivery Network)에서 일부 공용 클라이언트 라이브러리를 참조할 수 있다. ASP.NET Core는 해당 프로세스를 단순화하는 태그 도우미 집합을 제공한다. 19장 "재사용 가능한 구성 요소"에서 태그 도우미를 탐구해본다.

🖐️ 요약

웹 개발 환경은 끊임없이 진화하고 있다. 현재 Bower는 클라이언트 측 라이브러리의 기본 ASP.NET 패키지 관리자로 인기가 있지만 다른 옵션을 사용할 수 있으며 시간이 지남에 따라 더 많이 보급될 수 있다. 일부 개발자는 개발자 도구와 클라이언트 측 라이브러리 모두에 npm을 사용하고 JSPM은 인기를 얻고 있는 Bower의 또 다른 대안이다. NuGet이 잘 정립된 .NET 환경에서도 Paket과 같은 대체 패키지 관리자가 부상하고 있다.

알파인 스키 하우스 애플리케이션용으로 만든 패키지 관리자 선택은 ASP.NET Core의 기본 프로젝트 템플릿과 팀 구성원의 경험을 바탕으로 이루어졌다. 궁극적으로 대부분의 패키지 관리자는 비슷한 기능을 제공한다. 자신의 팀에 맞는 것을 선택하고 팀과 애플리케이션의 프로세스를 간소화할 수 있다고 생각되는 경우 대체 옵션을 조사하는 데 주저하지 않도록 하자. 다음 장에서는 스타일 시트를 사용하여 애플리케이션의 프론트엔드를 멋지게 만드는 방법에 대해 설명한다.

스타일을 갖는 프론트엔드

마크는 다니엘이 몇 번 맴돌았던 과정을 반복했다. 그는 자신의 컴퓨터에서 문제를 수정하고 작동시켰지만 최신 빌드가 준비 서버로 나가면 변경 사항이 되돌려진 것처럼 보였다.

마크가 "보이세요? 이건 제가 여기를 맞게 변경하고 커밋한 거예요!"라고 말하기 시작했다.

"그렇군요, 이상하네요. 변경을 빌드 서버에 한 게 확실한가요?"라고 다니엘이 답했다.

"네. 100% 확실해요. SHA를 확인했고 SHA가 빌드되기 전에 발생한 변경 사항과 정확히 일치해요. 그리고, 배포된 CSS를 보세요..."

"자...잠깐만요!" 마크의 칸막이 옆에 서 있던 아드리안이 끼어들었다. "스타일시트 변경 사항 검사에 대해 말씀하시는 건가요?"

마크는 "네, 이 티켓이 저에게 돌아온 것이 이번이 세 번째라고 확신해요. 제가 모두 변경했고, 로컬에서 동작하고 체크인한 후에 거기도 확인했어요."

다니엘은 "그 말이 맞아요. 제가 그의 마지막 내려받기 요청을 검토했어요. 그가 변경했어요. 하지만 PR이 병합된 후에 덮어쓰기 같은 일이 일어났던 것 같아요. 전 거기에 손도 대지 않았어요"라고 덧붙였다.

아드리안이 크게 웃었다. 그는 "전 알아요"라고 말했다. 그가 의자에 다시 앉아서 마크와 다니엘을 번갈아 보기 시작했다. 둘 중 한 명이 어떻게 된 건지 묻기를 기다리면서 흥분된 얼굴로 거기에 앉아 있었다.

다니엘은 웃으며 "좋아요, 아드리안. 그 미소 그만 짓고 우리를 여기서 구해주세요. 덮어쓰기가 된 원인이 무엇인가요?"라고 말했다.

아드리안은 "질문해주니 너무 기쁘네요"라면서 두 손을 함께 비비기 시작했다. "좋아요, 그럼 이번 주 초에 제가 마르와 어떻게 같이 일했는지 기억하세요? 그게 우리가 했던 거예요."

마크는 "제 CSS 변경을 덮어쓸 음모를 꾸미신 건가요?"라고 물었다.

"음, 네... 그게 우리가 생각한 방식입니다"라고 아드리안이 답했다. "우리가 git.ignore를 업데이트하지 않았기 때문에 이게 우리 잘못이라고 생각하지만 기본적으로 CSS를 더 이상 repo에 넣지 말아야 해요."

다니엘은 "네, 하지만 우린 전부 버전 표기를 했어요"라고 말했다. "우리의 CSS도 역시 소스 제어가 필요해요, 그렇지 않나요? 제가 회의에 빠졌었나요?"

"음, CSS는 이제 유물이기 때문에 소스 제어가 필요하지 않습니다." 아드리안은 이전처럼 활짝 웃으며 말했다. "아, 제가 이걸 정말 즐기고 있다고 말해도 되나요? 여러분들이 많은 것을 저에게 가르쳐주셨지만, 이게 거의 한 달 만에 제가 여러분에게 보여드릴 수 있는 첫 번째 결과물입니다."

마크가 "네, 네, 아드리안. 제가 메달을 만들어드릴게요."라고 말했다. 모두 웃었다. "이제 그걸로 가는군요. 어떻게 될까요?"

"신사 숙녀 여러분, 이제 여러분 프로젝트의 Style 폴더에 있는 SCSS 파일에 바로 관심을 가져주세요..."

412

스타일시트로 웹사이트 구축하기

처음으로 스타일에 대한 장을 쓰기 시작했을 때, 우리는 부트스트랩 CSS 프레임워크(Bootstrap CSS framework)에 대해 언급하겠다고 말했다. 결국 부트스트랩은 .NET 세상에 널리 퍼졌고 2013년부터 기본적으로 템플릿에 포함되었다. 부트스트랩은 성숙한 프레임워크이지만 이미 애플리케이션에 통합하는 방법을 다루는 많은 리소스가 있으므로 대신 이 장은 워크플로우에 집중할 것이다. 알파인 팀이 CSS를 사용하여 프로젝트를 구축한 방법에 대해 이야기하겠다. 워크플로우와 부트스트랩의 일부 대체 방법에 대한 몇 가지 대체 전략을 공유한다. 그러나 그 전략은 이미 익숙하기 때문에, 팀에서 자체 사이트의 스타일을 구축할 때 목표를 모델링하는 친숙한 신호로 여겨질 수도 있다.

캐스캐이딩 스타일시트(Cascading Style Sheet, CSS)의 아이디어는 우리가 브라우저를 사용한 이래로 계속되었다. 이 장에서는 지난 20년 동안 웹 개발을 해왔고 스타일시트가 개발에 미치는 영향을 잘 알고 있을 것이므로 CSS를 사용하도록 설득하지는 않는다. 여러분이 웹 개발을 처음 시작한다면 CSS에 대해 많이 생각할 필요 없이 프로그래밍을 사용하게 된다. 그리고 스타일시트를 사용하지 않는다면... 음, 모두가 동의하는 스타일에 맞지 않게 수행하거나 단순하게 웹사이트를 구축하지 않고 있을 수도 있다.

아무튼 여러분이 이미 알고 있다고 확신하면서 우리가 그것을 하고자 하는 이유를 밝히고, ASP.NET Core MVC 세상에서 CSS를 지원하는 도구를 사용하는 방법에 대한 아이디어를 전파하고자 한다.

과거 파헤치기

마케팅 업계는 커뮤니케이션을 담당하고 캠페인의 성공을 이끄는 사람들이 오래 전부터 강력한 실현을 이루어온 곳이어서 CSS의 근원을 추적하여 마케팅 업계를 되짚어볼 수 있다. 스타일 가이드나 스타일 북에서 작업할 때 사람들은 메시지를 더 잘 받아들이고 브랜드에 대해 더 많은 기억을 형성하며 미묘할 지라도 캠페인 요소를 인식하는 경향이 있다. 주요 콜라 브랜드 또는 패스트푸드 체인을 생각할 때 이 점을 연결하는 데 오랜 시간이 걸리지 않으며,

시간이 지남에 따라 잘 알려진 글꼴의 문자만으로 브랜드가 전체적으로 연상될 수 있다.

스펙트럼의 다른 쪽 끝에서 시각적으로 눈에 띄지 않는 일련의 메시지는 응집력 있는 브랜드와 관련시키기가 더 어렵다. 시각적으로 몸부림치는 단일 페이지 광고조차도 잘 받아들여지지 않는다. 메시지가 전달되는 방식이 메시지 자체로부터 혼란스럽지 않게 하는 것이 디자이너의 임무이다.

스타일 북, 스타일 가이드 또는 웹 구문에서 스타일시트의 배경 아이디어는 내용 서식에 영향을 줄 수 있는 일관된 규칙 세트를 만드는 것이다. 디자인의 시각적 목표를 시연할 수 있는 방식으로 프리젠테이션과 내용을 분리하여 인쇄물, TV 또는 웹과 같은 커뮤니케이션의 발전을 도울 수 있다.

1996년 하콘 비움 리(Håkon Wium Lie)가 권고한 원래의 4가지는 웹 브라우저가 CSS 사양을 완벽하게 지원하기까지 거의 4년이 걸렸다. 글꼴, 색상, 크기 및 경계선 디자인을 준수하도록 각 요소의 스타일을 명시적으로 지정해야 할 필요성이 제거되었지만 초기 구현에는 일관성이 없었으며 프리젠테이션과 내용의 분리를 사용하는 비전을 실현하는 데 어려움이 있었다.

CSS는 몇 가지 단순한 개념으로만 구성된다. 궁극적으로 문서 스타일을 렌더링하는 클라이언트가 이해해야 하는 스타일 규칙을 설명하는 구문이 있다. 문서의 대상 요소를 식별하고 해당 요소를 표시하는 방법에 대한 규칙을 설정하는 데 도움이 되는 선택기가 있다. 마지막으로, 다양한 유형의 단위가 정의된 규칙과 일치하는 요소에 속할 수 있는 값 할당이라는 개념이 있다.

웹 개발 영역에 있는 사람이 CSS로 일부 기능을 수행하지 못했다고 추측하기는 어렵지만 CSS는 거의 20년 동안 사용되어 왔음에도 항상 쉽지 않다고 말하는 사람을 탓하기는 어렵다. 기업이 웹 애플리케이션에서 이 표준을 사용하려고 시도하면서도 해당 표준은 계속 발전해왔다. 서로 다른 업체가 CSS 사양을 다르게 해석했으며 해당 구현이 결과적으로 레이아웃을 다르게 렌더링하므로 향후 사양이 개정되면서 기존 웹사이트의 시각적 흐름이 손상될 수 있었다. 이것은 지난 몇 년 동안 극적으로 향상되었지만, 두 브라우저가 하나의 기능을 구현한다고 말한 경우에도 최종 렌더링된 제품에서 다르게 보였다. 이것은 CSS를 지원하는 2세대 브라우저가 출시된 이후로 개발자들에게 좌절의 원인이었다.

CSS를 사용하는 이유는 쉽게 표현할 수 있다. 웹 개발 세상 외부의 누군가에게 설명하려고 한다면 다음과 같이 말할 수 있다.

"비즈니스를 경쟁력 있게 유지하는 데 필요한 웹사이트를 구축한다고 가정해보자. 당신이 이루고자 하는 외형과 느낌을 가지고 있으며, 원하는 색상, 글꼴 및 기타 정보를 제공한다. 당신은 사이트에 필요한 모든 콘텐츠를 작성하고 40페이지의 텍스트를 나에게 제공하여 우리가 수십 개의 웹페이지로 전환하게 된다. 각 페이지는 고객과 공유하는 인쇄된 문서를 시각적으로 모방한 동일한 글꼴, 동일한 색상 세트 및 간격을 사용한다. 우리가 만드는 수십 페이지 각각은 단락, 열, 버튼, 다른 페이지로의 링크, 메뉴 등과 같은 요소를 포함하여 수백 가지 요소를 갖게 되고, 각각의 요구 사항은 사용자가 요청한 것과 동일한 스타일을 수행해야 한다고 요청했다. 내가 수천 가지 요소를 모두 당신이 계획한 지침에 따르도록 하기 위해서는 이러한 요소들이 따라야 하는 규칙을 표현하는 도구가 필요하다. 그 도구가 CSS이다. 한 달이 지나서 당신이 밝은 파란색 테두리에서 수레국화의 옅은 파란색 테두리로 변경하길 원하면, 나는 CSS에서 한 번만 변경하거나 그렇지 않으면 모든 페이지의 모든 요소마다 변경을 수행해야 한다. 또, 당신이 시간당 비용을 지불해야 한다고 단순하게 말할 수 있다."

특히 CSS3나 CSS4 같은 것을 볼 때 버전 번호에 너무 많은 주의를 기울이지 않도록 하며, 기술적으로는 둘 다 존재하지 않는다*. CSS3는 WC3의 CSS 작업 그룹이 CSS 사양 전체가

---

*   http://www.xanthir.com/b4Ko0

진행될 수 없다는 것을 깨닫고 CSS2.1 이후에 제공된 모든 것을 CSS3로 별명 붙인 결과이다. 지금은 CSS의 각 구성 요소가 모듈로 표시되며 이제 그중 35개가 성장하고 있다. 모듈은 몇 가지 주요한 이유 때문에 개발 커뮤니티에 매우 유익했다. 첫째, 배경 및 테두리와 같은 개별 모듈에 대한 설명과 관련된 문제는 규칙을 명확하게 하고 브라우저에서 브라우저로의 렌더링을 보다 일관되게 만드는 데 도움이 되는 훨씬 빠른 속도의 발전을 이룰 수 있었다. 둘째, 작업 그룹이 CSS 전체의 모든 측면을 결정하기를 기다리지 않고 새로운 모듈을 도입하게 해준다.

📝 *note*

어떤 브라우저가 어떤 CSS 모듈을 지원하는지, 그리고 모듈 내의 어떤 기능이 지원되는지를 암기하려 하지 않는 것이 좋다. http://caniuse.com에서 브라우저, 버전, 국가별 사용법 및 다양한 다른 조각으로 검색하여 프로젝트에 적합한 기능을 확인할 수 있다.

소스 17-1은 스타일시트를 사용하여 단일 요소를 단순화하는 방법에 대한 기본 예제이다. 이 가상의 HTML 문서에서 첫 번째 줄은 스타일을 인라인으로 포함하고, 두 번째 줄은 클래스 이름을 사용하여 스타일 규칙을 〈div〉 요소에 적용한다.

소스 17-1 CSS를 사용하여 HTML 태그 단순화하기

```
<div style="border: 1px solid blue; padding: 10px; color: navy;">hello!</div>
<div class="simple-label victory">hello!</div>
```

언뜻 보기에는 큰 차이가 없지만, 이 단일 요소 데모를 통해 위 클라이언트와 논의한 시나리오를 기반으로 필요한 변경 사항을 추정할 수 있다. simple-label이나 victory에 대한 변경 사항은 중앙 집중화될 수 있으며 한 위치에서 변경하면 해당 클래스를 사용하는 모든 페이지에서 모든 요소를 업데이트할 수 있다.

자체 스타일시트 생성하기

스타일시트는 그냥 텍스트 파일이므로 프로젝트에서 사용하려는 다른 모든 소스와 동일하다. CSS 파일을 생성하는 것은 확장자가 .css인 텍스트 문서를 추가하는 것만큼 쉽다. 또 비주얼 스튜디오는 그림 17-1에서 볼 수 있는 것처럼 새 항목 추가 대화 상자를 통해 CSS 문서를 추가할 수 있다.

<그림 17-1> 스타일시트를 추가하는 새 항목 추가 대화상자

페이지에 스타일시트를 포함시키려면 마크 업 라인을 다음과 같이 추가한다.

```
<link rel="stylesheet" href="~/css/site.css" />
```

CSS 문서가 있고 페이지에 포함된 후에는 페이지가 디자인을 준수하도록 몇 가지 규칙을 정의해야 한다. 규칙은 그림 17-2에서 강조 표시된 것처럼 두 부분으로 구성된다. 더 큰 네모의 선택기 블록과 작은 네모의 선언 블록을 볼 수 있다.

```
input,
.sidebar-column,
#news-letter {
    max-width: 280px;
}
```

<그림 17-2> 선택기 및 선언 블록

선택기 블록에는 원하는 수만큼 선택기를 포함할 수 있다. 위의 input처럼 선택기는 예제의
.sidebar-column과 같이 정의한 클래스 이름 또는 #news-letter와 같이 페이지에 있는 요소
의 고유 ID와 같은 HTML 요소일 수 있다. 선택기는 존재 여부, 하위 문자열 일치, 계층 및
조상, 또는 방문 링크나 다른 요소의 앞뒤에 있는 요소의 상태 또는 관계를 설명하는 의사 선
택기(pseudo-selectors)로 알려진 특별한 경우를 기반으로 할 수도 있다. 규칙 선언에는 선택
기 블록에 포함된 선택기와 일치하는 모든 요소에 적용되는 속성 할당 및 값이 포함된다.

문서에서 모든 애플리케이션 요소의 규칙은 특정 방식으로 수행된다. 규칙을 정의하는 순서,
문서에서 요소의 중첩 및 요소에 클래스 스타일을 적용하는 순서는 모두 어떤 스타일이 사용
되는지에 영향을 준다. 이것은 특수성이라는 개념으로 이 절의 범위를 벗어난다.

*https://www.w3.org/TR/css3-selectors/에 있는 W3C 사이트에서 특수성을 포함한 전체
선택기 정의에 대해 읽을 수 있다.*

ASP.NET Core MVC에서 스타일이 다중 뷰 간에 공유될 수 있도록 레이아웃에 스타일시
트를 두는 것에 더 관심이 있을 수도 있다. 11장 "Razor 뷰"에서 설명했듯이 다양한 환경에
맞는 스타일시트를 포함해야 한다. 환경 태그 도우미를 사용하면 개발 환경에서 사람이 읽을
수 있는 버전을 로컬에서 사용하면서 CSS의 축소 버전을 프로덕션에 포함시킬 수 있다.

```
<environment names="Development">
  <link rel="stylesheet" href="~/css/site.css" />
```

```
</environment>
<environment names="Staging,Production">
  <link rel="stylesheet" href="~/css/site.min.css" asp-append-version="true" />
</environment>
```

다시 말하면, 여기서도 Razor의 아름다움은 동작하므로 서비스 주입 및 조건문 같은 것을 결합하여 사용할 스타일시트를 결정할 수 있다. 사용자 지정 CSS 소스를 기반으로 스타일을 지정할 수 있는 흰색 레이블 애플리케이션이 있는 경우에는 몇 줄의 코드만으로도 전체 사이트의 모양을 동적으로 수정할 수 있는 강력한 기회를 제공한다.

특히 브라우저의 설명 기능을 구현하는 다양한 방법을 처리하려고 할 때 CSS를 작성하는 것은 상당히 번거로울 수 있다. 여러 요소에 걸쳐 있거나 브라우저의 특정 접두어에 영향을 미치는 규칙 세트를 작성하는 것은 지루하고 오류가 발생할 수 있다. 이는 특히 자주 작성하는 전체 디자인이 반복되는 경향이 있고, 유사한 규칙 선언 블록을 가지며 사용자 경험을 구축하기 위해 문서의 계층 구조를 전제로 하기 때문이다.

애플리케이션 개발 영역의 모든 것들과 마찬가지로 마찰이 있을 때 완화시키는데 도움이 되는 빌드 도구가 있다.

자신의 스타일로 멋부리기

수년 동안 CSS를 손으로 직접 작성하는 것은 반복성이 높다는 것을 알게 되었고 CSS 작성은 단순화될 수 있는 일이었다. 더 중요한 것은 CSS 문서가 더 작고 관리하기 쉬운 덩어리로 나뉘었으며, 사람들은 자신의 스타일 규칙에서 색상, 글꼴 및 크기가 맞지 않는 오류가 발생할 가능성을 없애려 했다는 것이다. CSS에는 문서 구성, 변수 정의 및 공유, 논리 적용 및 기타 규칙 가져오기 기능이 부족하다. 목표가 HTML 문서에서 오류가 발생하기 쉬운 반복적인 작업을 처음부터 제거하는 것이라면, CSS 수준에 도달했을 때 작업을 중단해야 하는 이유가 있는가?

더 쉬운 개발자 워크플로우를 위해 구문 스펙을 변경하지 않아도 되는 것은 분명하다. CSS
는 HTML 요소에 메타 데이터를 제공할 수 있지만 프로그래밍 언어가 아니며 HTML 형
식으로 발전해서는 안 된다. 그러나 동시에 CSS는 프로그래밍 언어 외부에 존재하는 몇 가
지 단점을 해결하기에 충분하지 않으며 모든 사람들이 손으로 버튼 스타일을 정의하기 위해
500줄의 코드를 작성하려고 하지는 않는다는 것이다.

이러한 이해를 바탕으로 "CSS 전처리"로 알려진 클래스에서 도구 세트가 나왔고, 목표는 프
로그래밍 방식의 구문을 사용하여 스타일 사용 문서를 100% CSS에 적합한 방식으로 확장
하는 데 있다. 해당 도구는 변수, 연산자, 상속 및 함수 형식을 도입하여 디자이너와 개발자
가 HTML을 취급하는 것과 같은 방식으로 CSS를 처리할 수 있게 한다. CSS를 생성하는
"소프트웨어"를 작성할 수 있기 때문에 더 이상 CSS를 작성할 필요가 없다고 말할 수도 있
다. 표 17-1은 시장에 출시된 몇 가지 인기 있는 전처리기를 보여준다.

〈표 17-1〉 인기 있는 CSS 전처리기

전처리기	장점	.NET 개발에 적합한 곳
SASS, SCSS	가장 성숙하고, 많은 예제와 훌륭한 문서가 있으며, 인기 있고 CSS 프레임워크의 선두에서 사용되는 것으로 여겨진다.	명령줄 또는 비주얼 스튜디오에 내장된 도구 사용으로 빌드될 수 있고, 대부분의 CSS 개발 요구 사항을 처리할 수 있는 훌륭한 기능 집합이다.
LESS	브라우저 내의 JS 전처리기로 LESS 소스의 사용이 허용된다.	명령줄이나 비주얼 스튜디오에 내장된 도구를 사용하여 신뢰할 만큼 성숙하지만 일부 CSS 프레임워크와는 멀리 떨어져 있다.
Stylus	자동 벤더 프리픽스(Vendor Prefix), 60개 이상의 내장 기능, 확장 기능 세트	node.js와 비주얼 스튜디오에서 컴파일을 하기 위해서는 약간의 조정이 필요하다. 잠재적으로 학습 곡선이 높지만 자체의 복잡한 CSS 프레임워크를 작성하는 경우 유리하다.

일부 PHP에 필요한 많은 다른 전처리기가 있으며, 일부는 Rails의 Ruby 개발자를 지원하기 위
한 도구를 포함하고 다른 일부는 아직 초기 단계이지만 시장의 리더가 없는 빈틈을 메우기 위해

열심히 노력하고 있다. 그들 모두는 비슷한 세트의 구조를 사용하여 개발자가 자신의 스타일시트를 만드는 방법에 약간의 융통성을 부여한다. 빌드 서버가 자체 프로세스의 일부로 CSS 파일을 덮어쓰고 있었기 때문에 마크가 실수한 알파인 프로젝트의 SCSS 파일을 편집한다.

SASS 또는 "구문론적으로 멋진 스타일시트(Syntactically Awesome Style Sheets)"는 SCSS에 대한 전신이었고 또한 "Sassy CSS"라고도 한다. SASS는 들여쓰기 및 중괄호 그리고 세미콜론을 무시하는 보다 간결한 구문에 초점을 맞추었지만, SCSS는 CSS의 상위 집합으로 유효한 CSS 문서가 모두 유효한 SCSS 문서라는 것을 의미한다. 모든 CSS 문서와 함께 유효한 SCSS를 사용하면 낮은 학습 곡선 및 순수 CSS와 SCSS의 차이를 바로 채울 수 있는 장점이 있으므로 개발팀이 SCSS로 쉽게 전환할 수 있게 해준다.

SCSS의 기초

프로젝트에 SCSS 파일을 추가하는 것은 다른 파일 유형만큼 간단하다. 실제로, 그림 17-1을 다시 살펴보자. 새 파일 대화 상자에는 바로 CSS 파일을 사용하는 대신 SCSS 파일을 만드는 옵션이 있다. 이 옵션을 사용하거나 작업한 CSS 파일의 이름을 바꿀 수 있다.

변수

개발자가 업데이트해야 하는 스타일시트 작업에 대해 들었던 가장 큰 불만 중 하나를 해결해보자. 작업할 색상 팔레트가 있는 시나리오를 생각해보면 디자이너에게서 얻을 수 있는 색상 목록이 있을 수 있다. 직접 색상을 사용하는 규칙 대신 소스 17-2에서 정의한 대로 일부 변수를 생성한다.

소스 17-2 SCSS에서 변수로 색상 정의하기

```
$dark-border:        #7a7265;
$light-background:   #cecac4;
$main-text-color:    #433e3f;
$primary-border-width: 2px;
```

이렇게 변수를 사용하면 소스 17-3과 같이 색상을 16진수 값 대신 이름으로 참조할 수 있다. 이름 참조의 장점은 분명히 우리가 모든 코드를 통해 루트를 갖지 않는 변수 값을 바꾸거나 에디터의 찾기 및 바꾸기 기능을 사용할 수 있다는 것이다.

소스 17-3 CSS 규칙에서 변수 사용하기

```
.banner-text {
  color: $main-text-color;
  background-color: $light-background;
  border: $primary-border-width solid $dark-border;
}
```

소스 17-2와 17-3의 코드는 모두 같은 파일에 나타날 수 있다. SCSS 전처리기를 거친 후 소스 17-4에 표시된 결과 CSS를 얻게 된다. 변수는 유효한 CSS 규칙을 제공하는 값으로 대체된다.

소스 17-4 소스 17-2와 17-3의 전처리기 CSS 결과

```
.banner-text {
  color: #433e3f;
  background-color: #cecac4;
  border: 2px solid #7a7265; }
```

Import 및 Patial

위 색상 예제를 조금 더 살펴보고 색상 팔레트를 자체 파일로 분해할 수 있다. 소스 17-2의 모든 코드가 _color-palette.scss라는 파일에 있다고 가정하면 소스 17-5처럼 기본 SCSS 파일에 이를 포함시킬 수 있다. 색상 팔레트 파일 이름 앞에 밑줄을 붙이면 patial로 표시된다. 이렇게 하면 전처리기는 CSS 파일을 빌드하지 않아야 한다는 것을 알고 있다.

422

소스 17-5 SCSS patial 불러오기

```scss
@import 'color-palette';
.banner-text {
  color: $main-text-color;
  background-color: $light-background;
  border: $primary-border-width solid $dark-border;
}
```

이 방법은 색상 팔레트를 디자이너와 공유하여 자체 소스 제어에서 버전이 지정된 색상을 유지한다. 색상 팔레트가 완성되는 동안 SCSS 규칙을 계속 개발할 수 있으며, 최종 값이 무엇인지 걱정하지 않고도 변수를 사용해서 필요한 만큼의 소스에 포함할 수 있다.

상속

핵심 스타일 집합을 기반으로 하는 일련의 규칙이 있는 경우 SCSS의 상속 기능을 활용할 수 있다. 소스 17-6에서 보듯이 @extend를 사용하여 다른 규칙에서 속성을 가져온다.

소스 17-6 다른 스타일 규칙에서 상속을 위한 @extend 사용하기

```scss
.simple-label {
  border: 1px solid #ccc;
  padding: 10px;
  color: #334;
}
.victory {
  @extend .simple-label;
  border-color: blue;
}
.defeat {
```

```
    @extend .simple-label;
    border-color: red;
}
```

SCSS는 소스 17-7과 유사한 코드를 가지며 출력에 대한 규칙을 결합한다. 처음에는 많은 이점이 있는 것 같지 않지만 상속을 변수와 결합하고 다른 SCSS 파일을 가져오는 것은 매우 강력한 기능이 된다.

소스 17-7 미리 정의된 규칙 상속의 결과

```
.simple-label, .victory, .defeat {
    border: 1px solid #ccc;
    padding: 10px;
    color: #334; }
.victory {
    border-color: blue; }
.defeat {
    border-color: red; }
```

중첩

중첩은 CSS를 단순화하고 HTML 구조를 더 자세히 모방하는 데 도움이 되는 방법이다. HTML과 CSS가 항상 잘 정렬되는 것은 아니지만 중첩하면 조금 더 가까워질 수 있다. 다음과 같은 HTML 요소 구조가 있다고 가정해보자.

```
<div>
    <p>Hello <span>world</span>!</p>
</div>
```

중첩을 사용하면 다음과 같이 내부 span을 쉽게 설정할 수 있다.

424

```
div {
  p {
    color: $main-text-color;
    span {
      font-weight: bold;
    }
  }
}
```

중첩은 또한 CSS 네임스페이스를 반복해서 다시 입력하는 것을 피할 수 있다. 소스 17-8에서 글꼴 네임스페이스를 한 번 지정한 다음 네임스페이스의 내부 값을 설정한다.

소스 17-8 SCSS의 네임스페이스 생략의 장점 가져오기

```
div {
  p {
    color: $main-text-color;
    span {
      font: {
        weight: bold;
        size: 1.25em;
        style: italic;
      }
    }
  }
}
```

전처리 컴파일러를 실행하면, 소스 17-9와 같은 결과를 얻는다. SCSS는 네임스페이스의 속성을 올바르게 준수하여 두 개의 해당 규칙을 올바르게 생성할 수 있다.

```
div p {
  color: #433e3f; }
div p span {
  font-weight: bold;
  font-size: 1.25em;
  font-style: italic; }
```

중요한 점은 CSS를 복잡한 중첩으로 과하게 자격을 부여할 수 있다는 것이다. 소스 17-9의 경우 소스 SCSS에서 두 가지 규칙이 생성되었지만 선택기 수준에서 중첩 또는 스타일 선언을 수행하면 문제가 발생할 수 있다. 여러 개의 중첩된 규칙 블록을 만드는 경우 스타일 향이 약간 있을 수 있다. 중첩은 특정 요소를 대상으로 하는 좋은 방법이지만 신중하게 사용하지 않으면 수십 개의 의도하지 않은 불필요한 규칙이 터져나올 수 있다. 이는 사람들이 정확하게 요소를 분리하는 데 어려움을 겪고 있을 때 종종 발생한다. 일반적으로 HTML 구조를 재방문하고, 독립 실행형 클래스를 추가하거나 상속을 중첩하는 것과 같이 중첩 수준을 높이는 것보다는 유지 관리하는 방식을 더 쉽게 하는 것이 더 단순하다.

SASS 스크립트 함수

오늘날 스타일시트를 만드는 데 사용할 수 있는 약 100가지 정도의 다른 함수가 있다. 함수를 사용한다는 아이디어는 처음에는 불리한 것으로 들릴지 모르겠지만, 적어도 색상 수정과 같은 일을 할 때 이점을 보기 시작한다.

소스 17-10에서 색상을 정의하고 있는 소스 17-2의 코드를 다시 살펴보겠지만 이번에는 수십 가지 색상 함수 중 하나를 사용하여 배경색을 처리한다.

426

```
$dark-border:               #7a7265;
$light-background:          lighten($dark-border,35%);
$main-text-color:           #433e3f;
$primary-border-width: 2px;
```

여기에서 $dark-border 값을 가져다가 lighten() 함수에 적용하여 더 밝은 색조를 가져온다. Sass 스크립트에는 색상 작업, 문자열 조작, 계산 수행, 목록 및 맵 정의 등의 기능이 있다.

SASS 스크립트 함수의 전체 목록은 http://sass-lang.com/documentation/Sass/Script/Functions.html에서 확인할 수 있다.

따라 해보고 몇 가지 기본 사항을 실험해보면 SCSS가 CSS라는 것을 알 수 있다. 다음 절에서는 워크플로우와 일부 도구를 작성하는 방법에 대해 설명하겠지만 먼저 살펴봐야 할 더 강력한 기능 중 하나인 믹스인을 살펴보자.

믹스인 생성하기

많은 언어에서 믹스인(Mixin)은 하나 이상의 클래스를 상속받지 않고 함께 혼합된 둘 또는 그 이상의 클래스가 있는 클래스이다. 믹스인은 SCSS에서 속성 및 값을 그룹화하거나 혼합하여 요소 간에 재사용할 수 있는 방법이다. 대체로 믹스인은 매개변수를 받고 제공된 값으로 채워진 템플릿을 반환할 수 있는 템플릿 함수로 생각할 수 있다. 여기에서 label 믹스인 정의는 제공된 색상을 기반으로 CSS 클래스를 렌더링하기 위한 템플릿을 만든다.

```
@mixin label($base-color){
  color: $base-color;
  background-color: lighten($base-color,25%);
  border: 1px solid darken($base-color, 10%);
}
```

그러면 클래스 정의에서 믹스인을 사용할 수 있고 생성하려는 레이블 색상을 전달하면 된다.

```scss
.red-label { @include label(red); }
```

그리고 우리가 얻는 출력은 다음과 같다.

```scss
.red-label {
  color: red;
  background-color: #ff8080;
  border: 1px solid #cc0000; }
```

믹스인만을 CSS 클래스의 본문으로 사용하는 것에는 제한이 없다. 사실, 믹스인의 강력함은 예를 들어 thick-border 믹스인, oversize 믹스인 및 label 믹스인을 함께 사용하여 모든 자체 속성을 하나의 클래스로 통합하는 경우에 실제로 나타나기 시작한다.

믹스인과 지시어 혼합하기

지금까지 배운 모든 기능을 결합할 때 SCSS의 이점을 실제로 볼 수 있다. 우리는 변수에 색상을 저장하고, 해당 색상에 함수를 적용할 수 있으며, 그런 다음 관련 클래스를 쉽게 생성할 수 있도록 믹스인을 정의한다. 더 나아가면 몇 가지 흥미로운 일이 일어나기 시작한다.

레이블 예제를 다시 작성해보겠지만 이제는 소스 17-11에서 목록 작업을 위한 @each 지시문을 소개한다. @each는 목록 또는 맵을 가져와서 반복하여 목록의 요소를 기반으로 스타일 규칙을 생성한다.

소스 17-11 스타일 규칙을 생성하는 지시어 적용하기

```scss
@each $label-color in red, green, blue {
    .#{$label-color}-label { @include label($label-color); }
}
```

428

소스 17-11에서 나열된 몇 가지를 살펴보자. red, green 및 blue는 목록의 항목일 뿐이다. 이 경우 SCSS가 컴파일될 때 SCSS에 명명된 색상 또는 16진수 값을 쉽게 사용할 수 있기 때문에 색상으로 해석된다. 항목의 주어진 문자열 이름으로 작업하려면 #{$label-color}로 수행한 것처럼 #{..}를 사용하여 이스케이프 처리할 수 있다. 이렇게 하면 우리가 생성하는 클래스의 이름을 만들 수 있다. 마지막으로 미리 정의된 믹스인을 호출하고 제공된 목록의 값 중 하나를 전달한다. 소스 17-11에 있는 코드가 세 줄밖에 없다는 것을 고려하면 결과물은 상당히 만족스럽다.

```
.red-label {
  color: red;
  background-color: #ff8080;
  border: 1px solid #cc0000; }

.green-label {
  color: green;
  background-color: #01ff01;
  border: 1px solid #004d00; }

.blue-label {
  color: blue;
  background-color: #8080ff;
  border: 1px solid #0000cc; }
```

 개발 워크플로우 설정하기

지구상에 있는 모든 개발자를 만족시킬 단일 IDE가 없으므로 자연스럽게 사람들의 워크플로우 구축 방법에 다른 패턴이 나타난다. 특정 개발자는 특정 프로젝트 또는 파일 유형으로 작업하기 위한 기본 설정을 할 수도 있다.

명령줄 도구 사용하기

명령줄에서 간단하게 구축하기를 원한다면 SASS를 위한 도구가 필요하다. sass-lang. org 웹사이트에서 Ruby를 사용하고 gems를 다운로드할 것을 권장하지만 .NET 개발자는 node.js 및 npm 패키지 관리자에 점점 더 익숙해지고 있다. npm은 역시 명령줄 인터페이스가 있는 node-sass라는 패키지를 가지고 있다. node-sass는 C로 작성되었으며 매우 빠르게 실행된다. node-sass를 설치하려면 명령줄에서 다음을 입력하자.

```
npm install node-sass
```

그런 다음 컴파일을 원하는 SCSS 파일에 쉽게 접근할 수 있는 프로젝트 구조의 장소 및 최종 CSS를 종료할 대상 디렉토리를 탐색한다. 그러면 소스 및 출력 파일 이름을 전달하여 CSS 파일을 작성하는 node-sass를 실행할 수 있다. 이제 가상 프로젝트의 src 디렉토리 루트에서 명령을 실행한다.

```
node-sass style/site.scss wwwroot/css/site.css
```

CSS 파일은 src/wwwroot/css/site.css에서 생성된다.

비주얼 스튜디오 코드에서 작업하기

2015년에 Microsoft는 모든 플랫폼에서 실행되는 오픈 소스 편집기인 비주얼 스튜디오 코드(Visual Studio Code) 또는 VS 코드의 첫 번째 릴리스를 발표했다. 비주얼 스튜디오 정식 버전과 비교하면 가볍고 사용자 정의가 가능하며, 빠른 개발 플러그인 저장소를 통해 확장 가능하면서 다양한 언어와 스크립트 유형을 지원한다.

많은 개발자들이 완벽한 IDE 도구를 가지고 있지 않기 때문에 VS 코드로 작업하는 것을 즐긴다. VS 코드는 사용자의 현재 상황에서 도움이 되는 플러그인을 권장하며 SCSS를 비롯하여 가장 많이 사용하는 파일 확장명을 기본적으로 알고 있다. 개발자는 SCSS의 복사본 및 자신이 구축 중인 스타일 규칙에 대한 좋은 느낌을 갖도록 동시에 출력되는 CSS를 얻을 수

430

<그림 17-3> VS 코드의 콘솔 및 단계별 파일이 있는 워크플로우 예제

있다. 이를 작동시키기 위해 node-sass 도구를 다시 실행하지만 선택적인 매개변수에 -w를 추가한다.

```
node-sass -w style/site.scss wwwroot/css/site.css
```

그림 17-3에서 전형적인 세션이 스타일시트 작성과 어떤 연관이 있는지 알 수 있다. 왼쪽에는 node-sass가 변경 사항을 감시하는 콘솔이 있다. 감시 중인 SCSS 또는 가져오는 파일을 변경하면 전처리 루틴이 실행되고, CSS 출력 파일이 자동으로 업데이트되며, VS 코드가 오른쪽의 업데이트된 파일로 즉시 새로고침한다.

이 워크플로우는 신속하게 반복 작업을 수행하고 편집 오류를 확인하며 편집기에서 즉시 결과를 볼 수 있기 때문에 SCSS를 배우는 데 도움이 된다.

프로젝트 빌드 작업 수정하기

알파인 팀의 경우 우선 빌드 서버가 SCSS 파일을 인식하고 CSS를 빌드의 가공물로 생성하는 것이 중요했다. 이 장에서 다루었던 이점과 함께 빌드 파이프 라인에 SCSS를 추가함으로

써 알파인 팀은 빌드에 통합될 하나의 스타일시트를 생성할 수 있다. 검증을 위해 사전 프로덕션 환경으로 릴리스된 빌드는 프로덕션에서 최종 스타일시트와 동일하다.

기존 gulp 작업에 SCSS 파일을 포함하려면 SASS 파일의 와일드카드 정의를 확장하고 와일드카드를 추가하여 .sass 및 .scss 파일을 모두 가져와야 한다.

```
sass: "style/**/*.s*ss"
```

메모리를 새로고침하길 원하는 사람이 있을까봐, 15장 "자바스크립트의 역할"에서 미리 SASS 처리, 묶음 처리 및 축소를 구성했다. 그러니 걱정하지 말고, 이 장을 마무리하기 전에 부트스트랩 .scss 파일을 얻는 방법을 살펴보자.

타사 프레임워크 사용하기

타사 CSS 프레임워크 또는 라이브러리를 사용하면 웹사이트 디자인을 쉽게 시작할 수 있다. 디자이너는 종종 하나 이상의 프레임워크에 익숙하며 디자인 목표를 개발자에게 커뮤니케이션할 때 이를 참조 지점으로 사용한다. 디자이너가 프레임워크 제공과 완전히 다른 방향을 선택하는 경우에도 기본 구조 중 일부를 사용하는 것이 가치가 있을 수도 있다.

이미 익숙한 몇 가지 예제는 getbootstrap.com의 부트스트랩(Bootstrap)과 foundation.zurb.com의 파운데이션(Foundation)이다. 해당 라이브러리는 다양한 브라우저와 장치에서 레이아웃을 표준화하고, 다양한 화면 크기에서 잘 접히는 그리드 시스템을 제공하며, 훌륭해 보이는 애플리케이션을 쉽게 조합할 수 있는 디자인 언어와 구성 요소 세트를 제공한다. 해당 라이브러리는 종종 풍부한 기능 추가 및 CSS만으로는 힘든 사전 제작된 경험을 가능하게 하는 자바스크립트 라이브러리를 가지고 있다.

말하자면 타사 프레임워크를 선택해야 할 이유가 많이 있지만, 이들 중 인터넷상의 모든 웹

사이트가 동일하게 보이도록 하는 일률적인 디자인을 제공하는 것은 없다. 우리가 CSS 및 SCSS에 대해 알고 있는 것을 고려해보면 자신만의 디자인을 만드는 것이 어렵지 않다.

CSS 프레임워크 확장하기

아마도 구축해야 할 클라이언트나 내부 애플리케이션을 위해 구축할 일시적인 사이트가 있는 곳에서 라이브러리가 결국 스타일을 위해 괜찮은 것으로 밝혀지면, 기본 프레임워크를 확장하는 두 가지 방법이 있다.

먼저, 그냥 스타일시트를 편집하자. 그렇다, 괜찮은 방법이다! 우리 팀은 그리 멀지 않은 과거에 처음부터 끝까지 약 4주가 걸린 사이트 작업을 했다. 클라이언트는 부트스트랩 사용을 승인했지만 몇 가지 색상을 업데이트하고 로고에 더 잘 맞게 글꼴을 변경하려고 했다. 사전에 빌드된 CSS를 사용하고 검색 및 교체 작업을 수행함으로써 한 시간 내에 스타일 변경 사항을 해결하고 코드에 중점을 둘 수 있었다.

두 번째 직접적인 접근 방식은 프레임워크의 스타일 언어를 사용하는 것이지만 구현에 따라 스타일 규칙을 추가하는 것이다. 우리는 최근 부트스트랩의 배지를 한 가지 색상으로 만드는 방법을 좋아하지 않는 고객을 위해 해당 작업을 수행했다. 부트스트랩이 버튼에 대해 이미 정의한 것과 동일한 패턴을 사용하여 디자인에 바로 들어갈 수 있는 배지 규칙 집합을 만들 수 있었다.

이러한 가벼운 터치 방식은 편리하지만 특별한 주의 사항도 있다. 시작하려는 프레임워크에 업데이트 또는 버그 수정이 있을 경우 변경 사항을 신중하게 추적하지 않으면 코드를 쉽게 업데이트할 수 없다. 순수 CSS 형식으로 작업하면 이전에 이야기했던 동일한 함정, 불규칙 파일, 누락된 색상의 업데이트 및 찾기 어려운 화면 버그로 타격을 입을 수도 있다. 게다가 프레임워크에서 몇 가지 기능만 사용하는 경우 클라이언트가 아무 이유 없이 강제로 전체 라이브러리를 다운로드하기도 한다.

사용자가 내려받아야 하는 스타일시트의 크기를 줄일 수 있는 방법을 살펴보자.

CSS 프레임워크 요소 사용자 정의하기

부트스트랩 및 파운데이션은 그림 17-4에서 볼 수 있는 것처럼 프로젝트에 포함할 요소를 선택하고 그리드 구현, 색상 선택, 글꼴 및 기타 구성 요소를 사용자 정의할 수 있는 온라인 도구를 제공한다. 그러면 구성 도구 없이 소스를 다운로드하고 필요한 CSS의 양만큼만 가져올 수 있다.

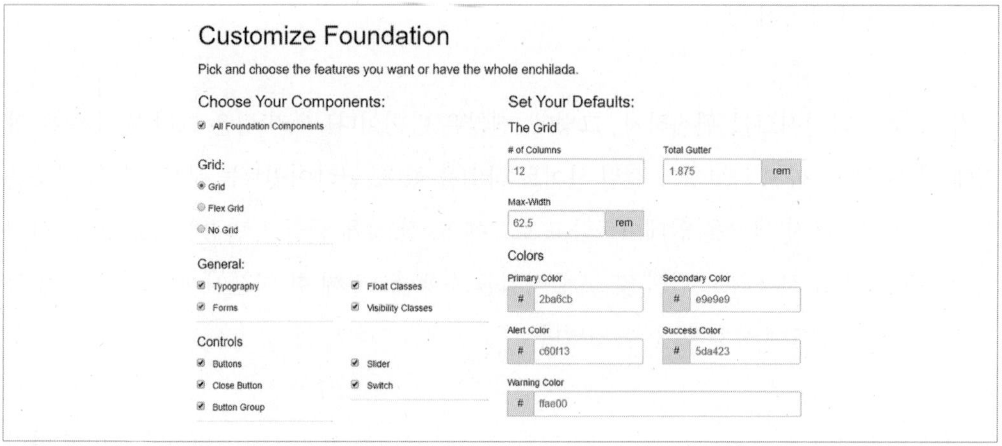

<그림 17-4> 파운데이션 웹사이트의 파운데이션 사용자 정의하기

부트스트랩의 경우 CSS 출력용 구성을 포함하는 JSON 파일까지도 빌드한다. 나중에 다시 사이트로 가져와 업데이트를 증가시킬 수 있다. 이것은 괜찮은 접근이지만 SCSS의 많은 훌륭한 기능을 활용할 수는 없으며 부트스트랩과 같은 라이브러리가 제공 가능한 변수, 믹스인 및 함수를 기반으로 자체 구성 요소를 만들 수 없다.

사용자 정의 스타일시트를 위한 CSS 프레임워크 활용하기

사용자 정의화를 제한하는 요소는 알파인 팀을 지향하는 방향으로 이끌었다. 사용자 정의된 CSS를 다운로드하기보다는 부트스트랩을 기본으로 사용하고 싶어하고 그렇게 하는 것이 자체 스타일 규칙으로 사이트를 풍부하게 만든다. 팀은 소스에서 부트스트랩의 사용자 버전을 빌드하기로 결정하여 필요하지 않은 부분을 잘라내고 나중에 스타일을 얻도록 그것을 재단했다.

여기에는 몇 가지 단계가 포함되어 있다. 첫째, 그들은 비주얼 스튜디오 2015에서 잘 알려졌던 bower.json 파일을 프로젝트에 추가했다. 파일은 다음과 같이 보인다.

```
{
  "name": "asp.net",
  "private": true,
  "dependencies": {
    "bootstrap": "4.0.0-alpha.4",
    "jquery": "2.2.0",
    "jquery-validation": "1.14.0",
    "jquery-validation-unobtrusive": "3.2.6"
  }
}
```

IDE는 종속성을 선언하고 사용자의 프로젝트 디렉토리의 bower_components라는 폴더에 이 패키지를 자동 저장하는 파일로 bower.json을 인식한다. 알파인 팀의 다음 단계는 기본 부트스트랩 SCSS 빌드 파일을 자신의 Style 폴더에 복사하고 bootstrap-alpine.scss의 이름을 변경하는 것이다. 비주얼 스튜디오가 파일 저장을 마친 후 bower_components\bootstrap\scss 디렉토리에서 bootstrap.scss를 찾을 수 있다.

SCSS를 Style 디렉토리로 옮긴 후 알파인 팀은 기본적인 작업을 완료했고, 유일하게 남은 작업은 상대적 파일 위치를 업데이트하는 것이다. 원래 부트스트랩을 빌드하는 데 사용된 SCSS patials는 동일한 디렉토리에 위치하였으므로 import 지시문은 다음과 같이 수정되어야 한다.

```
@import "custom";
```

상대적인 위치를 포함시키려면 다음과 같다.

```
@import "../bower_components/bootstrap/scss/custom";
```

경로는 프로젝트 레이아웃에 전적으로 의존한다. 1장에서 논의한 것처럼, gulp 작업은 사전에 만들어졌고 필요한 종속성이 연결되어 있어 즉시 최종 CSS의 빌드를 수행할 수 있게 되었다. CSS는 wwwroot/css 폴더에도 나타나기 때문에 레이아웃에 쉽게 통합될 수 있다. 이렇게 하면 불필요한 구성 요소를 제거하고 변수를 가져오거나 부트스트랩에서 제공하는 사전 빌드 믹스인을 활용하여 브라우저로 전송되는 CSS의 양을 줄일 수 있다.

CSS 프레임워크 대안

모든 사람들이 사전 빌드 CSS 프레임워크를 사용하는 것은 아니다. 웹사이트가 모두 비슷하게 보이는 것뿐만 아니라 자신의 CSS를 작성하는 방법을 완전히 배우지 못하는 웹 개발자에게도 많은 우려의 목소리가 있다. 가장 큰 불만 중 하나는 메뉴 막대, 그리드 시스템 또는 버튼만 사용하는 것이 전부인데 다운로드 요구 사항을 수백 KB 또는 MB 수준으로 끔찍하게 부풀려서 사람들이 전체 프레임워크를 내려받게 되는 것이다.

이 때문에 다수의 최소 프레임워크는 입력 체계 및 레이아웃과 같은 것에 초점을 맞추었지만 색상 견본 및 구성 요소는 사용하지 않았다. 다시 말하지만, 여기에서 팀에게 올바른 접근 방식에 대한 주장을 하지 않는다. 프로젝트 작업 균형을 찾고, 필요 없는 조각을 제거하고, 마찰을 없애고, 팀이 프로젝트의 CSS를 사용자 정의하고 유지 보수하기 쉽게 만들도록 하자.

요약

CSS를 작성할 때 웹 애플리케이션에 필요한 모든 규칙을 수동으로 작성해서는 안 된다. 사용할 올바른 CSS 프레임워크가 없고, 모든 프로젝트에 알맞도록 위임받은 적합한 도구, 워크플로우 또는 전처리기가 없지만 팀에 적합한 도구가 될 수 있는 것이 분명 존재한다. CSS의 개발 환경이 익숙해지면서 다른 접근법으로 전환하기 쉬운 방법을 만들었다. 또한 끊임없이 확장되는 시작점과 잘 지원되는 프레임워크가 .NET 개발자의 손에 넘어가면서 CSS

개발의 많은 복잡성이 보완될 수 있으므로 애플리케이션의 보다 중요한 측면에 집중할 수 있다.

브라우저로 전송되는 CSS를 최적화하는 것은 최종 사용자의 경험을 향상시키는 좋은 방법이지만 인식된 성능을 향상시키는 유일한 방법은 아니다. 다음 장에서는 캐시 수행이 서버의 부하를 크게 줄이는 동시에 사용자가 페이지 표시 대기 시간을 최소화하는 방법을 살펴본다.

알파인 스키 하우스 서비스 마감일이 가까워졌다. 팀(Tim)은 지역 대학에서 소프트웨어 테스터로 활동하는 학생들을 많이 합류시켰고 모든 것이 훌륭했다. 테스터들이 많은 버그 리포트를 작성하고 있지만, "인터넷 익스플로러에서 충돌하는 로깅"에서 "버튼의 색상은 적록 색맹을 가진 사람이 보기 어렵다"라는 버그 보고서도 진행되었다. 인간의 빠른 정렬 알고리즘을 사용하여 발라즈는 우선순위를 매겼다. 팀(Tim)이 모든 실린더에서 총을 발사하고 있었기 때문에 모든 사선에서 팀의 모습이 드러나는 것은 당연했다.

모두가 자신의 상황 및 차단 상황을 보고했고, 발라즈는 "여러분은 팀(Tim)이 여기 있다는 것을 알고 있어요. 정상은 아니지만 그가 우리에게 문제를 바로 보내고 싶어 해요. 팀, 그러면 우리는 무엇을 할까요?"라고 말했다.

팀은 앞으로 나아갔다. "제가 앞에서 이야기할 수 있도록 해주셔서 정말 감사드립니다. 저는 외부인이 이야기하는 게 보통은 허용되지 않는다는 것을 알고 있어요. 테스터들이 사이트에서 던지는 부하를 잘 처리해왔지만 관리팀은 2주 내에 엄청난 프로모션을 시작한다는 아이디어를 내걸고 있습니다. 우리는 사람들이 놀라 넘어질 정도의 가격으로 티켓을 판매할 것입니다. 저의 관심은 우리가 마케팅을 추진할 때 사이트가 다운될지 아닌지입니다. 그것을 예방하기 위해서 우리가 무엇을 할 수 있나요?"

체스터가 먼저 말했다. "우리는 부하 테스트의 수를 늘릴 수 있어요. 어쩌면 매개변수를 조정하는 데 약간의 시간을 할애하여 부하를 증가시킬 수 있어요. 그러면 우리에게는 안 좋겠지만 적어도 문제가 발생하는지는 알 수 있어요."

아드리안은 "몇 가지 쿼리가 데이터베이스 서버에서는 상당히 무거워서 일부 쿼리 최적화가 가능하다고 생각해요. 인덱스를 너무 많이 가지고 갈 수는 없어요!"라고 제안했다

캔다이스는 "몇 가지를 캐시에 추가하는 건 어때요? ASP.NET MVC에 출력 캐시 수행을 추가하는 방법에 대해 읽은 것을 기억해요"라고 물었다.

팀은 "그게 어떻게 도움이 될까요? 사람들이 아직 사이트를 사용하고 있지 않나요?"라고 물었다.

캔다이스는 "필수는 아니고, 사용하고 있어도 데이터베이스와 웹 서버의 부하가 거기에서 캐싱 레이어를 통해 완화될 것입니다"라고 말했다.

팀은 "좋아요, 500명의 동시 사용자를 위해 몇 가지 부하 테스트를 설정하고 일부 쿼리를 정리한 뒤 그 캐시를 추가하도록 합시다"라고 대답했다.

웹 서버에서 페이지를 신속하게 제공할 수 있도록 부하를 줄이는 것은 결코 나쁜 일이 아니다. 웹 서버에서 부하를 이동시키거나 서버가 조치를 수행해야 하는 횟수를 줄이기 위한 많은 기술이 있다. 이 모든 것은 캐시의 일반적인 헤더 아래에 놓여진다.

컴퓨터의 저장소는 일반적으로 하드 드라이브, 메모리, USB 드라이브 및 5¼인치 플로피 드라이브를 떠올릴 것이다. 아마도 마지막 것은 이제 많지 않겠지만 실제로는 일반적으로 생각하지 않는 저장 위치가 상당히 많다.

컴퓨터에 데이터를 저장하는 가장 빠른 장소는 CPU의 레지스터이다. X86-64 칩에는 16개의 64비트 레지스터가 있으며 SIMD 및 x87과 같은 다양한 프로세서 확장의 일부로 추가된 전체 레지스터 모음이 있다. 레지스터 너머에는 L1, L2 및 L3 캐시가 있다. 레지스터에서 캐시의 세 가지 단계를 거치면서 더 많은 저장소를 확보할 수 있지만 저장소는 더 느리다. 메인 메모리는 다음 순서로 크고 여전히 빠르며, 마지막으로 하드 드라이브는 크고 느린 저장소이다. 표 18-1에서 다양한 저장 위치에 접근하는 데 걸리는 시간을 확인할 수 있다.

〈표 18-1〉 다양한 저장 위치에 접근하기 위한 타이밍

위치	접근 시간
L1 캐시	0.5ns
L2 캐시	7ns
메인 메모리	100ns
SSD	150μs

📝 *note*

현대적 프로세서 아키텍처에 대해 더 알고 싶다면 인텔이 발표한 아주 흥미로운 인텔 64 및 IA-32 아키텍처 소프트웨어 개발자 매뉴얼(http://www.intel.com/content/dam/www/public/us/en/documents/manuals/64-ia-32-architectures-software-developer-manual-325462.pdf)을 참고하자. 4,670쪽으로 조금 길지만 정말 재미있는 읽을거리다. 모든 것을 알 필요가 없는 추상화 수준에서 작업하는 것은 기쁜 일이다!

현대적 프로세서가 설명한 모든 캐시 수준을 갖는 이유는 정보 접근 속도를 높이기 위해서이다. 일단 일부 정보에 접근한다면 곧 다시 같은 정보에 접근하려고 할 것이다. 우리가 한 번 더 데이터를 요청할 때, 정보는 이미 캐시에 저장되어 있을 수도 있으며, 메인 메모리 또는 더 좋지 않은 디스크로 완전히 이동하는 접근을 할 필요가 없다.

정확히 동일한 목적에 대해서는 웹 서버에서 캐시를 사용한다. 대개 사이트의 데이터는 비교적 드물게 업데이트된다. 웹사이트의 시작 페이지가 대표적인 예이다. 시작 페이지는 일반적으로 웹사이트에서 가장 많이 방문하는 페이지이지만 대부분 정적 데이터를 포함하는 경향이 있다. 예를 들어, http://www.microsoft.com과 같은 사이트의 홈페이지는 한 사용자와 다른 사용자에 대해서 동일하다. 새로운 기사가 나오거나 내용이 집중되어감에 따라 하루에 몇 번만 업데이트가 발생할 수 있다. 컨트롤러에서 코드를 실행하고 데이터베이스에서 데이터를 가져온 다음 뷰에서 콘텐츠를 렌더링하는 대신 페이지의 출력을 저장하거나 이미 렌더링된 페이지 부분을 사용할 수도 있다.

 ## 캐시 제어 헤더

HTTP 프로토콜은 캐시 사용을 염두에 두고 만들어졌다. 사양에 정의된 여러 동사가 있어서 RESTful API를 잘 작성하여 작업한 경우 분명 익숙할 것이다. 브라우저에서 URL을 입력하고 Enter 키를 누를 때마다 사용되는 GET 동사는 단순히 자원을 검색하기 위한 것이다. 서버의 데이터나 상태를 변경해서는 안 된다. 일반적으로 GET 요청은 클라이언트와 서버 사이의 프록시 서버가 캐시하는 것에 대해 안전하다. 결국 POST 및 PATCH와 같은 동사는 서버의 상태를 변경하게 되고, 물론 그것들이 다시 데이터를 서버에 업데이트해야 하기 때문에 캐시가 안전하지 않다(그림 18-1 참고).

경우에 따라 프록시 서버나 클라이언트가 GET 요청을 캐시하지 않기를 원할 수도 있다. 아마도 데이터가 빠르게 변경되거나 페이지가 목록-편집-목록 루프의 일부가 되어 사용자가 데이터를 즉시 업데이트하는 것을 보고 싶을 수도 있다. 다른 시간에 프록시 서버 또는 클라

<그림 18-1> 프록시 서버가 get 요청을 가로채고 서버를 통해 post 요청을 전달한다.

이언트가 일정 기간 동안 페이지를 캐시하도록 하는 편이 좋을 것이다. 프록시 서버 및 클라이언트가 정보를 캐시하는 방법을 제어하려면 캐시 제어 헤더를 사용할 수 있다.

출력 캐시

이전 버전의 ASP.NET MVC에서는 작업을 실행하는 대신 출력을 저장하고 나중에 출력하도록 프레임워크에 지시한 작업에 출력 캐시 지시문을 추가할 수 있었다. 코드는 다음과 같다.

```
[OutputCache(5)]
public ActionResult Index()
{
    //일부 값비싼 작업
}
```

안타깝게도 ASP.NET Core MVC에서는 아직 이 캐시 수행 기능을 사용할 수 없지만 프레임워크 1.1 버전용으로 발표된 기능 목록에 포함되어 있다. 그것은 미들웨어로 구현될 것이다.

응답에 캐시 헤더를 추가하는 것을 돕기 위한 컨트롤러 액션에 추가할 수 있는 유용한 특성들이 있다. 위에서 언급한 출력 캐시와는 달리 여기서 캐시는 서버에서 수행되지 않고 클라이언트 시스템 또는 중간 프록시 서버에서 수행된다. 예를 들어, 페이지가 캐시되지 않도록

하려면 다음을 지정할 수 있다.

```
[ResponseCache(Location = ResponseCacheLocation.None, NoStore = true)]
public IActionResult Index()
{
    //캐시를 원치 않는 일부 작업
}
```

이렇게 하면 Cache-Control을 no-store;no-cache로 설정하고, 실제로 프록시에 내용을 저장하지 않도록 요구한다. no-cache를 지정하는 것만으로는 단순히 콘텐츠를 제공하기 전에 프록시가 HTTP 서버를 재검증하도록 지시하기 때문에 이상하게도 충분하지 않다. no-store를 추가하면 프록시가 실제로 요청을 HTTP 서버에 업 스트림으로 전달한다.

실제로 내용을 프록시 서버에 저장하려면 다른 헤더를 지정해야 한다. 캐시 시간과 캐시 콘텐츠가 사용자에게 개별적으로 또는 일반적으로 사용 가능해야 하는지 여부를 포함하여 캐시 수행의 두 가지 측면을 제어할 수 있다. 기간은 다음과 같이 지정할 수 있다.

```
[ResponseCache(Duration = 60)]
public IActionResult Index()
{
    //60초 동안 캐시를 원하는 일부 작업
}
```

지속 시간은 초 단위로 지정되며 유감스럽게도 TimeStamp보다는 int가 더 명확하다. ASP.NET 팀조차도 기본 형식에 대한 강박 관념에 시달렸을지 모른다. 응답 캐시 특성은 max-age라는 cache-control 헤더의 필드를 설정한다. 위치는 Any 또는 Client로 지정하고 HTTP 헤더에서 public 및 private으로 매핑할 수 있다. public 설정은 클라이언트 컴퓨터로 가는 도중에 프록시 서버가 콘텐츠를 캐시할 수 있음을 의미하며 private 설정은 클라이언트 시스템의 브라우저만 콘텐츠를 저장해야 함을 의미한다. 홈페이지와 같이 콘텐츠가 공유되는 상황에서는 Any를 지정하고, 프로파일 페이지와 같이 사용자에게 특정된 페이지는 private로 지정한다. 공용 페이지는 프록시 서버를 공유하는 다른 사용자에게 제공될 수 있다. 그러나 값을 private로 설정하면 공용 프록시 서버가 콘텐츠를 저장하지 않도록 요청하기 때문에 보안을 실제로 추가하지 않는다는 점에 유의해야 한다.

```
[ResponseCache(Duration = 60, Location = ResponseCacheLocation.Client)]
public IActionResult Index()
{
    //60초 동안 캐시되고 단일 사용자를 지정하기를 원하는 일부 작업
}
```

모든 액션에 캐시 제어 헤더를 지정하는 것은 다소 성가신 일일 수 있다. 60초에서 90초로 변경해야 하는 경우 응답 캐시 특성을 설정한 모든 액션을 변경하지 않아도 된다. 프로파일을 캐시하여 이를 완화할 수 있다. Startup.cs에서 서비스를 구성할 때는 프로파일을 다음과 같이 추가할 수 있다.

```
public void ConfigureServices(IServiceCollection services)
{
    services.AddMvc(options =>
    {
        options.CacheProfiles.Add("Never",
          new CacheProfile()
        {
            Location = ResponseCacheLocation.None,
            NoStore = true
        });
    });
    options.CacheProfiles.Add("Normal",
      new CacheProfile()
```

```
    {
      Duration=90;
      Location = ResponseCacheLocation.Client;
    });
  }
```

이 프로파일은 다음과 같이 적용될 수 있다.

```
[ResponseCache(CacheProfileName = "Normal")]
public IActionResult Index()
{
    //일반 설정을 사용하여 캐시를 원하는 몇 가지 작업
}
```

캐시 제어 헤더는 매우 유용하지만 정보를 캐시하기 위해 클라이언트에 의존하며 실제로 수행 가능하다고 보장할 수는 없다. 헤더는 페이지의 일부가 아닌 전체 리소스에 적용되기 때문에 매우 거칠다. 페이지의 일부만 캐시하고 싶다면 헤더가 유용하지 않다. 다른 접근 방식이 필요하다.

🤚 데이터 캐시 사용하기

서버에서 값비싼 작업을 캐시로 저장할 수 있으므로 작업을 다시 실행할 필요가 없다. 이것의 예는 레코드 모음을 검색하는 데이터베이스 쿼리일 수 있다. 쿼리 결과가 자주 변경되지 않는다면, 쿼리 결과는 몇 초 또는 어쩌면 몇 분 동안 캐시될 수 있다. 그러나 오래된 데이터가 사용자에게 미치는 영향을 고려하는 것이 중요하다. 밴쿠버에 있는 호텔 목록과 같은 데이터는 자주 변경되지 않으며 비교적 오랜 기간 동안 캐시될 수 있지만 주식 시세는 초 단위로 변경될 수 있으므로 캐시해서는 안 된다.

ASP.NET Core에서의 캐시 수행은 인 메모리와 분산이라는 두 가지 형태로 제공된다. 인 메모리 캐시는 데이터를 시스템의 메모리에 저장하는 반면 분산 캐시는 HTTP 서버 외부에 있는 일종의 데이터 저장소에 데이터를 저장한다. 먼저 인 메모리 버전을 살펴보자.

인 메모리 캐시

작업을 시작하기 위해서는 project.json에 nuget 패키지를 추가하여 메모리에 캐시를 수행해야 한다.

```
"dependencies": {
  ...
  Microsoft.Extensions.Caching.Memory": "1.0.0"
}
```

그런 다음 이 서비스는 Startup.cs의 서비스 등록에 추가되어야 한다.

```
public void ConfigureServices(IServiceCollection services)
{
  ...
  services.AddMemoryCache();
  ...
}
```

그러면 IMemoryCache를 만족하는 서비스가 컨테이너에 추가된다. SkiCardController와 같이 가장 많이 사용되는 DI 컨테이너를 사용할 수 있는 곳이면 어느 곳에서나 처리될 수 있다.

```
public SkiCardController(SkiCardContext skiCardContext,
    UserManager<ApplicationUser> userManager,
    IAuthorizationService authorizationService,
```

```
        IBlobFileUploadService uploadservice,
        IMemoryCache memoryCache,
        ILogger<SkiCardController> logger)
  {
    _memoryCache = memoryCache;
```

인 메모리 캐시 또는 any 캐시를 사용하는 일반적인 패턴은 캐시 내용을 확인하여 값이 있으면 값을 사용하고, 그렇지 않고 누락된 값이 있으면 작업을 실행하고 캐시를 채운다. IMemoryCache는 데이터 작업을 위해 TryGetValue, CreateEntry 및 Remove 작업을 제공한다. 인터페이스를 좀 더 즐겁게 사용할 수 있는 확장 메서드도 있다. 메모리 캐시를 사용하여 다음과 같이 잠시 동안 값을 저장할 수 있다.

```
SkiCard skiCard = null;
if(!_memoryCache.TryGetValue($"skicard:{viewModel.Id}", out skiCard))
{
  skiCard = await _skiCardContext.SkiCards
    .SingleOrDefaultAsync(s => s.Id == viewModel.Id);
  _memoryCache.Set($"skicard:{viewModel.Id}", skiCard,
    new MemoryCacheEntryOptions().SetAbsoluteExpiration(TimeSpan.
FromMinutes(1)));
}
```

> **Tip**
>
> 캐시 키에 대한 좋은 계획을 세우는 것이 중요하므로 예기치 않은 값으로 키를 마비시키지 않아야 한다. 한 가지 제안은 객체의 이름을 사용하는 것이고 식별자 예제는 skiCard:{id} 또는 user:{id}가 될 수 있다.

위 코드는 캐시 또는 기본 데이터베이스에서 skiCard 객체를 가져온다. 값이 캐시에 있는 경우 데이터베이스로 이동할 필요가 없다. 캐시 항목은 캐시에 입력된 후 1분 내에 만료된다.

분산 캐시

단일 웹 서버만 있는 경우 메모리에 데이터 캐시를 수행하는 것이 빠르고 효율적이다. 그러나 여러 웹 서버로 이동하면 데이터의 더 중앙에 집중된 위치가 필요하다. A 서버에서 캐시된 데이터를 B 서버에서 검색할 수 있다면 좋을 것이다. 이를 위해서는 분산 캐시를 사용해야 한다. 인 메모리 및 분산 캐시는 ASP.NET Core에서 매우 유사한 작업을 수행하더라도 서로 다른 인터페이스를 구현한다. 데이터가 캐시되는 위치를 선택하고 메모리 및 분산 캐시에서 혼합 및 일치시킬 수 있는 합법적인 시나리오가 있으므로 다른 인터페이스가 유용하다.

Microsoft는 SQL 서버와 Redis의 두 가지 분산 캐시 구현을 제공한다. 프로젝트에 가장 적합한 것을 선택하면 팀이 편안함을 느낄 수 있다. Redis 구현은 보다 효율적이며 설정하기 쉽다. Redis는 표면상으로 키 값 저장소이므로 Redis는 완벽한 캐시 저장소 애플리케이션이다. 그러나 다차원 지속성의 세계에서 많은 조직은 아직 편하지 않으며 이 경우 친숙한 SQL 서버를 사용한다. 적어도 10년 동안 SQL 서버는 .NET 제품의 저장소에 대한 모든 질문에 대한 해답이었다. 이는 현재 변화하고 있으며 데이터 저장 요구 사항이 균일하지 않다는 사실을 깨닫기 시작했다는 견해이고 저장소 기술도 마찬가지이다.

어떤 지속성을 선택하든 상관없이 분산 캐시는 통합 인터페이스를 제공하므로 지속성 변경이 중간 스트림에 저장되는 것은 어렵지 않다. ASP.NET Core의 모든 기능과 마찬가지로 구현은 공개되었고 장착 가능하므로 자체의 지속성을 만들 수 있다. 예를 들어, 아파치 카산드라(Apache Casandra)를 사용하는 매우 큰 회사인 경우에는 캐시를 아주 쉽게 그 상단에 구현할 수 있다.

다시 말하면, project.json에 적절한 캐시 구현을 포함시켜 시작하자. Redis 또는 SQL 서버 구현을 포함할 수 있다.

```
    "Microsoft.Extensions.Caching.Redis": "1.0.0",
    "Microsoft.Extensions.Caching.SqlServer": "1.0.0"
```

그런 다음 컨테이너에 구현을 설정하고 등록해야 한다. Redis의 경우 구성은 다음과 같다.

```
services.AddDistributedRedisCache(options =>
{
    options.Configuration = Configuration.GetValue("redis.host");
    options.InstanceName = Configuration.GetValue("redis.instance");
});
```

SQL 서버의 경우 구성은 다음과 같다.

```
services.AddDistributedSqlServerCache(options =>
{
    options.ConnectionString = Configuration.GetConnectionString("cache");
    options.SchemaName = Configuration.GetValue("cache.schemaName");
    options.TableName = Configuration.GetValue("cache.tableName");
});
```

두 경우 모두 연결 정보를 설정하기 위해 구성 파일에서 값을 가져온다.

📝 *note*

> Redis는 스키마가 없는 데이터베이스이기 때문에 훌륭하고 원하는 정보를 추가하는
> 것은 매우 쉽다. SQL 서버는 스키마가 더 많아지므로 미리 스키마를 작성해야 한다.
> Microsoft.Extensions.Caching.SqlConfig.Tools를 설치하고 project.json 도구 절
> 에 포함하여 작업을 수행할 수 있다.

```
"tools": {
  "Microsoft.Extensions.Caching.SqlConfig.Tools": "1.0.0-*",
}
```

이렇게 하면 캐시 테이블을 만드는 dotnet sql-cache create를 실행할 수 있다.

분산 캐시가 구성된 상태에서 DI 컨테이너에서 IDistributedCache에 접근할 수 있다. 이는 IDistributedCache와 매우 유사하다. 다음과 같이 사용할 수 있다.

```
var cachedSkiCard = await _distributedCache.GetAsync($"skicard:{viewModel.Id}");
if(cachedSkiCard != null)
{
  skiCard = Newtonsoft.Json.JsonConvert.DeserializeObject<SkiCard>(cachedSki
Card);
}
else
{
  skiCard = await _skiCardContext.SkiCards
    .SingleOrDefaultAsync(s => s.Id == viewModel.Id);
  await _distributedCache.SetStringAsync($"skicard:{viewModel.Id}", Newtonsoft.
Json.JsonConvert.SerializeObject(skiCard), new DistributedCacheEntryOptions().
    SetAbsoluteExpiration(TimeSpan.FromMinutes(1)));
}
```

위 코드에서 주의해야 할 몇 가지 사항이 있다. 첫 번째는 캐시 메서드가 비동기이므로 await 키워드를 사용하여 대기해야 한다는 것이다. 동기 버전도 있지만 일반적으로 코드 성능 관점에서 비동기 버전을 사용하는 것이 좋다. 다음으로 분산 캐시는 바이트 배열과 문자열만 가져오므로 스키 카드와 같은 복잡한 객체를 직렬화해야 한다. 이 경우 Newtonsoft.Json 라이브러리를 사용하여 직렬화 및 역직렬화를 수행하지만 다른 형식을 선택할 수도 있다.

어느 정도의 캐시가 큰 것인가?

표면적으로, 많은 양의 데이터를 캐시 수행하는 것은 좋은 생각이지만 데이터를 캐시 수행하기에는 지나치게 많은 프로젝트가 있다. 드롭 다운 상자의 정보가 변경되는 속도가 느리다고 주장하는 사람도 있으므로 변경을 위해 서버로 다시 돌아갈 필요가 없도록 클라이언트에서 데이터를 캐시하는 것은 어떨까? 데이터베이스에서 하나의 값을 찾는 것은 어떨까? 자주 변경되지 않는 것을 캐시하도록 하자. 그러나 캐시 데이터를 무효화할 시기를 아는 것은 매우 까다로운 작업임을 인식하는 것이 중요하다. 드롭 다운의 데이터가 실제로 변경되면 모든 클라이언트에 데이터를 유지하려 하는 분산 캐시 무효화 문제가 발생했다.

캐시 수행은 유지 관리의 용이함과 오래된 데이터가 사용자에게 미치는 영향을 조화시켜야 한다. 특히 분산 캐시 시나리오에서 캐시만큼 성능이 좋은 경우도 있다. 중요한 자원을 캐시 수행에 사용하기로 결정하기 전에 캐시 수행이 실제로 도움이 되는지 확인하기 위한 벤치마크를 실행해야 한다. 캐시를 추가하기 위해 데이터 기반 접근 방식을 취하도록 하자.

요약

ASP.NET MVC는 프록시 서버와 클라이언트 브라우저 캐시를 모두 사용하여 적절한 서버에서 데이터를 캐시하는 여러 가지 방법을 제공한다. 인 메모리 캐시는 사용 가능한 캐시의 가장 간단한 구현이며 단일 서버 배포 또는 서버 간에 배포할 필요가 없는 데이터에 적합하다. 분산 캐시는 Redis 및 SQL 서버와 같은 외부 저장소 도구를 활용하여 값을 유지한다. 그것은 한 서버가 캐시에 삽입하고 다른 서버가 캐시에 삽입할 수 있도록 해준다. 캐시 수행은 대개 성능을 향상시키고 관계형 데이터베이스와 같은 리소스를 확장하는 데 어려움을 겪는다. 그러나 캐시를 벤치마킹하여 실제로 도움이 되고 방해가 되지 않도록 보장하는 것이 중요하다.

다음 장에서는 재사용이 가능한 구성 요소를 살펴보고 사이트를 더 빠르고 일관성 있게 작성하는 방법에 대해 살펴보겠다.

PART
04

스프린트:
홈 늘이기

다니엘은 눈도 깜빡일 수 없었다. 그녀는 방금 엑스파일 시즌 4의 에피소드 2를 시청한 뒤 하루 종일 자리에 앉아 있었다. 그 에피소드의 정말 이상한 내용을 생각할 때마다 그녀는 한숨을 내쉬며 고개를 흔들었다. 그녀가 조명을 켜둔 채로 계속 자고자 한다면 에너지 효율이 높은 LED가 좋을 것이다. 게다가 방 전체가 정말 밝아서 그녀에게 몰래 다가갈 수 있는 방법이 없다는 것을 알 수 있다. 발라즈가 들어올 때 그녀는 전화로 빠른 배송에 대해 이야기하고 있었다.

그는 큰 상자를 들고 있었다. 그것은 셔츠 상자였다. "제가 팀 셔츠를 샀어요!"라고 흥분하며 말했다. 그가 박스에서 흰색 셔츠 하나를 꺼냈다. 정면에는 매우 친숙한 알파인 스키 하우스 로고가 있었다. 다니엘은 조금 실망했다. 그녀는 프로젝트와 관련된 무언가를 기대했을 것이다. 발라즈는 셔츠의 뒤쪽을 보여주기 위해 그것을 뒤집었다. 거기에는 엄지를 올리게 만들 정도로 인상적인 파슬리를 묶어놓은 모습의 캐리커처가 있었다. 그 위에는 "파슬리 프로젝트"라고 적혀 있었고 캐리커처 아래에는 "나는 파슬리를 먹었다"라고 적혀 있었다.

채스터는 "제가 좋아 보이는 옷 한두 개를 아는데 이 셔츠는 최고군요"라고 말했다.

다니엘은 최고나 멋지다는 게 어디 있는지는 몰랐지만 그 셔츠가 좋았다. 발라즈가 모두에게 셔츠를 건네주면서 팀 전체가 즐거운 추억이 많다는 생각을 했다.

시작	멈춤	계속
애플리케이션 재구성	알려진 버그가 너무 많음	Azure 호스팅 사용
더 자동화된 테스트 넣기	컨트롤러에 너무 많은 코드를 추가하는 것, 일부는 300줄이 넘음.	종속성 주입 사용
여러 곳에 가지고 있는 일부 코드 재사용		자바스크립트로 된 멋진 것들을 수행
		멋진 셔츠 입기

발라즈가 "좋아요, 좋아. 기념합시다. 지금부터 펜을 들고 이번 주에 할 일들을 알아봅시다"라고 끼어들었다.

발라즈는 "저는 테스트가 아직 시작 칸에 있다는 것이 마음에 들지 않아요. 우리가 이 스프린트에 도달하지 않았나요?"라고 물었다.

마크가 "아직이요, 점심식사 후 공부를 했고 이제 많은 팀원들이 참여한다고 생각하지만, 아직 실제로는 시작하지 못하고 있어요"라고 말했다.

다니엘은 테스트 주도 개발 방식에 깊은 인상을 받았다. 그녀는 더 나은 코드를 만들 것이라고 확신했지만 서비스 시작까지 1주일밖에 안 남았다. 후반전에 상황을 바꿀 방법이 없었다. 마크는 TDD 주변에 수많은 진영이 있다는 것을 설명했고, 다니엘은 스펙트럼 관점의 가운데에 더 가깝다고 확신했지만 마크가 특정 사람을 묘사한 것처럼 그녀는 확실히 "열성분자"는 아니었다.

발라즈는 "이해해요, 밀린 일이 너무 많아서 프로젝트 테스트가 늦었어요. 여러분, 저는 여러분을 자랑스럽게 생각해요. 주요 기능이 모두 완료되었어요. 페이지들이 돌아가고 있어요. 그것들이 좋아 보이고 심지어 신용카드 통합도 알아냈다고 생각해요. 오래 걸릴 거라고 생각했지만 우리는 일주일 만에 경영진을 정말 깜짝 놀라게 했어요. 우리는 할 수 있어요! 이 다음 스프린트는 빈틈을 메우고 테스터들의 말을 경청하는 것이에요"라고 말했다.

팀(Tim)은 "저는 수치를 몇 개 보고 있었고 어제 우리의 테스트 환경에 48개의 배포가 있었어요. 믿기지 않지만 훌륭합니다. 테스터들이 발견한 버그를 해결하는 시간이 보통 2시간 정도라고 해요. 여러분 모두 자부심을 가지고 셔츠를 입어야 합니다"라고 알렸다.

다니엘은 팀 전체 진행 상황 때문에 매우 기분이 좋았고, 아까 본 에피소드을 잊기에 충분했다... 아니 그녀는 이걸 통과할 것이라고 생각하며 고개를 흔들었다.

발라즈는 "좋아요, 뒤에서 스스로를 충분히 위로합시다. 아직 끝나지 않았어요. 아직 해야 할 일이 있어요. 저는 컨트롤러 몇 개의 길이에 대한 불평을 들었어요. 누가 적었죠?"라고 말했다.

마크가 "저예요, 이 친구들 일부가 300줄이 넘어요. 유지 보수가 불가능하고 두 명 이상이 하나의 파일을 작업할 때 계속 병합 충돌이 발생해요. 저는 그것들을 조금씩 나누고 싶어요"라고 말했다.

다니엘이 "저는 싫어요. 제 말은, 저도 다른 사람만큼 긴 것을 싫어하지만 URL과 같은 것들을 변경하기에는 너무 늦었어요. 액션을 다른 컨트롤러로 옮기고 싶지 않아요"라고 이어나갔다.

마크가 "저는 우리가 해야 한다고 생각하지 않아요. 실제로 어떤 경로도 변경하지 않고 컨트롤러에서 코드를 옮기는 도구가 있어야 해요. 아마도 우리는 라우팅 테이블이나 다른 것을 업데이트할 수 있을 거예요"라고 대답했다.

"네, 그렇지 않으면 어떤 것이라도요." 다니엘이 동의했다.

발라즈는 "맞아요, 저는 큰 두뇌 집단인 이 방에 더 이상 머무르지 않고 나와서 잘못된 것을 고치고 싶어요. 우리는 지금 집에서 스트레칭 중인 거나 다름없어요."

재사용 가능한 구성 요소

다니엘이 다음 칸막이에서 마크가 기계식 키보드로 입력 중인 소리를 들었을 때 코드 기반우 커지기 시작했다. 그건 정말 시끄러운 키보드 중 하나였지만 다니엘은 신경 쓰지 않았고, 헤드폰을 낀 채로 하루 종일 엔야의 앨범을 즐기면서 일했다. 그러나 이 소리가 평소보다 커 보여서 그녀는 칸막이 벽 쪽으로 머리를 숙였다.

"마크, 무슨 일이에요?"

"오, 안녕하세요 다니엘. 이 키보드 말이에요. Ctrl, C, V 키가 잘 먹히지 않아요. 고쳐지려면 당신이 진짜 망치질이라도 해줘야할 것 같아요."

다니엘은 "이 기계식 키보드는 5~6억 번의 키 눌림을 견딘다고 해요. 그 이상은 사용할 수 없겠죠"라며 농담했다.

마크는 즐겁지 않아 보였다. "그렇게 나와 있겠지만 저는 사이트의 여러 곳에 많은 코드를 복사해서 붙여 넣고 있어요. 백엔드에서는 클래스와 계층 구조의 모든 것을 사용할 수 있어서 괜찮지만, 프론트엔드에서는 Ctrl+C, Ctrl+V를 사용해야 해요."

다니엘은 "그럼 Razor 뷰에서 계층 구조를 사용할 수 없다는 말인가요?"라고 물었다.

"그렇지는 않아요. 그게 어떻게 보일지를 말하는 거예요. 페이지의 절을 덮어쓴다구요? 다형성 뷰를 가질 수 있어요? 이상하게 느껴져요."

"이것이 얼마나 혼란스러울지 알지만 상속만이 코드 재사용의 유일한 형태는 아니에요. 통합은 프론트엔드 코드에 더 적합한 패턴일 거예요. 여기, 제가 복사하여 붙여넣기 묶음을 얼마나 줄일 수 있는지 보여드릴게요."

"다니엘, 멋질 것 같아요. 팀(Tim)이 절 위해 다른 키보드를 꺼내줄 것 같지는 않네요."

"스스로 반복하지 말아라(Don't Repeat Yourself, DRY)"라는 말에 대해 들어봤을 것이다. 이 생각을 고수하는 것은 소프트웨어 개발에서 끊임없는 싸움과도 같다. 코드 및 애플리케이션 로직이 중복되는 것을 피하기 어려울 수도 있기 때문이다. 중복된 코드의 모든 인스턴스에 변경 사항이 적용되지 않으면 변경 사항을 여러 위치에 적용해야 하고, 더 나쁜 경우 버그가 발생할 위험이 있으므로 코드 중복은 유지 관리 노력의 증가로 이어진다. 불행하게도, 중복을 줄이려는 시도는 때때로 복잡성을 증가시키는 것과 같은 손상을 가져온다. 결과 구현이 너무 복잡하여 모든 개발자가 이해할 수 없는 경우 100% 코드 재사용을 달성해도 이점이 없다.

다행히, ASP.NET Core MVC에는 올바르게 구현되면 이해하기 쉽고 재사용이 쉬운 방식으로 UI 구성 요소를 캡슐화하는 몇 가지 유용한 기능이 포함되어 있다. 태그 도우미, 뷰 구성 요소 및 파샬 뷰를 자세히 살펴보겠다.

태그 도우미

Razor 뷰 엔진의 기능인 태그 도우미는 작은 단위의 뷰 로직을 캡슐화하고 일관된 HTML 생성을 보장하는 훌륭한 메커니즘이다. 11장 "Razor 뷰"에서 매우 명확하고 간결한 방식으로 양식을 설명하는 태그 도우미 사용 방법을 보았다. 다른 내장 태그 도우미를 살펴보고 자신만의 태그 도우미 생성 방법을 알아보기 전에 태그 도우미의 구성을 살펴보자.

태그 도우미 해부

내장 태그 도우미는 유용하지만 자신의 태그 도우미를 생성하는 것은 정말 재미있다. 자신의 태그 도우미를 만들려면 먼저 태그 도우미를 구성하는 여러 가지 요소를 이해해야 한다. 그림 19-1의 입력 태그 도우미를 예로 들어보겠다.

태그 도우미는 대상 요소라는 특정 HTML 요소를 대상으로 한다. 입력 태그 도우미의 경우 대상 요소는 input 요소이다. 그러나 입력 태그 도우미는 애플리케이션의 모든 입력 요소에

<그림 19-1> 입력 태그 도우미의 사용 예제

대해서 실행되지 않는다. asp-for 특성만을 갖는 입력 요소에 적용된다. asp-for 특성은 태그 도우미 특성의 예이다. 태그 도우미 특성은 특정 태그 도우미에 매개변수를 제공하는 데 사용된다. 대상 요소 및 Razor가 요소를 태그 도우미로 취급하도록 하는 태그 도우미 특성 존재의 조합이다. 일부 태그 도우미는 기존 HTML 요소를 대상으로 하지만 다른 것들은 사용자 정의 요소를 대상으로 한다. 캐시 태그 도우미는 사용자 정의 요소의 예이다.

태그 도우미 특성은 문자열, int 또는 TimeSpan과 같은 특정 .NET 유형을 예상하도록 정의된다. asp-for 속성은 ModelExpression 유형의 특별한 특성으로, Razor에게 특성이 현재 모델에 대한 표현식 매핑을 필요로 한다는 것을 알려준다.

태그 도우미에는 출력 HTML에 적용되는 다른 유효한 HTML 특성도 포함될 수 있다. 캐시 태그 도우미와 같은 일부 태그 도우미에는 하위 내용이 들어 있다. 태그 도우미에 따라 하위 내용은 몇 가지 방법으로 수정되거나 태그 도우미에 의해 생성된 HTML로 포장될 수 있다.

스크립트, 링크, 그리고 환경 태그 도우미

환경 태그 도우미(Environment tag helper)는 현재 환경에 따라 HTML의 다른 절을 렌더링하는 쉬운 방법을 제공한다. 예를 들어, 상태 및 프로덕션 환경에서 축소된 CSS 파일을 사용하도록 선택할 수 있지만 개발 환경에서는 축소되지 않은 버전을 사용한다. 현재 환경은 ASPNET_ENVIRONMENT 환경 변수에서 읽을 수 있고 환경 변수가 설정되어 있지 않으면 ASP.NET은 프로덕션 환경이라고 가정한다.

```
<environment names="Development">
  <link rel="stylesheet" href="~/css/site1.css" />
  <link rel="stylesheet" href="~/css/site2.css" />
</environment>
<environment names="Staging,Production">
  <link rel="stylesheet" href="~/css/site.min.css"/>
</environment>
```

환경 태그 도우미의 내용만 클라이언트에 보내지만 환경 태그 자체는 HTML 출력에 포함되지 않는다. 환경 태그 도우미는 링크 및 스크립트 태그 도우미와 함께 가장 자주 사용된다. 링크 및 스크립트 태그 도우미는 와일드 카드(globbing), CDN의 자산 참조 및 캐시 무효화를 위한 옵션을 제공한다.

와일드 카드 패턴

링크 및 스크립트 태그 도우미 모두 와일드 카드 패턴을 사용하여 파일을 참조하는 옵션을 제공한다. 예를 들어, scripts 폴더에 있는 모든 .js 파일을 참조하려면 스크립트 태그의 asp-src-include 특성을 사용하여 ~/scripts/**/*.js 패턴을 사용한다.

```
<script asp-src-include="~/scripts/**/*.js"></script>
```

script 태그 도우미는 지정된 패턴과 일치하는 각 파일에 대한 개별 스크립트 태그를 렌더링한다. 선택적 asp-src-exclude 특성을 사용하여 파일을 제외할 수도 있다. 링크 태그 도우미는 와일드 카드 패턴을 지정할 수 있는 기능을 제공하면서 asp-href-include 및 asp-href-exclude 특성과 정확히 동일한 방식으로 작동한다.

캐시 무효화

캐시 무효화(Cache busting)는 자바스크립트 및 CSS 파일과 같은 리소스의 파일 이름에 파일 버전 해시의 일부 형식을 추가하는 프로세스이다. 이렇게 하면 파일을 변경할 때 클라이언트가 최신 버전을 가져오지 않아도 걱정 없이 해당 파일을 무기한 캐시하도록 브라우저에 지시할 수 있으므로 성능상의 이점이 있다. 파일 내용이 변경되면 리소스의 이름이 변경되기 때문에 업데이트된 파일은 항상 다운로드된다. 캐시 무효화를 사용하려면 asp-append-version="true"로 설정하면 된다.

```
<link rel="stylesheet" href="~/css/site.min.css" asp-append-version="true"/>
```

런타임에 태그 도우미는 버전 해시를 생성하고 이를 쿼리 매개변수로 참조할 파일의 URL에 추가한다.

```
<link rel="stylesheet" href="/css/site.min.css?v=UdxKHVNJ42vb1EsG9O9uURADfEE3
j1E3DgwL6NiDFOe" />
```

캐시 무효화는 img 태그에 asp-append-version="true" 특성을 추가하여 이미지 자산과 함께 사용할 수도 있다.

CDN 및 대체

호스팅된 콘텐츠 전송 네트워크(Content Delivery Networks, CDNs)에서 널리 사용되는 프레임워크를 참조하여 서버의 네트워크 부하를 줄이고 잠재적으로 사용자의 성능을 향상시키는 일반적인 최적화 방법이다. jQuery나 부트스트랩과 같은 인기 있는 프레임워크의 경우 클라이언트의 브라우저에 이미 이러한 파일의 캐시된 버전이 있을 가능성이 있다.

CDN에서 파일을 참조하는 것은 서버에 호스팅된 파일 버전에 대체(fallback)를 제공해야 하기 때문에 약간 어려울 수 있다. CDN이 현재 도달할 수 없다는 이유만으로 애플리케이션이 다운되는 것을 원하지 않으므로 대체가 필요하다. CDN은 일반적으로 매우 신뢰할 만하지만 다른 호스팅 서비스와 마찬가지로 작동이 중단될 수 있으며, 일부 엔터프라이즈 네트워크 관리자는 엔터프라이즈 방화벽을 사용하여 CDN에 대한 접근을 차단하는 것으로 알려져 있다.

대체 구성이 필요하지만 이는 또한 고통스럽다. 다음은 인기 있는 부트스트랩 자바스크립트 및 CSS 자산에 대한 적절한 대체 방법을 보여주는 예이다.

```
<link rel="stylesheet" href="//ajax.aspnetcdn.com/ajax/bootstrap/3.0.0/css/bootstrap.min.css" />
<meta name="x-stylesheet-fallback-test" class="hidden" />
<script>!function(a,b,c){var d,e=document,f=e.getElementsByTagName("SCRIPT"),g=f[f.length-1].previousElementSibling,h=e.defaultView&amp;&amp;e.defaultView.getComputedStyle?e.defaultView.getComputedStyle(g):g.currentStyle;if(h&amp;&amp;h[a]!==b)for(d=0;d<c.length;d++)e.write('<link rel="stylesheet" href="'+c[d]+'"/>')}("visibility","hidden",["\/lib\/bootstrap\/css\/bootstrap.min.css"]);</script>

<script src="//ajax.aspnetcdn.com/ajax/bootstrap/3.0.0/bootstrap.min.js"></script>
<script>(typeof($.fn.modal) === 'undefined'||document.write("<script src=\"\/lib\/bootstrap\/js\/bootstrap.min.js\"><\/script>"));</script>
```

다행히도 스크립트 및 링크 태그 도우미를 사용하면 대체 테스트 및 파일 위치를 훨씬 쉽게 지정할 수 있다.

```
<link rel="stylesheet" href="//ajax.aspnetcdn.com/ajax/bootstrap/3.0.0/css/bootstrap.min.css"
    asp-fallback-href="~/lib/bootstrap/css/bootstrap.min.css"
    asp-fallback-test-class="hidden"
    asp-fallback-test-property="visibility"
    asp-fallback-test-value="hidden" />
```

```
<script src="//ajax.aspnetcdn.com/ajax/bootstrap/3.0.0/bootstrap.min.js"
  asp-fallback-src="~/lib/bootstrap/js/bootstrap.min.js"
  asp-fallback-test="window.jQuery">
</script>
```

캐시 태그 도우미

캐시 태그 도우미를 사용하여 HTML 조각을 메모리 내장 저장소에 캐시할 수 있다. 캐시 만기 및 요청 컨텍스트를 기반으로 하는 수많은 캐시 키에 대해 다양한 옵션을 제공한다.

예를 들어, 캐시 태그 도우미의 다음 인스턴스는 5분 동안 내용을 캐시한다. 시스템의 각 고유 사용자에 대해 다른 인스턴스가 캐시된다.

```
<cache expires-sliding="@TimeSpan.FromMinutes(5)" vary-by-user="true">
  <!--Any HTML or Razor markup-->
  *last updated @DateTime.Now.ToLongTimeString()
</cache>
```

보다 고급 시나리오에서는 분산 캐시 태그 도우미를 사용하여 HTML 조각을 분산 캐시에 저장할 수 있다. 캐시 및 분산 캐시 태그 도우미에 대한 자세한 내용은 http://bit.ly/CacheTagHelper 및 http://bit.ly/distributedcachetaghelper를 방문하도록 하자.

태그 도우미 생성하기

애플리케이션에 점점 더 많은 기능을 추가하기 시작하면 cshtml 파일에서 패턴이 나타날 수 있다. Razor / HTML의 작은 반복 절은 사용자 정의 태그 도우미를 위한 좋은 후보이다.

태그 도우미는 기본 TagHelper 클래스에서 상속받은 단순한 클래스이고 Process 또는 ProcessAsync 메서드를 구현한다.

```
public virtual void Process(TagHelperContext context, TagHelperOutput output)
public virtual Task ProcessAsync(TagHelperContext context, TagHelperOutput
output)
```

Process 메서드 내에서 태그 도우미는 현재 TagHelperContext를 검사하고 HTML을 생성하거나 TagHelperOutput을 어떤 식으로든 변경할 수 있다.

아주 간단한 예는 알파인 스키 하우스의 로그인 페이지에 표시되는 버튼으로 외부 제공 업체를 통해 로그인하는 것이다. 애플리케이션 내에서 광범위하게 사용되는 것은 아니지만 다소 복잡해 보이는 Razor 코드를 어떻게 정리하는지 보여준다. 태그 도우미는 중복 코드를 제거하는 데 적합하지만 특히 복잡한 HTML 또는 Razor 코드를 추상화하는 데 유용하다. 다음 코드에서 설명하는 버튼은 특정 외부 로그인 공급자에 바인딩된다.

```
<button type="submit" class="btn btn-default" name="provider" value="@provider.
AuthenticationScheme" title="Log in using your @provider.DisplayName
account">@provider.AuthenticationScheme</button>
```

이것을 LoginProviderButtonTagHelper라는 태그 도우미 클래스에 추출해보자. 대상 요소는 버튼이며 ski-login-provider라는 단일 태그 도우미 특성을 가진다. 규칙에 따라 태그 도우미 특성 앞에 접두어를 사용해야 한다. 이렇게 하면 태그 도우미 특성을 일반 HTML 특성과 구분할 수 있다. 내장 ASP.NET Core 태그 도우미는 접두사 asp-를 사용한다. 알파인 스키 하우스의 경우 ski-를 사용한다.

```
[HtmlTargetElement("button", Attributes = "ski-login-provider")]
public class LoginProviderButtonTagHelper : TagHelper
{
    [HtmlAttributeName("ski-login-provider")]
    public AuthenticationDescription LoginProvider { get; set; }
```

```
    public override void Process(TagHelperContext context, TagHelperOutput
output)
    {
        output.Attributes.SetAttribute("type", "submit");
        output.Attributes.SetAttribute("name", "provider");
        output.Attributes.SetAttribute("value", LoginProvider.
AuthenticationScheme);
        output.Attributes.SetAttribute("title", $"Log in using your {LoginProvider.
DisplayName} account");
        output.Attributes.SetAttribute("class", "btn btn-default");
        output.Content.SetContent(LoginProvider.AuthenticationScheme);
    }
}
```

이 새 태그 도우미를 사용하려면 먼저 해당 프로젝트의 태그 도우미를 뷰에서 사용할 수 있도록 해야 한다. addTagHelper 지시문을 사용하여 이 작업을 수행할 수 있다. addTag Helper 지시문을 전역으로 적용하려면 Views/_ViewImports.cshtml 파일에 추가한다.

```
@addTagHelper *, AlpineSkiHouse.Web
```

이제 새 태그 도우미를 사용하여 로그인 페이지의 버튼을 단순화할 수 있다.

```
<button ski-login-provider="provider"></button>
```

비주얼 스튜디오는 그림 19-2와 같이 사용자 정의 태그 도우미에 대해 뛰어난 인텔리센스 지원을 제공한다.

기존 특성 및 콘텐츠 제어하기
태그 도우미를 만들 때는 태그 도우미가 사용되는 컨텍스트를 고려해야 한다. 대부분의 태그 도우미는 HTML 특성을 가질 수 있는 기존 HTML 요소를 대상으로 한다. 이미 요소에 추

```
<div>
    <p>
        @foreach (var provider in loginProviders)
        {
            <button as></button>
        }
    </p>
</div>
```

ash-login-provider	Microsoft.AspNetCore.Http.Authentication.AuthenticationDescription
class	AlpineSkiHouse.TagHelpers.LoginProviderButton.LoginProvider

<그림 19-2> 사용자 정의 태그 도우미에 대한 인텔리센스를 표시하는 비주얼 스튜디오

가된 특성 또한 고려해야 한다. 해당 특성을 덮어쓰거나 단독으로 남겨두어야 할까? 또 다른 옵션은 값을 사용자 고유의 값과 병합하는 것이다. 특성 값의 병합은 클래스의 특성에서 가장 일반적이다. 외부 로그인 공급자 예제에서 태그 도우미는 버튼에 추가된 모든 클래스를 수락하고 "btn btn-default" 클래스를 사용자가 제공한 값에만 추가해야 한다. 특성을 병합하는 구문은 다소 장황하다.

```
string classValue = "btn btn-default";
if (output.Attributes.ContainsName("class"))
{
    classValue = $"{output.Attributes["class"].Value}{classValue}";
}
output.Attributes.SetAttribute("class", classValue);
```

이 코드는 계속 반복해서 쓰고자 하는 것이 아니므로 확장 메서드로 추출해보자.

```
public static class TagHelperAttributeListExtensions
{
    public static void MergeClassAttributeValue(this TagHelperAttributeList
    attributes, string newClassValue)
    {
        string classValue = newClassValue;
        if (attributes.ContainsName("class"))
        {
```

```
        classValue = $"{attributes["class"].Value} {classValue}";
    }
    attributes.SetAttribute("class", classValue);
  }
}
```

MergeClassAttributeValue 확장 메서드를 사용하면 태그 도우미의 코드가 크게 단순화
된다.

```
output.Attributes.MergeClassAttributeValue("btn btn-default");
```

특성 외에도 태그 도우미의 기존 HTML 내용을 고려해야 한다. 기본적으로 Razor는 태
그 도우미 콘텐츠를 처리하고 그 결과 HTML이 태그 도우미 출력에 포함된다. 그러나 태
그 도우미 출력은 Content 속성을 통해 하위 내용을 수정하거나 덮어쓸 수 있는 기능을 제
공한다. Content 이외에도 태그 도우미 출력은 PreElement, PreContent, PostContent 및
PostElement에 대한 속성 또한 제공한다. 태그 도우미 내에서 직접 수정할 수 없는 HTML
의 한 부분은 부모의 내용이다.

```
public async override Task ProcessAsync(TagHelperContext context,
TagHelperOutput output)
{
    output.PreElement.SetHtmlContent("<div>Pre-Element</div>");
    output.PreContent.SetHtmlContent("<div>Pre-Content</div>");
    output.Content = await output.GetChildContentAsync();
    output.Content.Append("Adding some text after the existing content");
    output.PostContent.SetHtmlContent("<div>Post-Content</div>");
    output.PostElement.SetHtmlContent("<div>Post-Element</div>");
}
```

태그 도우미가 내용을 변경하는 경우 GetChildContentAsync()를 호출하기만 하면 된다. 하위 콘텐츠에 변경 사항이 없으면 Content는 프레임워크에 의해 자동으로 설정된다.

 note

> 태그 도우미는 Razor 뷰 엔진의 강력한 확장 지점으로 ASP.NET 개발자에게 HTML을 생성하는 새로운 방법을 제공한다. 상위 및 하위 태그 도우미 사이의 통신을 설명하는 좀 더 복잡한 시나리오를 비롯하여 다양한 실제 사례에 대해서는 https://github.com/dpaquette/taghelpersamples를 살펴보자.

 ## 뷰 구성 요소

뷰 구성 요소는 MVC에서 재사용 가능한 위젯을 빌드할 수 있는 또 다른 구성이다. 이 경우 위젯은 Razor 마크 업과 일부 백엔드 로직으로 구성된다. 뷰 구성 요소는 뷰 구성 요소 클래스와 Razor 뷰의 두 부분으로 구성된다.

뷰 구성 요소 클래스를 구현하려면 기본 ViewComponent에서 상속받고 Invoke 또는 InvokeAsync 메서드를 구현해야 한다. 해당 클래스는 프로젝트의 어느 곳에나 배치할 수 있지만 일반적으로 ViewComponents라는 폴더에 배치하는 것이 일반적이다.

```
Public class MyWidgetViewComponent : ViewComponent
{
  public IviewComponentResult Invoke()
  {
    return View();
  }
}
```

뷰 구성 요소에는 두 개 이상의 Invoke 메서드가 포함될 수 있으며 각 메서드에는 고유한 인

수 집합이 포함된다.

```
public class MyWidgetViewComponent : ViewComponent
{
  public IViewComponentResult Invoke()
  {
    return View();
  }
  public IViewComponentResult Invoke(int id)
  {
    return View();
  }
}
```

뷰 구성 요소는 구성에 비해 규칙을 많이 사용한다. 달리 지정하지 않는 한, 뷰 구성 요소의 이름은 ViewComponent 부분이 제거된 클래스의 이름이다. ViewComponent 이름은 클래스에 ViewComponent 특성을 추가하여 명시적으로 정의할 수 있다.

```
[ViewComponent(Name = "Widget1")]
public class MyWidgetViewComponent : ViewComponent
{
  public IViewComponentResult Invoke()
  {
    return View();
  }
}
```

컨트롤러 액션과 매우 흡사하게 뷰 구성 요소의 Invoke 메서드는 뷰를 반환한다. 이 시점에서 뷰 엔진은 일치하는 cshtml 파일을 찾는다. 뷰 이름을 명시적으로 지정하지 않으면 기본 Views\Shared\Components\ViewComponentName\Default.cshtml이 사용된다. 이 경우

468

Views\Shared\Components\MyWidget\Default.cshtml이다.

뷰 구성 요소의 뷰 부분은 컨트롤러 액션에 대한 Razor 뷰처럼 모델 바인딩될 수 있다.

```
public class MyWidgetViewComponent : ViewComponent
{
    public IViewComponentResult Invoke()
    {
        WidgetModel model = new WidgetModel
        {
            Name = "My Widget",
            NumberOfItems = 2
        }
        return View(model);
    }
}
```

뷰 구성 요소 호출하기

뷰 구성 요소는 Component.Invoke를 호출하고 뷰 구성 요소의 이름을 지정함으로써 모든 Razor 뷰에 포함될 수 있다.

```
@await Component.InvokeAsync("MyWidget")
```

뷰 구성 요소 엔진은 일치하는 이름으로 뷰 구성 요소를 찾고 호출을 뷰 구성 요소의 Invoke 메서드 중 하나로 매핑한다. Invoke 메서드의 특정 재정의를 일치시키려면 인수를 익명 클래스로 지정해야 한다.

```
@await Component.InvokeAsync("MyWidget", new {id = 5})
```

> **하위 액션에 일어나는 일은?**
>
> 이전 버전의 MVC에서는 하위 액션(Child Action)을 사용하여 Razor 마크 업과 일부
> 백엔드 로직으로 구성된 재사용 가능한 구성 요소 또는 위젯을 제작했다. 백엔드 로직
> 은 컨트롤러 액션으로 구성되었으며 일반적으로 [ChildActionOnly] 특성으로 표시
> 되었다. 하위 액션은 매우 유용했지만 요청 파이프라인에서 의도하지 않은 결과를 낳
> 을 수 있는 방식으로 구성되기 쉽다.
>
> 하위 액션은 ASP.NET Core MVC에는 존재하지 않는다. 대신 새로운 뷰 구성 요소
> 기능을 사용하여 해당 사용 사례를 지원해야 한다. 개념적으로 뷰 구성 요소는 하위
> 동작과 매우 비슷하지만, 가볍고 컨트롤러와 관련된 생명 주기 및 파이프라인을 더 이
> 상 포함하지 않는다.

뷰 구성 요소 고객 서비스 문의

이제 뷰 구성 요소의 기본 사항에 대해 살펴보았으므로 실제 사례를 살펴보자. 알파인 스키
하우스 프로젝트에서 고객 서비스 담당자의 앱과 일부 통합을 원한다고 가정해보자. 12장,
"구성 및 로깅"에서 전화번호 및 현재 온라인 상태인 담당자 수를 포함하여 고객 서비스 콜센
터에 대한 정보를 제공하는 ICsrInformationService를 만들었다. 이 정보 중 일부를 사용자
에게 제공하기 위해 웹사이트 하단에 작은 절을 추가하고자 한다. 뷰 구성 요소를 사용하여
이를 구현하면 ICsrInformationService와 상호작용할 수 있다. 또한 사이트의 다른 위치에
콜 센터 콜아웃을 배치하는 실험을 하려는 경우 유연성을 제공한다.

뷰 구성 요소 클래스는 ICsrInformationService에 종속성을 가지며 단일 Invoke 메서드를
구현한다. 콜 센터가 온라인 상태인 경우 뷰 구성 요소는 ICsrInformationService에서 정보
를 가져와서 Default 뷰로 전달한다. 콜 센터가 닫혀있으면 Closed 뷰로 전달한다. 뷰를 두
조각으로 나누면 이 로직 뷰가 아닌 뷰 구성 요소에 있게 되므로 뷰 구성 요소를 훨씬 쉽게
테스트할 수 있다.

```
public class CallCenterStatusViewComponent : ViewComponent
{
  private readonly ICsrInformationService _csrInformationService;

  public CallCenterStatusViewComponent(ICsrInformationService
csrInformationService)
  {
    _csrInformationService = csrInformationService;
  }

  public IViewComponentResult Invoke()
  {
    if (_csrInformationService.CallCenterOnline)
    {
      var viewModel = new CallCenterStatusViewModel
      {
        OnlineRepresentatives = _csrInformationService.
OnlineRepresentatives,
        PhoneNumber = _csrInformationService.CallCenterPhoneNumber
      };
      return View(viewModel);
    }
    else
    {
      return View("Closed");
    }
  }
}
```

뷰는 간단한 Razor 파일이다. Default 뷰는 CallCenterStatusViewModel에 바인딩되지만
Closed 뷰는 어떤 모델에도 바인딩되지 않는다.

Views\Shared\Components\CallCenterStatus\Default.cshtml

@using AlpineSkiHouse.Models.CallCenterViewModels
@model CallCenterStatusViewModel

```
<div class="panel panel-success">
  <div class="panel-heading">Having trouble? We're here to help!</div>
  <div class="panel-body">
    We have @Model.OnlineRepresentatives friendly agents available.
    <br/>
    Give us a call at <i class="glyphicon glyphicon-earphone"></i> <a
href="tel:@Model.PhoneNumber">@Model.PhoneNumber</a>
  </div>
</div>
```

Views\Shared\Components\CallCenterStatus\Closed.cshtml

```
<div>The call center is closed</div>
```

이제 이 뷰 구성 요소를 모든 cshtml 파일에 추가할 수 있다. 예를 들어, 여기에서는 _Layout. cshtml의 바닥글 바로 위에 추가하였다.

```
<div class="container body-content">
  @RenderBody()
  <hr />
  @await Component.InvokeAsync("CallCenterStatus")
  <footer>
    <p>&copy; @DateTime.Now.Year.ToString() - AlpineSkiHouse</p>
  </footer>
</div>
```

> 대규모 조직에서는 여러 프로젝트에서 사용할 수 있는 뷰 구성 요소를 만드는 것이 유용할 수 있다. 이 경우 뷰 구성 요소를 별도의 클래스 라이브러리에 구현하고 각 애플리케이션을 시작할 때마다 로드할 수 있다. 시작 시 약간의 구성만 필요하다. 전체 자습서는 http://aspnetmonsters.com/2016/07/2016-07-16-loading-view-components-from-a-class-library-in-asp-net-core/를 참고하도록 하자.

파샬 뷰

파샬 뷰(partial view, 부분 뷰)는 단순히 다른 Razor 뷰에서 렌더링할 수 있는 Razor 뷰이다. 뷰 구성 요소와는 달리 서비스에 로직을 구현하거나 서비스와 상호작용하는 클래스는 없다. 뷰 구성 요소 클래스는 뷰 모델 데이터를 뷰로 전달하지만, 파샬 뷰에 데이터를 전달하는 것은 상위 뷰의 책임이다. 파샬 뷰는 데이터가 이미 로드되어 있고 필요한 경우 표시하는 것이 유용하다. 뷰 모델 데이터가 관련되어 있는지 여부에 관계없이 파샬 뷰를 사용하여 더 큰 뷰를 보다 관리하기 쉬운 부분으로 나눌 수 있다.

기본 ASP.NET Core MVC 프로젝트 템플릿에는 유효성 검사 스크립트를 렌더링하는 데 사용할 수 있는 파샬 뷰가 포함되어 있다. 양식이 포함되어 있는 페이지에서 클라이언트 측 유효성 검증을 사용하려면 이 스크립트가 필요하다.

Views/Shared/_ValidationScriptsPartial.cshtml

```
<environment names="Development">
  <script src="~/lib/jquery-validation/dist/jquery.validate.js"></script>
  <script src="~/lib/jquery-validation-unobtrusive/jquery.validate.
unobtrusive.js"></script>
</environment>
<environment names="Staging,Production">
  <script src="https://ajax.aspnetcdn.com/ajax/jquery.validate/1.14.0/jquery.
validate.min.js"
```

```
        asp-fallback-src="~/lib/jquery-validation/dist/jquery.validate.min.js"
        asp-fallback-test="window.jQuery && window.jQuery.validator">
    </script>
    <script src="https://ajax.aspnetcdn.com/ajax/jquery.validation.
unobtrusive/3.2.6/jquery.validate.unobtrusive.min.js"
        asp-fallback-src="~/lib/jquery-validation-unobtrusive/jquery.validate.
unobtrusive.min.js"
        asp-fallback-test="window.jQuery && window.jQuery.validator && window.
jQuery.validator.unobtrusive">
    </script>
</environment>
```

위 스크립트가 필요한 뷰는 @Html.Partial("@_ValidationScriptsPartial")을 호출하여 뷰를 포함할 수 있다.

Snippet from Account/Register.cshtml

```
...
@section Scripts {
    @Html.Partial("_ValidationScriptsPartial")
}
```

재정의는 뷰 모델을 전달할 수 있도록 하기 위해서 존재하기 때문에 파샬 뷰는 일반 뷰처럼 모델 바인딩이 될 수 있다. 파샬 뷰를 사용하는 방법에 대한 자세한 내용은 https://docs.asp.net/en/latest/mvc/views/partial.html에 있는 공식 ASP.NET Core 설명서를 참고하자.

요약

ASP.NET Core MVC 프레임워크가 제공하는 사용자 인터페이스 빌드 블록을 사용하여 애플리케이션을 재사용 가능한 구성 요소로 쉽게 구성할 수 있다. 태그 도우미를 사용하여 HTML을 보강하고 특정 애플리케이션 도메인에 HTML 요소 또는 특성을 정의할 수 있으므로 Razor 파일을 간결하고 이해하기 쉽도록 만든다. 뷰 구성 요소는 복잡한 논리를 포함하거나 다른 애플리케이션 서비스와 상호작용하며 재사용 가능한 사용자 인터페이스 구성 요소를 정의하는 훌륭한 도구이다. 마지막으로 파샬 뷰는 Razor 뷰의 재사용 가능한 절을 정의하는 간단한 메커니즘을 제공한다. 다음 장인 20장 "테스트"에서 보게 될 것이지만 뷰 구성 요소와 태그 도우미 모두 테스트를 염두에 두고 설계되었다.

발라즈는 회의실에서 고가의 폴리콤(Polycom) 종료 버튼을 눌렀다.

그가 "그래서요?"라고 물었다. 몇 명의 테스터와 방금 통화를 끝낸 참석자들에게 그 소리가 달갑게 들리진 않았다. "그들은 테스트 수행을 중단하게 하는 끊임없는 버그를 실행하고 있어요. 왜 우리가 그런 형편없는 품질의 소프트웨어를 제공하고 있는 건가요?"

다니엘은 소프트웨어의 품질이 좋지 않다고 생각했다. 문제는 수동 테스트를 하기에는 너무 빨리 바뀌고 있다는 것이다. 그것을 테스터들이 하고 있는 것이다. 그렇지 않은가?

다니엘은 "발라즈, 보세요"라고 말했다. "우리는 테스터들에게 하루에 10개의 빌드를 밀드를 밀어내고 있어요. 차단된 경우에도 아주 오랫동안 차단되지 않았다고 그들은 알고 있어요. 기록적인 속도로 문제를 수정하고 있어요."

발라즈는 "그런데 왜 우리가 버그를 고친 지 일주일 만에 똑같은 버그가 다시 발생하는 걸까요?"라고 물었다.

어색한 침묵이 흘렀다. 다니엘은 그 사실을 알고 있었다. 버그가 고쳐진 후에 다시 발생하는 버그에 대해서는 변명의 여지가 없었다.

마크가 구출 작전에 뛰어들었다. "우리는 확실히 더 나은 테스트 작업을 할 수 있어요. TDD(테스트 주도 개발)는 수행하지 않고 있고 끝나지도 않았어요. 저는 여기 있는 모두가 훌륭하게 작업을 수행하길 원한다는 것을 알고 있지만, 그런 종류의 테스트는 우리의 속도를 늦추고 마감 기한을 좁히고 있어요."

발라즈는 "알고 있지만, 여러분은 이 제품이 테스터의 시간을 많이 낭비하고 있다는 것을 알아야 해요. 반복적인 버그가 계속 발생하는 곳에 자동 테스트를 우리가 넣을 수 있나요?"라며 한숨을 쉬었다.

다니엘은 "좋은 아이디어라고 생각해요. 해봅시다!"라고 말했다.

자동화된 테스트, 즉 개발자가 자체 코드를 테스트하기 위해 작성한 테스트는 거의 보편적으로 모범 사례로 간주된다. 많은 사람들이 TDD 방법론에 따라 테스트가 애플리케이션 코드 전에 작성되어야 한다고 주장한다. 여기서 논쟁을 시작하지는 않겠지만 모든 프로덕션 수준의 소프트웨어에는 적어도 몇 가지 형태의 자동화된 테스트가 있어야 한다고 말한다. 이 장에서는 ASP.NET Core MVC 애플리케이션의 다양한 부분을 테스트하는 몇 가지 접근 방법에 대해 설명한다.

👆 단위 테스트

프로젝트에 통합할 첫 번째 테스트 유형은 자동화된 단위 테스트(unit testing)이다. 단위 테스트를 통한 목표는 애플리케이션의 작은 부분을 독립적으로 실행하고 예상대로 작동하는지 확인하는 것이다. 작은 부분은 단위 테스트의 단위별 일부분이다. C# 컨텍스트에서 단위는 일반적으로 메서드 또는 클래스이다. 단위 테스트는 애플리케이션의 소스 코드를 쉽고 빠르게 변경할 수 있도록 작성되었으며, 테스트가 애플리케이션의 일부 기능을 실수로 손상시키지는 않는다.

단위 테스트의 견고한 제품군은 애플리케이션 코드의 변경으로 인해 애플리케이션에 회귀가 발생하지 않는다는 높은 수준의 확신을 제공할 수 있다. 잘 쓰여진 단위 테스트는 또한 구성 요소의 의도된 동작에 대한 문서 양식으로도 사용할 수 있다.

XUnit

C# 코드를 테스트하는 데 사용할 수 있는 여러 테스트 프레임워크가 있다. 가장 인기 있는 nUnit, MSTest, 및 xUnit.net이 있다. 이 테스트 프레임워크들은 몇 가지 다른 기능을 가지고 있지만, 기본 개념은 동일하게 유지된다. 테스트 메서드는 특성을 사용하여 주석 처리된다. 해당 테스트에서는 테스트 중인 코드를 실행하는 코드를 작성하고 예상되는 결과에 대한 가정을 작성한다. 가정은 합격 또는 불합격되며 결과는 단위 테스트 실행자에 의해 보고된다. xUnit과 다른 단위 테스트 프레임워크의 한 가지 차이점은 xUnit에는 테스트 메서드를 포함하는 클래스 표시에 사용되는 클래스 수준 특성이 없다는 것이다. xUnit 문서에는 xUnit과 다른 테스트 프레임워크(https://xunit.github.io/docs/comparisons.html)의 편리한 비교가 포함되어 있다.

알파인 스키 하우스는 xUnit.net을 사용하기로 결정했다. 주로 ASP.NET 팀이 ASP.NET Core 프레임워크를 테스트할 때 사용하는 도구이자 모두가 사용하기 좋아하는 훌륭한 프레임워크이기 때문이다.

시작하기 위해서는 새 프로젝트를 만들어야 한다. C# 단위 테스트를 별도의 어셈블리에 넣을 필요는 없지만 일반적으로 좋은 아이디어이다. 한 가지 이유는 단위 테스트용으로만 사용되었기 때문에 단위 테스트 코드를 애플리케이션과 함께 제공하고 싶지 않기 때문이다. 예를 들어 AlpineSkiHouse.Web 프로젝트에 있는 코드에 대한 테스트를 포함하는 AlpineSkiHouse.Web.Test라는 새 프로젝트를 만들었다. 폴더 구조에서 애플리케이션 프로젝트는 src 폴더에 있고 테스트 프로젝트는 test 폴더에 있다. 다시 말하면 이 규칙을 따를 필요는 없지만 많은 .NET 애플리케이션에서 사용되는 일반적인 방법이다.

또한 테스트 프로젝트는 xunit 및 dotnet-test-xunit의 두 패키지를 참조해야 한다. test Runner 속성도 xunit으로 설정해야 하고, 물론 테스트할 프로젝트에 대한 참조가 .csproj 파일에 필요할 것이다.

```xml
<ItemGroup>
  <PackageReference Include="xunit" Version="2.1.0"/>
</ItemGroup>
```

xUnit 기초

xUnit에서 단위 테스트는 메서드의 특성으로 표시된다. 두 가지 유형의 특성이 있는데 Fact 및 Theory가 사용될 수 있다. Fact는 항상 true인 반면, Theory는 일련의 입력에 대해 true가 되어야 하는 테스트이다. Theory는 단일 테스트 메서드를 사용하여 여러 시나리오를 테스트하는 데 사용할 수 있다.

```csharp
public class SimpleTest
{
  [Fact]
  public void SimpleFact()
  {
    var result = Math.Pow(2, 2);
    Assert.Equal(4, result);
```

```
    }

    [Theory]
    [InlineData(2, 4)]
    [InlineData(4, 16)]
    [InlineData(8, 64)]
    public void SimpleTheory(int amount, int expected)
    {
        var result = Math.Pow(amount, 2);
        Assert.Equal(expected, result);
    }
}
```

더 완벽한 문서는 공식 xunit.net 문서 사이트 https://xunit.github.io를 방문하자.

테스트 실행하기

단위 테스트를 실행하는 가장 쉬운 방법은 dotnet 명령줄 도구를 사용하는 것이다. 테스트 프로젝트가 포함된 폴더에서 dotnet test를 실행하면 테스트 프로젝트가 컴파일되고 그림

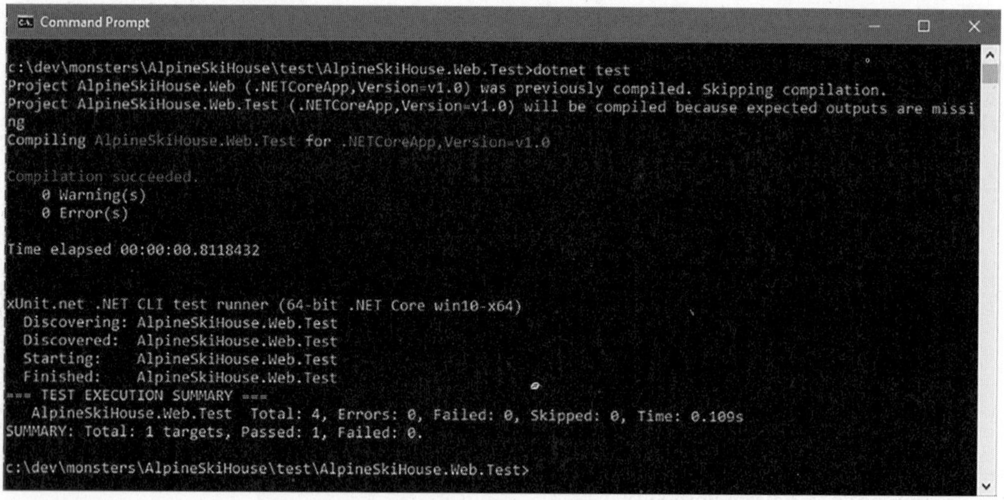

<그림 20-1> dotnet test를 사용하여 명령줄에서 단위 테스트 실행하기

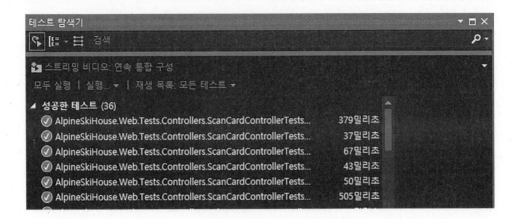

<그림 20-2> 비주얼 스튜디오의 테스트 탐색기

20-1과 같이 모든 프로젝트가 실행된다.

또한 명령줄 도구를 사용하면 기존 빌드 스크립트와 쉽게 통합할 수 있다. 테스트를 실행할 단계를 추가하기만 하면 된다.

또 다른 옵션은 내장된 테스트 탐색기를 사용하여 비주얼 스튜디오에서 직접 단위 테스트를 실행하는 것이다. 이 기능은 개발자에게 통합된 경험을 제공하며 디버거가 연결된 상태에서 테스트를 실행할 수 있는 옵션을 제공한다.

비주얼 스튜디오에서 기본 메뉴 중 테스트를 선택한 다음 테스트 탐색기를 선택하여 테스트 탐색기 창을 연다. 그림 20-2의 테스트 탐색기 창에는 솔루션의 모든 테스트 목록이 표시된다. 테스트가 나열되어 있지 않으면 테스트 탐색기 창이 열리는 동안 솔루션을 다시 빌드해야 한다.

모두 실행하기 링크를 클릭하여 모든 테스트를 실행하자. 통과한 테스트에는 녹색 체크 표시가 체크되고 실패한 테스트에는 빨간색 x가 표시된다. 실패한 테스트를 클릭하면 실패한 메서드에 대한 링크와 실패한 특정 주장을 포함하여 실패한 특정 가정의 요약이 표시된다.

단위 테스트 구성하기

이 책에서 자동화된 단위 테스트의 이점에 대해 이야기했지만 단위 테스트를 유지하는 데 드는 비용도 고려해야 한다. 단위 테스트 자체는 코드이며 다른 프로덕션 코드와 동일한 수준의 관리로 처리해야 한다. 표준 명명 규칙 및 코딩 스타일을 사용하지 않으면 단위 테스트 유지 관리의 어려움이 발생할 수 있다.

이 책에서는 테스트의 명명과 구성을 위한 몇 가지 규칙을 준수하도록 노력할 것이다. 첫째, 테스트 프로젝트의 폴더 구조는 테스트 중인 어셈블리의 폴더 구조와 일치해야 한다. 프로젝트 파일을 구성하는 방법에 대해서는 24장 "코드 구성"에 자세히 나와 있다.

또한 단일 파일 내에서 특정 클래스에 대한 모든 테스트를 구성할 것이다. 즉, CsrInformation Service에 대한 테스트는 소스 20-1에 표시된 대로 CsrInformationService Tests.cs라는 파일에 존재한다. 테스트 클래스 내에서 테스트는 중첩 클래스를 사용하여 구성된다. 각 내부 클래스는 특정 시나리오를 테스트하는 데 중점을 둔다. 예를 들어, CsrInformationService를 사용하여 온라인 담당자가 없을 때 시나리오를 테스트하려고 한다. 해당 시나리오는 소스 20-1의 GivenThereIsAtLeastOneRepresentativeOnline이라는 내부 클래스에서 테

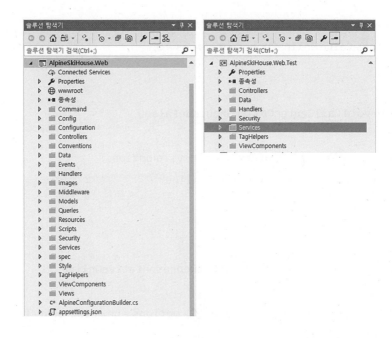

<그림 20-3> AlpineSkiHouse.Web 및 AlpineSkiHouse.Web.Test 프로젝트의 폴더 구조 비교

스트된다. CsrInformationService에는 내부 클래스의 생성자에서 초기화되는 IOptions 〈CsrInformationOptions〉에 대한 종속성이 있다. 마지막으로, 테스트 방법은 현재 시나리오에 대한 기대치를 테스트한다. 이 단순한 시나리오에서 CallCenterOnline 속성은 false 가 될 것으로 예상된다. CsrInformationServiceTests.cs의 내용은 소스 20-1에서 확인할 수 있다.

소스 20-1 CsrInformationService에 대한 단위 테스트

```
public class CsrInformationServiceTests
{
  public class GivenThereAreNoRepresentativesOnline
  {
    private IOptions<CsrInformationOptions> options;
    public GivenThereAreNoRepresentativesOnline()
    {
```

```
      options = Options.Create(new CsrInformationOptions());
      options.Value.OnlineRepresentatives = 0;
    }
    [Fact]
    public void CallCenterOnlineShouldBeFalse()
    {
      var service = new CsrInformationService(options);
      Assert.False(service.CallCenterOnline);
    }
  }

  public class GivenThereIsAtLeastOneRepresentativeOnline
  {
    public static readonly List<object[]> options = new List<object[]>
    {
      new object[]
       {Options.Create(new CsrInformationOptions { OnlineRepresentatives =
1})},
      new object[]
        {Options.Create(new CsrInformationOptions { OnlineRepresentatives =
2})},
      new object[]
        {Options.Create(new CsrInformationOptions { OnlineRepresentatives =
3})},
      new object[]
        {Options.Create(new CsrInformationOptions { OnlineRepresentatives =
1000})},
      new object[]
        {Options.Create(new CsrInformationOptions { OnlineRepresentatives =
100000})}
    };
    [Theory]
    [MemberData(nameof(options))]
```

```
    public void CallCenterOnlineShouldBeTrue(IOptions<CsrInformationOpti
ons> options)
    {
      var service = new CsrInformationService(options);
      Assert.True(service.CallCenterOnline);
    }
    [Theory]
    [MemberData(nameof(options))]
    public void OnlineRepresentativesShouldMatchOptionsSource(IOptions<C
srInformationOptions> options)
    {
      var service = new CsrInformationService(options);
      Assert.Equal(options.Value.OnlineRepresentatives,
             service.OnlineRepresentatives);
    }
  }
}
```

소스 20-1은 또한 내부 클래스 GivenThereIsAtLeastOneRepresentativeOnline에서 두 번째 시나리오를 테스트한다. 이 시나리오는 최소 한 명의 대표가 온라인 상태일 때 CsrInformationService를 테스트한다. Theory 및 MemberData 특성을 사용하여 온라인 담당자 수에 매핑할 수 있는 가능한 입력 집합을 테스트한다. option 속성은 CsrInformation Options에 가능한 값의 배열을 제공하며 각 값은 OnlineRepresentatives에 대해 다른 숫자가 지정된다. 이 시나리오에는 Theory 특성으로 표시된 두 개의 테스트가 포함된다. 첫 번째 테스트에서는 CallCenterOnline 속성이 true를 반환하는지 확인하고 두 번째 테스트에서는 OnlineRepresentatives 속성이 예상 값과 같은지 확인한다.

테스트 컨트롤러

이상적으로 컨트롤러에는 최소한의 로직이 포함되어 있어 테스트 수행이 많이 필요하지 않아야 한다. 컨트롤러는 실제로 HTTP 요청 및 응답과 같은 웹 개념과 애플리케이션 개념 간의 변환에 대해서만 책임을 가져야 한다. 대부분의 노력은 서비스, 명령 및 이벤트 처리기 및 기타 코드에서 재사용 가능한 곳에 구현해야 한다. 마찬가지로, 서비스를 예상대로 사용하고 올바른 HTTP 응답을 반환하도록 컨트롤러를 테스트하는 몇 가지 값이 있다. 예를 들어, 권한이 없는 사용자가 제한된 리소스에 접근할 수 없도록 컨트롤러를 테스트하는 것이 유용하다.

10장 "엔티티 프레임워크 Core"의 SkiCardController를 살펴보자. SkiCardController는 SkiCardContext, UserManager〈ApplicationUser〉 및 IAuthorizationService에 종속되어 있다. 종속성이 많을수록 설정이 어려워진다. 어떤 경우에는 mocking이라는 기술을 사용하여 가짜 버전의 종속성을 전달하고 컨트롤러가 해당 인터페이스의 일부분과 어떻게 상호작용하는지 테스트할 수 있다. mocking을 사용하여 SkiCardController의 IAuthorizationService와의 상호작용을 테스트한다. SkiCardContext와 같은 일부 종속성은 모의 수행하기가 어려울 수 있다. SkiCardContext와 같은 엔티티 프레임워크 DbContext의 경우 컨텍스트의 구체적인 인스턴스를 만들고 본격적인 데이터베이스가 아닌 메모리 데이터 저장소에서 백업하는 것이 훨씬 쉽다. 여기서 중요한 것은 mocking이 항상 답이 아니라는 것이다. 테스트에 대해 실용적인 자세를 취하고 상황에 가장 적합한 방법을 사용하도록 하자.

메모리 데이터베이스에서 지원하는 SkiCardContext를 만들려면 런타임 시 애플리케이션에서 사용하는 것과 다른 옵션을 전달해야 한다. 해당 옵션들을 생성하는 것은 대개 종속성 주입 프레임워크에 의해 처리되지만, 단위 테스트 프로젝트에서 우리는 옵션을 독자적으로 처리해야 한다. 많은 반복적인 코드를 피하기 위해 factory 메서드를 만들었으며, 다음과 같이 모든 DbContext에 사용할 수 있다.

```
public static class InMemoryDbContextOptionsFactory
{
  public static DbContextOptions<T> Create<T>() where T : DbContext
  {
    var serviceProvider = new ServiceCollection()
```

```
        .AddEntityFrameworkInMemoryDatabase()
        .BuildServiceProvider();

    var builder = new DbContextOptionsBuilder<T>();
    builder.UseInMemoryDatabase()
        .UseInternalServiceProvider(serviceProvider);

    return builder.Options;
  }
}
```

컨텍스트에 존재하지 않는 SkiCard에 대해 HttpPost Edit 액션이 호출되는 시나리오를 테스트해보자. 여기서는 액션 메서드는 NotFoundResult를 반환해야 한다. UserManager와 IAuthorizationService는 해당 시나리오에서도 사용되지 않으므로 특정 테스트에 대해 null 값을 전달할 수 있다.

```
public class WhenEditingASkiCardThatDoesNotExistInTheContext
{
  [Fact]
  public async Task EditActionShouldReturnNotFound()
  {
    using (SkiCardContext context =
      new SkiCardContext(InMemoryDbContextOptionsFactory.
Create<SkiCardContext>()))
    {
      var controller = new SkiCardController(context, null, null);
      var result = await controller.Edit(new EditSkiCardViewModel
      {
        Id = 2,
        CardHolderFirstName = "Dave",
        CardHolderLastName = "Paquette",
```

```
        CardHolderBirthDate = DateTime.Now.AddYears(-99),
        CardHolderPhoneNumber = "555-123-1234"
    });
    Assert.IsType<NotFoundResult>(result);
  }
 }
}
```

약간 더 복잡한 시나리오는 악의적인 사용자가 HttpPost Edit 액션 메서드를 호출하여 속하지 않은 SkiCard를 편집하려고 하는 경우이다. 해당 시나리오는 소스 20-2의 GivenAHackerTriesToEditSomoneElsesSkiCard 클래스에서 테스트된다. 여기에는 두 가지 종속성이 관련되어 있으며 ControllerContext에 몇 가지 정보를 설정해야 한다. 특히, HttpContext에서 내부적으로 가져온 User가 있다. 이 설정 코드를 생성자로 이동하면 테스트 방법을 간단하고 쉽게 읽을 수 있다. 먼저 SkiCardContext를 만들고 악의적인 사용자가 편집을 시도할 SkiCard를 추가한다. 그런 다음 DefaultHttpContext와 새로운 ClaimsPrincipal을 사용하여 ControllerContext를 생성한다. ClaimsPrincipal이 IAuthorizationService에 제대로 전달되었는지 확인하기만 하면 되므로 ClaimsPrincipal에 값을 설정할 필요가 없다. 테스트 메서드에서 컨트롤러를 만들고 IAuthorizationService에 예상 호출을 설정한다. 특히, _badGuyPrincipal 및 _skiCard가 전달된 AuthorizeAsync 메서드에 대한 호출을 예상하고 EditSkiCardAuthorizationRequirement를 확인하자. SkiCardController와 IAuthorizationService 간의 예상되는 상호작용을 설정하고 확인하기 위해 .NET에 대한 간단하면서도 강력한 mocking 라이브러리인 Moq를 사용한다. Moq에 대한 자세한 내용은 https://github.com/Moq/moq4를 방문하자.

소스 20-2 SkiCardController의 편집 액션 메서드 테스트의 예제

```
public class GivenAHackerTriesToEditSomeoneElsesSkiCard : IDisposable
{
  SkiCardContext _skiCardContext;
```

```csharp
SkiCard _skiCard;
ControllerContext _controllerContext;
ClaimsPrincipal _badGuyPrincipal;
Mock<IAuthorizationService> _mockAuthorizationService;

public GivenAHackerTriesToEditSomeoneElsesSkiCard()
{
  _skiCardContext =
    new SkiCardContext(InMemoryDbContextOptionsFactory.
Create<SkiCardContext>());
  _skiCard = new SkiCard
  {
    ApplicationUserId = Guid.NewGuid().ToString(),
    Id = 5,
    CardHolderFirstName = "James",
    CardHolderLastName = "Chambers",
    CardHolderBirthDate = DateTime.Now.AddYears(-150),
    CardHolderPhoneNumber = "555-555-5555",
    CreatedOn = DateTime.UtcNow
  };

  _skiCardContext.SkiCards.Add(_skiCard);
  _skiCardContext.SaveChanges();

  _badGuyPrincipal = new ClaimsPrincipal();
  _controllerContext = new ControllerContext()
  {
    HttpContext = new DefaultHttpContext
    {
      User = _badGuyPrincipal
    }
  };
```

```
        _mockAuthorizationService = new Mock<IAuthorizationService>();
    }


    [Fact]
    public async void EditActionShouldReturnChallengeResult()
    {


        var controller = new SkiCardController(_skiCardContext, null, _
mockAuthorizationService.Object)
        {
            ControllerContext = _controllerContext
        };


        _mockAuthorizationService.Setup(
            a => a.AuthorizeAsync(
              _badGuyPrincipal,
              _skiCard,
              It.Is<IEnumerable<IAuthorizationRequirement>>(
                r => r.Count() == 1 && r.First() is EditSkiCardAuthorizationRequireme
nt)))
              .Returns(Task.FromResult(false));


        var result = await controller.Edit(new EditSkiCardViewModel
        {
            Id = _skiCard.Id,
            CardHolderFirstName = "BadGuy",
            CardHolderLastName = "McHacker",
            CardHolderBirthDate = DateTime.Now.AddYears(-25),
            CardHolderPhoneNumber = "555-555-5555"
        });


        Assert.IsType<ChallengeResult>(result);
        _mockAuthorizationService.VerifyAll();
```

```
  }
  public void Dispose()
  {
    _skiCardContext.Dispose();
  }
}
```

xUnit은 실행되는 모든 테스트에 대해 테스트 클래스의 새 인스턴스를 만든다. 클래스
가 IDisposable로 표시되면 xUnit은 모든 테스트 수행 후에 Dispose 메서드도 호출한
다. 소스 20-2의 시나리오에서 클래스는 IDisposable로 표시되고 테스트가 실행된 후 _
skiCardContext 인스턴스가 삭제되도록 하는 Dispose 메서드에 정리 논리가 추가된다. 소
스 20-2에 테스트할 수 있는 것과 가능한 것들이 훨씬 더 많이 있다. 예를 들어 위의 시나리오
에서 스키 카드가 수정되지 않았는지 테스트해야 한다. 더 나아가 SkiCardContext와의 많
은 상호작용을 명령으로 이동시켜 이 컨트롤러를 보다 쉽게 테스트할 수 있도록 해야 한다.
명령 패턴의 리팩토링(refactoring)에 대한 자세한 내용은 23장 "리팩토링"을 참고하자.

태그 도우미 테스트하기

단위 테스트 태그 도우미는 여러 시나리오에서 태그 도우미가 출력한 HTML을 테스트할
수 있는 기회를 제공한다. 일부 불편한 설정을 제외하면 태그 도우미를 테스트하는 것은 매
우 간단하다. 기본적으로 TagHelperContext를 설정하고 태그 도우미에서 Process 또는
ProcessAsync를 호출하여 TagHelperOutput에 예상된 변경 사항이 적용되었는지 확인한
다. 까다로운 부분은 테스트를 위해 TagHelperContext 및 TagHelperOutput을 만드는 것
이다.

ASP.NET Core MVC는 오픈 소스이므로 막히면 소스 코드를 검사할 수 있다. 소스 코
드를 검사하는 경우 ASP.NET 팀이 기본 제공 태그 도우미를 테스트한 방법을 확인했다.
GitHub에서 소스를 파고들면서 몇 분 후에 TagHelperContext 및 TagHelperOutput을 생
성하기 위한 몇 가지 정적 메서드를 작성하는 접근법을 발견할 수 있다.

```
private static TagHelperContext GetTagHelperContext(string id = "testid")
{
  return new TagHelperContext(
    allAttributes: new TagHelperAttributeList(),
    items: new Dictionary<object, object>(),
    uniqueId: id);
}


private static TagHelperOutput GetTagHelperOutput(
  string tagName = "button",
  TagHelperAttributeList attributes = null,
  string childContent = "")
{
  attributes = attributes ?? new TagHelperAttributeList();
  return new TagHelperOutput(
    tagName,
    attributes,
    getChildContentAsync: (useCachedResult, encoder) =>
    {
      var tagHelperContent = new DefaultTagHelperContent();
      tagHelperContent.SetHtmlContent(childContent);
      return Task.FromResult<TagHelperContent>(tagHelperContent);
    });
}
```

위 메서드는 테스트 중인 각 태그 도우미에 따라 다르다. 예를 들어, 특정 태그 도우미를 테스트할 때는 TagHelperContext 및 TagHelperOutput에 기본 속성을 추가해야 한다. 기본 속성을 추가하는 경우 해당하는 모든 정적 메서드를 LoginProviderButtonTagHelperTests 클래스에 추가하여 모든 태그 도우미 시나리오에 사용할 수 있다. 소스 20-3은 LoginProviderButtonTagHelperTests 클래스의 시나리오 중 하나를 보여준다.

```
public class WhenTargettingAnEmptyButtonTag
{
  TagHelperContext _context;
  TagHelperOutput _output;
  AuthenticationDescription _loginProvider;
  LoginProviderButtonTagHelper _tagHelper;

  public WhenTargettingAnEmptyButtonTag()
  {
    _loginProvider = new AuthenticationDescription
    {
      DisplayName = "This is the display name",
      AuthenticationScheme = "This is the scheme"
    };

    _tagHelper = new LoginProviderButtonTagHelper()
    {
      LoginProvider = _loginProvider
    };

    _context = GetTagHelperContext();
    _output = GetTagHelperOutput();
  }


  [Fact]
  public void TheTypeAttributeShouldBeSetToSubmit()
  {
    _tagHelper.Process(_context, _output);
    Assert.True(_output.Attributes.ContainsName("type"));
    Assert.Equal("submit", _output.Attributes["type"].Value);
  }
```

```csharp
    [Fact]
    public void TheNameAttributeShouldBeSetToProvider()
    {
      _tagHelper.Process(_context, _output);
      Assert.True(_output.Attributes.ContainsName("name"));
      Assert.Equal("provider", _output.Attributes["name"].Value);
    }

    [Fact]
    public void TheValueAttributeShouldBeTheAuthenticationScheme()
    {
      _tagHelper.Process(_context, _output);
      Assert.True(_output.Attributes.ContainsName("value"));
      Assert.Equal(_loginProvider.AuthenticationScheme, _output.
Attributes["value"].Value);
    }

    [Fact]
    public void TheTitleAttributeShouldContainTheDisplayName()
    {
      _tagHelper.Process(_context, _output);
      Assert.True(_output.Attributes.ContainsName("title"));
      Assert.Contains(_loginProvider.DisplayName, _output.Attributes["title"].
Value.ToString());
    }

    [Fact]
    public void TheContentsShouldBeSetToTheAuthenticationScheme()
    {
      _tagHelper.Process(_context, _output);
      Assert.Equal(_loginProvider.AuthenticationScheme, _output.Content.
GetContent());
    }
```

```
    }
```

소스 20-3의 시나리오는 내부 HTML이 없고 HTML 속성이 설정되지 않은 버튼을 목표로 할 때 LoginProviderButtonTagHelper의 예상 출력을 테스트한다. TagHelperContext, TagHelperOutput 및 LoginProviderButtonTagHelper는 생성자에서 초기화된다. 각각의 개별 테스트 메서드는 태그 도우미의 Process 메서드를 호출하고 특정 속성이 TagHelperOutput에 적절하게 설정되었다고 가정한다. LoginProviderButtonTagHelper는 버튼에 기존 HTML 특성이 있는 경우와 버튼에 내부 HTML이 있는 경우에도 테스트해야 한다. 알파인 스키 하우스 GitHub repo인 https://github.com/AspNetMonsters/AlpineSkiHouse/에서 해당 추가 시나리오를 볼 수 있다.

뷰 구성 요소 테스트하기

뷰 구성 요소를 테스트하는 것은 컨트롤러 테스트와 크게 다르지 않다. 필요한 종속성을 설정하거나 mocking한 다음 Invoke 메서드를 호출하고 결과를 확인한다. 소스 20-4는 CallCenterStatusViewComponent를 테스트하는 예제이다.

소스 20-4 CallCenterStatusViewComponent에 대한 단위 테스트

```
public class CallCenterStatusViewComponentTests
{
  public class GivenTheCallCenterIsClosed
  {
    [Fact]
    public void TheClosedViewShouldBeReturned()
    {
      var _csrInfoServiceMock = new Mock<ICsrInformationService>();
      _csrInfoServiceMock.Setup(c => c.CallCenterOnline).Returns(false);

      var viewComponent = new CallCenterStatusViewComponent(
```

```
csrInfoServiceMock.Object);

    var result = viewComponent.Invoke();

    Assert.IsType<ViewViewComponentResult>(result);
    var viewResult = result as ViewViewComponentResult;
    Assert.Equal("Closed", viewResult.ViewName);
  }
}

public class GivenTheCallCenterIsOpen
{
  [Fact]
  public void TheDefaultViewShouldBeReturned()
  {
    var _csrInfoServiceMock = new Mock<ICsrInformationService>();
    _csrInfoServiceMock.Setup(c => c.CallCenterOnline).Returns(true);

    var viewComponent = new CallCenterStatusViewComponent(_
csrInfoServiceMock.Object);

    var result = viewComponent.Invoke();

    Assert.IsType<ViewViewComponentResult>(result);
    var viewResult = result as ViewViewComponentResult;
    Assert.Null(viewResult.ViewName);
  }
}
}
```

소스 20-4에서 CallCenterStatusViewComponent는 ICsrInformationService의 mocking 을 사용하여 테스트된다. 첫 번째 시나리오에서는 ICsrInformationService의 CallCenter

Online 속성이 false일 때 "Closed" 뷰가 반환되는지 확인한다. 두 번째 시나리오에서는 CallCenterOnline 속성이 true일 때 기본 뷰가 반환되는지 확인한다.

애플리케이션의 실수로 5만 달러의 무료 스키 패스권을 보냈다는 것을 상사에게 설명하는 것보다 ASP.NET Core 애플리케이션에서 C# 코드를 테스트하는 것이 더 쉽고 간단하다.

자바스크립트 테스트

15장 "자바스크립트의 역할"에서 보았듯이 애플리케이션에는 C# 코드 외에도 상당한 양의 자바스크립트가 포함되어 있다. 대부분의 애플리케이션에서 클라이언트 측 코드의 복잡성으로 인해 일부 테스트가 필요하지만 많은 ASP.NET 애플리케이션에서는 자바스크립트 테스트가 빠져 있다. 다행스럽게도 xUnit.net에서 사용된 것과 유사한 접근법을 사용하여 자바스크립트를 테스트할 수 있는 훌륭한 도구가 있다.

자스민

자바스크립트의 모든 경우와 마찬가지로 적어도 12개의 경쟁 단위 테스트 프레임워크가 있다. 모든 프레임워크에 대한 심층적인 비교는 이 책에서 다루지 않는다. 알파인 스키 하우스 프로젝트에서 자스민(Jasmine)은 우리가 가장 많이 사용해온 도구이다. 자스민 자체는 npm 을 사용하여 설치한다.

```
npm install --save-dev jasmine
npm install -g jasmine
```

자스민의 규칙은 파일들을 spec이라는 폴더에 저장하는 것이다. C# 테스트와 달리 자바스크립트 소스 코드와 동일한 프로젝트에 자바스크립트 테스트를 배치하는 것이 좋다. 이 경우 AlpineSkiHouse.Web 프로젝트이다. 자바스크립트 테스트를 별도의 프로젝트에 배치하려고 하면 불필요한 복잡성이 발생하고 테스트를 실행하는 것이 훨씬 어려워진다. 테스트 자체는 자바스크립트 파일이고 어셈블리에 포함되지 않으므로 게시 프로세스에서 쉽게 제외할 수 있다. 즉, 실수로 애플리케이션의 일부로서 테스트 코드를 게시하지 않도록 할 수 있다.

자스민의 단위 테스트는 중첩 기능에 의해 구현된다. 각 파일은 자스민의 전역 describe 함수로 시작하여 테스트되는 시나리오와 해당 시나리오를 구현하는 함수를 설명하는 텍스트를 전달한다. 구현 함수 내에서 자스민의 it 함수를 호출하고 전달하여 여러 가지 테스트를 구현할 수 있다. expect 함수는 xUnit.net에서 Assert를 사용하는 것과 비슷한 기대치를 설명하는 데 사용된다.

```
describe("The scenario we are testing", function(){
  var someValue;
  it("should be true", function(){
    a = true;
    expect(a).toBe(true);
  });
});
```

describe 함수는 중첩될 수 있으며 자스민은 beforeEach, afterEach, beforeAll 및 afterAll과 같은 유용한 설정 및 해제 기능도 제공한다. 자스민은 http://jasmine.github.io/에서 훌륭한 관련 문서를 제공한다.

자바스크립트 테스트 구성하기

C# 단위 테스트를 구성하는 데 사용한 것과 동일한 방법을 사용하여 자스민 자바스크립트 테스트를 가능한 한 많이 구성한다. 특히 specs 폴더 내의 폴더 구조는 모든 애플리케이션의 자바스크립트가 있는 Scripts 폴더의 폴더 구조를 따라간다. 예를 들어, Controls/MetersSkied.js에 대한 테스트는 specs/Controls/MetersSkiedTest.js에 있다.

각 테스트 파일은 높은 수준의 시나리오를 설명하고 테스트 중인 모듈을 로드하여 시작된다. 이 경우 모듈은 Controls/MetersSkied이다. 로딩은 자스민의 beforeAll 함수에서 발생한다. 가져오기가 완료되면 done() 함수를 호출하여 신호를 보내는 것이 중요하다. 테스트 또는 중첩된 시나리오는 다음과 같다.

498

```
describe("When viewing the MetersSkied chart", function () {
  var MetersSkied;
  beforeAll(function (done) {
    System.import("Controls/MetersSkied").then(function (m) {
      MetersSkied = m;
      done();
    });
  });
  //중첩 시나리오 또는 테스트
  it("should display data for the ski season", function () {
    var div = document.createElement("div");
    var chart = new MetersSkied.MetersSkied(div);

    expect(chart.labels.length).toBe(6);
    expect(chart.labels).toContain("November");
    expect(chart.labels).toContain("December");
    expect(chart.labels).toContain("January");
    expect(chart.labels).toContain("February");
    expect(chart.labels).toContain("March");
    expect(chart.labels).toContain("April");
  })
});
```

테스트 실행하기

자스민에는 단위 테스트 러너가 포함되어 있지만 브라우저에서 실행되는 애플리케이션과 달리 Node.js 애플리케이션에 주로 맞춰져 있다. 다행스럽게도 브라우저에는 자스민 단위 테스트를 실행하기 위해 설계된 다른 단위의 테스트 러너가 있다. AlpineSkiHouse.Web과 같은 웹 애플리케이션의 경우 Karma는 크롬, 파이어폭스, 인터넷 익스플로러 및 PhantomJS와 같은 여러 브라우저의 환경에서 테스트를 실행하는 데 사용할 수 있기 때문에 단위 테스트 러너의 좋은 선택이다. Karma는 자스민 테스트를 관리하거나 자동 수행한다. 해당 컨텍스트에서 자동 수행은 적절한 자바스크립트 파일을 포함하는 HTML 페이지를 작성하고 해당 페이지를 브라우저에 제공하는 웹 서버를 시작하는 것을 의미한다. Karma는 또한 브라우저 선택에 대한 테스트를 수행한다. Karma는 npm을 사용하여 쉽게 설치된다.

```
npm install --save-dev karma
npm install -g karma
npm install --save-dev karma-jasmine
```

Karma가 설치된 후 명령줄에서 karma init을 실행하면 포함할 자바스크립트 파일과 테스트할 브라우저에 대해 일련의 질문을 던진다. 질문 목록을 살펴본 후 Karma는 karma.conf.js 파일을 만든다.

```
// Karma 구성
module.exports = function(config) {
  config.set({
    // 모든 패턴(예: 파일, 차단)을 해석하는 데 사용될 기본 경로
    basePath: 'wwwroot',
    frameworks: ['jasmine'],

    // 브라우저에 로드할 파일/패턴 목록
    files: [
      'js/system.js',
      'js/system-polyfills.js',
      'js/jspmconfig.js',
      { pattern: 'js/**/*.js', included: false, watched: true, served: true },
      //'js/Controls/MetersSkied.js',
      '../spec/**/*Tests.js'
    ],
    reporters: ['progress'],
    // 웹 서버 포트
    port: 9876,
    colors: true,
```

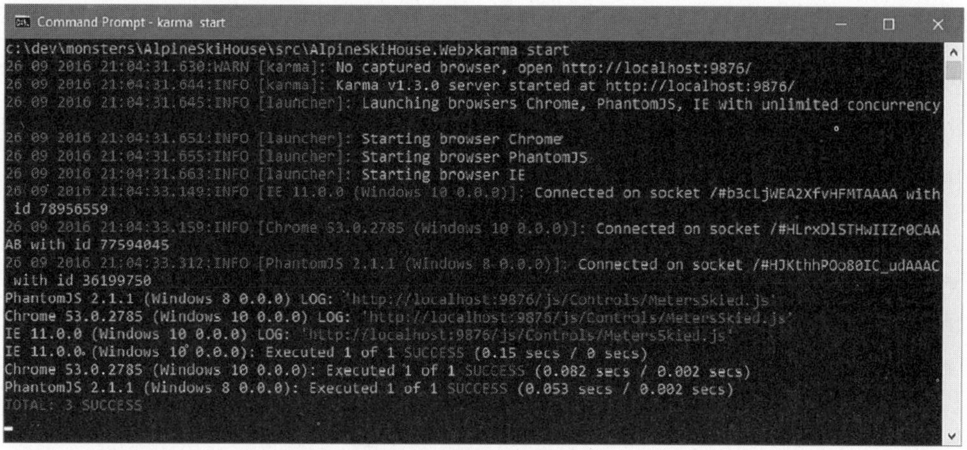

<그림 20-4> 명령줄에서 **Karma** 단위 테스트 러너 실행하기

```
    logLevel: config.LOG_INFO,
    // 모든 파일이 변경될 때마다 파일 감시 및 테스트 실행 활성/비활성화
    autoWatch: true,
    browsers: ['Chrome', 'PhantomJS', 'IE'],
    singleRun: false,
    concurrency: Infinity,
    proxies: {
      '/js': '/base/js'
    }
  })
}
```

files 속성은 매우 중요하다. 먼저 system.js 및 system-polyfills.js를 로드한 다음 jspmconfig.
js를 로드해야 한다. 이는 모듈을 테스트에 로드하는 데 필요한 초기 단계를 제공한다. 그런
다음 js 폴더에 있는 모든 *.js 파일의 패턴을 지정하지만 Karma에게 자동으로 해당 파일을
포함시키지 않도록 지정한다. Karma 웹 서버는 System.js 모듈 로더가 요청할 때만 개별 자
바스크립트 파일을 제공해야 한다.

초심자를 위해 크롬, IE 및 PhantomJS에 대한 테스트를 실행하도록 Karma를 구성했다. PhantomJS는 브라우저 창을 시작하지 않고 테스트를 실행할 수 있는 헤드리스 브라우저이다. 지정된 각 브라우저마다 karma-*-launcher 플러그인을 설치한다. Edge, 파이어폭스 및 기타 브라우저용 플러그인도 있다.

```
npm install --save-dev karma-chrome-launcher
npm install --save-dev karma-phantomjs-launcher
npm install --save-dev karma-ie-launcher
```

이제 Karma가 구성되었으므로 명령줄에서 Karma start를 실행하여 단위 테스트를 시작한다. Karma는 크롬 및 인터넷 익스플로러 브라우저를 실행하고 자스민 단위 테스트를 시작한다. 결과는 그림 20-4와 같이 명령줄에 보고된다.

Karma를 사용하면 무료로 지속적인 테스트를 받을 수 있다. Karma는 또한 소스 또는 테스트 파일의 변경 사항을 감시하고 필요에 따라 테스트를 다시 실행하여 개발자에게 인스턴스 피드백을 제공한다.

📝 note

gulp-karma 플러그인을 사용하여 기존 Gulp 기반 클라이언트 측 빌드 프로세스에 Karma를 통합할 수도 있다. 이 책에서는 앱의 간단한 명령줄 처리를 고수하겠지만, 관심이 있다면 https://github.com/karma-runner/gulp-karma와 https://github.com/karma-runner/grunt-karma를 살펴보자.

Karma는 명령줄 도구이기 때문에 지속적인 통합 빌드 시스템과 쉽게 통합할 수 있다. 그러나 개발자 컴퓨터와 동일한 설정으로 빌드 서버에서 Karma를 실행하고 싶지는 않을 것이다. 예를 들어, 빌드가 무한히 대기 상태가 될 수 있기 때문에 Karma가 소스 및 테스트 파일의 변경 사항을 감시하지 않도록 한다. 대신 테스트를 한 번만 실행하고 싶을 것이다. 서버에서 빌드 프로세스를 단순화하고 PhantomJS에 대한 테스트만 실행하도록 선택할 수도 있다. 사용자 인터페이스 세션이 없는 서버 상의 브라우저 창을 열면 문제가 발생할 수 있으며 일부 서버에서는 브라우저 창의 실행을 시도하는 동안 테스트 러너가 중단된다. 대부분의 설정은 명령줄 옵션으로 지정할 수 있다.

```
karma start --single-run --browsers PhantomJS
```

또한 사용 중인 빌드 서버에 대한 리포터를 지정할 수도 있다. 다른 모든 Karma 기능과 함께 서버 통합을 구축하는 방법은 https://karma-runner.github.io/에 잘 문서화되어 있다.

테스트의 기타 형태

C# 및 자바스크립트 단위 테스트를 매우 자세히 다루었지만 다른 유형의 자동화된 테스트를 고려해야 한다. 통합 테스트는 모든 모듈을 함께 사용할 때 애플리케이션 동작을 테스트하는 자동화된 테스트의 또 다른 계층이다. 즉, 각 조각을 개별적으로 테스트하는 대신 실제로 애플리케이션의 다른 조각들과 상호작용할 때 어떻게 작동하는지 테스트한다.

대부분의 경우 단위 테스트에 사용된 것과 동일한 도구를 사용하여 통합 테스트를 작성할 수 있지만 각 테스트에는 더 많은 설정이 필요하다. 예를 들어, 일부 기초 데이터를 포함하는 관계형 데이터베이스가 필요할 것이다. 애플리케이션을 호스팅하려면 웹 서버를 시작해야 할 수도 있다.

또 다른 중요한 고려 사항은 통합 테스트에 사용자 인터페이스를 포함시킬지 여부이다. 일부 통합 테스트에서는 Selenium의 WebDriver(http://www.seleniumhq.org/projects/webdriver/)와 같은 브라우저 자동화 도구를 사용하여 브라우저와 사용자가 상호작용하는 시뮬레이션 방법을 사용한다. 다른 테스트에서는 브라우저가 만들 HTTP 요청만 시뮬레이션하는 방식을 사용한다.

https://docs.asp.net/en/latest/testing/integration-testing.html에 있는 공식 ASP.NET Core 문서에는 통합 테스트에 대한 좋은 자습서가 있다.

고려해야 할 또 다른 유형의 테스트는 부하 테스트이다. 성능 문제에 대해 알아낼 수 있는 최악의 시간은 서버 과부하로 인해 실패하기 시작하는 경우이다. 다행히도 애플리케이션에서 높은 부하를 시뮬레이션할 수 있는 훌륭한 부하 테스트 도구가 있다. 비주얼 스튜디오에는 부하 테스트 내장 도구가 있다(https://www.visualstudio.com/en-us/docs/test/performance-testing/getting-started/getting-started-with-performance-testing). Web Surge는 또 다른 훌륭한 선택이다(http://websurge.west-wind.com/).

요약

ASP.NET Core 프레임워크는 처음부터 자동화 테스트를 고려하여 설계되었다. 14장 "종속성 주입"에서 설명했듯이 ASP.NET Core 생성자 주입을 사용하면 애플리케이션의 구성 요소를 테스트하는 데 필요한 설정이 간단해진다. 모의 객체는 의존성과 예상되는 상호작용을 테스트하기 위해 클래스에 전달될 수 있다. 이 장에서는 테스트 서비스, 컨트롤러, 뷰 구성 요소 및 태그 도우미의 구체적인 예를 살펴보았다.

일반적으로 ASP.NET Core 애플리케이션은 C# 및 자바스크립트 코드로 구성된다. 단위 테스트는 두 영역 모두에 걸쳐 있어야 한다. 이 장에서는 자스민과 Karma를 사용하여 클라이언트 측 자바스크립트 코드의 자동화된 단위 테스트를 수행했다. 팀에서 적절한 도구 사용과 약간의 훈련만으로 자동화된 테스트를 쉽게 수행할 수 있다. 견고한 일련의 자동화된 테스트는 팀이 더 많은 확신을 가지고 더 빠른 속도로 나아갈 수 있도록 도와준다.

이 장에서 설명한 단위 테스트 기술은 다음 장 "확장성"에서 설명하는 확장성 지점과 같은 ASP.NET Core 프레임워크의 다른 측면에도 적용할 수 있다.

확장성

다니엘이 체스터의 칸막이 쪽으로 걸어올 때 체스터는 책을 읽고 있었다. 항상 사람들이 어떤 책을 읽는지 궁금해하던 다니엘이 대화를 시작했다. "체스터, 무엇을 읽고 있나요?"

체스터는 조금 놀라며 "아, 'ASP.NET Core 애플리케이션 개발'이라는 ASP.NET MVC Core에 관한 책이에요. 흥미로운 것이 있어요. 이 책의 많은 내용들이 우리가 이미 이 프로젝트에서 접한 것들과 비슷해요. 그러나 여기 '확장성' 장에는 모르는 것들이 많아요"라고 말했다.

다니엘은 "우리는 프레임워크가 필요할 때 그 부분만 살펴봤고 전체 프레임워크에 대해 배우지 않았어요. 우리가 사용할 만한 것들이 있나요?"라고 물었다.

체스터가 현재 페이지를 두드리며 "솔직히 말하면, 우리가 사용하고 있는 이것들은 그냥 일종의 작업이에요. 우리가 다른 파이프라인으로 매끄러운 작업을 하거나 우리의 미들웨어를 작성하고 있다면 이 장이 해당될 거예요. 이 부분이 유용할 것 같아요. 이건 동형 애플리케이션*에 관한 것이에요"라고 말했다.

"도형 애플리케이션이요? 사각형 같은 건가요 그건?"

체스터가 웃으며 "하하, 아마 그건 아닌 것 같네요. 단일 페이지 애플리케이션에서 페이지를 로드할 때 약간 시간이 걸린다는 건 알고 있죠?"라고 말했다.

"네" 다니엘이 말했다. 그 질문에 그녀는 화가 났다.

"좋아요, 그래서 동형 애플리케이션은 서버에서 초기 문서 객체 모델 생성을 실행하고 이미 함수화된 페

---

* 　　동형(Isomorphic) 애플리케이션은 많은 사람들이 유니버셜(Universal) 애플리케이션 스타일이라 부른다.

이지를 전달할 거예요. 그런 다음 클라이언트의 자바스크립트가 이미 존재하는 DOM을 인계받아 활용할 수 있어요. 페이지가 이미 렌더링되어 있을 것이고 자바스크립트는 실제로 어떤 것도 변경할 필요가 없기 때문에 더 빨라질 거예요."

"모든 면에서 더 빨라지고 좋아진다는 소리군요. 우리 프로젝트에도 적용하는 것이 좋을 것 같아요."

"도구들이 모두 여기 있고 언제든지 시작할 수 있어요. 전 성가신 로드 지연을 제거하는 데 확실히 관심이 있어요. 그래픽 로딩으로 시작하는 웹페이지는 답이 없어요, 그건 정말 바보 같아요."

다니엘은 "확실히 시작 페이지도 있을 것 같아요. 자바스크립트를 추가할 때마다 페이지를 로딩하는 데 더 오래 걸릴 것 같아요. 그건 정사각형 같은 해결책이 아니에요"라고 말했다.

체스터는 "그거, 아까 말한 도형 같은 농담인가요?"라고 물었다.

"그렇죠." 다니엘은 인정했다. 어쩌면 그녀는 마크와 함께 너무 많은 시간을 허비한 것인지도 모른다. "전 정사각형처럼 반듯하게 일이 해결되기를 원해요."

ASP.NET Core MVC 프레임워크는 확장성을 위해 만들어졌다. 프레임워크의 거의 모든 수준에는 몇 가지 고급 시나리오를 지원할 수 있는 연결고리가 있다. 우리는 이미 확장성 지점에 대해 이야기했지만 이 장에서 좀 더 자세하게 설명한다.

👆 규약

ASP.NET Core MVC 프레임워크는 매우 강력한 규약(conventions)을 기반으로 한다. 규약에 의한 뷰의 위치는 Views/ControllerName/ActionName.cshtml이다. 규약에 의해 컨트롤러는 Controllers 폴더에 위치한다. 규약은 애플리케이션을 실행하는 데 필요한 일부 수고를 덜기 위해 작동한다. 구성에 대해 선호하는 규약을 사용하면 최소한의 노력으로 빠르게 기능을 추가하고 ASP.NET Core MVC 애플리케이션을 확장할 수 있다.

기본 프레임워크 규약은 일반적으로 대부분의 애플리케이션에서 잘 작동하지만 기존 규약을 수정하거나 고유한 사용자 정의 규약을 추가하는 것이 좋을 수도 있다. 표 21-1에는 ASP.NET Core MVC에서 수정하거나 만들 수 있는 규약의 유형이 나열되어 있다.

ASP.NET Core 애플리케이션이 시작되면서 추가된 모든 규약이 뷰의 가장 외부 필드에서 시작하여 애플리케이션 규약을 사용하고, 그런 다음 컨트롤러 및 액션 규약을 매개변수 규

〈표 21-1〉 ASP.NET Core MVC에서 규약의 유형

규약	인터페이스	설명
Application	IApplicationModelConvention	아래의 각 단계를 반복할 수 있도록 애플리케이션 전체 규약에 대한 접근을 제공한다.
Controller	IControllerModelConvention	컨트롤러 고유의 규약이지만 하위 수준을 평가할 수도 있다.
Action	IActionModelConvention	액션 수준 규약의 변경은 모든 액션의 매개변수뿐만 아니라 여기에서도 이루어질 수 있다.
Parameter	IParameterModelConvention	특정 매개변수에만 적용된다.

칙에 따라 작업한다. 해당 방식으로 가장 구체적인 규약이 마지막에 적용된다. IController ModelConvention을 사용하여 매개변수 규약을 추가하면 규약을 프로젝트에 추가하는 순서에 관계없이 IParameterModelConvention이 덮어쓸 수 있다는 점에 유의해야 한다. 규약의 순서는 동일한 수준에서만 적용되고, 조정할 수 없는 수준에서는 우선순위가 있기 때문에 미들웨어와는 다르다.

사용자 정의 규약 생성하기

사용자 정의 규약을 만들려면 적절하게 범위가 지정된 규약을 상속하는 클래스를 생성한다. 예를 들어 애플리케이션 수준에서 적용되는 사용자 정의 규약을 만들려면 IApplication ModelConvention 인터페이스를 구현해야 한다. 표 21-1에 나열된 각 인터페이스에는 런타임에 호출되는 단일 Apply 메서드가 있다. Apply 메서드는 적절한 수준에 대한 모델을 승인한다. 예를 들어, ApplicationModelConvention의 Apply 메서드는 ApplicationModel 인수를 승인한다. 다른 것들 사이에서 ApplicationModel은 시작 시 발견된 컨트롤러 목록을 포함한다. 또한 Apply 메서드에서 컨트롤러의 목록을 검사하고 컨트롤러의 속성을 수정할 수 있다.

애플리케이션 수준 사용자 정의 규약

```
public class CustomApplicationModelConvention : IApplicationModelConvention
{
  public void Apply(ApplicationModel application)
  {
    //여기에 사용자 정의 규약을 적용
  }
}
```

Startup.ConfigureServices에서 AddMvc 확장 메서드를 호출할 때 Startup에서 MVC 프레임워크와 함께 규약을 등록한다. 수행에 필요한 것은 Conventions 목록에 사용자 정의 규약의 인스턴스를 추가하는 것이다.

508

Startup.Configure에서 사용자 정의 규약 등록하기

```
services.AddMvc(mvcOptions =>
{
  mvcOptions.Conventions.Add(new CustomApplicationModelConvention());
});
```

간단한 예로서, 사용자 정의 IActionModelConvention을 생성해보자. 해당 규약에서는 HttpPost 특성이 있고 ValidateAntiForgeryToken이 명시적으로 추가되지 않는 모든 액션 메서드에 ValidateAntiForgeryToken 필터를 자동으로 추가하려고 한다. Apply 메서드에서 액션 메서드의 특성을 검사하고 사용자 규약이 적용되는 액션 메서드에만 필터를 추가할 수 있다.

ValidateAnitForgeryToken 필터를 자동으로 추가하는 액션 수준의 규약

```
public class AutoValidateAntiForgeryTokenModelConvention :
IActionModelConvention
{
  public void Apply(ActionModel action)
  {
    if (IsConventionApplicable(action))
    {
      action.Filters.Add(new ValidateAntiForgeryTokenAttribute());
    }
  }

  public bool IsConventionApplicable(ActionModel action)
  {
    if ( action.Attributes.Any(f => f.GetType() == typeof(HttpPostAttribute)) &&
      !action.Attributes.Any(f => f.GetType() == typeof(ValidateAntiForgeryToken
Attribute))){
      return true;
    }
```

```
        return false;
    }
}
```

규약은 꽤 훌륭한 시나리오를 가능케 하는 데 사용할 수 있다. MSDN 매기진에서 스티브 스미스(Steve Smith)는 애플리케이션을 기능 폴더*로 구조화하기 위해 규약을 사용할 수 있는 방법을 설명한다. 지식이 풍부한 필립 보이셔진(Filip Wojcieszyn)은 또한 자신의 블로그에서 공용 경로 접두어**를 적용하는 방법을 보여주는 훌륭한 예제를 게시하고 있으며 현지화된 경로***를 제공하는 흥미로운 방법을 보여주고 있다.

ASP.NET Core MVC에서 사용자 정의 규약을 쉽게 만들 수 있다. 물론 기본 ASP.NET Core MVC 규약을 변경할 때는 주의해야 한다. 기본 규약을 변경하면 다른 ASP.NET Core MVC 애플리케이션과 모양이 다르기 때문에 새로운 개발자가 애플리케이션을 이해하기 더 어려워진다.

📌 미들웨어

3장 "모델, 뷰 및 컨트롤러"에서 보았듯이, ASP.NET Core 애플리케이션은 들어오는 요청을 처리하고 나가는 응답을 조작하는 일련의 미들웨어 구성 요소로 구성된다. 구조적

---

*   https://msdn.microsoft.com/magazine/mt763233

**   http://www.strathweb.com/2016/06/global-route-prefix-with-asp-net-core-mvc-revisited/

***   http://www.strathweb.com/2015/11/localized-routes-with-asp-net-5-and-mvc-6/

으로 ASP.NET Core에서 사용되는 패턴은 https://msdn.microsoft.com/en-us/library/dn568100.aspx에 있는 별도의 MSDN 문서에서 자세히 설명하고 있는 Pipes 및 Filters로 알려진 유명한 참조 아키텍처이다. 해당 아키텍처 유형의 기본 이점 중 하나는 확장하기가 쉽다는 것이다. 미들웨어는 다른 미들웨어 모듈을 대규모로 변경하지 않고도 애플리케이션에 쉽게 추가할 수 있다.

파이프라인 설정하기

ASP.NET Core 애플리케이션에서 파이프라인은 Startup.Configure 메서드로 구성된다. 일반적으로 IApplicationBuilder에서 적절한 확장 메서드를 호출하여 쉽게 추가할 수 있는 다양한 기본 제공 미들웨어 구성 요소를 포함한다. 다음 코드 예제는 AlpineSkiHouse.Web에 구성된 파이프라인의 단순화된 버전을 보여준다.

AlpineSkiHouse.Web의 생략된 버전인 Startup.Configure

```
public void Configure(IApplicationBuilder app, IHostingEnvironment env)
{
  app.UseExceptionHandler("/Home/Error");
  app.UseStaticFiles();
  app.UseIdentity();
  app.UseMvc(routes =>
  {
    routes.MapRoute(
      name: "default",
      template: "{controller=Home}/{action=Index}/{id?}");
  });
}
```

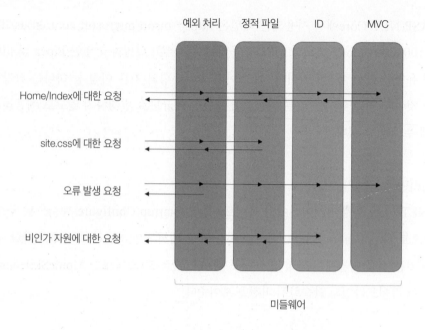

<図 21-1> AlpineSkiHouse.Web에 대한 단순화된 요청 파이프라인

ASP.NET Core 미들웨어의 장점은 요청 파이프라인을 쉽게 변경할 수 있다는 것이다. 이것의 좋은 예가 애플리케이션이 개발 환경에서 실행될 때만 특별한 예외 및 오류 처리 페이지를 띄우는 것이다.

개발 환경을 위한 미들웨어 구성의 예

```
if (env.IsDevelopment())
{
  app.UseDeveloperExceptionPage();
  app.UseDatabaseErrorPage();
}
else
{
  app.UseExceptionHandler("/Home/Error");
}
```

파이프 라인을 간단하게 변경하면 로컬 개발 환경의 특수 오류 진단 페이지에 접근할 수 있다. 그림 21-2는 데이터베이스 오류 페이지의 예제이다.

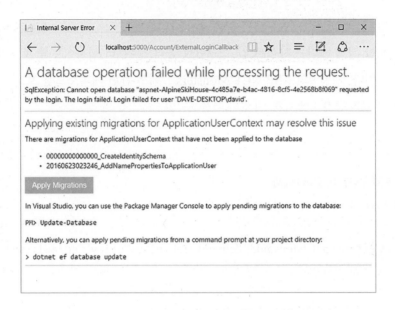

<그림 21-2> AlpineSkiHouse.Web의 데이터베이스 오류 페이지

내장 미들웨어 구성 요소를 사용하는 것 외에도 NuGet을 통해 맞춤형 미들웨어를 작성하거나 추가 미들웨어 구성 요소를 쉽게 가져올 수 있다. 모든 사용자 정의 미들웨어는 IApplicationBuilder 인스턴스에서 Use 메서드를 호출하여 파이프라인에 추가된다.

자체 미들웨어 작성하기

기본 애플리케이션의 경우 가장 일반적인 사용 사례를 해결하는 타사 내장 또는 사용 가능한 미들웨어가 있을 가능성이 있으므로 사용자 정의 미들웨어를 구현할 필요가 없다. 그러나 미들웨어 구현 방법을 이해하는 것이 중요하다. 예외가 없다면 개념을 설명하는 데 도움이된다.

간단히 말해서 미들웨어는 요청에 따라 동작하는 대리자이며 파이프라인의 다음 대리자에게 요청을 전달한다.

Content-Security-Policy 헤더를 응답에 추가하는 미들웨어의 간단한 예를 살펴보겠다. Startup.Configure 메서드에서 익명 메서드를 선언하면 해당 동작을 구현할 수 있다.

 note

콘텐츠 보안 정책 헤더는 사이트 간 스크립트 공격으로부터 웹사이트를 보호하는 중요한 도구이다. 채널 9의 ASP.NET Monsters[****]에서 관련 에피소드를 보고 이 헤더의 작동 방식과 중요성에 대해 자세히 배울 수 있다.

익명 메서드로 구현된 미들웨어 예제
```
app.Use(async (context, next) =>
{
  context.Response.Headers.Add("Content-Security-Policy", "default-src 'self'");
  await next.Invoke();
});
```

그러나 익명 메서드는 테스트하거나 재사용할 수 없다. 일반적으로 미들웨어를 클래스로 구현하는 것이 더 나은 선택이다. 미들웨어 클래스는 비동기 Invoke 메서드를 구현하고 생성자 주입을 통해 RequestDelegate를 허용하는 클래스이다. 미들웨어 클래스는 ASP.NET Core의 다른 서비스와 마찬가지로 종속성 주입에 참여한다. 클래스를 만든 후 미들웨어는 Startup.Configure에 구성된다.

Content-Security-Policy 헤더를 추가하는 미들웨어
```
public class CSPMiddleware
{
  private readonly RequestDelegate _next;
```

[****]   https://channel9.msdn.com/Series/aspnetmonsters/ASP-NET-Monsters-66-Content-Security-Policy-Headers

```
public CSPMiddleware(RequestDelegate next)
{
  _next = next;
}


public async Task Invoke(HttpContext context)
{
  context.Response.Headers.Add("Content-Security-Policy", "default-src 'self'");
  await _next.Invoke(context);
}
}
```

Startup.Configure 에서 CSPMiddleware 구성하기

```
app.UseMiddleware<CSPMiddleware>();
```

미들웨어가 생성되고 구현되면 그림 21-3과 같이 알파인 스키 하우스 웹사이트에 대한 모든 요청에 Content-Security-Policy 헤더가 추가된다.

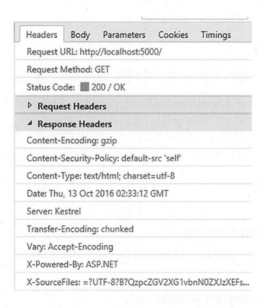

<그림 21-3> Content-Security-Policy 응답 헤더

물론 이는 아주 간단한 예제이다. 또한 어떤 미들웨어 구성 요소가 실행을 마친 후 실행되는 await _next.Invoke(context) 호출 뒤에 논리를 추가할 수도 있다. 또한 파이프라인의 모든 요청에는 다음 미들웨어 구성 요소를 호출하지 않을 수도 있다. 해당 기술은 단락(short-circuiting) 요청 파이프 라인이다. 정적 파일 모듈에 의한 단락의 예는 그림 21-1의 site.css에 대한 요청과 함께 나타날 수 있다.

📝 note

이전 버전의 ASP.NET에서는 모듈 및 처리기를 사용하여 사용자 정의 요청 처리 논리를 구현했다. 처리기는 지정된 파일 이름이나 확장명을 가진 요청을 처리하는 데 사용되었으며, 모듈은 모든 요청에 대해 호출되었고 요청을 단락시키거나 HTTP 응답을 수정할 수 있었다. 모듈 및 처리기 모두 이전 버전의 ASP.NET에서 요청 파이프 라인에 연결되어 있었고 둘 다 ASP.NET Core의 미들웨어로 대체되었다. 처리기 및 모듈에서 미들웨어로 마이그레이션하는 방법에 대한 지침은 https://docs.asp.net/en/latest/migration/http-modules.html에 있는 공식 ASP.NET Core 설명서를 참고하자.

파이프라인 분기

ASP.NET Core 미들웨어는 선택한 기준에 따라 파이프라인을 분기하는 방식으로 구성할 수 있다. 가장 쉬운 옵션은 IApplicationBuilder의 Map 확장 메서드를 사용하여 요청 경로를 기반으로 분기하는 것이다. 다음 예제에서 /download 경로로 시작하는 요청은 일반 MVC 파이프라인에 구성된 미들웨어를 사용하는 대신 CustomFileDownloadMiddleware를 사용한다. 분기된 파이프라인은 그림 21-4에 나와 있다.

Map을 사용하는 파이프 라인 분기의 예제

```
public void Configure(IApplicationBuilder app, IHostingEnvironment env)
{
    app.UseExceptionHandler("/Home/Error");
    app.Map("/download", appBuilder =>
```

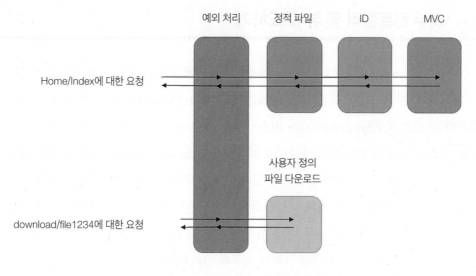

예외 처리 　　　정적 파일 　　　ID 　　　MVC

Home/Index에 대한 요청

사용자 정의
파일 다운로드

download/file1234에 대한 요청

<그림 21-4> 파이프라인 분기의 단순 예제

```
{
  appBuilder.UseMiddleware<CustomFileDownloadMiddleware>();
});
app.UseStaticFiles();
app.UseIdentity();
app.UseMvc(routes =>
{
  routes.MapRoute(
    name: "default",
    template: "{controller=Home}/{action=Index}/{id?}");
});
}
```

보다 복잡한 분기 전략은 Func〈HttpContext, bool〉 형식의 접두어를 기반으로 분기를 허용하는 MapWhen 함수를 사용하여 구현할 수 있다. 즉, 함수를 사용하여 현재 HttpContext를 검사하고 현재 요청을 기반으로 분기할지 여부를 결정할 수 있다.

외부 컨트롤러 및 뷰 로드하기

ASP.NET Core MVC는 기본적으로 애플리케이션에서 참조하는 어셈블리에서 컨트롤러를 검색한다. 모든 컨트롤러를 AlpineSkiHouse.Web.Controllers라는 별개의 프로젝트에 배치할 수 있으며, AlpineSkiHouse.Web이 AlpineSkiHouse.Web.Controllers 프로젝트에 대한 참조를 갖는 한 모든 것이 예상대로 작동한다. AlpineSkiHouse.Web의 경우 컨트롤러를 별도의 프로젝트로 옮기면 유용한 용도가 아니며 불필요하게 솔루션의 복잡성이 증가한다. 그러나 일부 상황에서는 외부 어셈블리에서 컨트롤러 및 기타 애플리케이션 구성 요소를 로드하는 것이 더 유용할 수 있다. 예를 들어 완전한 기능을 갖춘 콘텐츠 관리 시스템이 플러그인 스타일 확장성을 제공하기를 원하는 경우를 고려해보자.

컨트롤러는 직접 참조된 프로젝트에 대해 자동으로 발견되지만 몇 가지 주의 사항이 있다. 첫째, Razor 뷰는 외부 프로젝트에서 자동으로 검색되지 않는다. 둘째, 런타임에 로드되는 어셈블리에 대해 컨트롤러가 자동으로 검색되지 않는다. 다행히도 ASP.NET Core MVC는 해당 시나리오를 모두 지원하는 확장점을 제공한다.

외부 프로젝트에서 뷰 로드하기

외부 프로젝트에서 뷰를 로드하려면 해당 뷰를 먼저 포함 리소스로 어셈블리에 직접 저장해야 한다. 뷰가 모두 Views 폴더에 있다고 가정하면 프로젝트의 project.json 파일에 다음을 추가하여 Views 폴더의 모든 cshtml 파일을 어셈블리에 포함하도록 지정할 수 있다.

```
"buildOptions":{
  "embed": "Views/**/*.cshtml"
}
```

그런 다음, 기본 웹 프로젝트에서 Microsoft.Extensions.FileProviders NuGet 패키지에 대한 참조를 추가하고 참조된 프로젝트에서 포함된 파일로 뷰를 찾도록 Razor를 구성해야 한다.

518

포함된 리소스에서 뷰를 로드하기 위한 Razor 구성

```
services.AddMvc();

//내장된 뷰를 포함하는 어셈블리에 대한 참조 얻기
var assembly = typeof(AlpineSkiHouse.Web.Controllers.ExternalController).
GetTypeInfo().Assembly;

//어셈블리에 대한 EmbeddedFileProvider 생성
var embeddedFileProvider = new EmbeddedFileProvider(
  assembly
);

//Razor 뷰 엔진에 대한 파일 제공자 추가
services.Configure<RazorViewEngineOptions>(options =>
{
  options.FileProviders.Add(embeddedFileProvider);
});
```

이 작은 변화로 인해 뷰와 컨트롤러가 모두 외부 프로젝트에서 로드된다.

외부 어셈블리에서 컨트롤러 로드하기

플러그인 프레임워크의 경우에는 외부 프로젝트를 컴파일 시에 알기가 쉽지 않을 것이다. 대신 플러그인 어셈블리가 런타임에 로드되고, 동적으로 로드된 어셈블리가 AddApplication Part 메서드 호출에 의해 명시적으로 IMvcBuilder에 추가되어야 한다.

어셈블리를 동적으로 로드하고 `IMvcBuilder`에 그것을 추가한다.

```
var assembly = AssemblyLoadContext.Default.LoadFromAssemblyPath("fullpathtoa
ssembly.dll");

services.AddMvc().AddApplicationPart(assembly);
```

두 가지 방법을 결합하면 ASP.NET Core MVC 애플리케이션에 대한 사용자 정의 플러그인 아키텍처를 만들기가 상대적으로 쉽다. 물론 본격적인 플러그인 아키텍처는 애플리케이션 보안, 동적으로 로드할 어셈블리의 구성 및 오류 처리 측면에서 훨씬 더 많은 고려가 필요하다.

라우팅

ASP.NET Core에서 라우팅은 들어오는 요청 URL을 경로 처리기에 매핑하는 프로세스이다. ASP.NET Core에서 라우팅을 생각할 때 일반적으로 들어오는 요청을 컨트롤러의 특정 액션 메서드로 라우팅하는 MVC 라우팅으로 생각한다.

MVC의 라우팅은 Startup.Configure에서 UseMvc 메서드를 호출할 때 IRouteBuilder에서 경로를 정의하여 구성된다. 일반적인 ASP.NET Core MVC 애플리케이션은 비주얼 스튜디오 파일 메뉴의 새 프로젝트 템플릿에 의해서 구성된 기본 라우팅 동작을 사용한다.

AlpineSkiHouse에서 구성된 기본 라우팅

```
app.UseMvc(routes =>
{
  routes.MapRoute(
    name: "default",
    template: "{controller=Home}/{action=Index}/{id?}");
});
```

경로는 IRouteBuilder에서 MapRoute를 호출하여 만들어진다. 각 경로는 이름과 템플릿으로 구성된다. 라우팅 미들웨어는 지정된 템플릿을 사용하여 수신 요청의 URL을 특정 경로와 매핑한다. 템플릿은 여러 개의 경로 매개변수로 구성되며, 각 매개변수는 중괄호로 둘러싸인다. 앞서 언급한 기본 경로는 {controller}, {action} 및 {id}의 세 가지 경로 매개변수로 구성된다. 컨트롤러 및 액션 매개변수의 경우 기본값이 지정되었다. 예를 들어, 경로에서 템플

520

요청 URL	컨트롤러	액션 메서드
Home/Index/	HomeController	Index()
Home/	HomeController	Index()
/	HomeController	Index()
SkiCard/	SkiCardController	Index()
SkiCard/Create/	SkiCardController	Create()
SkiCard/Edit/1	SkiCardController	id = 1인 Edit(int id)

릿의 Action 부분에 매핑되는 절이 포함되어 있지 않으면 Index 액션이 사용된다. 마찬가지로 컨트롤러도 지정되지 않으면 Home 컨트롤러가 사용된다. id 부분도 선택적이지만 기본값은 지정되지 않는다. URL에서 id가 일치하면 id 값은 액션 메서드의 id 인수로 매핑된다. 표 21-2는 몇 가지 예제 URL과 결과 컨트롤러를 보여준다.

기본 경로는 규약 기반 또는 전통적인 라우팅의 예이다. 전통적인 라우팅을 사용하면 새 URL 매핑에 대해 명시적으로 생각할 필요 없이 컨트롤러와 액션 메서드를 더 추가할 수 있다. 또한 기존 라우팅을 사용하여 여러 경로를 정의할 수도 있다.

여러 경로를 매핑하는 예제

```
app.UseMvc(routes =>
{
  routes.MapRoute(
    name: "cards",
    template: "Cards/{action=Index}/{id?}",
    defaults: new { controller = "SkiCard" });
  routes.MapRoute(
    name: "default",
    template: "{controller=Home}/{action=Index}/{id?}");
});
```

위 예제에서는 Card로 시작하는 요청을 SkiCard 컨트롤러로 매핑하는 경로를 정의했다. 여러 경로를 사용하면 보다 구체적이거나 보다 사용자 친화적인 URL을 정의하는 데 도움이 될 수 있지만 복잡성이 높아진다. 더 많은 경로를 정의할수록 요청 URL이 컨트롤러 및 액션 메서드에 매핑 되는 방식을 결정하기가 어렵다. 경로는 추가된 순서대로 처리되며 과욕으로 간주된다. 들어오는 모든 요청은 먼저 카드 경로와 대조된다. 카드 경로에서 URL을 처리할 수 없는 경우 기본 경로가 사용된다.

특성 라우팅

전통적인 라우팅의 대안은 특성 기반 라우팅이다. 특성 라우팅을 사용하면 경로 템플릿은 Route 특성을 사용하여 컨트롤러 및 액션 메서드에 직접 정의한다.

특성 기반 라우팅의 단순 예제
```
public class HomeController : Controller
{

  [Route("/")]
  public IActionResult Index()
  {
    return View();
  }


  [Route("/about")]
  public IActionResult About()
  {
    return View();
  }


  [Route("/contact")]
  public IActionResult Contact()
  {
    return View();
```

```
        }
    }
```

예제 HomeController는 각 액션 메서드에서 Route 특성을 사용하여 들어오는 요청을 특정 액션 메서드로 라우팅한다. 예를 들어 /contact URL은 Contact 액션 메서드로 라우팅된다.

고급 라우팅

ASP.NET Core MVC에서 라우팅은 매우 유연하다. 전통적 및 특성 기반 라우팅의 고급 사용에 대한 자세한 내용은 https://docs.asp.net/en/latest/mvc/controllers/routing.html에 있는 공식 ASP.NET Core 문서를 확인하자.

또한 라우팅 미들웨어는 MVC 프레임워크의 컨텍스트 외부에서 더 일반적으로 사용할 수 있다. MVC 외부에서 라우팅 미들웨어를 구성하면 HTTP 요청을 직접 처리하는 경로 처리기에 URL을 매핑할 수 있다. ASP.NET Core의 고급 라우팅에 대한 전체 개요는 https://docs.asp.net/en/latest/fundamentals/routing.html에 있는 공식 ASP.NET Core 문서를 확인하자.

👉 닷넷 도구

dotnet용 명령줄 도구는 프레임워크의 또 다른 큰 확장 지점이다. dotnet에 대한 내장 명령 이외의 도구는 프로젝트 수준에서 NuGet을 통해 가져올 수 있다. 10장 "엔티티 프레임워크 Core"에서 dotnet ef 명령줄 도구를 살펴보았다. 해당 도구는 데이터베이스 마이그레이션 스크립트를 만들고 실행하는 과정을 단순화한다. dotnet ef 도구는 실제로 Microsoft.Entity FrameworkCore.Tools에 대한 참조를 project.json의 도구 절에 추가하여 프로젝트로 가져왔다. 따라서 Microsoft 또는 타사에서 제공하는 추가 도구를 반복적으로 쉽게 가져올 수 있다. 도구는 NuGet에서 로컬로 설치되므로 모든 개발자가 동일한 도구 사용에 접근할 수 있다.

Nuget을 통해 dotnet 명령줄 도구 추가

```
"tools": {
  "Microsoft.EntityFrameworkCore.Tools": "1.0.0-preview2-final"
}
```

또한 자체 dotnet CLI 도구 생성이 가능하다. dotnet CLI 확장성에 대한 전체 개요는 https://docs.microsoft.com/en-us/dotnet/articles/core/tools/extensibility를 참고하자.

자바스크립트 서비스 및 동형 애플리케이션

ASP.NET Core가 Node.js와 얼마나 잘 통합되었는지 알기 위한 몇 가지 예를 살펴보았다. 비주얼 스튜디오 도구에는 npm 및 기타 패키지 관리자를 위한 지원 기능이 내장되어 있어 ASP.NET Core 개발자가 클라이언트 측 개발을 위해 풍부한 node.js 생태계 시스템에 접근할 수 있다. 지금까지 부족한 부분 중 하나는 런타임 시 서버에서 자바스크립트를 실행하는 것이다.

서버에서 자바스크립트를 실행한다는 생각은 Node.js 애플리케이션의 맥락에서 자연스러운 것처럼 보이지만, .NET 애플리케이션의 컨텍스트 내에서는 다소 믿기지 않을 것이다. 한 걸음 물러나서 먼저 동형 애플리케이션이라는 개념으로 시작하는 이유에 대해 먼저 생각해 보자.

동형 애플리케이션

동형 애플리케이션은 코드가 클라이언트와 서버 모두에서 실행될 수 있는 애플리케이션이다. 동형 애플리케이션의 개념은 부분적으로 단일 페이지 애플리케이션(single page applications, SPA)의 단점 중 일부에 대한 부분적인 해결책으로 널리 사용된다. 클라이언트가 SPA에서 초기 페이지를 로드하면 HTML은 기본적으로 일부 스크립트에 대한 참조를 포함하는 빈 쉘이 된다. 추가 자바스크립트 파일을 다운로드하여 실행할 때까지 빈 페이지가 클라이언트에 표시된다. 대부분의 경우 데이터를 로드하는 데 몇 가지 다른 요청이 필요하다. 해당 아키텍처는 초기 페이지 로드가 느려지고 잠재적으로 최적이 아닌 사용자 환경을 유발할 수 있다. 스크립트 및 데이터 검색을 요청할 때 페이지 다시 그리기 또는 일부 회전 로딩 표시기가 깜박거리지 않는 SPA를 만드는 것은 어렵다.

사용자 경험 외에도 빈 HTML 셸을 반환하는 요청은 검색 엔진 최적화(search engine optimization, SEO)에 큰 부정적인 요소가 될 수 있다. 검색 엔진 크롤러의 요청에는 결국 클라이언트에 표시되는 것과 동일한 HTML이 포함되는 것이 가장 이상적이다.

서버 측에서 HTML을 미리 렌더링하면 사용자 경험과 SEO 문제가 해결될 수 있다. 서버에서 후속 요청을 훨씬 빨리 처리할 수 있는 페이지 출력을 캐시할 수 있는 이점이 있다.

Microsoft.AspNetCore.SpaServices 패키지는 SPA 구성 요소의 서버 측 사전 렌더링을 가능하게 한다. SpaServices는 원하는 SPA 프레임워크와 함께 사용되어 서버 측에서 HTML을 사전 렌더링한 다음 결과 실행이 계속되는 클라이언트 측으로 전송된다.

Angular 또는 React와 같은 특정 SPA 프레임워크에 연결되는 대신 SpaServices는 서버 측 사전 렌더링을 위해 자바스크립트 함수를 호출하고, 결과 HTML을 클라이언트로 전송한 HTML에 주입하는 방법을 알고 있는 일련의 ASP.NET Core API를 제공한다. 사전 렌더링 메서드는 각 SPA 프레임워크마다 다르다. 예를 들어, Angular 2는 서버 측 페이지 렌더링을 지원하기 위해 angular-universal 패키지[*****]를 사용한다.

SpaServices 패키지 및 Angular 2와 React를 모두 사용하는 예제에 대한 자세한 내용은 https://github.com/aspnet/JavaScriptServices/tree/dev/src/Microsoft.AspNetCore.

[*****] https://github.com/angular/universal

SpaServices를 참고하자.

노드 서비스

동형 애플리케이션에 대한 탁월한 지원 외에도 ASP.NET Core는 런타임 시 ASP.NET Core 애플리케이션에서 Node.js 코드를 호출할 수 있는 기능을 지원한다. .NET 코드와 NuGet 패키지를 사용하여 기능을 구현하는 것이 일반적이지만, 특정 작업을 수행하기 위해 Node.js 패키지를 사용해야 하는 경우가 있다. 예를 들어, 일부 타사 서비스는 .NET API를 제공하지 않지만 Node.js API를 제공할 수 있다. 런타임 시 Node.js 패키지를 호출하는 기능은 ASP.NET Core 애플리케이션에 새로운 수준의 확장성을 제공한다. 풍부한 .NET 환경에서 사용할 수 있는 패키지 외에도 ASP.NET Core 개발자는 이제 Node.js 커뮤니티에서 사용할 수 있는 광범위한 패키지에 접근할 수 있다.

런타임 Node.js 기능은 Microsoft.AspNetCore.NodeServices 패키지에서 제공된다. 예제 및 일반적인 사용 사례를 포함하여 NodeServices 패키지에 대한 자세한 내용은 https://github.com/aspnet/JavaScriptServices/tree/dev/src/Microsoft.AspNetCore.NodeServices에서 찾을 수 있다.

✍ 요약

MVC 프레임워크는 항상 매우 확장성이 뛰어났지만 ASP.NET Core MVC의 아키텍처 변경 사항은 새로운 차원으로 확장되었다. 미들웨어는 이전 버전에서 가장 큰 변화를 나타냈고, 생각할 수 있는 시나리오에 대해 쉽게 이해하고 구성 및 확장할 수 있는 요청 파이프 라인을 제공한다.

미들웨어 외에도 ASP.NET Core MVC는 프레임워크 규약을 커스터마이징하고 확장하기 위한 인터페이스를 제공한다. Routing은 애플리케이션 내에서 복잡한 요청 라우팅을 지원하는 데 사용될 수 있다. 자바스크립트 서비스는 .NET과 자바스크립트 사이의 격차를 줄이기 위해 사용될 수 있다.

다음 장인 22장 "국제화"에서는 ASP.NET Core의 확장 지점을 탐색하여 전 세계 여러 언어 및 지역을 대상으로 하는 애플리케이션을 만들 수 있다.

다니엘은 "...그리고 그게 이 근처에 프랑스어를 사용하는 사람들이 많은 이유예요"라고 발라즈에게 알파인 스키 하우스 주변의 문화적 역사에 대해 설명하고 있었다.

발라즈가 "놀랍군요, 숲에서 송로버섯 몇 개가 발견되어 많은 사람들이 프랑스에서 이주했다니"라고 말했다.

"단지 몇 개가 아니고, 이 숲은 그냥 송로버섯으로 가득했어요. 전 그게 꽤 고품질의 송로버섯이라고 알고 있어요. 실제로 많은 사람들이 다시 프랑스로 수출하여 실제 제품으로 판매하고 있어요. 소비자가 요리한 후에는 그 차이를 알 순 없어요. 송로버섯이 파운드당 3,000달러에 판매된다는 것을 아세요?"

"터무니없네요. 하지만 전 제 고향 주변에서도 생선 알에 너무 많은 돈을 쓰는지라 손가락질할 수는 없군요. 그러면, 스키장에서 프랑스어를 많이 듣겠네요?"

"네, 엄청 많이요. 우리는 프랑스어뿐만 아니라 영어로 수업을 하기 위해 여러 명의 스키 강사를 고용하고 있어요."

"그렇게 지원하기에 시장이 충분히 큰가요? 이 주변의 많은 사람들이 영어를 못하나요?"

"그렇진 않지만 영어를 못하는 프랑스나 퀘벡 출신 친척들이 있어요. 우리는 몇 년 전에 그걸 분석해보고 스키장에서 두 가지 언어 모두 쓸 줄 아는 게 정말 좋다는 것을 알았어요."

"알파인 스키 하우스에서 프랑스어나 영어로 말하는 것이 가치가 있다고 생각하세요?"

"흠, 섣불리 단정하지는 못할 거예요. 마케팅으로 확인해야죠. 그것들은 우리 시장의 많은 통계들 중 하나예요. 그 사람들이 작년에 프랑스어로 우편물을 발송했던 것 같아요. 오세요, 제가 더 좋은 아이디어를 얻을 수 있는 사람들을 소개해줄게요."

"거기 들어가기 전에, 애플리케이션에 다른 언어를 추가하는 게 가능하긴 한가요?"

"기술적으로는 앱이 아직 아주 작기 때문에 우리 시나리오에서는 매우 쉬워요. 우리가 기존 문자열을 리소스 파일로 추출하고 리소스 관리자나 문자열을 애플리케이션으로 가져오도록 추출해야 해요. 몇 년 동안 하지 않았으니, 실제 방법을 알아보기 위해 조금만 가져와야겠어요. 까다로운 점은 번역본을 구하는 것이에요. 몇 주 정도 걸리겠죠. 필요한 언어가 결정되면 영어로 시작하고 다른 언어로 가져와야 할 거예요."

발라즈는 "다니엘, 너무 고마워요"라고 말했다. "여기에 대해 생각할 몇 가지가 있어요. 시작하고 나서 우리의 백로그에 이것을 넣으려고 해요."

많은 공용 웹 애플리케이션의 경우 다른 언어로 애플리케이션의 버전을 제공하는 것이 중요하다. 현재 알파인 스키 하우스 웹사이트는 영어만 지원한다. 최대한 많은 잠재 고객에게 웹 애플리케이션을 제공하려면 가능한 한 많은 로케일(locale)을 지원하도록 애플리케이션을 설정해야 한다. 로케일을 지역 및 언어의 그룹으로 생각하자. 지역과 언어의 결합이 중요한 몇 가지 이유가 있다. 특정 언어는 지역마다 다를 수 있다. 예를 들어, 아일랜드에서 사용되는 영어는 캐나다에서 사용되는 영어와 약간 다르다. 두 번째 이유는 날짜와 숫자의 형식이 지역마다 다를 수 있기 때문이다. MM-dd-yyyy 및 dd-MM-yyyy 형식으로 날짜를 서식 지정하는 일부 지역으로 인해 단어 사이에 혼란이 발생한다. 09-10-2016은 9월 10일을 의미할까 아니면 10월 9일을 의미할까? 답은 그것이 지역에 따라 다르다는 것이다.

그림 22-1에 표시된 Microsoft 웹사이트와 같은 일부 대형 웹사이트는 수십 개의 로케일을 지원할 수 있다. 대부분의 웹사이트는 훨씬 적은 세트의 로케일을 지원하여 시작된다.

여러 로케일을 지원하는 작업이 어려울 수도 있지만 ASP.NET Core가 일부 기술적 장벽을

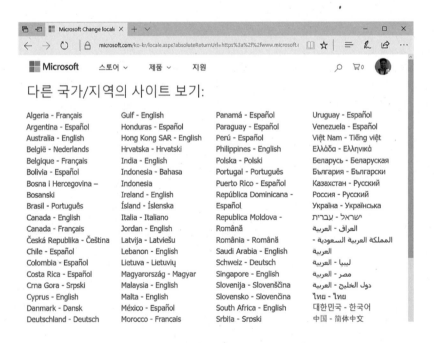

<그림 22-1> Microsoft 웹사이트에서 지역 및 언어 선택

완화하는 몇 가지 미들웨어 및 서비스를 제공한다는 점에서 다소 편안함을 느낄 수 있다.

구현의 세부 사항에 대해 알아보기 전에 중요한 용어를 먼저 검토해보자. 로케일은 언어 및 지역이며 종종 문화권이라고 한다. 문화권은 2문자 언어 코드와 2문자 지역 또는 하위 문화권 코드가 뒤따르는 문화권 이름으로 고유하게 식별된다. 예를 들어, 영어를 쓰는 캐나다의 경우 "en-CA", 영어를 쓰는 아일랜드의 경우 "en-IE"이다. 언어와 지역을 지정하는 문화권을 문화권 지정이라고 한다. 예를 들어, "en"과 같이 언어만 지정하는 문화권은 중립 문화권이라고 한다. 마지막으로, 가끔씩 섞여 있는 긴 단어가 있다. 세계화(Globalization)는 앱이 다양한 문화를 지원하도록 만드는 과정이다. 현지화(Localization)는 특정 문화에 맞게 앱을 맞춤 설정하는 과정이다. 국제화(Internationalization)는 주어진 언어와 지역에 맞게 앱을 맞춤 설정하는 과정이다.

.NET은 항상 국제화를 위한 풍부한 지원을 해왔다. .NET에서 문화권은 날짜 및 숫자의 형식을 지정하는 방법을 포함하는 CultureInfo 클래스로 표현된다. .NET의 모든 스레드에는 CurrentCulture 및 CurrentUICulture라는 두 개의 CultureInfo 속성이 있다. 일반적으로 CurrentCulture와 CurrentUICulture는 동일한 문화권을 설정한다. 런타임 시 스레드의 CultureInfo 속성은 날짜, 숫자, 통화 값, 텍스트의 정렬 순서 및 기타 문화권 특정 서식 지정 기능의 기본 서식을 결정하는 데 사용된다. 반면에 CurrentUICulture는 런타임 시 문화권 관련 리소스를 조회하는 데 사용되며 이는 리소스에 관한 주제로 사용자를 안내한다.

리소스 파일은 키 값 쌍을 포함하는 단순한 파일이다. 일반적으로 값은 텍스트이지만 이 값이 이미지와 같은 기타 바이너리 콘텐츠일 수도 있다. 리소스 파일은 코드에서 지역화할 수 있는 문자열을 분리할 수 있기 때문에 중요하다. 문화권의 특정 리소스 파일을 런타임에 로드하여 언어 및 지역별 번역을 제공할 수 있다.

기존 애플리케이션의 세계화
우리는 한때 판매 팀에서 해외 판매를 시작하는 상당한 규모의 WinForms 기반 .NET 애플리케이션을 개발하였다. 이 판매는 회사에 잠재적으로 큰 뜻밖의 소득을 안겨주었고 훨씬 더 큰 고객 기반 제품을 출시할 잠재력을 갖게 해주었다. 문제는 앱이 현지화될 준비가 되어 있지 않았다는 것이다. 사용자 인터페이스에 표시된 텍스트는 데이터베이스를 포함하여 애플리케이션의 모든 계층에 하드 코딩되었다.

그래서 우리는 리소스 파일에서 텍스트를 먼저 추출하는 고통스러운 프로세스를 시작했다. 해당 프로세스만으로도 2명의 풀타임 개발자가 투입되어 완료까지 수개월이 걸렸다. 문자열을 추출한 후 번역자를 고용하여 모든 문자열을 대상 언어로 번역할 수 있었다. 이 시점에서 우리는 애플리케이션에 리소스 파일을 로드할 때까지 프로젝트가 거의 완료되었다고 생각했다. 경우에 따라 버튼이 너무 좁아서 번역된 문자열을 제대로 표시할 수 없는 경우도 있었다. 다른 경우에는 양식 레이아웃이 문자열을 특정 너비로 가정해서 레이블이 텍스트 상자와 겹치기도 했다. UI도 엉망으로 보였다. 번역된 리소스를 사용하여 앱을 그럴싸하게 보이도록 하기 위해 레이아웃을 몇 개월 더 수정했다.

위 이야기의 교훈은 세계화를 기존 대규모 앱에 추가하는 것이 많은 시간을 소모하는 과정이라는 것이다. 앱을 현지화해야 할 가능성이 높으면 필요한 기능을 초기에 통합하는 것이 좋다.

지역화 가능한 텍스트

지역화를 진행하려면 사용자에게 표시되는 모든 텍스트가 애플리케이션 코드에 하드 코딩되지 않았는지 확인해야 한다. 앞서 언급했듯이 리소스 파일에서 지역화된 값을 가져오도록 애플리케이션을 설정해야 한다. ASP.NET Core는 이 프로세스를 비교적 간단하게 만들어 주는 일련의 서비스를 제공한다. 지역화 서비스는 Startup.ConfigureServices에 지역화를 추가하여 사용할 수 있다.

Startup에 지역화 서비스 등록하기

```
services.AddLocalization(options => options.ResourcesPath = "Resources");
services.AddMvc()
```

```
.AddViewLocalization()
.AddDataAnnotationsLocalization();
```

문자열 지역화

일반적으로 애플리케이션의 지역화 가능 텍스트는 대부분 뷰에 있지만 일부 텍스트는 컨트롤러 또는 서비스에 위치한다. 예를 들어 Account 컨트롤러의 Login 액션은 뷰가 표시될 때 최종 사용자에게 유효성 검사 오류를 표시하는 "잘못된 로그인 시도(Invalid login attempt)" 텍스트를 추가한다.

AccountController에서 Login 액션 절
```
ModelState.AddModelError(string.Empty, "Invalid login attempt.");
return View(model);
```

해당 문자열을 하드 코딩하면 런타임에 텍스트의 지역화된 버전을 로드할 수 없다. ASP. NET Core는 IStringLocalizer 서비스를 제공하여 문제를 해결한다. 다른 서비스와 마찬가지로 IStringLocalizer 서비스를 컨트롤러에 주입할 수 있다.

컨트롤러에 IStringLocalizer 주입하기
```
[Authorize]
public class AccountController : Controller
{
    private readonly UserManager<ApplicationUser> _userManager;
    private readonly SignInManager<ApplicationUser> _signInManager;
    private readonly IEmailSender _emailSender;
    private readonly ISmsSender _smsSender;
    private readonly ILogger _logger;
    private readonly IStringLocalizer<AccountController> _stringLocalizer;

    public AccountController(
        UserManager<ApplicationUser> userManager,
```

```
        SignInManager<ApplicationUser> signInManager,

        IEmailSender emailSender,

        ISmsSender smsSender,

        ILoggerFactory loggerFactory,

        IStringLocalizer<AccountController> stringLocalizer)

    {

        _userManager = userManager;

        _signInManager = signInManager;

        _emailSender = emailSender;

        _smsSender = smsSender;

        _logger = loggerFactory.CreateLogger<AccountController>();

        _stringLocalizer = stringLocalizer;

    }

    //Action 메서드…

}
```

이제 계정 컨트롤러는 런타임에 IStringLocalizer의 GetString 메서드를 호출하고 검색할 문자열을 식별하는 고유 키를 전달하여 지역화된 문자열을 로드할 수 있다. 다른 구문은 다음 코드 예제에서와 같이 기본 인덱서(indexer)를 사용하는 것이다. IStringLocalizer는 .NET 프레임워크의 ResourceManager를 사용하여 현재 문화권과 일치하는 지역화된 버전을 찾는다. IStringLocalizer에 대한 좋은 점 중 하나는 기본 언어에 대한 리소스 파일을 만들 필요가 없다는 것이다. 고유 키가 없으면 IStringLocalizer는 단순히 키를 반환한다.

IStringLocalizer를 사용하는 AccountController의 Login 액션 절
```
ModelState.AddModelError(string.Empty, _stringLocalizer["Invalid login
attempt."]);
return View(model);
```

문화권 지정 리소스 파일 생성하기

문자열 지역화는 명명 규칙을 사용하여 현재 요청 문화권을 기반으로 리소스 파일을 로드한다. 리소스 파일 이름에 사용하는 규칙은 ContainerNamespace.CultureName.resx이고,

ContainerNamespace는 IStringLocalizer〈T〉에 지정된 형식 매개변수의 네임스페이스에서 애플리케이션의 기본 네임스페이스를 뺀 값이다. AlpineSkiHouse.Web.Controllers.AccountController의 경우 ContainerNamespace는 Controllers.AccountController이다. AlpineSkiHouse.Web 애플리케이션에 지역화 서비스를 추가할 때 리소스는 Resources 폴더에 위치한다고 지정했다.

예를 들어 Resources 폴더에 Controllers.AccountController.fr-CA.resx라는 새 리소스 파일을 추가하여 프랑스어를 쓰는 캐나다의 지역화 문자열을 제공할 수 있다. 비주얼 스튜디오에서 리소스 파일을 추가하려면 솔루션 탐색기에서 Resources 폴더를 마우스 우클릭하고 추가, 새 항목을 차례로 선택한다. 새 항목 추가 대화 상자에서 코드 및 리소스 파일을 선택한다. 비주얼 스튜디오의 리소스 파일 편집기는 이름 및 값 열을 포함하는 테이블을 제공한다. 그림 22-2에서 "잘못된 로그인 시도(Invalid login attempt)" 문자열에 대해 프랑스어를 쓰는 캐나다 값이 현지화된 항목을 볼 수 있다.

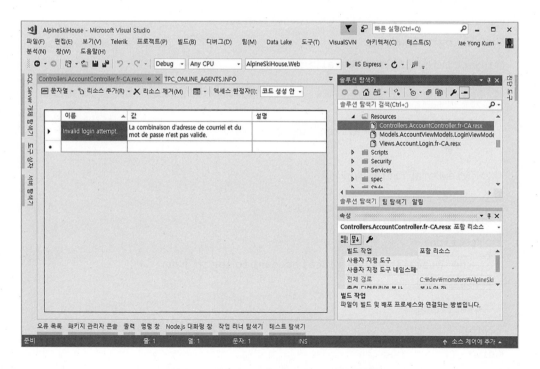

<그림 22-2> 비주얼 스튜디오에서 리소스 파일 편집하기

XML 파일이기 때문에 텍스트 편집기에서 리소스 파일을 편집할 수 있다. 파일의 스키마 및 버전 관리 부분을 붙이면 개별 항목을 쉽게 처리할 수 있다.

리소스 파일의 항목

```xml
<data name="Invalid login attempt." xml:space="preserve">
    <value>La combinaison d'adresse de courriel et du mot de passe n'est pas valide.</value>
</data>
```

뷰 지역화

IViewLocalizer를 사용하여 Razor 뷰에 지역화된 텍스트를 제공할 수 있다. 뷰에 주입하여 IViewLocalizer에 접근한다.

Views/Account/Login.cshtml에서 IViewLocalizer 사용하기

```cshtml
@using Microsoft.AspNetCore.Mvc.Localization
@model LoginViewModel
@inject IViewLocalizer Localizer

@{
  ViewData["Title"] = Localizer["Log in"];
}
<h2>@ViewData["Title"].</h2>
<div class="row">
  <div class="col-md-8">
    <section>
      <h4>@Localizer["Use a local account to log in."]</h4>
      <!-- … -->
    </section>
  </div>
</div>
<!-- … -->
```

536

ASP.NET Core는 @inject 지시문을 사용하여 IViewLocalizer의 인스턴스를 Localizer 라는 로컬 속성에 할당한다. 이제 뷰에서 컨트롤러 및 서비스에서와 동일한 방식으로 Localizer를 사용할 수 있다. 다시 말해, 기본 언어는 기본 언어에 대한 리소스 파일 생성이 필요하지 않다는 의미인 지역화 텍스트에 대한 고유 키로 인라인될 수 있다. 문화권 지정 리소스 파일은 나중에 추가할 수 있다.

IViewLocalizer의 기본 구현은 현재 뷰의 파일 경로를 기반으로 리소스 파일을 찾는다. 예를 들어, Viewss/Account/Login.chtml 뷰에 대한 프랑스어를 쓰는 캐나다 텍스트를 포함하는 리소스 파일의 이름은 Resources/Views.Account.Login.fr-CA.resx이다.

데이터 주석

코드베이스에는 지역화할 수 있는 텍스트를 포함하는 최종 위치가 하나 있다. 뷰 모델 클래스에 사용된 데이터 주석은 나중에 Razor의 태그 도우미가 적절한 레이블과 유효성 검사 오류 메세지를 표시하는 데 사용된다. Account/Login 뷰에서 사용되는 LoginViewModel을 살펴보자.

Account/Login에 사용된 Login 뷰 모델

```
public class LoginViewModel
{
    [Required(ErrorMessage = "Email is required")]
    [EmailAddress(ErrorMessage = "Not a valid email address")]
    [Display(Name= "Email")]
    public string Email { get; set; }

    [Required(ErrorMessage = "Password is required")]
    [DataType(DataType.Password)]
    [Display(Name="Password")]
    public string Password { get; set; }

    [Display(Name = "Remember me?")]
```

```
    public bool RememberMe { get; set; }
  }
```

IStringLocalizer가 사용하는 것과 유사한 명명 규칙을 사용하여 런타임에 데이터 주석 오류 메세지의 지역화된 버전이 리소스 파일에서 로드된다. 프랑스어를 쓰는 캐나다 텍스트는 Resources/Models.AccountViewModels.LoginViewModel.fr-CA.resx라는 리소스 파일에서 로드할 수 있다.

작성 시점에서 Display 특성에 지정된 Name 값은 지역화되지 않는다. ASP.NET Core MVC 1.1이 릴리스될 때 표시 이름의 지역화를 지원할 예정이다.

리소스 파일 공유하기

지금까지의 예제에서는 애플리케이션의 각 부분마다 자체 리소스 파일이 있었다. 이 방법은 앱의 각 부분을 별도로 유지하는 데 도움이 되지만 많은 수의 리소스 파일을 만들게 할 수 있다. 적어도 일부 자원을 공유 위치에 저장하는 것이 도움이 될 수 있다.

먼저 모든 공유 리소스의 자리 표시자로 사용할 빈 클래스를 만들어야 한다. 공유 리소스에 대한 문화적 고유 리소스는 Resources/SharedResources.CutureName.resx 명명 규칙을 따른다.

SharedResources.cs
```
/// <summary>
/// 공유 리소스 지정자로 사용된 빈 클래스
/// </summary>
public class SharedResources
{
}
```

IStringLocalizer〈SharedResources〉의 인스턴스를 주입하여 컨트롤러 및 서비스의 공유 리소스에 접근할 수 있다. 마찬가지로 IHtmlLocalizer〈SharedResources〉의 인스턴스를 주입하여 뷰의 공유 리소스에 접근할 수도 있다.

뷰에서 공유 리소스 사용하기

```
@using Microsoft.AspNetCore.Mvc.Localization
@inject IHtmlLocalizer<SharedResources> SharedLocalizer
<!DOCTYPE html>
<html>
<head>
  <meta charset="utf-8" />
  <meta name="viewport" content="width=device-width, initial-scale=1.0" />
  <title>@ViewData["Title"] - @SharedLocalizer["AlpineSkiHouse"]</title>
  <!-- … -->
</head>
  <!-- … -->
</html>
```

런타임에 문화권 지정 리소스를 읽을 수 있도록 애플리케이션을 설정했으므로 사용자가 올바른 문화권을 선택할 수 있는 메커니즘을 제공해야 한다.

현재 문화권 설정하기

웹 애플리케이션에서 시작 시 현재 문화권을 설정하고 모든 요청에 사용할 수는 없다. 여러 지역의 사용자를 지원하려면 문화권을 요청 단계에서 설정해야 한다. ASP.NET Core에서 현재 요청 문화권은 지역화 미들웨어를 사용하여 설정한다.

지역화 미들웨어를 파이프 라인에 추가할 때 지원되는 문화권과 기본 문화권을 지정해야 한다. 지원되는 문화권 대 지원되는 UI 문화권 목록을 다르게 지정하는 옵션이 있다는 것에 주의하자. UI 문화권은 리소스를 찾는 데 사용되는 반면 문화권은 숫자, 날짜 및 문자열 비교 형식을 제어하는 데 사용된다. AlpineSkiHouse의 경우 지원 문화권 목록과 지원되는 UI 문화권 목록은 동일하다.

지역화 미들웨어 요청을 추가하는 Startup.Configure 메서드절

```
var supportedCultures = new[]
  {
    new CultureInfo("en-CA"),
    new CultureInfo("fr-CA")
  };


var requestLocalizationOptions = new RequestLocalizationOptions
{
  DefaultRequestCulture = new RequestCulture("en-CA"),
  SupportedCultures = supportedCultures,
  SupportedUICultures = supportedCultures
};
app.UseRequestLocalization(requestLocalizationOptions);


app.UseMvc(routes =>
{
  routes.MapRoute(
    name: "default",
    template: "{controller=Home}/{action=Index}/{id?}");
});
```

지역화 미들웨어는 모든 요청의 문화를 설정하기 위한 몇 가지 기본 제공 옵션을 제공한다. 특히 쿼리 문자열, 쿠키 또는 요청 헤더를 사용하는 옵션이 있다. AlpineSkiHouse에서 제공되는 쿠키는 CookiRequestCultureProvider에서 구현된다. 쿠키 메서드를 사용하면 현재 문화권은 .AspNetCore.Culture라는 쿠키를 통해 설정된다. 쿠키가 설정되어 있지 않으면 기본 요청 문화권을 사용한다.

사용자가 현재 선택된 언어/지역과 지원되는 문화 목록에서 선택할 수 있는 옵션을 모두 볼 수 있는 방법을 제공해야 한다. 많은 웹사이트에서 일반적으로 나타나는 것처럼 현재 언어/지역을 바닥글에 링크로 표시하고 있다.

Views/Shared/_Layout.cshtml의 Footer절

```
<footer>
  @await Html.PartialAsync("_CurrentLanguage")
  <p>&copy; @DateTime.Now.Year.ToString() - AlpineSkiHouse</p>
</footer>
```

_CurrentLanguage 파샬에서 뷰 컨텍스트로부터 IRequestCultureFeature를 요청하는 현재 문화권에 접근할 수 있다.

Views/Shared/_CurrentLanguage.cshtml

```
@using Microsoft.AspNetCore.Http.Features
@using Microsoft.AspNetCore.Localization

@{
  var requestCulture = Context.Features.Get<IRequestCultureFeature>();
}
<div class="pull-left">
  <a asp-controller="SelectLanguage"
    asp-action="Index"
    asp-route-returnUrl="@Context.Request.Path">
      @requestCulture.RequestCulture.Culture.DisplayName
  </a>
  <span> | </span>
</div>
```

SelectLanguageController는 RequestLocalizationOptions에서 지원되는 문화권의 목록을 가져올 수 있다. Index 액션은 지원되는 문화권 목록을 각 옵션이 표시되는 작은 형태의 뷰로 전달한다. 사용자가 사용 가능한 옵션 중 하나를 선택하면 SetLanguage 액션 메서드에 HttpPost가 만들어지고 응답에 쿠키가 추가되어 현재 문화권이 설정된다. 이후에 사용자가 요청할 경우 현재 문화권이 이전에 선택된 문화권으로 설정된다.

Controllers/SelectLanguageController

```
public class SelectLanguageController : Controller
{
  private readonly RequestLocalizationOptions _requestLocalizationOptions;

  public SelectLanguageController(IOptions<RequestLocalizationOptions>
requestLocalizationOptions)
  {
    _requestLocalizationOptions = requestLocalizationOptions.Value;
  }

  public IActionResult Index(string returnUrl = null)
  {
    ViewData["ReturnUrl"] = returnUrl;
    return View(_requestLocalizationOptions.SupportedUICultures);
  }

  [HttpPost]
  [ValidateAntiForgeryToken]
  public IActionResult SetLanguage(string cultureName, string returnUrl =
null)
  {
    Response.Cookies.Append(
      CookieRequestCultureProvider.DefaultCookieName,
      CookieRequestCultureProvider.MakeCookieValue(new
RequestCulture(cultureName)),
      new CookieOptions { Expires = DateTimeOffset.UtcNow.AddYears(1) }
      );
```

```
    if (returnUrl != null)
    {
      return LocalRedirect(returnUrl);
    }
    else
    {
      return RedirectToAction("Index", "Home");
    }

  }
}
```

SetLanguage 액션 메서드는 CookieRequestCultureProvider를 사용하여 선택한 문화권의 쿠키 값을 생성한다. 쿠키는 CookieRequestProvider의 기본 쿠키 이름과 1년 만기를 사용하여 응답에 추가된다.

Index 뷰는 지원되는 각 문화권에 대한 간단한 양식과 버튼을 표시한다. 해당 버튼을 클릭하면 해당 cultureName 경로 값이 설정된 SetLanguage 액션 메서드에 대한 HttpPost가 시작된다.

```
Views/SelectLanguage/Index.cshtml
@using System.Globalization
@using Microsoft.AspNetCore.Mvc.Localization

@model IEnumerable<CultureInfo>
@inject IViewLocalizer Localizer

<h2>@Localizer["Select your language"]</h2>

<div class="row">
  @foreach(var culture in Model)
  {
    <div class="col-md-3">
```

```
        <form asp-action="SetLanguage" method="post"
          asp-route-cultureName="@culture.Name"
            asp-route-returnUrl="@ViewData["ReturnUrl"]">
            <button class="btn btn-link" type="submit">
              @culture.DisplayName
            </button>
        </form>
      </div>
    }
  </div>
```

요약

이제 우리의 애플리케이션은 완전히 세계화되었으며 새로운 문화를 지원하도록 쉽게 설정할 수 있다. 추가 문화권에 대한 지원을 추가하려면 새로운 문화권 관련 리소스 파일과 Startup.cs에서 지원되는 문화권 목록을 약간 수정해야 한다. 가장 작은 애플리케이션을 제외한 모든 경우에 있어 제품 개발 생명 주기 후반인 완료 시점에 세계화 프로세스를 진행하면 시간이 오래 걸리고 비용이 많이 든다. 애플리케이션에 여러 문화권에 대한 지원이 필요할 경우 조기에 여러분의 애플리케이션을 세계화하도록 하자.

또 다른 중요한 고려 사항은 애플리케이션의 리소스를 완전히 번역하는 데 드는 비용이다. 번역은 시간이 많이 소요되고 찾기 어려운 전문 기술이 필요하다. 번역된 리소스가 만들어지면 애플리케이션이 올바르게 작동하고 모든 텍스트가 올바르게 번역되었는지 확인하기 위해 상당한 양의 테스트가 필요하다.

다음 장에서는 코드의 품질을 향상시키기 위해 일부 리팩토링 기술을 살펴보고 알파인 스키하우스 애플리케이션에 들어온 복잡성에 대해 설명한다.

리팩토링 및 코드 품질 개선

Chapter 23

"안 이뻐!" 마르는 폭발 일보 직전 상태였다.

그는 "안 이뻐!"라며 오직 마르만 가능했던 사무실 주위에서 소리지르고 구르는 행동을 하면서 난리를 쳤다.

다니엘은 헤드폰을 벗고, 컴퓨터에서 날짜를 확인하고, 한숨을 쉬며 마르를 말리기 위해 움직였다. 목요일은 그녀가 마르를 진정시키는 날이었다. 수요일이었다면 체스터의 몫이었을 것이다. "마르, 무슨 일이에요?"

그녀는 그가 계속할 줄 알았지만, 마르가 빙빙 돌면서 다니엘 쪽으로 걸어왔다. "다니엘, 전 이 코드가 싫어요. 모든 줄, 모든 세미콜론, 모든 빈 문자가 싫어요. 다니엘, 탭과 공백, 등호 기호도 정말 싫어요."

"그게 뭐가 잘못됐어요?"

"그냥 잘 보면, 메서드는 길고, 사용하지 않은 변수가 있고, 이건 뭐죠? stringybob이라는 문자열은 뭔가요?"

다니엘은 "stringybob이라는 문자열은 없어요"라며 웃었다.

"좋아요, 그건 제가 지어냈지만 나머지는 사실이에요."

"마르, 리팩토링에 대해서 아세요?"

"아뇨, 그건 새로 출시된 승용차 이름인가요?"

다니엘은 "전혀요"라고 대답했다. "그건 점진적으로 안전하게 코드 품질을 향상시키는 방법이에요. 여기 바로 그 책이 있어요. 한번 읽어보고 몇 시간 후에 다시 돌아오는 게 어때요?"

"다니엘, 그거 아세요? 제가 그렇게 할 것 같다는 거요. 감사해요." 아무 일도 없었다는 듯이, 마르는 자신의 책상으로 돌아와 앉았다. 그가 떠나자마자 체스트가 다니엘을 만나러 왔다.

그가 "미안해요, 다니엘"이라며 소심하게 말했다.

다니엘은 "뭐가 미안하다는 거죠?"라고 물었다.

"제가 마르가 난리 치는 걸 보고 당신 컴퓨터 날짜를 약간 바꿨어요. 오늘은 수요일이거든요."

1년 전에 작성한 코드에 만족하는 사람은 거의 없다. 많은 프로그래밍 회사에서 돌고 있는 농담으로 누군가가 그냥 히스토리를 찾기 위해 "누가 이 쓰레기를 작성했나요?"라고 소리치는 상황이 자주 있지만, 결국 그건 자신들이었다는 것이다. 이것은 훌륭한 진입 지점이다. 처음으로 코드를 작성할 때 우리는 종종 도메인, 프로그래밍 문제 및 아직 작성되지 않은 애플리케이션의 모양을 이해하는 데 어려움을 겪곤 한다. 한 번에 한 가지 생각만이 포함될 수 있고 이러한 모든 움직이는 부분은 종종 코드의 구조나 기능에서 실수를 하도록 만든다. 애플리케이션에 대한 이해가 향상된 후 몇 개월 후에 이전 코드로 돌아가서 수정하는 것은 가장 큰 사치이다.

이 장에서는 리팩토링에 대한 아이디어와 모든 것을 해치지 않고 애플리케이션 기능을 향상시킬 수 있는 방법을 살펴본다.

리팩토링이란 무엇인가?

리팩토링(Refactoring)은 윌리엄 옵다이크(William Opdyke)와 랄프 존슨(Ralph Johnson)이 1990년대 초반에 만든 용어이다. 그렇다, 4인방이 집필한 책이 있다. 리팩토링은 바깥쪽 기능을 변경하지 않으면서 코드 내부 구조를 보다 이해하기 쉽고, 테스트 가능하고, 적응력 있고, 실행 가능하도록 변경하는 것을 의미한다. 함수를 입력받아서 출력을 수집할 수 있는 블

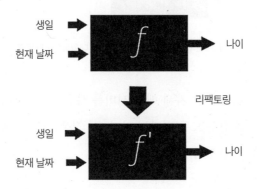

<그림 23-1> 리팩토링은 함수 f를 취하고 이를 동일한 입력 및 출력을 생성하는 f'로 바꾼다.

랙 박스로 생각하는 경우, 그림 23-1과 같이 입력과 출력이 변경되지 않는 한 블랙 박스의 내부 배선을 변경해서는 안 된다.

이 관찰을 통해 동일한 기능을 유지하면서 애플리케이션의 전반적인 품질을 향상시키고 애플리케이션에 다른 코드를 대체하거나 대신할 수 있다. 여기서는 function이란 용어를 코드의 단위로 사용했지만 리팩토링은 함수 내부로 제한할 필요가 없다. 객체 지향 프로그래밍은 누출된 구현 세부 사항에 대한 보호로서 가능하다면 추상화를 도입하는 것이라 할 수 있다. 리팩토링을 위해 블랙 박스로 고려할 수 있는 많은 구조가 있다. 클래스는 주요 후보이다. 클래스의 구현은 중요하지 않으며, 입력과 출력이 동일하게 유지되는 한 우리의 마음속 콘텐츠로 그 동작 방법을 자유롭게 변경할 수 있다. 네임스페이스는 클래스와 동일한 보호 수준을 적용하지 않으며 대체 가능 단위로도 간주될 수 있다. 마지막으로, 마이크로 서비스의 세계에서 리팩토링의 일부로 다른 애플리케이션을 위해 전체 애플리케이션을 스왑 아웃(swapped out)할 수 있다.

메일링 리스트에 이메일 발송을 담당하는 서비스를 고려해보자. 입력은 수신 목록 및 송신 이메일이 될 수도 있다. 출력은 그리 많은 출력이 아니라 하나의 결과이고 그림 23-2와 같이 받는 사람 목록의 모든 주소가 이메일을 수신한다.

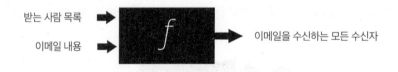

<그림 23-2> 전체 마이크로 서비스의 대형화된 리팩토링

마이크로 서비스가 Sendgrid 또는 자체 메일 서버를 사용하여 전자메일을 보내는 경우에는 별 문제가 되지 않는다. 두 경우 모두 결과는 같다. 이 경우 스와핑(swapping) 마이크로 서비스는 리팩토링으로 간주될 수 있다.

프로그래머는 일반적으로 코드를 리팩토링으로 개선하는 모든 것과 연관이 있다. 메서드에서 추가 매개변수가 제거되었는가? devops를 더 잘 지원하기 위해 까다로운 메서드 주위에 로깅이 추가되었는가? 두 가지 모두 코드 품질이나 애플리케이션 품질을 향상시키지만, 두 가지가 애플리케이션의 기능을 변경하기 때문에 기술적으로 리팩토링하지 않는다. 리팩토링의 정의를 엄격히 준수하기 위해 여분의 매개변수를 포함하기 때문에, 입력에 대한 변경 사항이 필요 없으며 추가 로그 메시지를 포함하는 출력도 필요하지 않다.

품질 측정

코드 품질을 향상시키기 위해 리팩토링을 시작하는 경우, 우리는 반드시 코드 품질 측정의 몇 가지 양식을 갖고 있어야 한다. 단일 숫자로 코드 품질의 모든 측면을 표현할 수 있는 완벽한 측정법인 코드 품질을 측정하는 솔루션은 자신의 컴퓨터에 두는 편이 좋을 것이다. 불행하게도 그러한 측정 기준은 없다. 코드 줄의 오류 개수를 측정하고, 테스트에 의한 코드 담보를 위한 구심성 및 원심성 커플링 측정에서부터 몇 년에 걸쳐 무수히 많은 코드 품질 측정법이 제안되었다. 사용할 코드 품질 측정법을 결정하는 법은 이 책에서 쉽게 찾을 수 있다.

코드 품질을 측정하기 위한 몇 가지 간단한 측정법에 중점을 두는 것이 유용하다.

• **코드가 예상대로 작동하는가?** 단순해 보이지만, 종종 간과된 척도이다. 이는 코드의 1,000 줄당 버그 또는 클래스당 줄 수로 측정할 수 있다. 일부 개발자는 발견된 결함의 수에 따라 두 프로젝트의 코드 비교 품질을 검사하여 해당 척도를 공용 방식으로 사용한다. 그러나 두 프로젝트에서 동일한 문제를 해결하지 못하기 때문에 비생산적이다. 인슐린 펌프를 제어하는 시스템과 동일한 수준의 복잡성이나 버그 수를 갖는 온라인 생일 카드를 만들고 제공하는 시스템을 기대하는가? 당연히 아니다. 측정 항목 및 대부분의 측정 항목은 시간이 지남에 따라 팀과 제품이 개선되고 있는지 확인하는 수단으로 사용되어야 한다.

• **코드가 비기능적 요구 사항을 충족하는가?** 요구 사항은 함수의 입력 및 출력과 관련이 없는 것이다. 코드 조각의 성능 또는 코드의 안전성 여부를 예로 들 수 있다.

- **코드를 이해할 수 있는가?** 어떤 코드도 완벽하지 않으며 필연적으로 누군가가 버그나 변화하는 요구 사항을 이유로 이를 수정해야 한다. 실제로 누구나 원 작성자가 될 수 있다. 이 책을 읽는 여러분일 수도 있다! 다음 코드를 살펴보자.

```
for (var i = 1; i < parts.length; i++) {
  root[parts[i]] = root[parts[i]] || (root[parts[i]] = {});
  root = root[parts[i]];
}
```

위 코드는 효율적이고 똑똑해 보이지만 거의 이해할 수 없다. 가독성이나 이해 가능성을 객관적으로 측정하는 것은 어렵다. 여기서 측정 기준은 개발자의 유지 관리 가능성에 대한 의견 일치가 낮다는 것이다. 코드 절의 이해도는 보통의 개인들로 구성된 팀에서는 크게 중요하지 않다. 코드 리뷰는 이해하기 어려운 코드 부분을 찾기 위한 기폭제와 같다.

사용 가능한 또 다른 경량 측정 기준은 메서드를 통해 코드 경로의 수를 조사하여 함수의 복잡성을 측정하는 순환 측정 복잡도(cyclometric complexity)이다. 단일 if문을 사용하는 메서드는 두 개의 가능한 코드 경로를 가지므로 그림 23-3에 표시된 것처럼 2개의 순환 복잡도를 갖는다.

- **코드가 요구 사항의 변화에 쉽게 반응할 수 있는가?** 다시 말하지만, 단순한 숫자 값으로 표현할 수 있는 위치를 찾는 측정 기준이 아니다. 대신, 성숙한 팀이 발전한다는 느낌이다. 큰 변화가 있을 때 개발자의 얼굴이 떠오르는 불편함은 목표에 도달했는지 여부를 나타내

```
public bool CheckSkiCard(Card card)
{
  if(card.StartDate > DateTime.Now)
    return true;
  return false;
}
```

<그림 23-3> 이 함수에는 두 가지 가능한 코드 경로가 있다.

는 지표여야 한다.

비주얼 스튜디오에서 순환 복잡도 표시하기

비주얼 스튜디오에서 코드 복잡성 측정 항목을 보여주는 도구가 많이 있다. 좋은 무료 코드 모음은 https://visualstudiogallery.msdn.microsoft.com/03de6710-4573-460c-aded-96588572dc19의 코드 측정 기준 뷰어(Code Metrics Viewer)이다. DevExpress의 CodeReush 도구는 한 걸음 더 나아가 모든 메서드 옆에 코드 측정 기준 번호를 표시한다. 함수가 더 이상 확장되지 않아야 한다는 것을 개발자에게 알려주는 훌륭한 시각 보조 도구이다.

위 네 가지 간단한 측정 기준은 일부 리팩토링 도움말에 익숙한 애플리케이션 영역을 결정하는 좋은 시작점이다. 애플리케이션이 성숙되고 성장함에 따라 새로운 측정 기준이 식별되고 포함될 가능성이 높다.

해당하는 모든 측정 기준을 사용하여 잘못된 측정 항목을 최적화하지 않도록 하는 것이 중요하다. 사람들은 의도적으로 시스템을 조작하려는 경향이 있다. 함수가 가능한 한 빨리 반환되지만 메모리 풋 프린트가 합리적임을 보장하는 측정 기준이 없다는 것을 확인하기 위해 성능에 대한 측정 기준을 적용하면 클럭 사이클 동안 메모리를 교환하는 기능을 최적화하는 데큰 인센티브가 있다. 그것이 실제로 달성하고 싶은 것이거나 균형이 실제로 최종 목표인지를 고려해야 한다. 측정 기준을 검토하여 잘못된 항목을 최적화하지 않았는지 확인한 다음 변경 사항이 있으면 업데이트해야 한다.

🖐 리팩토링할 시간 찾기

종종, 개발자는 리팩토링을 수행하고 코드 품질을 개선할 시간을 할당받지 못했다고 불평한다. 기업은 코드 품질 향상이 큰 문제가 되고 금액으로 측정 가능한 비용을 회사가 부담하기 시작할 때까지 코드 품질 향상의 가치를 거의 인식하지 못한다. 이전에 잘못된 측정 항목을 선택했을 때 발생했던 경고가 다시 기억날 수 있으며 이는 분명한 사실이다.

리팩토링은 개별 활동으로 수행할 필요가 없다. 대신, 리팩토링은 코드 기반 작업에서 자연스레 파생된 결과물이어야 한다. 자체 결과물이 너무 긴 메서드라는 것을 발견했는가? 그것이 다른 목적을 위한 것이라 하더라도, 파일을 작성하는 동안 그것을 리팩토링하자. 아마도 혼란스러운 이름을 가진 변수가 여러분이 코드를 변경하는 속도를 늦출 것이다. 이름을 변경하고 다음 번에 이 코드에서 시간을 낭비하지 않도록 하자. 스카우팅(Scouting) 운동의 창시자인 로버트 바덴 파웰(Robert Baden Powell)의 말처럼 리팩토링은 소년들이 세상에 접근하는 방식을 제시한다.

> "당신이 발견한 것보다 조금 더 나은 세상을 위해 노력하고 떠나자, 당신이 눈을 감을 때가 왔을 때 어쨌든 시간을 낭비하지 않고 최선을 다했다고 느끼면서 행복하게 눈을 감을 수 있다. 행복하게 살고 행복하게 죽을 수 있도록 이 방식으로 '준비하라'. 소년이 아닐지라도 스카우트 약속을 고수하라. 신께서 도와줄 것이다."
>
> -로버트 바덴 파웰

코드 품질이 개선되지 않으면 커밋을 수행하지 않도록 하자. 레거시 코드 기반에서 모든 코드에 사소하고 작은 것을 수정하는 행동은 쓸모없는 것처럼 보일 수 있지만 시간이 지남에 따라 작은 변경 사항이 추가된다. 유지 보수가 불가능한 코드는 하루 만에 작성되지 않았고 하루 만에 해결할 수도 없지만, 몇 년 동안 담보를 제공할 수 있는 것처럼 작은 비율로 투자하면 기술 부채를 거의 동일하게 상환할 수 있다. 초기 몇 년 동안 조금 더 투자하면 부채의 수명에 엄청난 영향을 미칠 수 있기 때문에, 기술적인 면이나 재정적인 면에서 부채를 청산하는 것은 흥미롭다. 원칙이 축소됨에 따라 이자 대신 원리금으로 가는 금액이 증가한다. 마찬가지로 기술 채무가 많을수록 더 많은 부채를 줄이기 위해 더 많은 시간을 할애한다. 지체하지 말고 오늘 시작하도록 하자.

안전망으로 리팩토링하기

수년간 작업해온 코드의 변경은 위험이 없지 않다. 예전 코드와 새 코드의 작동법에 약간의 차이가 있을 경우 심각한 버그를 유발할 수 있다. 기존 코드를 변경하기 전에 잘 테스트되었는지 확인하자.

운이 좋으면 메서드가 실제로 테스트되었고 변경하기 전에 추가 작업이 필요 없다는 것을 발견하게 된다. 그러나 대부분의 경우 그렇게 운이 좋지 않다. 레거시 코드 기반은 자동화된 테스트에서 제대로 다루지 못하는 특징이 있다. 사실, 자동 테스트의 부재는 일부 사람들이 레거시 코드를 정의하는 방식이다.

> **Tip**
>
> 레거시 코드를 유지하고 업데이트하는 법을 배우는 실질적인 책은 마이클 패더(Michael Feather)의 책 '레거시 코드로 효과적인 작업하기(Working Effectively with Legacy Code)'이다. 이 책에서는 코드 분리 및 테스트를 위한 환상적인 접근 방식을 제시한다. ASP.NET과 관련된 보다 구체적인 내용의 책을 찾는다면 사이먼 팀스(Simon Timms)와 데이비드 파큇(David Paquette)의 '진화하는 레거시 ASP.NET 웹 애플리케이션 (Evolving Legacy ASP.NET Web Applications)'이 있다.

리팩토링을 시작하기 전에 현재 함수가 수행하는 작업을 테스트하기 위한 테스트 작성이 필요하다. 이 테스트는 특성화 테스트(Characterization Tests)라고 부르며, 메서드가 실제로 수행되는 작업에 대한 실시간 문서로 사용된다. 테스트 중인 코드가 작성한 특성화 테스트가 옳지 않다는 것을 강제화하여 실제로 올바르지 않게 수행할 수 있다. 레거시 코드 기반은 종종 잘못된 동작에 의존하므로 기본 코드를 수정하면 애플리케이션이 중단된다. 특성화 테스트는 일반적으로 작성하는 대부분의 테스트와는 다르기 때문이다. 잘못된 기능을 테스트하는 것은 개발자에게 방해가 되는 스위치일 수 있지만 기존 버그를 해결하기보다는 테스트가 미래의 버그를 방지하는 것으로 여기는 것에 도움이 된다. 흔히 코드의 다른 일부는 망가진 기능에 의존하고, "망가진" 동작을 수정하면 실제로 문제가 발생한다.

> ✍️ note
>
> 인텔리테스트(IntelliTest)는 수년간 Microsoft에서 개발해왔고 마침내 비주얼 스튜디오 2015 엔터프라이즈에 포함되었다. 함수 실행 경로를 검사하고 가능한 모든 코드 경로를 실행하는 입력을 제공하는 도구이다. 해당 입력은 완벽한 특성화 테스트로 작동하는 단위 테스트를 만드는 데 사용될 수 있다. 그러나 이 도구는 64비트 코드에서는 작동하지 않고 XUnit 테스트를 생성할 수 없지만 그렇지 않은 경우에는 제한이 없다.

테스트 중인 메서드를 사용하여, 제품을 망칠 염려 없이 리팩토링을 계속할 수 있다.

알파인 스키 하우스의 코드를 살펴보고 향후 리팩토링이 중단되지 않도록 특성화 테스트를 마무리해보자. AddSkiPassOnPurchaseCompleted.cs의 Handle 메서드는 주요 후보이다. 그것은 30줄로 상당히 긴 메서드이고 현재 어떤 테스트도 적용되지 않고 있다. 순환 복잡도는 3줄로 상당히 낮기 때문에 길이 외에는 복잡성의 관점에서 리팩토링할 충분한 이유가 거의 없을지도 모른다(소스 23-1 참조).

소스 23-1 구입 완료 알림에 대한 현재 처리기 함수

```
public void Handle(PurchaseCompleted notification)
{
    var newPasses = new List<Pass>();
    foreach (var passPurchase in notification.Passes)
    {
```

```
    Pass pass = new Pass
    {
       CardId = passPurchase.CardId,
       CreatedOn = DateTime.UtcNow,
       PassTypeId = passPurchase.PassTypeId
    };
    newPasses.Add(pass);
}

_passContext.Passes.AddRange(newPasses);
_passContext.SaveChanges();

foreach (var newPass in newPasses)
{
  var passAddedEvent = new PassAdded
  {
     PassId = newPass.Id,
     PassTypeId = newPass.PassTypeId,
     CardId = newPass.CardId,
     CreatedOn = newPass.CreatedOn
  };
  _bus.Publish(passAddedEvent);
 }
}
```

언뜻 보기에 입력 및 출력은 최소화되어 있다. 위 메서드는 단일 알림을 사용하고 void를 반환한다. 그러나 좀 더 자세히 살펴보면 메서드가 데이터베이스에 기록하고 이벤트를 게시한다는 것을 알 수 있다. 해당 이벤트는 출력으로 간주된다. 데이터베이스에 패스권이 추가되었는지, 그리고 게시가 발생하는지 확인하기 위한 테스트가 필요한 것으로 보인다. 또한 notification.Passes 컬렉션에서 패스권이 없으면 어떻게 되는지 테스트해야 할 수도 있다.

먼저, 이 함수 작업이 어떻게 작동하는지 테스트해보기 위한 골격을 배치해보자(소스 23-2 참고).

소스 23-2 구매 완료 이벤트 처리기의 테스트 골격

```
public class AddSkiPassOnPurchaseCompletedTests
{
  public class When_handling_purchase_completed
  {
    [Fact]
    public void Pass_is_saved_to_the_database_for_each_pass()
    {
      throw new NotImplementedException();
    }

    [Fact]
    public void PassesAddedEvents_is_published_for_each_pass()
    {
      throw new NotImplementedException();
    }

    [Fact]
    public void Empty_passes_collection_saves_nothing_to_the_database()
    {
      throw new NotImplementedException();
    }
  }
}
```

소스 23-2에 표시된 테스트 골격은 테스트를 구현하려는 유용한 자리 표시자이다. 종종 한 가지 테스트를 작성하는 동안 테스트를 통해 얻고 싶은 다른 동작을 발견하게 된다. 완전히

556

새로운 테스트를 작성하기 위해 기어를 변경하는 대신 나중에 다시 돌아오라는 알림을 골격에 넣기만 하면 된다. 첫 번째 테스트를 구현하는 것이 가장 어렵다. 버스의 모의 객체뿐만 아니라 20장 "테스트"에서 설명한 것처럼 메모리 내 EF 컨텍스트를 사용할 필요가 있다. 소스 23-3의 테스트는 PassPurchased 이벤트를 작성한 다음 처리할 처리기로 전달한다. 그러면 데이터 기반에서 예상되는 속성이 선언된다.

소스 23-3 컨텍스트에서 데이터를 테스트하는 테스트 골격

```
[Fact]
public void Pass_is_saved_to_the_database_for_each_pass()
{
  using (PassContext context =
    new PassContext(InMemoryDbContextOptionsFactory.Create<PassContext>()))
  {
    var mediator = new Mock<IMediator>();
    var sut = new AddSkiPassOnPurchaseCompleted(context, mediator.Object);
    var passPurchased = new PassPurchased
    {
      CardId = 1,
      PassTypeId = 2,
      DiscountCode = "2016springpromotion",
      PricePaid = 200m
    };
    sut.Handle(new Events.PurchaseCompleted
    {
      Passes = new List<PassPurchased>
      {
        passPurchased
      }
    });

    Assert.Equal(1, context.Passes.Count());
```

```
    Assert.Equal(passPurchased.CardId, context.Passes.Single().CardId);
    Assert.Equal(passPurchased.PassTypeId, context.Passes.Single().PassTypeId);
  }
}
```

득히 눈치 빠른 독자는 소스 23-3에서 데이터베이스에서 생성된 Pass에 대해 두 개의 속성을 테스트하지만 원래 코드에서는 세 가지 속성을 설정한다는 것을 알 수 있다. 누락된 부분은 UTCNow로 설정된 CrateOn 날짜이다. 날짜를 생성하고 그것을 테스트하는 도중에도 시간이 바뀌기 때문에 날짜는 항상 테스트하기가 번거롭다. 종종 날짜의 퍼지(fuzzy) 매칭을 수행하는 복잡한 논리를 보겠지만, 대신에 우리는 날짜를 얻기 위해 객체를 삽입할 수 있다 (소스 23-4 참조).

소스 23-4 주입을 목적으로 **UtcNow**를 단순히 포함하는 날짜 서비스

```
public class DateService : IDateService
{
  public DateTime Now()
  {
    return DateTime.UtcNow;
  }
}
```

이는 생성자를 통해 AddSkiPAssOnPurchaseCompleted 클래스에 주입될 수 있으며 코드를 사용하여 업데이트할 수 있다(소스 23-5 참조).

```
Pass pass = new Pass
{
  CardId = passPurchase.CardId,
  CreatedOn = _dateService.Now(),
  PassTypeId = passPurchase.PassTypeId
};
```

구현을 변경하는 데 약간의 위험이 있지만, 그 위험은 부분적으로만 테스트된 객체를 내보내는 위험보다 적은 것 같다. 해당 변경에 추가 테스트가 필요한지 여부를 판단하기 위해 최선의 판단을 내려야 한다. 업데이트된 테스트는 소스 23-6과 같다.

소스 23-6 날짜 서비스를 사용하는 업데이트된 테스트

```
[Fact]
public void Pass_is_saved_to_the_database_for_each_pass()
{
  using (PassContext context =
    new PassContext(InMemoryDbContextOptionsFactory.Create<PassContext>()))
  {
    var mediator = new Mock<IMediator>();
    var dateService = new Mock<IDateService>();
    var currentDate = DateTime.UtcNow;
    dateService.Setup(x => x.Now()).Returns(currentDate);
    var sut = new AddSkiPassOnPurchaseCompleted(context, mediator.Object,
dateService.Object);
    var passPurchased = new PassPurchased
    {
      CardId = 1,
```

```
        PassTypeId = 2,

        DiscountCode = "2016springpromotion",

        PricePaid = 200m

    };

    sut.Handle(new Events.PurchaseCompleted

    {

      Passes = new List<PassPurchased>

        {

          passPurchased

        }

    });


    Assert.Equal(1, context.Passes.Count());

    Assert.Equal(passPurchased.CardId, context.Passes.Single().CardId);

    Assert.Equal(passPurchased.PassTypeId, context.Passes.Single().
PassTypeId);

    Assert.Equal(currentDate, context.Passes.Single().CreatedOn);

  }

}
```

날짜 논리를 추출하는 위 접근법은 과거뿐만 아니라 미래의 날짜를 테스트하는 데 유용할 수 있다. 이제 소스 23-7과 같이 나머지 테스트 메서드를 구현할 수 있다.

소스 23-7 각 패스권이 패스권 추가 이벤트를 게시하고 해당 속성이 올바른지 테스트하기 위한 코드

```
[Fact]
public void PassesAddedEvents_is_published_for_each_pass()
{
  using (PassContext context =
    new PassContext(InMemoryDbContextOptionsFactory.Create<PassContext>()))
  {
    var mediator = new Mock<IMediator>();
```

```
    var dateService = new Mock<IDateService>();

    var currentDate = DateTime.UtcNow;

    dateService.Setup(x => x.Now()).Returns(currentDate);

    var sut = new AddSkiPassOnPurchaseCompleted(context, mediator.Object,
dateService.Object);

    var passPurchased = new PassPurchased

    {

      CardId = 1,

      PassTypeId = 2,

      DiscountCode = "2016springpromotion",

      PricePaid = 200m

    };

    sut.Handle(new Events.PurchaseCompleted

    {

      Passes = new List<PassPurchased>

        {

          passPurchased

        }

    });

    var dbPass = context.Passes.Single();

    mediator.Verify(x => x.Publish(It.Is<PassAdded>(y => y.CardId ==
    passPurchased.CardId &&

          y.CreatedOn == currentDate &&

          y.PassId == dbPass.Id &&

          y.PassTypeId == passPurchased.PassTypeId)));

  }

}
```

위 테스트는 처리기의 설정을 수행한 다음 Moq 라이브러리가 제공하는 모의 객체를 활용하여 이벤트가 발생했는지 확인한다. It.Is로 전달된 람다식은 이벤트의 각 속성을 검사한다.

위 테스트와 이전 테스트 사이에는 많은 유사점이 있음을 알 수 있다. 확실히 향후 테스트를 더 쉽게 하기 위해 테스트에서 리팩토링할 수 있는 몇 가지 공통점이 있다. 테스트 코드에서도 좋은 가독성을 유지하는 것이 중요하다. 마지막 테스트는 소스 23-8과 같다.

소스 23-8 빈 컬렉션이 처리기에 전달되는 경우의 테스트

```
[Fact]
public void Empty_passes_collection_saves_nothing_to_the_database()
{
  using (PassContext context = GetContext())
  {
    var mediator = new Mock<IMediator>();
    var dateService = new Mock<IDateService>();
    var currentDate = DateTime.UtcNow;
    dateService.Setup(x => x.Now()).Returns(currentDate);
    var sut = new AddSkiPassOnPurchaseCompleted(context, mediator.Object,
dateService.Object);
    sut.Handle(new Events.PurchaseCompleted { Passes = new List<PassPurchased>() });

    Assert.Equal(0, context.Passes.Count());
  }
}
```

위 테스트는 빈 컬렉션을 전달해도 데이터베이스에 아무것도 저장하지 않는지 확인한다. 기본 코드가 손상되더라도 데이터베이스에 저장될 내용은 실제로는 기대하지 않지만 빈 컬렉션으로 인해 예외가 발생할 가능성이 크다. 이와 같은 부정적인 경우를 테스트하는 것은 항상 좋은 생각이다.

그러나 해당 테스트를 작성하는 동안 다른 테스트가 누락되었다는 것이 분명해졌다. 이는 패스권 컬렉션이 비어 있을 때 메시지를 게시하는 것과 동일한 테스트이다(소스 23-9 참조).

```
[Fact]
public void Empty_passes_collection_publishes_no_messages()
{
  using (PassContext context = GetContext())
  {
    var mediator = new Mock<IMediator>();
    var dateService = new Mock<IDateService>();
    var currentDate = DateTime.UtcNow;
    dateService.Setup(x => x.Now()).Returns(currentDate);
    var sut = new AddSkiPassOnPurchaseCompleted(context, mediator.Object,
dateService.Object);

    sut.Handle(new Events.PurchaseCompleted { Passes = new List<PassPurchased>() });

    mediator.Verify(x => x.Publish(It.IsAny<PassAdded>()), Times.Never);
  }
}
```

위 최종 테스트는 소스 23-8에 있는 것과 동일하지만 중재자가 게시한 메시지가 없는지 확인한다.

네 가지 테스트는 우리가 리팩토링하는 기능을 특징 짓는 역할을 한다. 그들 중 어느 것도 함수 내부 구조에 초점을 두지 않지만 함수의 모든 입력과 출력을 검사한다. 이제 우리는 함수의 내부에 대해 원하는 모든 것을 변경할 수 있으며, 네 개의 테스트가 통과되는 한 함수에 의존하는 코드를 손상시키지 않는다.

안전망이 없는 리팩토링은 수행할 수는 있지만 불편함을 느끼게 하고 변경할 때 의도하지 않은 부작용에 대해 걱정해야 한다. 이러한 종류의 테스트를 추가하는 가장 좋은 방법은 테스트 세트의 무결성을 향상시키는 데 도움이 되는 일반적인 테스트가 되는 것이다. 원하는 경우 특성 테스트를 주석으로 달아 정규 테스트와 혼동하지 않도록 할 수 있다.

데이터 기반 변경

12장 "구성 및 로깅"에서 로깅의 중요성과 프로덕션 시나리오에서의 유용성에 대해 설명했다. 이제 유용성이 중요해지고 있다. 알파인 스키 팀이 테스팅 그룹에서 초기 롤 아웃하는 동안 사이트의 일부 영역에서 예외가 발생하는 것으로 나타났다. 그들은 자신의 기록을 들여다보았고 프로젝트의 역사에서 던져진 예외를 분석하여 어느 부분이 특히 문제가 있는지를 확인할 수 있었다. 해당 종류의 분석은 히트 매핑(heat mapping)으로 더 잘 알려져 있으며 애플리케이션에서 핫스팟을 찾는 데 사용된다.

애플리케이션에서 자주 발생하는 문제를 파악하면 리팩토링을 시작할 위치를 확실하게 알수 있다. 오류을 나타낸 히트 맵(heat map)을 가장 자주 방문하는 애플리케이션 영역을 보여주는 또 다른 지도로 연결시킬 수 있다.

표 23-1에 나와있는 것처럼 요청당 오류 수와 일일 요청 수를 계산했다고 가정해보자.

〈표 23-1〉 요청 및 일일 요청 수당 오류

영역	#요청당 오류	#일일 요청 수
로그인	0.002	123
시작 페이지	0.0003	50000
등록	0.1	10
패스권 구입	0.2	50

언뜻 보기에 패스권 구입에서 높은 오류율이 가장 큰 우려가 될 수 있지만 실제로는 시작 페이지 오류의 영향을 받는 사용자가 더 많다.

564

GitLabs, Etsy 및 윈도우 제품 그룹과 같은 많은 엔지니어링 조직은 애플리케이션의 작동 방식과 사람들의 상호작용 방식에 대한 광범위한 측정 항목을 수집한다. 해당 조직들은 기존 코드에 대한 측정 기준을 가지고 있지 않더라도 리팩토링 수행 쪽으로 이동하지 않을 것이다. 특성화 단위 테스트는 메서드의 기능적 특성을 측정하는 데 적합하지만, 종종 성능 저하를 가져오지 않았는지 확인하는 데에도 관심을 갖는다. 리팩토링의 성능에 대한 실제 데이터를 볼 수 있다는 것은 매우 중요하다. 데이터 기반 개발은 단순히 리팩토링 또는 코드 품질보다 큰 논의이며 확실히 가치가 있다.

 ## 코드 정리 예제

효과적인 코드 정리에 대해 배우려면 오랜 과정이 필요하며, 제대로 배우려면 몇 년이 걸릴 수 있다. 코드 예제를 살펴보는 것이 도움이 된다. 다행히도 복잡성이 있는 프로젝트와 마찬가지로 알파인 스키 하우스에는 리팩토링 후보가 많이 있다. 좋은 후보는 SkiCard Controller의 Create 액션이다(소스 23-10 참고).

소스 23-10 SkiCardController에서 create 액션

```
public async Task<ActionResult> Create(CreateSkiCardViewModel viewModel)
{
  // modelstate가 유효한지를 뷰에 반환
  if (!ModelState.IsValid)
    return View(viewModel);

  // 카드를 생성하고 저장
  string userId = _userManager.GetUserId(User);
  _logger.LogDebug("Creating ski card for " + userId);

  using (_logger.BeginScope("CreateSkiCard:" + userId))
  {
```

```
    var createImage = viewModel.CardImage != null;
    Guid? imageId = null;


    if (createImage)
    {
      _logger.LogInformation("Uploading ski card image for " + userId);
      imageId = Guid.NewGuid();
      string imageUri = await _uploadservice.UploadFileFromStream("cardimag
es", imageId + ".jpg", viewModel.CardImage.OpenReadStream());
    }


    _logger.LogInformation("Saving ski card to DB for " + userId);
    SkiCard s = new SkiCard
    {
      ApplicationUserId = userId,
      CreatedOn = DateTime.UtcNow,
      CardHolderFirstName = viewModel.CardHolderFirstName,
      CardHolderLastName = viewModel.CardHolderLastName,
      CardHolderBirthDate = viewModel.CardHolderBirthDate.Value.Date,
      CardHolderPhoneNumber = viewModel.CardHolderPhoneNumber,
      CardImageId = imageId
    };
    _skiCardContext.SkiCards.Add(s);
    await _skiCardContext.SaveChangesAsync();


    _logger.LogInformation("Ski card created for " + userId);
  }


  _logger.LogDebug("Ski card for " + userId + " created successfully, redirecting
to Index...");
  return RedirectToAction(nameof(Index));
}
```

위 메서드는 유효성 검사를 수행하고 레코드를 데이터베이스에 저장한다. 언뜻 보기에 메서드는 상당히 길어 보이며, 실제로 42줄 길이로 유지 보수의 복잡성은 206이다.

> *note*
>
> 여기에서 사용하는 유지 관리의 복잡성은 CodeRush 지정 측정 항목이다. 그 목표는 다수의 기존 코드 측정 기준 신호 대 잡음 비율을 줄이는 것이다. 유지 관리 복잡성은 잠금 및 주석, try/catch 블록과 같은 다양한 코드 구문에 점수를 지정한다. 해당 점수는 메서드가 얼마나 복잡한지를 알기 위해 합산된다. 이상적으로는 수치가 100 이하가 되기를 원한다. 계산의 로직을 자세히 설명하는 원본 블로그 게시물은 손상되었지만 마크 밀러(Mark Miller)의 게시물은 http://www.skorkin.com/2010/11/code-metrics-heres-your-new-code-metric/#.V_8P__ArKUk에 게시되었다.

코드를 이해하기 쉽도록 줄 수를 줄이고자 메서드를 수정하기 전에 먼저 코드 품질 문제를 해결해보자. 쉬운 방법은 +를 사용하는 문자열 연결이다. 최신 버전의 C#에서는 문자열 보간법(interpolation)을 지원하므로 연결을 바꿀 수 있다.

```
//전
_logger.LogDebug("Ski card for " + userId + " created successfully, redirecting to Index...");
//후
_logger.LogDebug($"Ski card for {userId} created successfully, redirecting to Index...");
```

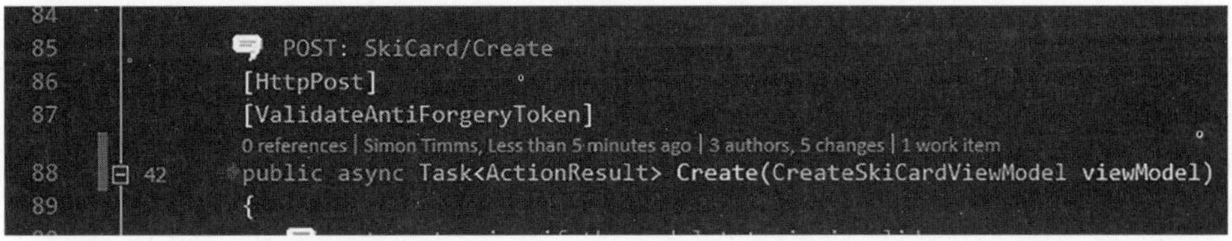

<그림 23-4> CodeRush에 의해 주석이 달린 코드 줄의 스크린샷. 왼쪽 접히는 부분의 42는 유지 관리의 복잡성이다.

다음으로, 소스 23-10에는 생성된 imageUri 변수가 있지만 작성된 적이 없다. 여기서 변수는 완전히 제거될 수 있고 반환 값은 무시할 수 있다. 변수를 살펴보는 동안 변수 이름을 살펴보겠다. s라는 SkiCard는 변수가 무엇인지 또는 무엇에 관한 것인지 알려주지 않기 때문에 혼란스럽다. 공통 규약은 변수의 인스턴스가 하나뿐인 경우 유형 뒤에 변수의 이름을 지정하는 것이다(소스 23-11 참고).

소스 23-11 스키 카드 생성하기

```
var skiCard = new SkiCard
{
  ApplicationUserId = userId,
  CreatedOn = DateTime.UtcNow,
  CardHolderFirstName = viewModel.CardHolderFirstName,
  CardHolderLastName = viewModel.CardHolderLastName,
  CardHolderBirthDate = viewModel.CardHolderBirthDate.Value.Date,
  CardHolderPhoneNumber = viewModel.CardHolderPhoneNumber,
  CardImageId = imageId
};
_skiCardContext.SkiCards.Add(skiCard);
```

동시에 var를 사용하는 변수를 암시적으로 만든다. 이는 세련된 선택이지만 F#과 같은 언어가 어느 곳에서나 유형을 유추할 수 있다면, C#은 해당 유형의 추론을 수행할 수 없다.

다음은 createImage라는 임시 변수를 사용하여 뚜렷한 단계로 수행되는 카드 이미지에 대한 null 확인이다. 임시 변수는 리소스 집약적인 작업을 수행하고 결과를 저장하여 함수의 여러 위치에서 사용할 필요가 있을 때 유용하다. 그러나 변수가 한 번만 사용되며 단순한 null 검사라서 집중적이지 않으므로 여기서는 그렇지 않다. 다음과 같이 변수를 인라인할 수 있다.

568

```
if (viewModel.CardImage != null)
{ …
```

메서드는 40줄로 줄어들고 유지 관리 복잡성은 165이지만 여전히 복잡성을 줄일 기회가 있다. 선택할 때 도움이 되는 힌트는 주석의 위치이다. 소스 코드에서는 주석 유틸리티의 유용성에 대한 논쟁이 계속되고 있지만 대다수는 현재 자체 문서화 코드만으로도 충분한 것 같다. 주석은 "어떻게"보다는 "왜"를 위해 예약될 것이다. 예를 들어 다음 주석을 살펴보자.

```
//이 잠금은 무엇인가? 성능은 신경 쓰지 않는가? 모든 사람들을 싫어하는가?
//진정하자, 합리적인 이유가 있다. SBT에서 새로운 키를 언제 요청하고 언제 무효화되는가?
//이전 키이므로 우리가 두 개를 요청하면 그것들 중 요청하지 않은 하나가 자동으로 무효화된다.
//자신의 키를 무효화하지 않도록 잠금 확인이 필요하다.
```

이는 코드의 특이한 블록이 왜 존재하는지에 대한 통찰력을 제공한다. 예제에서 메서드의 주석인 '// 카드를 생성하고 저장'은 이유에 대해서는 도움이 되지 않는다. 주석이 하는 모든 것은 함수처럼 더 나은 코드 블록의 시작을 제안하는 것이다. 코드에서 몇 가지 함수를 추출한 다음 주석을 제거할 수 있다. 결국 코드 정리는 소스 23-12처럼 보일 것이다.

소스 23-12 리팩토링된 코드는 길지만 이해하기 쉽고 테스트가 가능하다.

```
private async Task<Guid> UploadImage(CreateSkiCardViewModel viewModel, string
userId)
{
    Guid imageId;
    _logger.LogInformation("Uploading ski card image for " + userId);
    imageId = Guid.NewGuid();
    await _uploadservice.UploadFileFromStream("cardimages", $"{imageId}.jpg",
viewModel.CardImage.OpenReadStream());
    return imageId;
```

```
}
private bool HasCardImage(CreateSkiCardViewModel viewModel)
{

  return viewModel.CardImage != null;

}
private async Task CreateAndSaveCard(CreateSkiCardViewModel viewModel)
{

  var userId = _userManager.GetUserId(User);

  _logger.LogDebug($"Creating ski card for {userId}");


  using (_logger.BeginScope($"CreateSkiCard: {userId}"))

  {

    Guid? imageId = null;

    if (HasCardImage(viewModel))

    {

      imageId = await UploadImage(viewModel, userId);

    }


    _logger.LogInformation($"Saving ski card to DB for {userId}");

    var skiCard = new SkiCard

    {

      ApplicationUserId = userId,

      CreatedOn = DateTime.UtcNow,

      CardHolderFirstName = viewModel.CardHolderFirstName,

      CardHolderLastName = viewModel.CardHolderLastName,

      CardHolderBirthDate = viewModel.CardHolderBirthDate.Value.Date,

      CardHolderPhoneNumber = viewModel.CardHolderPhoneNumber,

      CardImageId = imageId

    };

    _skiCardContext.SkiCards.Add(skiCard);

    await _skiCardContext.SaveChangesAsync();


    _logger.LogInformation("Ski card created for " + userId);
```

```
    }
  }
  // POST: SkiCard/Create
  [HttpPost]
  [ValidateAntiForgeryToken]
  public async Task<ActionResult> Create(CreateSkiCardViewModel viewModel)
  {
    if (!ModelState.IsValid)
      return View(viewModel);

    await CreateAndSaveCard(viewModel);

    _logger.LogDebug($"Ski card for {_userManager.GetUserId(User)} created
  successfully, redirecting to Index...");
    return RedirectToAction(nameof(Index));
  }
```

코드는 여러 가지 함수로 나누어지고, 각각의 기능은 단일 목적으로 사용된다. 여기서 유지 보수 복잡도가 100 이상이거나 30 이상인 메서드는 없다. 코드가 더 깨끗해졌고, 다행히 HasCardImage와 같은 메서드를 추출하면 읽기가 더 쉬워진다.

 ## 도움이 되는 도구

코드를 분석하고 솔루션을 제안하기 위한 몇 가지 환상적인 도구가 있다. 우리는 이미 CodeRush에 대해 조금 이야기했지만, Resharper 또는 R#이 일반적으로 알려진 것처럼 또 다른 인기 있는 도구이다. CodeRush 및 R#은 모두 코드 분석 도구 이상이며 리팩토링 및 생산성 도구도 제공한다.

StyleCop 및 NDepend는 우수 사례를 집행하도록 코드에 규칙을 적용하는 코드 분석 도구이다. 예를 들어, NDepend는 메서드가 너무 길거나 과도하게 복잡해질 때마다 오류가 발생하도록 설정하여 해당 코드가 처음부터 제품에 들어가지 않도록 방지할 수 있다.

가장 저렴하고 쉬운 도구는 컴파일러이다. 프로젝트 구성에서 오류성 경고(Warnings as Errors) 스위치를 켜기만 하면 컴파일러 경고를 수정하도록 강제화한다. 경고는 거기에 어떤 이유가 있기 때문에 거의 모든 경우에 코드에 대한 미묘한 문제를 강조하고 있다.

품질 얻기

애플리케이션에서 코드 품질을 향상시키려면 전체 팀이 공동으로 노력해야 한다. 코드 품질을 향상시키는 데 필요한 가장 중요한 것은 CodeRush나 NDepend와 같은 도구가 아니라 팀 내부에서 공유 코드 소유권을 갖는 것이다. 코드 조각을 보고 "아, 레오니즈가 이 코드를 작성했으니 변경하지 않는 것이 가장 좋겠다"라고 생각하면 안된다. 코드 검토 및 짝을 이루는 프로그래밍은 팀의 문화를 개선하는 데 큰 도움이 될 수 있으며 코드 조각에 대해 강한 애착을 느끼도록 유도한다.

📝 note

"왜 이것을 했나요?"와 "이것은 비효율적으로 보이네요" 등과 같은 부정적인 코드 검토를 받기가 너무 쉽다. 이러한 의견은 아무에게도 도움이 되지 않으며 팀을 분열시킬 수 있다. 로리 라론드(Lori Lalonde)는 자신의 블로그 게시물인 코드 검토 블루스(Code Review Blues)를 http://www.westerndevs.com/the-code-review-blues/에 게시했다.

요약

리팩토링 및 코드 정리는 대출금을 갚는 것과 같다. 지불이 빠를수록 결제가 쉬워진다. 꽤 잘 알려진 한 격언으로 요약하자면, "품질을 향상시키는 가장 좋은 시기는 6개월 전이었고, 두 번째로 좋은 시기는 지금이다"이다. 단순히 한 가지를 향상시킴으로써 코드에 대한 각 커밋은 유지 보수가 더 쉬워지고 함께 작업하기가 더 즐거워졌다.

테스트되지 않은 코드를 변경하면 위험할 수 있다. 코드 정리를 너무 깊게 하기 전에 코드 주위에 테스트 세트를 만드는 것이 가장 좋다. 일반적으로 제대로 작동하지 않는 깨끗한 코드는 작동하는 지저분한 코드보다 나쁘다.

마지막으로 공유 소스 코드 소유권에 대한 감각을 발전시키자. 팀 전체적으로는 지저분한 코드에 격분할 것이고, 코드를 유지 보수하기 어렵다. 지저분한 코드는 그 자체로 지저분한 코드를 더욱 야기시키는 경향이 있는 반면, 코드 정리는 개발자가 더 깨끗한 코드를 작성하도록 장려한다.

마지막 장에서는 확장성 있고 유지 관리가 쉬운 방식으로 애플리케이션의 코드를 유지하는 방법에 대해 살펴보겠다.

모든 것이 잘 진행되고 있었으며 다니엘은 구현을 완료한 후 어느 정도 시간을 기다리고 있었다. 그녀는 아마도 스키 타는 데가 없고, 스키 패스권도 없으며, 특히 엔티티 프레임워크가 없는 곳에 가고 싶어 했다. 마지막 검토회에서 마크는 일부 컨트롤러의 크기에 대해 불평했다. 오늘 그녀는 그 고통을 느끼고 있었다.

이 컨트롤러에서 작업하는 동안 변경 사항을 새롭게 설정한 것이 세 번째이다. 다니엘은 상황이 개선될 수 있다고 확신하고 있었고, 그녀는 그것을 고칠 방법을 알고 있다고 확신했다. 그녀는 파일 커밋을 포기하고 마크와 발라즈를 그녀의 칸막이로 불렀다.

그녀는 "발라즈, 이 코드는 건드릴 수 없어요. 고쳐야 해요"라고 말했다.

마크는 "저와는 논쟁거리가 없을 거예요"라고 설명했다.

발라즈는 "자, 우리가 프로젝트 구조와 관련된 기술적 부채가 있다는 것에 모두 동의하는 것처럼 보입니다. 우리 나라에는 '우리의 인격은 역경을 거치면서 만들어진다'라는 말이 있어요. 결국 이 문제는 해결할 수 있으니, 어떻게 해결할 수 있을지 이야기해봅시다."라고 말했다.

다니엘은 그중 어떤 것이 의미가 있는지 확신할 수 없지만 필요한 것을 변경하기 위한 정치적인 의지가 있는 것 같았다. 이제 그녀는 다른 누군가가 자신의 파일에 들어오기 전에 자신의 현재 변경 세트를 가져올 수 있는 방법을 찾아야 했다.

네트워킹 표준, 플러그인 표준 및 언어 표준을 포함하여 대부분의 모든 컴퓨터에는 표준이 있다. 심지어 표준 작성에 대한 표준(RFC 2119)도 있다. 컴퓨팅 표준은 큰 업적이다. 예를 들어, 컴퓨터에서 비디오 카드를 구입할 때를 생각해보자. 마더 보드와 비디오 카드 간의 인터페이스가 표준이므로 델 컴퓨터용 델 비디오 카드를 구입할 필요가 없다. 물론, 항상 그렇지는 않았다. 초기 컴퓨터에서는 컴팩(Compaq) 컴퓨터용으로 컴팩 부품을 구입해야 했다. 컴퓨팅 분야에서 동일한 수준의 표준화가 다른 분야에도 존재한다면, 자동차 부품은 식기세척기 부품과 상호 교환이 가능할 것이고, 단일 표준으로 대량 생산할 수 있기 때문에 가격이 더 저렴해질 것이다.

모든 것들에도 불구하고 ASP.NET MVC 프로젝트의 디렉토리 구조에 대한 공식화된 표준은 실제로 존재하지 않는다. 물론 새로운 프로젝트를 만들 때 존재하는 구조가 있지만, 해당 구조는 단지 제안일 뿐이며 혼란스러운 문제가 될 수 있다. 표준의 부재는 형식화된 구조의 부재가 판매된 시점이었던 WebForm 시대에서 넘어왔을 가능성이 있다. 모든 WebForm 애플리케이션은 서로 다른 명명 규칙과 폴더 구조가 매우 흥미롭게 존재했던 눈송이 애플리케이션으로 끝났다. 그 무렵부터 우리는 구성을 통한 규약에 대해 고마움을 느꼈다.

이 장에서는 프로젝트의 현재 디렉토리 구조가 가진 몇 가지 단점을 살펴보고, 중간 규모 및 대규모 프로젝트의 구조를 개선할 수 있는 방법을 제안한다.

저장소 구조

프로젝트 구조를 시작하기 전에 소스 코드 저장소의 구조를 살펴봐야 한다. 프로젝트에서 소스 코드를 제외하고 리소스가 없는 것은 드문 경우이다. 프로젝트 로고, 빌드 스크립트, 유지 관리 스크립트 등을 포함하여 home이 필요로 하는 기타 비트와 조각들이 종종 있다. 따라서 소스 코드를 프로젝트의 루트 디렉토리에서 멀리 놓인 다른 리소스와 섞이지 않도록 해야 한다. 이 목적을 달성하는 데는 단순 /src 디렉토리만으로 충분하다.

디렉토리로 소스를 옮기는 것은 프로젝트에 합류하는 사람에게 약간 혼란스러울 수 있으므로 build.bat와 같이 명백한 이름으로 최상위 수준에 빌드 스크립트를 포함시켜야 한다. 해당 스크립트는 소스 디렉토리에 있는 솔루션 파일을 호출하는 간단한 배치 파일에서부터 일종의 완전한 Make 파일까지 될 수 있다. 또한 해당 단계에서 프로젝트의 내용을 설명하는 readme 파일을 갖는 것이 도움이 되는 경우가 많다. 사람들은 각 프로젝트에서 수행한 것을 쉽게 잊어 버린다. readme 파일은 애플리케이션을 설명하는 곳이다.

마지막 단계에서 나머지 폴더는 프로젝트에 따라 다르다. 경험에 따르면 프로덕션 환경에서 애플리케이션을 실행하면 스크립트와 도구가 필요하다는 것을 알 수 있다. 종종 데이터를 채우거나 오류 대기열의 메시지를 조작해야 할 필요가 있다. 이런 devops 스크립트는 /tools 또는 /scripts 같은 일종의 실행 장소가 필요하다. 해당 스크립트와 도구를 유지하는 것은 매우 유용하다. 동일한 문제가 다시는 나타나지 않을 수도 있고 나타나지 않아야 한다. 하지만 비슷한 문제가 다시 발생하면 기존 스크립트를 수정할 수 있는 능력은 엄청난 시간을 절약할 수 있으며, 특히 스크립트가 대기열 메시지 편집과 같은 표준 문안 액션을 수행할 때는 더욱 그렇다. 낭비가 없으면 부족함도 없다!

코드와 같은 인프라의 영역에서 devops 스크립트에 대해 말하자면, 해당 스크립트를 보관할 장소가 어딘가 필요하다. 코드의 잘 지정된 버전화 및 기록 추적이 없이 스크립트에서 환경을 재현할 수 있다는 것에는 거의 지적할 사항이 없다.

현재 단계에서 유지하고 싶은 또 다른 사항은 문서화이다.

소스 내부

파일 | 새 프로젝트를 클릭하는 데는 큰 유혹이 있지만 대부분의 유혹은 무시되어야 한다. 솔루션에 새 프로젝트를 추가하면 빌드하는 시간이 오래 걸릴 뿐 아니라 많은 수의 DLL이 생성된다. 코드 격리를 제공하는 다수의 프로젝트에서 코드를 유지하면 어느 정도 분리가 가

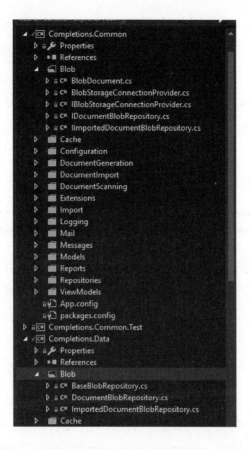

<그림 24-1> 여러 프로젝트를 사용하는 예제 솔루션의 프로젝트 구조

능하다는 믿음이 있다. 예를 들어, 많은 사람들이 그림 24-1에서와 같이 코어 또는 공통 프로젝트에 인터페이스를 유지한 다음 다른 프로젝트의 병렬 위치에 구현한다. Completions. Common 프로젝트 내의 Blob 디렉토리는 Completions.Data 프로젝트에 미러링된다.

또한 위 스크린샷에서는 Completions.Common 프로젝트 내에 있는 것들에 대한 테스트를 포함하는 Completions.Common.Test 프로젝트를 볼 수 있다. 상상할 수 있듯이 해당 접근 방식을 사용하면 솔루션 내부에서 프로젝트가 확산될 수 있다. 위 솔루션에 실제로는 22개의 프로젝트가 포함되어 있다. 대부분의 경우 네임스페이스를 사용하여 새 프로젝트를 만드는 이점을 얻을 수 있다. 구현과 인터페이스를 나누면 새로운 인터페이스를 쉽게 구현할 수 있다. 그러나 Highlander와 마찬가지로 대부분의 경우 하나만 구현된다. 파일을 다른 프로젝트로 분할하는 것은 조기 최적화이다. 여러 프로젝트가 필요하고 해당 방식으로 애플리케이션을 구성해야 한다고 가정하는 대신, 그 반대를 가정하고 필요가 있을 때만 프로젝트를 분할해야 한다.

위 스크린샷이 보여주는 또 다른 유용한 점은 병렬 구조의 예이다.

병렬 구조

웹 애플리케이션은 일반적으로 파일 형식에 따라 리소스를 분할한다. HTML은 자체 폴더에, CSS는 다른 폴더에, 자바스크립트는 또 다른 폴더에 있다. 구성 요소를 작업할 때 종종 해당 폴더 사이를 돌아다닐 필요가 있다. 일을 더 쉽게 하려면 각 디렉토리에 대한 병렬 구조를 유지하는 것이 좋다.

📝 note

ReactJS와 같은 도구는 구성 요소별로 다른 조직을 제안하지만, 너무 멀리 있는 대부분의 프로젝트에 대해서는 도구를 제안한다. 예를 들어 react 프로젝트에서 CSS, 자바스크립트 및 마크 업은 동일한 파일에 있으므로 리소스를 자체 디렉토리에 보관할 필요가 없다. 여러 면에서 해당 구조는 코드 재사용 관점에서 더 유용하다. CSS나 자바스크립트만 재사용하는 것보다는 캡슐화된 전체 구성 요소를 재사용하는 편이 낫다.

병렬 디렉토리 접근법은 애플리케이션 전체에 적용된다. 웹 리소스를 병렬 구조로 유지하는 것뿐만 아니라 단위 및 통합 테스트도 같은 구조에서 유지되어야 한다. 기본 템플릿은 뷰 디렉토리가 처리기의 이름과 병렬인 곳에서 해당 접근법을 사용한다.

MediatR

프로젝트 내에서 코드를 구성하는 방법은 여러 가지가 있지만 확장성이 뛰어난 접근법 중 하나는 구성 요소 간의 통신을 분리하는 중재자(Mediator)라는 패턴을 활용하는 것이다.

Mediator 패턴에서 의사 소통에 대한 책임은 mediator 클래스로 옮겨진다. 어떻게 동작하는지 예를 들어보자. 라이더가 알파인 스키 하우스에서 패스를 스캔할 때마다 스캔이 유효한지 검사하고 확인할 필요가 있다. 동시에 패스가 유효한지 여부에 대한 측정 기준을 수집하기 위해 스캔을 데이터베이스에 저장해야 한다. 지금 작업을 수행하려면 다음과 같은 코드가 필요하다.

```
[HttpPost]
public async Task<IActionResult> Post([FromBody]Scan scan)
{
  _context.Scans.Add(scan);
  await _context.SaveChangesAsync();

  if(_cardValidator.IsValid(scan.CardId, scan.LocationId))
    return StatusCode((int)HttpStatusCode.Created);
  return StatusCode((int)HttpStatusCode.Unauthorized);
}
```

여기서 문제는 위 메서드가 한 번에 여러 가지 다른 일을 한다는 것이다. 단일 책임 원칙을 그대로 유지하고 그것을 한 가지로 줄이는 것이 좋다. 이는 기능 중 일부를 추출하고 클래스 간의 통신을 분리해야 한다는 것을 의미한다. 두 가지 새로운 서비스를 만들 수 있다. 하나는 스캔을 기록하고 다른 하나는 카드가 유효한지 확인하는 책임이다. 컨트롤러는 카드 유효성 검사기의 응답을 HTTP 상태 코드로 변환하는 책임을 가지고 있다. 컨트롤러 메서드로부터의 반환은 카드 검사기로부터의 반환을 전제로 하지만 우리는 항상 스캔 정보를 데이터베이스에 저장한다. 이는 메시지 패턴과 조금 비슷하다.

메시지 패턴 간략 소개

메시지 패턴은 오래된 패턴이며, 일부는 객체 지향 프로그래밍이 원래 어떻게 동작하는지를 말하는 것이다. 메시지는 정보를 제공하는 단순한 필드 모음이다. 몇 가지 매개변수를 취하는 메서드가 있는 경우 매개변수의 최고점을 메시지로 생각할 수 있으며, 아래의 경우에는 id, date 및 numberOfSkiers로 생각할 수 있다.

```
public ValidationResult(int id, DateTime date, int numberOfSkiers)
```

애플리케이션의 각 메서드마다 메시지를 작성하는 데 많은 과부하가 있으므로 분해된 양식을 바로 가기로 허용한다. 분산 시스템에서 메시지는 종종 더 형식화되고 두 서비스 사이에서 경로를 통해 전송되며 때로는 안정적인 전송 메커니즘으로 사용되는 메시지 버스에서도 전송된다.

메시지는 명령과 이벤트의 두 가지 형식으로 제공된다. 명령은 무언가를 수행하기 위한 것이며 LogSkiCardSwipe, DeleteUser 및 AddLocation과 같은 명령형으로 이름이 지정된 것을 볼 수 있다. 모든 명령이 마찬가지지만 합법적이지 않은 경우 거부될 수 있다. 아마도 이 책의 일부를 상사에게 보여주고 싶지 않을 것이다. 다른 한편으로 이벤트는 어떤 일이 일어난 것이며 과거 시제를 사용하여 명명된 알림이다. SkiCardSwipeLogged, UserDeleted 및 LocationAdded는 앞서 언급한 명령에 해당하는 이벤트이다. 해당 명령은 일반적으로 명령 처리기라고 하는 일종의 서비스에 의해 처리된다. 명령이 성공적으로 완료되면 처리기가 작업을 완료했다는 알림 또는 이벤트를 게시할 수 있다.

이벤트에 가입할 수 있는 기타 서비스는 다양하다. 이벤트는 명령이 처리되고 여러 위치에서 수신된 후 한 곳에서 전송된다. 예를 들어 관리자가 사용자를 삭제하거나 사용자가 자신을 삭제할 수 있는 것처럼, 여러 위치에서 명령을 보낼 수 있는 경우 명령은 단일 명령 처리기에서만 처리된다.

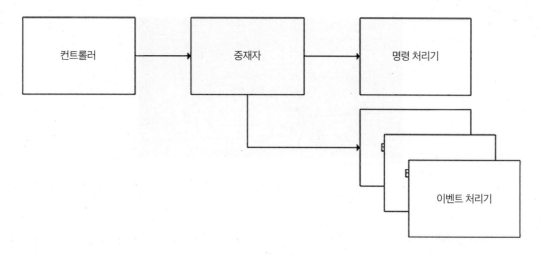

<그림 24-2> 중재자 고유 구성

중재자 구현하기

중재자(Mediator)를 구현하는 방법은 여러 가지가 있다. 가장 쉬운 방법은 하나의 거대한 Mediator 클래스에서 특정 메시지 유형을 처리하는 데 관심이 있는 모든 구성 요소를 나열하는 것이다. 메시지 유형별로 중재자 클래스를 나눌 수도 있다. 그러나 그림 24-2에서 보는 바와 같이 여전히 이전에 있었던 것과 거의 같은 위치에 남아 있다.

명령 처리기와 이벤트 처리기에 대해 알고 있는 클래스가 남아있으며, 피하고 싶은 것이다. 클래스가 구체적인 구현을 알지 못하게 하는 것은 14장 "종속성 주입"에서 주로 해결된 문제인 것처럼 보인다. 이제는 컨테이너에 명령 처리기와 이벤트 처리기를 등록하고 그것들을 자체적으로 연결하는 방법이 필요하다.

다행히도 MediatR이라는 중재자 패턴을 구현할 수 있다. 중재자 패턴은 처리기와 이벤트의 연결을 처리한다. 알파인 스키 하우스에서 구현하기 위한 첫 번째 단계는 이를 종속성 주입 프레임워크에 등록하는 것이다. 필요한 것은 Mediatr이라는 NuGet 패키지이다. 그런 다음 해당 코드를 컨테이너 구성에 추가해야 한다.

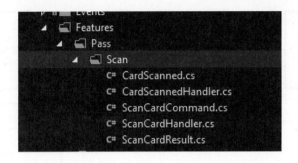

<그림 24-3> Feature 디렉토리의 스크린샷

```
services.AddScoped<SingleInstanceFactory>(p => t => p.GetRequiredService(t));
services.AddScoped<MultiInstanceFactory>(p => t => p.GetServices(t));
services.AddMediatR(typeof(Startup).GetTypeInfo().Assembly);
```

위 코드는 중재자와 명령 및 이벤트 처리기를 빌드하는 두 개의 팩토리를 등록한다. 다음으로 보낼 명령을 만들어야 한다. 프로젝트의 루트에 features라는 새 디렉토리를 생성하여 시작한다. 생성한 폴더 안에는 합리적인 디렉토리 구조를 생성하고자 한다. 합리적이라는 것은 프로젝트가 처리하는 내용에 달려 있다. 제한된 컨텍스트 또는 엔티티별로 처리기를 분할할 수 있다. 그림 24-3에서 알파인 스키 하우스에 대한 features 디렉토리를 어떻게 설정했는지 확인할 수 있다. 알파인 스키 하우스는 이미 데이터 컨텍스트의 분리로 경계가 정해진 컨텍스트에서 다루는 방법을 따라가기 시작했으며, 우리는 이 기능을 구성하는 방법을 계속 사용할 것이다.

관련 클래스를 살펴보자. 첫 번째는 ScanCardCommand이다.

```
public class ScanCardCommand : IAsyncRequest<ScanCardResult>
{
  public int CardId { get; set; }
  public int LocationId { get; set; }
  public DateTime DateTime { get; set; }
}
```

위 명령에는 고객과 연관된 모든 필드가 들어 있다. 명령은 IAsyncRequest 인터페이스를 구현하고 명령의 결과인 일반 매개변수를 사용한다. 이 경우, 결과는 매우 간단한 DTO인 ScanCardResult이다.

```
public class ScanCardResult
{
  public bool CardIsValid { get; set; }
}
```

명령 처리기는 아마도 해당 명령 흐름에서 가장 흥미로운 부분일 것이다.

```
public class ScanCardHandler : IAsyncRequestHandler<ScanCardCommand,
ScanCardResult>
{
  private readonly ICardValidator _validator;
  private readonly IMediator _mediator;
  public ScanCardHandler(ICardValidator validator, IMediator mediator)
  {
    _mediator = mediator;
    _validator = validator;
  }

  public async Task<ScanCardResult> Handle(ScanCardCommand message)
  {
    await _mediator.PublishAsync(new CardScanned { CardId = message.CardId,
    LocationId = message.LocationId, DateTime = message.DateTime });
    return await Task.FromResult(new ScanCardResult { CardIsValid = _validator.
    IsValid(message.CardId, message.LocationId) });
  }
}
```

여기에서 생성자는 종속성 주입에 참여하는 장점을 이용하여 카드 유효성 검사기와 중재자 자체를 끌어들인다. 이상적으로, 애플리케이션은 위부터 아래까지 비동기적이어야 하므로 MediatR의 비동기 인터페이스가 사용된다. 비동기 Handle 메서드 내에서 CardScanned 이벤트 또는 MediatR이 이벤트에 "알림(notification)"을 호출하면서 게시된 다음 유효성 검사가 실행되고 ScanCardResult가 호출자에게 반환된다.

중재자는 게시 이벤트를 관련 이벤트 처리기로 라우팅하는 작업을 담당한다. 해당 예제에는 이해 관계자인 CardScannedHandler가 있다.

```csharp
public class CardScannedHandler : IAsyncNotificationHandler<CardScanned>
{
  private readonly PassContext _context;
  public CardScannedHandler(PassContext context)
  {
    _context = context;
  }
  public async Task Handle(CardScanned notification)
  {
    var scan = new Models.Scan
    {
      CardId = notification.CardId,      DateTime = notification.DateTime,
      LocationId = notification.LocationId
    };
    _context.Scans.Add(scan);
    await _context.SaveChangesAsync();
  }
}
```

위 클래스는 CardScanned 이벤트에 대한 IAsyncNotificationHandler를 구현한다. 이것이 MediatR이 연결하는 방법이다. Handle 메서드 내에서 알림은 데이터를 데이터베이스에 저장하는 데 사용된다. 여러 가지 작업을 수행하려는 경우 여러 처리기가 있을 수 있으며 각 처리기는 쉽게 테스트할 수 있는 매우 협소한 목적을 가져야 한다.

해당 구현은 개선할 부분을 몇 가지 고려해야 한다. 첫 번째는 CardScannedHandler의 이름이다. 해당 이름은 우리가 하는 일에 대해 아무것도 알려주지 않는다. 동일한 이벤트에 관심이 있는 많은 다른 처리기가 있는 경우, 이들을 구별할 수 있는 방법이 거의 없다. 더 나은 이름은 LogCardScanToDatabase일 수 있다. 그 다음은 명령 처리기의 코드 순서가 의심스럽다. 카드가 유효한지 알기 전에 CardScannedEvent를 해지해야 할까? 혹시, 어쩌면 ValidCardScannedEvent 또는 InvalidCardScannedEvent와 같은 누락된 이벤트가 있을지도 모른다. MediatR은 다형성을 관찰하므로 ValidCardScannedEvent와 Invalid CardScannedEvent를 확장하는 경우 하위 이벤트가 발생하면 기본 이벤트의 구독자도 호출된다.

모든 조직이 몇 개의 처리기로 옮겨졌기 때문에 컨트롤러에 이제 무슨 일이 일어날지 궁금할 것이다. 여러분이 호기심을 갖게 된 것에 대해 기쁘게 생각한다. 컨트롤러의 액션 메서드가 상당히 줄어들었지만 이제는 다음과 같은 내용만 포함된다.

```
[HttpPost]
public async Task<IActionResult> Post([FromBody]ScanCardCommand scan)
{
  if ((await _mediator.SendAsync(scan)).CardIsValid)
    return StatusCode((int)HttpStatusCode.Created);
  return StatusCode((int)HttpStatusCode.Unauthorized);
}
```

알 수 있듯이, 위 메서드는 매우 빈약하다. 해당 메서드를 중심으로 테스트를 작성하는 것은 쉽지만 ScanCardResult를 HTTP 상태 코드로 변환하는 단 하나의 책임이 있다.

중재자 패턴을 활용하면 우려되는 사항을 분리하고 여러 행동을 그룹화할 수 있다. 어떤 사람들은 한 걸음 더 나아가 명령과 이벤트와 같은 디렉토리에 있는 기능에 대한 컨트롤러와 뷰를 찾을 수도 있다. 해당 항목은 비표준 위치이므로 ASP.NET Core MVC 규약을 재정의 해야 제대로 동작한다.

 note

ASP.NET MVC는 규약 주도 프레임워크이므로 규약을 따를 경우 상황이 제대로 처리된다. 그러나 모든 프로젝트가 동일한 규약을 따라야 한다는 것은 아니다. 이 시나리오에서는 IApplicationModelConvention 인터페이스를 살펴볼 수 있다. ASP.NET Monsters에는 https://channel9.msdn.com/Series/aspnetmonsters/ ASPNET-Monsters-Ep-68-Creating-Custom-Conventions-for-ASPNET-Core-MVC 위치에 비디오가 있다.

Areas

특히 대형 애플리케이션은 주문의 유사성을 유지하기 위해 작은 단위로 세분화가 필요하다. Area(영역)는 ASP.NET MVC에 내장되어 조직에 대한 자기 닮음 접근 방식을 제공한다. 프로젝트의 루트 수준에는 하나 이상의 다른 영역이 포함된 Areas 폴더가 있다. 각 영역의 내부에는 루트 수준과 마찬가지로 Controllers 폴더, Views 폴더 및 Models 폴더가 있다(그림 24-4 참고).

<그림 24-4> Area 내의 폴더 구조

라우팅의 마법을 통해 이 컨트롤러는 Area 특성으로 주석을 작성한 후 접근할 수 있다. 예를

들어 Admin 영역 내부의 UserController는 다음과 같다.

```
[Area("Admin")]
public class UserController
```

기본 템플릿에 포함된 라우팅 테이블도 새 영역에 대한 경로를 포함하도록 업데이트해야
한다.

```
app.UseMvc(routes =>
  {
    routes.MapRoute(
      name: "default",
      template: "{controller=Home}/{action=Index}/{id?}");
    routes.MapAreaRoute("defaultArea", "Admin", "{area}/{controller}/
    {action=Index}/{id?}");
  });
```

새로운 경로를 통해 이제 해당 area 내부의 컨트롤러로 연결할 수 있다.

feature 폴더의 아이디어와 어떤 차이가 있을까? 대형 애플리케이션에서는 동시에 둘 다 사
용할 수 있다. 그러나 둘 모두를 사용할 필요성은 애플리케이션을 구축하는 동안 유기적으로
나타나야 한다. 일반적으로 첫째 날부터 두 가지를 모두 사용하기를 원하지 않을 것이다.

📝 note

스티브 스미스(Steve Smith)는 이 장에서 다뤘던 많은 내용에 대한 훌륭한 MSDN 매
거진 기사를 작성했다. 흥미롭고 더 많은 코드를 보고 싶다면 https://msdn.microsoft.
com/magazine/mt763233에 있는 그의 기사를 먼저 읽어보자.

🖐 요약

코드 구성은 어렵다. 이 장에서 제시된 명확한 접근 방식의 기회는 여러분의 요구를 완벽하게 충족시키지 않을 가능성이 있다. 자기 성찰의 순간을 끊임없이 파악하여 애플리케이션의 문제가 어디인지를 파악하고, 이를 해결하기 위해 구조를 개선할 수 있는 방법을 찾는 것이 중요하다. 현대적인 통합 개발 환경에서 좋은 텍스트 편집기가 멋진 검색 및 코드 탐색 도구를 제공하기도 하지만, 여전히 스스로 코드를 통해 방법을 찾는 것이 더 쉽고 직관적이다. 6개월 후에 코드를 검색해야 하는 다음 사람이 여러분이라고 생각하면서 코드를 작성하도록 하자.

맺음말

방에 흥분된 피로의 공기가 가득했다. 다니엘은 스키 대결을 하고 있었을 때를 제외하고는 수년 동안 그런 느낌을 갖지 못했다. 팀에서는 지난 주에 중단되어 있던 모든 것들을 처리했고 애플리케이션은 훌륭해 보였다. 모든 것들이 예상대로 진행되었고 세련되게 처리되었다. 다니엘은 그들이 4주 만에 달성한 결과물에 대해 자랑스러워하지 않을 수 없었다.

관리팀이 방황하는 동안 팀원은 테이블의 한쪽 끝에 앉았다. 기이한 개발팀과 골프를 사랑하는 경영팀 사이에는 상당한 괴리감이 있었다. 몇 명의 개발자는 면도도 하지 않았지만 그들은 편안하고 자신감이 넘쳐 보였다. 다니엘은 사람들이 제 시간에 가족들이 있는 집으로 돌아가지 못하는 이런 프로젝트를 회사가 싫어한다는 것을 알았고, 팀(Tim)은 오늘 이후에는 계속되었던 그런 일들을 하지 않을 것이라고 고위 경영진에게 엄포를 놓았다.

그는 "일주일에 40시간이 헨리 포드에게 충분했다면 알파인 스키 하우스에도 충분했을 거예요"라고 말했다.

발라즈가 몇 개의 RFID 카드와 스캐너가 있는 방 안 컴퓨터 앞에 서 있었다. 그는 모든 골퍼들이 조용히 앉아 프리젠테이션을 듣기를 기다렸다.

그는 "4주 전에 우리는 불가능한 프로젝트를 시작했습니다. 4주 만에 전체 시스템을 구축하고 생산 환경으로 전환하는 것이었어요. 솔직히 말하면, 처음에는 팀(Tim)과 제가 기대치를 관리하고 목표를 달성하지 못한 이유를 설명하는 전략에 상당히 열을 올렸어요. 그건 제가 팀원과 그들이 목표를 달성할 수 있다는 것을 알기 전이었어요"라고 말하기 시작했다.

"팀원들은 진정으로 프로젝트를 함께 이끌었고, 새로운 기술 스택을 사용하여 우리가 원래 의도한 모든 박스를 검사하는 애플리케이션을 만들었어요. 저는 기대치를 관리하는 데 시간을 낭비했어요."

발라즈는 사용자가 애플리케이션에 로그인하는 방법, 다양한 패스권 유형을 구매하는 방법 등을 골퍼들에게 설명하기 시작했다. 골퍼들은 꽤 인상적으로 들으며, 몇 가지 질문을 던졌지만 대부분은 조용히 앉아 있었다. 아마도 그들은 회의를 마치고 차 마시는 시간이 돌아오기를 기대하고 있는 것 같았다.

오늘 아침에 서리가 내렸고 스키 시즌은 거의 1개월도 안 남았다. HR 직원들은 이미 리프트 운영자 또는 스키 강사가 될지 모르는 지원자들의 이력서 뭉치를 분류했다.

다니엘은 발라즈가 "네, 프랭크"라고 현지어로 이야기하는 것을 듣고 이야기를 멈추었다. 그는 "우리는 그 생각을 했어요. 저는 여기서 프랑스어를 쓰는 사람들이 스키를 많이 탄다는 사실을 이해했어요. 우리가 지금 여러 언어를 지원하지는 못하지만 조만간 지원할 계획이 있어요. 보세요, 프랭크, 이런 프로젝트는 우리가 개선할 수 있는 점이 항상 있을 것이기 때문에 끝이 없어요. 저는 비즈니스에 대해 이야기하기 바빴고 여러분도 그랬죠"라고 말했다. 발라즈는 골퍼들을 가리키며 "여러분이 애플리케이션에서 원하는 다른 기능을 확인하기 위해서, 저는 꽤 철저한 목록을 만들었고 우리는 우선순위를 정하는 데 약간의 시간을 할애해야 합니다. 전 앞으로 몇 달 동안 여기에 일할 거리가 충분히 있다고 말하고 싶어요"라고 말했다.

조용히 있을 리 없는 팀(Tim)이 "그것 역시 일의 시작점이에요. 우리는 선반형 소프트웨어로 교체하려는 다른 애플리케이션을 많이 가지고 있어요. 단점을 극복한 소프트웨어가 경쟁 업체만큼 좋은 제품을 만들어 줄 것이라는 것을 고려하면, 이 개발팀에서 맞춤 소프트웨어를 만들면 경쟁 우위를 확보할 수 있다고 생각해요. 오늘날 모든 회사가 기술 회사라는 것은 사실이에요. 혁신 아니면 파멸이죠"라고 이어나갔다. 팀은 한동안 계속 이야기를 할 준비가 된 것처럼 보였지만, 이 회의의 의장으로 알고 있는 골퍼들 중 한 명에 의해 중단되었다.

"팀, 고마워요, 오늘 우리가 본 것을 토대로 우리도 아마 당신의 말에 동의할 거예요." 그는 동의의 표시로 머리를 끄덕였다. "파슬리라고 명명된 이 프로젝트는 우리가 원했던 것이고, 그 과정이 훨씬 더 발전되었다는 것을 알 수 있어요. 발라즈, 계속해주세요."

개발자들은 서로 끄덕였다. 다니엘은 지난 몇 주 동안 새로운 일을 찾는 것에 대해 별로 생각해 보지 않았다. 그녀는 너무 바빠서 일을 끝내지 못했다. 그녀는 FBI에서 일하기를 원하지 않는다는 것을 알았지만 그것이 아마도 가장 큰 폭로거리는 아니었다.

발라즈는 설명을 계속했다. 모두가 RFID 리더기에 대해 정말로 흥분했다. 골퍼들은 "사람들이 그냥 스키를 타러 올라가나요?"라고 물었다.

발라즈는 "네, 이건 실제로 매우 견고한 시스템이에요. 실제로 리프트 패스권 검사 과정을 간소화해서 비용을 절약할 수 있고, 스키어들이 훨씬 빨리 스키장에 올라갈 수 있도록 해줘요"라고 대답했다.

설명회가 끝나자마자 모든 골퍼들이 기능을 묻기 시작했다. "그러면 사람들에게 그걸로 기프트 카드를 구매하도록 할 수 있나요? 똑같은 카드로 카페에서도 결제가 가능한가요? 사람들이 들어왔을 때 카드 위에 LED 신호로 모두에게 인사를 할 수 있다면 멋지지 않을까요?"

이것은 좋은 신호였다. 골퍼들은 이미 애플리케이션이 성공적이라는 것을 인정했고 더 많은 기능을 추가하기를 원했다. 발라즈에게 많은 질문이 쏟아졌고 결국에는 다음 주에 그들을 만나러 가기로 했다. 팀원들이 다음에 어떤 일을 할 것인지 파악하는 것은 아주 중요한 일이었다. 다니엘은 성공에 필요한 비용을 제안했다. 결국 골퍼들은 그 자리에서 발라즈가 새로운 기능에 동의하도록 하는 것을 포기하고 흥분을 가라앉히며 30분 뒤 티타임을 기대하기로 했다.

발라즈는 팀에게로 돌아가면서 "잘 진행된 것 같아요. 우리가 프로젝트를 계속할 수 있게 되어 아주 좋았어요. 저는 여러분 모두 결코 의심하지 않았어요"라고 말했다.

마크가 "결코요?"라고 물었다. "처음에 우리를 의심했다는 걸 그 사람들에게 말하지 않았나요?"

발라즈가 "음, 글쎄요. 당신은 거의 의심하지 않았어요"라고 말했다. "제 말은 그때 당신에 대해 몰랐다는 거죠."

팀(Tim)은 발라즈의 형식적인 말을 따라 하면서 "좋아요, 좋아요"라고 말했다. "여기서 끝내죠. 모두들 나갑시다. 월요일 아침이 시작될 때까지 여러분의 얼굴을 보고 싶지 않군요."

발라즈는 "좋아요, 여러분. 월요일 오후도 비워두어야 두 번째 단계에 대해 이야기할 수 있어요. 그건 머스타드 프로젝트라고 부를 것 같아요"라고 외쳤다. "아마도 프로젝트가 화끈해질 것 같아서 그렇게 부르려고 해요! 여러분? 여러분?" 하지만 모두 이미 사라진 후였다.

ASP.NET Core 애플리케이션 개발
4가지 스프린트를 통한 가장 쉬운 애플리케이션 구축

초판 1쇄 발행 2017년 11월 30일

지은이   제임스 챔버스, 데이비드 파킷, 사이먼 팀스
옮긴이   금재용

발행인   김범준
교정/교열 이동원
편집디자인 김민정

발행처   비제이퍼블릭
출판신고 2009년 05월 01일 제300-2009-38호
주 소   경기도 고양시 덕양구 통일로 140 삼송테크노밸리 B동 229호
주문/문의 02-739-0739   팩스   02-6442-0739
홈페이지 http://bjpublic.co.kr   이메일   bjpublic@bjpublic.co.kr

가격 34,000원
ISBN 979-11-86697-45-0
한국어판 © 2017 비제이퍼블릭